中國文化通史

明代卷·下冊

目錄
CONTENTS

第三章　聚訟紛紜的文化論爭

第四章　絢麗多姿的少數民族文化與各族文化的交流

第五章　形式多樣的中外文化交流

第六章　哲學思想的演變

第七章　互有消長的宗教

第八章　嚴密的宗法與等級制度

第九章　人才培育與科舉取士

第十二章　異彩紛呈的藝苑

第十三章　科學技術的成就

第十四章　豐富多彩的社會風俗

參考書目

再版後記

第八章

嚴密的宗法與
等級制度

　　明代是中國封建專制和中央集權制度高度發展的歷史階段。出身低下，起於民間
的明太祖朱元璋，創立大明王朝後，鑒於前朝統治者的失敗，為鞏固朱氏天下萬代千
秋的統治地位，承襲中國歷代封建統治者的傳統治國思想，將「禮制」、「禮儀」、「禮
教」作為教化治理天下的有利手段。開國之初，就強調指出：「昔帝王之治天下，必
定民制，以辨貴賤，明等威。是以漢高初興，即有衣錦綺、操兵乘馬之禁，歷代皆
然。近世風俗相承，流於奢侈，閭里之民，服食居處與公卿無異，貴賤無等，僭禮敗
度，此元之失政也。」他把生活方式、倫理道德看成是國家興亡的大事，企圖通過嚴
密的宗法與等級制度，建立「貴賤之別，望而知之」的有序、有制、有度、有數的等

級社會。這種森嚴的等級社會，嚴重地制約了個性的發展。但到了明中晚期，隨著社會的發展，經濟的繁榮，舊的倫理道德觀已很難再禁錮人們了，森嚴的宗法與等級制度、道德規範受到嚴重的挑戰，遭受到前所未有的衝擊，並且隨著時間的推移而愈演愈烈。

尊尊親親
的宗法制度

　　歷代中國的文人、士大夫都以修身、齊家、治國、平天下互勉,明代亦是如此。所謂君子在朝則政美,在鄉則俗美。以血緣為紐帶的尊親宗法制度就成了明王朝最基層的組織,也是明代國家的統治基礎。

一、宗法制度的提倡和利用

　　明代的理學家都十分注意研究宗法制度,並在自己的政治實踐中去利用家族宗法制度來鞏固明王朝的封建統治,其代表人物就是邱濬和王守仁。

　　邱濬(1420-1495 年),字仲深,廣東瓊州人。弘治年間曾官至禮部尚書、太子太保兼文淵閣大學士。他的一生都在極力宣傳宗法思想,研究如何鞏固封建家族制度。首先,他認為家禮對鞏固封建家族制度的意義不可小視。在《邱文莊公集》卷二中,記錄了邱濬對朱熹《家禮》一書的評價:「誠碎邪說、正人心之本也。使天下之人,人誦此書,家行此禮,慎終有道,追遠有儀,則彼自息矣,儒道豈有不振也哉。」他將朱熹的這部《家禮》重新編纂成《家禮節要》。書中特別補充了當時流行於家族內部的許多儀式和繁文縟節的內容,而且還把家族的

種種禮節繪成圖樣，「損益以當時之制，每章之末，又附以餘注及考證」[1]，以便能在民間推廣運用。邱濬編纂的《家禮儀節》，影響極廣。這本書在以後的幾百年間多次翻刻。其後民間廣泛流傳的各種《朱子家禮》，也多是邱濬的本子。

其次，邱濬主張由朝廷立法來制止對族田的兼併。他認為，設置族田本為「美事」，「創立之初，三四世間，固若易為」，可是隨著時間的推移，「恆產有數，而百姓無窮，至於六七世之後，食指日多，費用日廣」，必將入不敷出，日益窮困，族田就會被兼併，這樣將導致家族的瓦解。於是邱濬主張：「祭有祭田，墓有墓田，供力役有田，延師教有田；不惟有合族之公田，而又有各室之私田，而私田之中又有公田焉。」[2]這樣劃分族田的專門用途，族田被兼併、被私吞的可能性就會減少。同時，他又主張，用國家法令強制禁止家族成員買賣族田，「私家既為之範，而率族以必遵其祖訓；官府又為之禁令，而限民人以各守其家法」[3]。禁止了族田的買賣，政府還需對面臨破產的家庭予以扶持。只有如此，「其家範久而行，而族居不散」，「本然之道常存，淳古之俗可復」，宗法制度就可以鞏固了。

其三，邱濬還力主修建祠堂。在《家禮儀節》一書中，他認為防止血緣關係疏遠的方法就是要修祠堂。靠祠堂維繫家族，可使族人永不遷徙，敬宗收族，尊尊親親，家族也就不會瓦解。故而祠堂有「功於世數甚大，非但一家一族之事而已」[4]。和修祠堂相輔相成的就是要讓朝廷出面來立法，強制民間修撰家譜。因為明初有些家族並不怎麼重視修撰家譜，「人家興廢不常，或有作（家譜）者於前，無不繼者於後」。鑑於此種情況，邱濬主張：「朝廷宜立定制，俾其家各為譜系。」[5]不過，邱濬的主張當時尚不為當局所重視。

王守仁一生致力於「滅心中賊」和「滅山中賊」。他主張用封建的宗法思想

1　《四庫全書總目提要・禮類存目》。
2　《大學衍義補輯要・明禮樂・家鄉之禮》。
3　同上。
4　《邱文莊公集・莆田柯氏重修祠堂記》。
5　《大學衍義補輯要・明禮樂・家鄉之禮》。

和倫理道德觀念去磨滅人民心中的異端思想，即「滅心中賊」，進而達到「滅山中賊」的目的。

正德十一年（1516年）九月，王守仁升為都察院左僉都御史巡撫南贛汀漳等處，提出鄉治思想和鄉約方案。他首先在南贛地區推行十家牌法（亦稱保甲法），編十甲為一牌，開列各戶籍貫、姓名、年貌、行業，每日沿門按牌審察，遇面生可疑之人，報官究理，若有隱匿，十家連坐。王守仁說：「今為此牌，似亦煩勞，爾眾中間固多詩書禮義之家，吾豈忍以狨作相待，便欲防奸革弊以安良善，則不得不然。」[6] 此後又相繼頒布了《十家牌法告諭父老子弟》、《案行各分巡道督編十家牌》、《申行有司十家牌法》、《申諭十家牌法》、《申諭牌增立保長》。其次，他又在南贛地區興辦社學，大講冠、婚、喪、祭之禮。王守仁認為民風不善的根本就是教化未明，要使「市民亦知冠服，朝夕歌聲達於委巷，雍雍然漸成禮讓之俗矣」[7]。再次就是推行鄉約。正德十三年（1518年）十月，王守仁推出了《南贛鄉約》（亦稱之《陽明先生鄉約法》），在南贛地區推行。《南贛鄉約》包括兩大部分。前半部分是諭民文告，闡明推行鄉約的指導思想、目的和意義。後半部分是正文，明確規定：第一，約中職員出於約眾之推選；第二，約眾赴會為不可規避之義務；第三，約長會同約眾得調解民事爭訟；第四，約長於集會時詢約眾之公意以彰善糾過。[8]

在王守仁等人的大力提倡和朝廷的推行之下，到隆慶年間全國各地大都制定了鄉約。鄉約規條與族規家法相輔相成，對鞏固血緣宗法制度和明朝的封建統治產生了重大的作用。

6　《陽明先生保甲法》。
7　楊希閔：《王文成公守仁年譜》卷一。
8　參見曹國慶：《王守仁與南贛鄉約》，載《明史研究》第3輯。

二、鞏固以尊親血緣為紐帶的宗族統治

明代宗族制度的統治滲透到各個方面。它通過修譜、建祠、祭禮、團拜活動將族人團結在一起；又通過制定族規家法，把族人的言行限制在族規的範圍內；同時又以宗族為經濟單位，置族產，把家族成員與宗族的經濟利益緊密地聯繫在一起。

明代每個宗族的內部，都有十分嚴密的組織系統。宗族有族長，是一個族的最高首領，有的《家訓》明確提出「族之有宗長（族長），猶國之有相臣」。宗族之下依血緣關係的親疏遠近分為房或支，房有房長、房頭。此外，不同的宗族依照具體情況，設立各種專門職務司掌族內公共事務，如管理祠堂的，管理祭田的，管理祭祀品的，等等，他們都在族長、房長的指導下工作。

所有的宗族，都有祠堂、家譜和族田。族田是家族制度賴以存在的物質條件，依靠它把族眾團聚在一起，叫做「收族」。祠堂和家譜，則用以維繫尊祖敬宗血緣關係。

每個宗族組織必有一個祠堂。祠堂裡供設著祖先的神主牌位。所謂神主，就是寫著某某祖先名諱、生卒年月、原配繼配氏姓以及子孫、曾孫名字的木牌。祠堂是供奉祖宗牌位的地方，因此它首先是全族祭祀祖先的場所。每逢春秋祭祀，全族聚會，齊集祠堂，由族長率領，作禮設祭，這就是史籍所載的「鄉中巨族於宗祠會祭始祖」[9]。祠堂又是全族集會的地方，族中遇有難以解決的糾紛需全族共議時，族長集合族眾到祠堂商議。可見，祠堂是一個家族的中心，象徵著家族的團結。家族成員一般都圍繞著祠堂居住，通過祭祀祖先，依靠血緣關係將族人牢固地結合在一起，從而形成一個嚴密的家族組織。

每個宗族必有家譜（或叫族譜、宗譜、支譜、通譜、家乘等），所謂「家之有廟，族之有譜」[10]。大凡家族的世系源流、血緣系統、戶口人丁、祖宗墓地、

9　嘉慶《常德府志》卷十三。

10　方孝孺：《遜志齋集・童氏族譜序》。

族產公田均記錄在家譜中。因此，家譜又是解決族中一切民事糾紛的依據。

族田，又稱公田，包括祭田、義田、學田幾類。族田的收入，用以支持家族中的各項費用，舉辦族內各種公益事業，救濟貧困族人。宗祠往往還置有義倉義宅，使貧乏的族人不致餓死溝壑，也使族眾能安然度過災荒。據《潭濱雜志·義倉》記載，歙縣潭渡黃天壽，晚年「割田百餘畝以贍族之貧者，故建義倉以為出入之所。且請於官，別立戶收稅，以為永久之計。有司上其事，撫臺錫匾嘉獎，鼓樂導送，以為里俗之勸。」後來族人塑其像於義倉內，歲時祭祀。宗祠還為那些無家可歸者造房。如《岩鎮志草·鄭氏義宅》記載，嘉靖十年，歙縣鄭貴孫在鄭家埠頭上鄭氏宗祠之左建鄭氏義宅，使族之貧者有了安身之處。

宗族對血緣上傳宗接代、繼承宗祀十分重視。為了保證宗族源流的純正，族規明確規定非本宗族之人不允許承繼給族人為後。早殤之子或無子之族人，應在侄輩中立嗣過繼一人以接續香火；只有立有嗣子者，才能保持應繼承的祖產分額。在立嗣過繼時，往往事先要與宗族商議。寫立的承繼文約，一般也有宗族人等押約。如發生爭執，宗族要出面加以干涉。《萬曆二十二年黃以思等人議立祀合同分單》，記錄了黃氏宗族一件過繼之事。黃氏宗族黃瓊顯老人育有五子，他在生前親自將家產裁搭圖分給五個兒子。他去世後，五個兒子各管各業。萬曆年間，第五子去世，沒有孫子繼宗，「理合議立繼祀」。長房的孫子嘉瓚、次房的孫子嘉瑞均年長於他們的五叔，「理不該繼」，但由於五兒媳的堅持，便以長房孫輩嘉瓚過繼給五房。不久，五房孀媳改嫁，長房大孫子又去世，長房現存唯一的孫子又已過繼給五房，遂成為「故絕戶」。「嘉瓚不能絕親父祭祀而續五房香火，而五房也不能因嘉瓚歸宗而乏祀無依」，結果導致家族內部的嚴重矛盾。正當族人商議解決的辦法時，二房之子嘉瑞突然遞呈到縣，知縣祝某說：「嘉瓚繼（五房），不獨年長於繼父，而自絕以他人之絕，天理人心何在？」族長等人於是決定讓嘉瓚歸宗，另以三房以恩的次子嘉璘繼給五房，得到知縣的批准。嘉璘「思念父祖一脈，不忍相殘」，因而「繼義而不繼利」。也就是名義上過繼，奉祀五房香火，但不繼承五房的財產，將五房財產「義與四房均分」。最後在族長等人的主持下，將五房的田土、山塘、房屋、佃僕等均分給其他四房。可見在過繼立嗣的問題上，宗族起著很重要的作用。

此外，各大宗族都十分重視族人的教育，希望族中有人中舉，以光宗耀祖。以徽州一帶為例，明嘉靖萬曆時，「十戶之村，無廢誦讀」[11]。黟縣宏村的古楹聯有：「萬世家風惟孝悌，百年世業在讀書。」許多宗規家訓都鞭策族人通過科舉考試躋身官場，「大吾門，亢吾族」，維護張大本族的社會地位。各宗族都拿出部分族產，為子弟讀書趕考提供學費盤纏。休寧茗洲吳氏的《家規》中規定：「族內子弟有器宇不凡、資稟聰慧而無力從師者，當收而教之，或附之家塾，或助之膏火。」[12]歙縣潭渡黃氏《家訓》也規定：「子姓十五以上，資質穎敏、苦志讀書者，眾加獎勸，量佐其筆札膏火之費。另設義學以教宗黨貧乏子弟。」還規定要「廣儲書籍於濟美祠中黃山樓上以惠宗族」[13]。潭渡黃氏德庵府君祠的祠規還規定：「俟本祠錢糧充足之時，生童赴試應酌給卷貲；孝廉會試，應酌給路費；登科、登甲、入庫、入監及援例授職者，應給發花紅，照例輸貲。倘再有餘，應於中開支修脯，敦請明師開設蒙學，教育各堂無力讀書子弟。」[14]婺源芳溪潘氏在修建宗祠後，「諸廢並興，聚書千家，擇善而教，弦歌之聲不弛晝夜」[15]。還有些宗族，專設文昌閣祭禱文昌帝君，庇佑其族人學業有成，能夠中舉入仕。

宗族還操縱著族人的娶婦、嫁女、做壽、蓋房、遷徙、喪葬等大事。如某族人家要娶媳婦，便要看婚配人的門第和良賤。歙縣潭渡黃氏《家訓》中說：「婚姻乃人道之本，必須良賤有辨，慎選禮儀不愆溫良醇厚有家法者。不可貪財慕色，妄偶濫配，聘娶優伶臧獲之女為妻。違者，不許廟見。」[16]婺源嚴田李氏宗族也規定：「婚女不計良賤者」，在宗族修訂族譜時，要「泯其名號、行等、卒葬，示黜之以垂戒也」[17]。一些宗祠還備有娶親用的轎、燈、團衫等，供娶親者使用，這要交納少量稅金。同時族人在娶親時，還可以使用宗祠提供的樂人和轎

---

11 《嘉靖婺源縣志·風俗》；《萬曆休寧縣志·輿地中風俗》。
12 《茗洲吳氏家典·家規》。
13 《潭渡孝里黃氏族譜·家訓》。
14 《茗洲吳氏家典·家規》。
15 《樸溪潘公文集·芳溪潘氏宗祠證》。
16 《潭渡孝里黃氏族譜·家訓》。
17 《嘉靖嚴田李氏會編宗譜·凡例》。

夫。又據《金氏仁明祀簿》記載：「族人大壽，身五十歲起，宗祠首人要備果酒恭賀。」族人監造大廈、喬遷、葬祖等，宗祠首人亦要備果酒恭賀。宗族通過插手族人娶婦、嫁女、誕子、蓋房、喬遷、喪葬等事務，來增強族人的宗族觀念，貫徹親疏有別、尊卑有序的封建禮教清規。

此外，宗族還承擔了組織族人在鄉修橋、鋪路、建築水利設施等工程的責任。歙縣潭渡黃氏宗族的《家訓》中規定：「村前村後橋圮路傾，急當倡眾捐修，以便行旅。」

宗族內部發生了糾紛，由族長、房長等主持審判，宗祠就成了家族的法庭，族長、房長等就成了主持審判的法官。如果族人未得宗族允許，擅自向官府投訴，官府也不能先行裁決，而要在聽取宗族的裁判後才能作出決定。如歙縣南屏葉氏《祖訓家風》中規定：「族內偶有爭端，必先憑勸諭處理，毋得遽興詞訟。」並自豪地說：「前此我族無一人入公門者曆有年。……族中士庶以舞弄刀筆、出入公門為恥，非公事不見官長。或語及呈詞訟事則忸怩不寧，誠恐開罪宗祖，有忝家風。」祁門縣二十都文堂陳氏《家法》中也規定：「各戶或有爭競事故，先須投明本戶約正付理論。如不聽，然後具投眾約正副秉公和釋。不得輒訟公庭，傷和破家。若有恃其才力，強梗不遵理處者，本戶長轉呈究治。」[18]家法有時甚至大於國法，國法能容之事卻為家法所不容。

總之，明代宗族制度影響到社會生活的各個方面，是明代社會生活的一面鏡子。

---

18 《文堂陳氏家譜·陳氏文堂鄉約家法》。

貴賤有別
的森嚴等級

明朝開國後的重要治國舉措之一，便是酌古通今，考定邦禮，遵循封建禮制確定的等級原則，對社會各階層在日常生活中的禮儀、規制作了嚴格的規定，以達到「貴賤各有等第，上可以兼下，下不可以僭上」的目的，使明王朝的封建統治長治久安。

一、居住、行止上的森嚴等級

在封建集權社會，居室成為一個人表示其貴賤尊卑的社會地位的標誌。早在西漢初，賈誼就論述說：「高下異⋯⋯則宮室異，則床席異，則器皿異。」[19]所以明朝建立後，百廢待舉，明太祖就迫不及待地規定了全國官民百姓必須遵循的房舍制度。

明代，北京的皇城作為帝王的起居場所（故宮），它始建於明永樂五年（1407 年），歷時十四年建成。全部建築可分外朝、內廷兩個部分，宮殿群體之

---

19 《新書》卷一。

外，用宮城（紫禁城）圍繞。宮城的正門為午門，它既是宮門，也是皇帝向全國頒布詔令的殿宇。外朝建築乙太和殿、中和殿、保和殿三大殿為主，前面有太和門，兩側則有文華、武英兩組宮殿。內廷建築則以乾清宮、交泰殿、坤寧宮為主，這是明代帝后居住生活的地方。這組宮殿的兩側有供居住用的東西六宮和寧壽宮、慈甯宮等；最後更有一座供帝后妃嬪們玩樂的御花園。同時，在皇宮宮城正門的行門至天安門之間，供帝后專門的御路兩側還建有朝房。朝房外，東為太廟，西為社稷壇。而作為明代深宮禁苑之地的皇宮宮城，它不僅是帝王最高權力的象徵，而且是封建禮儀、等級的權威性體現與物化標誌。這一切，又使得明代帝王的居住禮尚（含宮苑建築風格、起居生活等內容），呈現出較之以往不同的特點。

其一，皇城宮苑建築與帝王起居禮尚，均是循禮制而實施的。其中，皇城的主要建築基本上就是附會《禮記》、《考工記》及封建傳統的禮制布局而興建的。社稷壇位於宮城前面的西側（右），太廟位於東側（左），便是附會「左祖右社」的制度。太和殿、中和殿、保和殿三大殿則是附會「三朝」的制度。至於前三殿和後三宮的關係，更體現了「前朝後寢」的制度和禮儀規範。然而，明統治者在規劃宮殿時，一方面對前代宮殿的布局方法有所繼承，另一方面又根據實際政務和起居生活的帝王后妃需求，作了一定的改變和修訂。如左祖右社的位置，金中都是建在宮城前千步廊的兩側，元大都建在皇城以外的地方，明代的則建在皇宮城前面的兩側。

其二，從明代皇宮宮城設計到帝王后妃的起居禮儀，處處均體現著封建帝王的至高無上的權力與皇權的至尊至崇至榮。明代皇宮宮城在總體規劃和建築形制上，充分顯示出帝王的威儀效應，政治上凌駕一切、制馭四海、天下歸心這一主題和基調。為營造整個建築群體整齊、莊重、嚴肅的氣勢與氛圍，其全部主要建築嚴格對稱地布置在中軸線上，在整個宮城中以前三殿為重點，其中又以舉行朝會大典的太和殿為其主要建築。

其三，在明代皇宮宮城建築和帝后妃嬪起居禮尚的「基調」上，生動、具體地體現了中國封建社會傳統的宗法觀念和森嚴的等級制度。正由於前三殿是宮城

的主體，所以在這組宮殿群體的四角有崇樓，同時太和殿是當時最高等級、最高規格的建築，故採用重簷廡殿的屋頂、三層白石臺基、十一間面闊等。甚至屋頂的裝飾走獸、斗拱出跳的數目也最多。至於紅色的牆、柱和裝飾，金黃色的琉璃瓦，既是皇宮建築所專用的色調，又是與帝后妃嬪起居生活相輔相成而又融為一體的皇權尊威的藝術展現。

《北京宮城圖》

除帝王的宮殿外，明初統治者為維護禮法和等級制度，制定了一整套嚴格的住宅等級規劃。洪武二十六年（1393 年）定制，「官員營造房屋，不許歇山轉角，重簷重拱及繪藻井，惟樓居重簷不禁」。公侯前廳七間，兩廈，九架，中堂七間，九架；一至二品廳堂五間，九架，屋脊用瓦獸，梁、棟、斗拱、簷桷青碧繪飾；三至五品廳堂五間，七架，屋脊亦用瓦獸，梁、棟簷桷青碧繪飾；六品至九品廳堂三間，七架，梁、棟飾以土黃。品官房舍、門窗、戶牖不得用丹漆；庶民廬舍不得超過三間，五架，不許用斗拱、飾彩色。[20]《大明律》特設專條，對越級僭用房舍者嚴加懲處，「有官者杖一百，罷職不敘；無官者笞五十，罪坐家長；工匠並笞五十」[21]。

明廷不僅對時人的居室進行了嚴格的規定，而且還規定社會各階層的車輿規制與行止禮儀。它初始於明太祖，到成祖時期逐漸定制和完善。為了顯示封建皇

---

20 《明史‧輿服志四》。
21 《明律集解附例‧禮律》。

帝的最高權威，明廷參照古代的車輿與鹵簿儀仗之制，對帝后、嬪妃等的車輿儀制、鹵簿之制，作了詳盡的規限；還對百官、民人的車轎行止，作了明確的規定，嚴禁僭越違制。帝王的車轎有大輅、玉輅、大馬輦、小馬輦、步輦、大涼步輦、板轎和耕根車等名目；后妃的車輿也有皇后輅、安車、皇妃車（鳳轎）等名目。皇帝的大輅，極盡高貴華麗，描金紋飾和蓮座、寶蓋、天輪、輦亭的形制精巧絕倫。玉輅則較大輅簡易。大、小馬輦均由輪馬所拉。步輦和大涼步輦為由夥役推拉而行的輦車。皇太子乘坐金輅，帳房形制頗為豪華壯觀。東宮妃乘坐鳳轎、小轎，制同皇妃。親王乘坐象輅，形制較金輅略小。親王妃乘坐鳳轎、小轎，制同東宮妃，但有某些不同之處。公主明初沿用宋代的厭翟車，後定制乘坐鳳轎，如親王妃。皇孫乘坐象輅。郡王乘的車無輅，只有帳房，制同親王。郡王妃及郡主俱坐翟轎，制與皇妃鳳轎同，唯易鳳為翟。百官的車乘，景泰四年（1453 年）令在京自三品以上方准乘轎。[22]

　　明代，民人的行止習尚也受嚴格的禮制規範。如洪武元年（1368 年）明太祖便諭令，凡庶民百姓乘坐的車轎，並用黑油，齊頭平頂，皂幔，禁止用雲頭裝飾，顏色也只能用皂青色或深藍色，禁用丹漆。民人使用的傘蓋也有明文限定，百姓只許用油紙雨傘，不得使用羅絹涼傘。庶民騎馬時使用的鞍轡不得描金，只能用銅鐵裝飾。建文四年（1402 年）又重申，官民人等的馬領下纓並轡都必須用黑色，不能使用紅纓及描金、嵌金，也不得使用天青、朱紅等色裝飾。不過這些禁令只限於中原地區的民人，而不包括邊疆的騎馬民族。應當指出的是，到明中後期，隨著商品經濟的發展和新的社會思潮的漸興，這些封建禁令便受到了有力的衝擊。

二、衣冠服飾的等級規定

　　衣冠服飾具有禦寒和審美的兩大功能，體現著一個民族的傳統文化和精神風

---

22 《明史‧輿服志一》。

貌。中國歷代王朝把它當作規範和區分人們尊卑貴賤、身分地位的重要標識，明朝亦是如此。明代服制的釐定，先後用了近三十年的時間。洪武元年（1368年），首先制定皇帝禮服。明太祖認為古代五冕之禮太繁冗，決定祭天地、宗廟服用袞冕；社稷等祭祀服用通天冠、絳紗袍，其餘不予採用。洪武三年（1370年），明政府初步定出冠服之制，主要有皇帝服用之冕服、常服，后妃禮服、常服，文武官員常服和士庶巾服等。至洪武二十六年（1393年），對原定的冠服制度又作了一次大規模的調整，更制範圍更為廣泛，明代主要的服飾之制都是此次確定下來的。此後數百年不再有過大的變易，只是在服裝顏色及其禁例等方面作了些具體的規定而已。如不許官民人等違制僭越服用蟒龍、飛魚、鬥牛圖案，不許用玄色、黃色和紫色，不許私穿紫花罩甲，等等。

明代皇帝的冠服有冕服、通天冠服、皮弁服、武弁服、常服和燕弁服等。袞冕之制定於洪武十六年（1383年）。冕前圓後方，玄表裡，前後各十二旒。袞，玄衣黃裳，繡十二章。蔽膝隨裳色。黃襪，黃鞋，金飾。二十六年（1393）更定：袞冕十二章。袞，玄衣裳。紅羅蔽膝。朱襪朱鞋。凡祭天地、宗廟、社稷、先農、冊拜及正旦、冬至、聖節等活動時服之。該年又定皮弁服制，凡遇朔望視朝、降詔、降香、進表、四夷朝貢、外官朝覲、策士傳臚等時服之。明初武服是

明代鳳冠

赤色，弁上銳，十二縫，中綴五彩玉，落落如星狀，凡親征遣將時服之。洪武元年（1368年）定皇帝通天冠服，凡郊廟、省牲、皇太子諸王冠婚、醮戒時服之。洪武三年（1370年）定皇帝常服制。常服後亦名翼善冠，烏紗折角向上巾，

盤領窄袖黃袍，前後及兩肩各織金盤龍一，玉帶皮靴。嘉靖七年（1528年），明世宗更定燕弁服，其制「冠匡如皮弁之制，冒以烏紗，分十有二瓣，各以金線壓之，前飾五彩玉雲各一，後列四山，朱條為組纓，雙玉簪。服如古玄端之制，色玄，邊緣以青，兩肩繡日月，前盤圓龍一，後盤方龍二，邊加龍紋

八十一，領與兩袪共龍文五九。袵同前後齊，共龍文四九。襯用深衣之制，色黃。袂圓袪方，下齊負繩及踝十二幅。素帶，朱裡青表，綠緣邊，腰圍飾以玉龍九。玄履，朱緣紅纓黃結。白襪。」[23]明代皇后服飾有禮服、常服等。洪武三年（1370 年）定皇后冠服，永樂初略有更定。凡受冊、謁廟、朝會時，皇后要服禮服。皇后的常服按洪武三年定制，雙鳳翊龍冠，首飾、釧鐲用金玉、珠寶、翡翠。諸色團衫，金繡龍鳳文，金用玉帶。洪武四年（1371 年）再更定，用龍鳳珠翠冠，真紅大袖衣霞帔，紅羅長裙，紅褙子。冠上加龍鳳飾，衣用織金龍鳳文，加繡飾。永樂三年（1405 年）複又更定，冠用皂，附以翠博山，上飾一金龍，翊以珠，二翠鳳，皆口含珠滴。前後飾二牡丹，花八蕊，三十六翠葉。另有大衫霞帔，玉帶。此外，對皇妃、皇嬪及內命婦、宮人、皇太子、親王及其妃等的冠服，也都作出明確的規定。

明代文武官員的冠服有朝服、祭服、公服和常服等。朝服：洪武二十六年（1393 年）定，凡大祀、慶成、正旦、冬至、聖節及頒詔、開讀、進表、傳制，俱用梁冠，穿赤羅衣，白紗中單，青飾領緣，赤羅裳，青緣，赤羅蔽膝，大帶赤、白二色

繡百子暗花羅方領女夾衣

絹，革帶，佩綬，白襪黑履。一品至九品，以冠上梁數為差。公冠八梁，加籠巾貂蟬，立筆，四柱，前後玉蟬。侯七梁冠，籠巾貂蟬，立筆，四柱，前後金蟬。伯七梁，籠內貂蟬，立筆，四柱，前後玳瑁蟬。公、侯、伯都插以雉尾。駙馬同侯，但不插雉尾。一品冠七梁，不用籠巾貂蟬，二品冠六梁，三品冠五梁，四品冠四梁，五品冠三梁，六品、七品冠二梁，八品、九品冠一梁，其他差別在於革帶用玉、金、銀花、銀綬的紋樣以及所執笏板的質地的不同上，唯獨御史冠用獬豸。嘉靖八年（1529 年）曾有更定，但無大的損益。祭服：凡祭祀郊廟、社稷，文武官員分獻陪祀，均服祭服。洪武二十六年（1393 年）定，一品至九品祭服

---

23 《明史‧輿服志二》。

為青羅衣，白紗中單，俱皂領緣。赤羅裳，皂緣。赤羅蔽膝。方心曲領。冠帶、佩綬等差並同朝服。若品官家用祭服，三品以上去方心曲領，四品以下並去佩綬。嘉靖八年（1529年）再更定，大體與朝服相同，唯獨錦衣衛堂上官，服大紅蟒衣、飛魚服，戴烏紗帽，束鸞帶，祭太廟、社稷則服大紅便服。公服：洪武二十六年定，文武官員每日早晚奏事及侍班、謝恩，見辭服公服。在外文武官，每日公座也服之。其製衣用盤領右衽袍，袖寬三尺。材料用紵絲，或者紗羅絹。一品至四品，緋袍；五品至七品，青袍；八品九品，綠袍；未入流雜職官與八品以下同。袍的花紋以花徑大小分別品級，如一品用大獨科花，徑五寸；以次遞減其花徑大小，八品以下無紋。首戴襆頭，分漆、紗二等，展角長一尺二寸；雜職官襆頭，垂帶，後複令展角，不用垂帶，與入流官同。腰帶一品用花或素色玉，二品犀，三品四品金荔枝，五品以下用烏角。鞓用青革，仍垂撻尾於下。著皂靴。後改定朔望朝具公服朝參，常朝則只穿便服。公、侯、駙馬、伯的服飾等與一品同。常服：洪武三年定，文武官員常朝視事（即在本館署內處理公務），用烏紗帽，團領衫，束帶。一品用玉帶，二品花犀，三品金鈒花，四品素金，五品銀花，六品七品素銀，八品九品烏角。洪武二十四年（1391年）又定，公、侯、伯、駙馬束帶與一品相同。同時規定，常服用補子花樣標識品級高低：公、侯、伯、駙馬繡麒麟、白澤。文官一品用仙鶴，二品用錦雞，三品用孔雀，四品用雲雁，五品用白鷳，六品用鷺鷥，七品用，八品用黃鸝，九品用鵪鶉，雜職用練鵲，風憲官用獬豸；武官一品二品用獅子，三品四品用虎豹，五品用熊羆，六品七品用彪，八品用犀牛，九品用海馬。[24]由於勳爵品官日常用常服，所以明代人說：「國朝服色以補為別」[25]，可見用補子花樣以示等第，是明代官服的重要特點之一。

洪武初年定庶人婚嫁，准許服用九品冠服。洪武三年（1370年），明政府「復製四方平定巾，頒行天下」，改用四帶巾為四方平定巾，穿雜色盤領衣，不許用黃。後來又取六瓣瓜拉帽（即後世的「瓜皮帽」）象意「六合一統」，為庶

---

24 《明史‧輿服志三》。
25 謝肇淛：《五雜俎》卷十二。

民戴用，但不准許用頂。後又頒示十三布政使司「畢裹網巾」。庶民即使身為鄉中正、副鄉約，仍不能服冠，只許服著老幅巾。還明文申禁，男女衣服不得僭用金繡、錦綺、紵絲、綾羅，只許用綢、絹、素紗，靴不得裁製花樣、金線裝飾。農民只許用綢、紗、絹、布，首飾、釵、鐲不許用金玉、珠翠，只許用銀。若是農夫可戴斗笠、蒲笠出入市井，不親自耕作的不許。老農的衣制，袖長要過手；庶人衣長離地五寸，袖長過手六寸，袖筒廣一尺，袖口寬五寸。洪武二十五年（1392 年）又下令，庶民不許穿靴，只許穿皮紮，只有寒冷的北方才許穿牛皮直縫靴。

明王朝對庶民冠服的規定是很嚴厲的，如有違制或僭越，則嚴懲不貸。除官民界限外，還有良賤之別。明代視商賈為下賤，這在服飾制度中也有體現。農民之家許穿綢、紗、絹、布，而商賈之人卻只許穿絹、布，不許穿用綢、紗。如農民之家有一人為商賈，就不許家人穿綢紗。正德年間的一項服飾制度規定，將商賈與僕役、娼優列為同一等。據明人記述，此舉「亦寓重本抑末之意」[26]。

士庶妻的冠服，洪武三年（1370 年）規定，首飾用銀鍍金，耳環用金、珠，釧鐲用銀，服淺色團衫，用紵絲、綾羅、綢絹。五年又令民間婦人禮服惟著紫（粗布），不許用金繡，袍衫只能用紫、綠、桃紅等淺淡顏色，不許用大紅、鴉青和黃色，帶用藍絹布製作。女子未出嫁者，梳三小髻，用金釵，珠頭巾，穿窄袖背子。成化十年（1474 年），又嚴禁官民婦女不得僭用渾金衣服、寶石首飾。正德元年（1506 年），還令軍民婦女不許用銷金衣服、帳幔、寶石首飾、釧鐲。[27]

明廷對奴僕、婢女及伶人、樂妓的冠服也有嚴格的規定。如限令大婢女只准穿用絹布製作的狹領長襖和長裙，小婢女只許穿長袖短衣和長裙，而伶人、樂妓，常服則只許服用帶有污辱含義的綠色巾。至於樂妓只戴明角冠，穿皂背子，不許與庶民妻同。這表明明代庶民各階層婦女的服飾也有嚴格的等級劃分與規定。

---

26 何孟春：《余冬緒錄摘抄》。
27 《明史‧輿服志三》。

明代婦女著履習俗，除具有時代風貌與特徵外，基本沿用前代舊俗。如按照漢族的傳統習俗，婦女大多纏足，穿用的鞋曰「弓鞋」，以香樟木為高底。如木底在外邊叫「外高底」，有「杏葉」、「蓮子」、「荷花」等名稱。而木底在裡邊的一般則稱「裡高底」，又稱「道士冠」。老年婦女則按習慣多穿平底鞋，時人謂之為「底而香」。

三、等級森嚴的喪葬制度

明代帝后的喪禮、喪服制度和陵寢（埋葬）制度及其禮儀規制，在承襲古代喪禮制度的同時，適應新的歷史時代發展需要也有刪減增補和調整。這些制度俱寫入《明會典》、《大明集禮》，成為國家法律條文的一部分，具有很強的法律效力，使帝后生前的等級特權、至尊至崇至隆的身分地位，在他們死後的喪葬活動中也能得到充分的體現。如同樣是人壽終正寢，是死，但說法和稱呼上就大有尊卑、貴賤之別，皇帝、皇后死曰崩，公侯貴戚死曰薨，大臣要員死曰卒，士死曰不祿，庶民死則徑稱為死，等等。

在喪禮、喪服制度方面，明代帝后死後的一段時間內，國內臣民禁止婚娶和一切娛樂活動，要為之服喪戴孝，舉國上下哀悼，稱為國喪。如洪武三十一年（1398年），明太祖朱元璋駕崩後，禮部定議，京官聞喪的次日，要素服，戴烏紗帽、黑角帶，赴內府聽宣遺詔，並在本署內齋宿，「朝晡詣幾筵哭」。越三日開始服喪，「朝晡哭臨」，至下葬為止。自服喪之日起，須服喪滿二十七日才可釋服。命婦要服喪服，去首飾，由西華門入宮哭喪。諸王、世子、王妃、郡主、內使、宮人都要服斬衰（音 cuī）三年，服滿二十七日釋服。文武百官臨朝治政，要服素服，戴麻布冠、黑角帶，退朝要服「衰服」。群臣要穿麻布圓領衫，戴麻布冠，要飾麻製首絰，枲麻製腰絰，穿麻製鞋子。命婦穿麻布大袖長衫，飾麻布製蓋頭。在外的百官，接奉詔書到日，要素服，戴烏紗帽、黑角帶，行四拜禮。聽畢宣詔，舉哀悼念，再行四拜禮儀，三日後服喪，每日晨設香案哭喪，三日喪滿釋服。各地遣官赴京致祭時，祭物由禮部備辦。明太祖下葬的孝陵，還設

有神宮監並孝陵衛和祠祭署，專門負責祭祀等項事務。

在統治階級中，帝王的墳墓規模最為宏大，稱為「陵」或「山陵」。明代對帝后陵址的選擇、陵墓的形狀、墓室和墓地建築以及葬具和隨葬物品等，都有明確的規定。中國古代帝陵的形狀從戰國時起皆以方形為貴，但明代卻與古制相異，帝陵的封土改方為圓，稱之為寶頂，又稱獨龍阜，其上滿栽樹木，以營造鬱鬱蔥蔥、佳氣籠罩的神秘感。明代統治者不惜耗費人力物力，在生前就為死後作準備，修築宏偉陵墓。明太祖標榜明制皆仿唐、宋之制，但他的葬所孝陵前的石雕行列，在類別和數量上都和唐、宋兩代有所不同。總的類別是瑞獸十二對，包括獅子、獬豸、駱駝、大象、麒麟和翼馬各兩對，一對站立，一對跑臥；文武侍臣各兩對，共八人。明代皇帝不但注重葬具的規格、質地，而且普遍厚葬，隨葬品更是五花八門，應有盡有。明代前期的皇帝死後，甚至令妃嬪宮女殉葬。明代帝后的隨葬物，也有嚴格的等級規定。此外，明代對帝后陵廟的謁祭也定有詳備的制度。

宗室諸王及妃、公主的喪葬諸儀禮，皆依嚴格的等級而定。如洪武二十八年（1395 年）定制：凡有親王喪，要輟理朝政三日。禮部遣官掌管喪葬之禮，翰林院撰寫祭文、謚冊文、壙志文，工部製造銘旌，派遣官員造墳，欽天監官占卜葬期，國子監生八名報訃各王府。皇帝御祭一次，皇太后、皇后、東宮太子以及在京文武官員各祭一次。自初喪至服喪期滿釋服，御祭凡十三壇，封地內的文武官員各祭一次。在喪服制度方面，王妃、世子、眾子及郡王、郡主，下至宮人，要服斬衰三年。封地內文武官員服齊衰三日，哭臨五日而後釋服。王城的軍民要素服五日哀悼。郡王、眾子、郡君、為兄及伯叔父服齊衰要期滿一年。郡王妃服小功服，喪期為五月。凡遇親王妃喪禮，皇帝御祭一壇，皇太后、中宮、東宮、公主各祭一壇，布政司委派官員行開壙合葬之禮。繼妃、次妃的祭禮與此相同。其夫人則只御祭一壇。都要造壙葬。遇有郡王之喪，輟理朝政一日，行人司遣官掌行喪葬之禮，其餘喪儀與親王相同，但無皇太后、皇后之祭禮。郡王妃與親王妃的喪儀相同，然沒有公主之祭禮。合葬郡王繼妃次妃的喪禮，都與正妃喪禮相同。

對品官的喪葬制度，明王朝同樣作了嚴格的規定。不但對品官墳墓的大小、墳高及墓碑的形制有具體的規定，而且對葬具和隨葬物品也有嚴格限制。官爵越高，墓地越大，墳頭越高。如一品官墓地為九十方步，二品為八十方步，三品為七十方步，四品為六十方步，五品為五十方步，六品為四十方步，七品以下為三十方步。墳高同樣也尊卑有別，一品為十八尺，二品為十六尺，以次遞降類推，七品以下為六尺。再如墓碑的製作，規定更為細緻：一品為螭首龜趺，二品為麒麟首龜趺，三品為天祿、辟邪（傳說中的兩種神獸）首龜趺，四至七品為圓首方趺，圓首的碑又稱碣。碑身、碑首的高度、寬度以及趺坐的高度也都有等級差別，其中最高級的墓碑高達一丈六尺。原則上庶人墓前不許立碑碣，但此項禁令並未嚴格遵行，故一般人死後墓前大多立有石碑，只是體小制陋，而無趺坐而已。對棺槨，明政府規定，品官棺用油杉朱漆，槨用土杉。隨葬所用的陶質、木質明器（即鬼器），規定公侯為九十事，一、二品為八十事，三、四品為七十事，五品為六十事，六、七品為三十事，八、九品為二十事。[28]此外，明政府對品官刻製志石也有限定。在喪禮方面，其程式也很複雜，名目頗多，可謂繁文縟節，等級分明。對此，《明史》對品官的初終之禮、立喪主、立婦、治棺訃告、設屍床、帷堂、掘坎、設沐具、飯含、置靈座、結魂帛、立銘旌、小斂、大斂、蓋棺、成服、朝夕器奠、筮宅、蔔日、發引、下葬、反哭、虞祭、卒哭、家廟、改題神主、後除服等儀節及其有關規限，均有詳細載述。同時，明政府對品官服喪期間的喪服、居喪服飾、居喪時間和行為，按照禮制，也有一定的要求。[29]

---

28 參見萬曆《大明會典》卷九十九、二〇三；《明史·禮志十四》。
29 參見《明史·禮志十四》。

第三節·
摧殘女性
的貞節觀

　　明代的封建倫理道德觀十分頑固地控制人們的思想，三綱五常成為束縛人們思想的繩索。即使晚明出現了一股人文主義思潮，封建綱常對人性的扼殺並沒有絲毫減弱，特別是婦女更受到嚴重的迫害和摧殘。

一、貞節旌表制度的建立

　　明朝肇建之時，百廢待興，明太祖朱元璋便以正人心、厚風俗、敦教化為急務，認為教化之始在於齊家，家齊則國治。他說：「使一家之間，長幼內外各盡其分，事事循理，則一家治矣。一家既治，達之一國，以至天下，亦舉而措之耳。朕觀其要，只在誠實而有威嚴，誠則篤親愛之恩，嚴則無閨門之失。」[30]

　　基於「嚴則無閨門之失」，加上明初儒學又以理學為主流，理學家講究貞節，故明廷於旌表節烈婦女規定得很詳細，為前朝所未有。其顯著而又影響深遠的，莫若洪武元年（1368 年）的詔令：「凡孝子順孫、義夫節婦、志行卓異者，

---

30 朱元璋：《明太祖寶訓·論治道》。

有司正官舉名，監察御史、按察司體覆，轉達上司，旌表門閭。又令：民間寡婦，三十以前，夫亡守制，五十以後，不改節者，旌表門閭，除免本家差役。」[31] 貞婦守節，可旌表門閭，為之立貞節牌坊，並免除本家差役。明代只有士紳以上身分的人家才能免除差役，因此受旌揚的節婦本家不僅有實際的經濟利益，更可提高家族的社會地位。

明朝初年，保舉義夫節婦是地方官的職能，不盡力者將會受到處罰。洪武二十一年（1388 年）榜示天下：「本鄉本里有孝子順孫、義夫節婦及但有一善可稱者，里老人等以其所善實跡，一聞朝廷，一申有司，轉聞於朝。若里老人等已奏有司不奏者，罪及有司。」[32] 自明代起，節婦烈女的薦舉，便成為地方官員及監察御史職責所在，而受表節婦烈女數量的多少，也會影響地方官治理民政的成績。所以一有節婦烈女出現，他們便大張旗鼓，極力宣揚，為之表節義，列志譜，修牌坊。

明王朝不僅對於婦女守貞節有獎勵制度，而且對婦女再嫁明令加以歧視與貶斥。洪武十六年（1383 年）定擬文官封贈蔭敘，於「封妻」部分規定：「其妻非禮聘正室，或再醮，及娼優婢妾，並不許申請。……凡婦因夫貴，母貴受封，不許再醮，違者治之如律。」[33] 不僅再醮之婦不得受封，還將再醮婦與「娼、優、婢、妾」並列，可見其對再嫁婦女之歧視。而婦女若因夫、子得封，而又再嫁，除上述「違者治如律」的規定外，洪武二十六年（1393 年）還規定：「凡婦人因夫、子得封者，不許再嫁。如不遵守，將所授誥敕追奪，斷罪離異。其有追奪為事官員誥敕，具本奏繳內府，會同吏科給事中、中書舍人，於勘合底簿內，附寫為事緣由，眼同燒毀。」[34] 誥敕是士人家族的無上榮譽，受封的命婦改嫁，不僅要將所授誥敕追奪，按一定程式奏繳內府，於勘合底簿附寫緣由後燒毀，並且還要「斷罪離異」，其懲治不可謂不重。至於平民之妻，夫死改嫁就將受到經濟制裁，不僅得不到丈夫留下的財產，就連她從娘家帶來的嫁妝也將喪失。

---

31 萬曆《大明會典》卷七十九。
32 同上。
33 轉引自石雲：《柔腸寸斷愁千縷——中國古代婦女的貞節觀》，西安，陝西人民教育出版社，1988。
34 萬曆《大明會典》卷六。

明太祖的崇尚貞節，從編修《元史》時他對節婦行狀親加刪定，亦可窺其端倪。元末明初，天下戰亂紛擾之際，出現了大批節婦烈女，明太祖特命修纂諸臣將這些事蹟加以搜羅整理，載入《元史》，加以旌揚。主持此事的大儒宋濂即言：「史館總裁有元一代之史，四方以節婦狀來上者甚眾。」又言：「余修《元史》時，天臺以三節之狀來，上命他史官具稿，親加刪定，入類列女傳中，奉詔刻梓行世。」由於明廷的大力提倡，明代的節婦烈女數量很多。據《古今圖書集成‧明倫彙編‧閨媛典》的《閨烈部》及《閨節部》記載統計，自明初至明末，節婦烈女高達三六〇四九人。足見有明一代，封建的貞節觀已深深地滲透到社會的各個角落，對婦女的身心造成了極其嚴重的危害。

二、明中晚期思想界對節女貞女的再認識

明代中後期興起的王氏心學，對程朱理學發起多方面的挑戰，從而促使人們對傳統的貞節觀念進行反思。特別是晚明時期的歸有光、呂坤、黃宗羲、歸莊、呂留良等人，更對「禮」與「情」、「貞」與「孝」作出適合社會現狀的解釋。

理學家認為，「餓死事小，失節事大」，女子受聘於人，丈夫一死，女人就應該終身不改嫁，自稱「未亡人」，甚而應殉情而死。只有這樣，才堪稱「貞女」。正史《列女傳》中對「貞女」的過分宣揚，使這一思想深入人心，在人們的頭腦中根深蒂固。歸有光一反成說，對「貞女」概念作了新的解釋，認為「女未嫁人，而或為其夫死，又有終身不改適者，非禮也」[35]。理學家所百般稱頌的「貞女」，在歸有光看來卻是一種「非禮」的行為。呂坤亦持相同觀點。他從探索「禮」的本意出發，探索「禮」與「情」的關係，認為「禮」必須「稱情」，即與人情相稱，反對以「禮掩情」[36]。換言之，他提倡「禮由情生」，反對「以禮為情」。

---

35 呂坤：《去偽齋集‧四禮疑序》。
36 呂留良：《呂晚村先生文集‧與吳玉璋書》。

理學家樹立的「貞女」楷模一旦受到指責，人們對於「剜心刲股」這樣的行為是否屬於孝友的性質，也就產生了懷疑。他們通過審慎冷靜的思考，認識到「孝」應該有一個「度」，只有在這個「度」的範圍內，做到「衰麻有期，哭踊有節」，而不是越過這個「度」，「任心行之」，才不致出現偏差。因此在朱鶴齡看來，無論是「刲股斷臂」，還是「剜心刲股」，這種用毀傷自己肢體來求得孝友名聲的行為，都不當旌表。[37]

不過，這種文化反思是不徹底的。歸有光貶斥理學家所樹立的「貞女」形象，但並無意否定封建的禮教。他一面強調「禮以率天下之中行」，不應超越「人情」，另一面又反對「窮人欲而滅天理」，認為有些具有「高明之性」的人，做出「出於人情之外」的節烈事，同樣應屬褒揚之列。[38]這樣，他推倒一種「貞女」形象，卻又重新樹立另一種「貞女」榜樣。同樣，呂坤部分地肯定人的情欲是一種「當然之願」與「天欲」即人類天性的必然展現，但又極力排斥「聲色貨利」。與李贄追求「絕假純真」的「童心」不同，呂坤所追求的，既不是絕去人情的假道學，也不是毫無掩飾的「純真」之情，而是介於假與真之間的「中庸」[39]。因此，李贄所一再鼓吹的「童心」，同樣為他所不取。歸有光、呂坤等人對「貞」與「孝」、「情」與「禮」的探討與論證，遵循的是儒學「極高明而道中行」、「從心所欲而不逾矩」的原則，因此他們的反思就不可能徹底。

儘管如此，歸有光、呂坤等人對「情」與「禮」、「貞」與「孝」的重新論證，對人性、情欲提出新的看法，卻為人們衝擊封建的烈女貞節觀打下了理論基礎，做了輿論上的準備。

---

37 同上。
38 歸有光：《震川先生集・張氏女貞節記》。
39 呂坤：《呻吟語・存心》。

三、明晚期貞節觀的裂變

明朝後期的社會風尚同其早期迥然不同，上至皇室勳貴，下到小民百姓皆崇尚奢靡，揮霍成性，奢靡無度，流風所及，已遍及社會生活的各個角落。某些具有傳統觀念的文人士大夫雖「極力欲挽回之，時時舉以告人，亦常以身先之，然此風分毫不改」[40]。故有人大發無力回天的感歎：「蓋人情自儉而趨於奢也易，自奢而返之儉也難。今以浮靡之後，而欲回樸茂之初，胡可得也！」[41]名宦富賈，不僅窮燈紅酒綠之欲，且盡絲竹管弦之樂，女樂聲伎，盛極一時。富貴者不問國家之興亡，不知百姓之疾苦，縱宴游之樂，炫耳目之觀，真可謂驕奢淫逸，醉生夢死。

在這股奢靡之風的激蕩之下，權力甚至肉體都被作為商品出賣，文化日趨世俗化，色情文化氾濫一時。生活於正、嘉間的陸楫竟然撰寫《禁奢辨》一文，對明初的《禁奢令》提出質疑，公開倡導奢侈之風。祝允明、唐寅、桑悅更是公然蔑視傳統道德觀念，以放蕩不羈而聞名於世。《明史》稱：「吳中自枝山輩以放誕不羈為世所指目，而文才輕豔，傾動流輩，傳說者增益而附麗之，往往名出教外。」[42]唐寅受聘於寧王，桑悅受知於邱濬，可見其時聲名之盛。唐寅與仇英，一反中國畫的傳統，以人體美作為自己的表現物件，進行裸體畫的創作。荷蘭人高羅佩（R.H.van Gulik）在他的論著中指出：「……明代早期和中期的春宮手卷和冊頁滿足不了明代晚期江南畫家和文人圈子中那些享樂過度、厭倦已極的人。在……他們寫的那些淫穢小說中，他們已經極為逼真地描寫過女人的美麗，而現在他們想的是把她們畫成裸體，畢現其隱秘部分的魅力。他們想畫各種姿態的裸體。比當時流行的卷軸、冊頁畫得更精確，也更大。然而，以前沒有作品達到過這麼高的標準。中國畫進入室內繪畫已有許多世紀的歷史，但唯獨肖像畫是例外，並不取材於真人，更不用說照裸體的活人來畫。照裸體的活人來畫，我只知

---

40 何良俊：《四友齋叢說・正俗一》。
41 張瀚：《松窗夢語・百工紀》。
42 《明史・文苑傳二》。

道一個例子。」⁴³高羅佩認為，藝術造詣很高的唐寅，很懂得人體美學，他讓自己的情人作模特，將大幅裸體畫畫得惟妙惟肖。不久，仇英也起而效仿，開始畫裸體男女。唐寅與仇英的裸體畫，嚴格地說並不完全屬於春宮圖的範疇，但後來南京的書畫商採用套色刻印的辦法，將他們的作品印刷成色情的春宮圖，推向市場。這樣，原來高雅的藝術作品被拉入到世俗的庸俗與淫穢之中，傳統道德觀念也就被打破了。

與此同時，在當時的市場上，還出現了一批色情與淫穢的文學作品，如《金瓶梅》、《隔簾花影》、《繡榻野史》、《肉蒲團》等。《隔簾花影》是《金瓶梅》的續集，《繡榻野史》和《肉蒲團》則分別出自南京呂天成和明清之際著名劇作家李笠翁之手。這些小說中的人物沉迷於淫猥放蕩的性生活，傳統的禁欲主義在此受到了前所未有的公開挑戰。

在一些經濟發達的城市，奢靡之風更盛，胭粉氣息也更濃重。歷代胭粉之地秦淮河到晚明時代，更是成為士夫名宦、富商大賈、紈絝子弟以及游冶惡少們聲色荒淫的享樂之處。「秦淮河房，便寓、便交際、便淫冶，房值甚貴而寓之者無虛日。畫船簫鼓，去去來來，周折其間。河房之處，家有露臺，朱欄綺疏，竹簾沙幔……女客團扇輕紈，緩鬢傾髻，軟媚著人。」有錢人可在這裡擁妓縱樂，遊宴狂放。這裡的繁榮和享樂也吸引了南京的市民，「年年端午，京城士女填溢，競看燈船，好事者集小篷船百什艇，篷上掛羊角燈如聯珠。船首尾相銜，有連至十餘艇者，船如燭龍火蜃。屈曲連蜷，蟠委旋折，水火激射。舟中鈸星燒，宴歌弦管，騰騰如沸。士女憑欄轟笑，聲光淩亂，耳目不能自主。」⁴⁴

在這種奢靡的生活和對物欲追求的社會風尚的影響之下，人們的貞節觀念日益變得淡薄，婦女的自我意識不斷增強。傳統的愚「貞」愚「孝」行為的道德取向開始發生動搖，社會各階層對女性的認識開始發生改變，使晚明女性看到了一絲微弱的曙光。

---

43 〔荷〕高羅佩：《房內考》，419 頁，上海，上海人民出版社，1990。
44 張岱：《陶庵夢憶》卷四。

第四節 ·

悖禮越制
的社會潮流

明嘉靖以後，隨著社會生產力的不斷提高，商品經濟的迅速發展，人們的生活觀念有了很大的改變，日常生活的各個方面包括服飾、居室、車馬、飲食、器皿等都在發生變化。明統治者雖一再頒令禁止，但歷史的潮流是誰也阻礙不了的。

明朝嚴禁官民擅用蟒龍、飛魚、鬥牛和各種華異服色，但屢禁不止。特別是到了嘉靖中葉以後，徐階、張居正等閣臣所得坐蟒，「正面全身，居然上所御袞龍」[45]。駙馬之庶子，按例只是「齊民」，竟然也有人穿上「裹以四爪象龍」的衣服。在京內臣，「輒服似蟒似鬥牛之衣」。王府承奉，沒有得到皇帝特賜的，竟也「被蟒腰玉，與撫按藩臬往還宴會，恬不為怪」，「至賤如長班，至穢如教坊，其婦外出，莫不首戴珠箍，身被文繡，一切白澤麒麟、飛魚、坐蟒，靡不有之」[46]。就連「役奴下走」也是文衣麑履，泛泛馬，「賤妾愚婦」也都翠髻瓊冠，一珠千金。[47]

---

45 沈德符：《萬曆野獲編·蟒衣》。
46 沈德符：《萬曆野獲編·眼色之僭》。
47 黃省曾：《五嶽山人集·仕意篇下》。

居室中的悖禮越制現象也日益嚴重。大約從明憲宗成化年間開始，全國各地屋舍都由樸實無華而趨向金碧輝煌。如湖廣茶陵州「國初宮室尚樸，三間五架……成化以後，富者之居高廣靡麗，比之公室」[48]；南直隸江陰且「軍初時民居尚儉樸，三間五架，制甚狹小……成化以後，富者之居僭侔公室」[49]；浙江太平縣在明初「居室無廳事，高廣惟式，成化、弘治年間……屋有廳事，高廣倍常，率仿效品官第宅」[50]；河南太康縣在明初「城內僅六七家草舍，後數十……成化間瓦舍漸多，俗以高樓相尚」，鄉村房舍「國初皆草舍，弘治間瓦樓舍宇類城市」[51]。至於江南首府蘇州，更是繁華。弘治時王錡記載說：「正統、天順間，餘嘗入城，咸謂稍復其舊（指張士誠割據蘇州以前狀況），然猶未盛也。迨成化間，餘恆三四年一入，則見其迥若異境，以至於今，愈益繁盛，閭簷輻輳，萬瓦甃鱗，城隅濠股，亭館布列，略無隙地。」[52]嘉靖以後，居舍的奢僭之風更加熾盛，到處是雕梁畫棟，高樓飛閣。南京在「正德已前，房屋矮小，廳堂多在後面，或有好事者，畫以羅木，皆樸素渾堅不淫。嘉靖末年，士大夫家不必言，至於百姓有三間客廳費千金者，金碧輝煌，高聳過倍，往往重簷獸脊如高衙然，園囿僭擬公侯。下至勾闌之中，亦多畫屋矣。」[53]山西翼城縣也是居室多求壯麗，「至有屋未完而家室空者」[54]。《農書》作者馬一龍曾邀集二十五位八十歲上下的耆老，請他們分別回憶五十年來社會風尚的變遷。其中一位名叫陳桂的老人談道：「當時人家房舍，富者不過工字八間，或窨圈四圍，十室而已。今重簷窈寢，回廊層臺，園亭池館，金翬碧相，不可名狀矣。」這使馬一龍感到自慚形穢，因為他本人的居室，還是「門闌洞敞，園池匝合，而終不免豪誕之習」。不由得感慨道：「鄙哉，龍也！龍生也近，不識五十年前事，諸公所述，龍犯三焉：居廣大而服華美，棄徒行而安車馬，志古之人而不免俗之趨，鄙哉，龍

---

48 嘉靖《茶陵州志・風俗第六》。
49 嘉靖《江陰縣志・風俗第三・習尚》。
50 嘉靖《太平縣志・地輿志下・風俗》。
51 嘉靖《太康縣志・服舍》。
52 王錡：《寓圃雜記・吳中近年之盛》。
53 顧起元：《客座贅語・建業風俗記》。
54 嘉靖《翼城縣志・地理志・風俗》。

也！」[55]

明初對不同品級的官員所有的車馬、轎子在式樣、數量、色彩等方面都作了詳盡的規定，但到明中晚期，又被人們逾越了。據《萬曆野獲編・四品金扇》記載：「故事：京朝官詞林坊局，五品即得用大金扇遮馬，其他須三品乘轎始用之。故太僕、光祿皆得金扇，左右僉都雖雄貴，以尚四品，張黑扇如他官。近年丁未（1607 年）以後，僉都忽自製金扇，每出皆屬目訝之。逾年則左右通政與大理寺左少卿亦用之，蓋以同為四品大九卿也。言官、禮官無敢糾正之者。習見既久，今且以為固然矣。」不僅如此，就連退休、離職回鄉的官僚，以及還未當官，更無品級可言的舉人、監生、秀才等，也群起仿效。

另據時人的記載：「嘗聞長老言，祖宗朝，鄉官雖見任回家，只是步行。憲廟時，士夫始騎馬。至弘治、正德間，皆乘轎矣……夫士君子既在仕途，已有命服，而與商賈之徒挨雜於市中，似為不雅，則乘轎猶為可通。今舉人無不乘轎者矣。董子元雲，舉人乘轎，蓋自張德瑜始也。方其初中回，因病不能看人，遂乘轎以行。眾人因之，盡乘轎矣……今監生無不乘轎矣。大率秀才以十分言之，有三分乘轎者矣。其新進學秀才乘轎，則自隆慶四年始也。蓋因諸人皆士夫子弟或有力之家故也。」[56]更令統治者頭痛的是，原有的舊禮制，一旦被破壞，被逾越，便萬難恢復。據《萬曆野獲編・舊制一廢難復》說：「太祖舊制：內臣出外，非跟隨親王、駙馬及文武大臣者，凡遇朝廷尊官，俱下馬候道旁，待過去方行。今小火者，值部閣大臣，俱揚鞭直衝其中道矣。舊制：文臣三品以上，始得乘輿。今凡在京大小官員，俱肩輿出入。初猶女轎蔽帷，不用呵殿。今則襄幨前驅，與南京相似矣。舊制：給事中曰避六卿。自嘉靖間，南京給事中曾鈞，騎馬徑沖尚書劉應龍、潘珍兩轎之中，彼此爭論，上命如祖制，然而終不改。今南六科、六部同席公會，儼如寮友，途間相值，彼此下輿揖矣。太廟陪祀，止用五品以上尊官，自吏科都給事中夏言，以加四品服俸求陪祀，上下其議，部覆不許。今不知何時何人作俑，六科都給事，俱隨班駿奔於太廟中矣。此皆蔑棄舊規遺制

55 轉引自滕新才：《明朝中後期民室變化初識》，《三峽學刊》，1996 年第 3 期。
56 何良俊：《四友齋叢說・正俗二》。

之極，然而一變之後，遂不可改。」

　　明朝律令中對公侯有品級的官員使用奴婢的數目，有具體的規定：「公侯家不過二十人，一品不過十二人，二品不過十人，三品不過八人。」[57]後來，官僚役使奴婢的數目遠遠超出這些。到嘉靖年間及其以後，情況愈加嚴重。像江南大家世宦，役使奴僕在一二千人的並不少見。當時甚至還出現了這樣的狀況：「近日士大夫家居，皆與府縣討夫皂。雖屢經禁革，終不能止。或府縣不與，則謗議紛然」，「今世衣冠中人，喜多帶僕從。沈小可曾言，我一日請四個朋友吃晚飯，總帶家童二十人，坐至深夜，不得不與些酒飯，其費多於請主人」[58]。

　　服飾上的僭越禮制現象更是嚴重。據史料記載：「洪武改元，詔衣冠悉服唐制。士民束髮於頂，官則烏紗帽、圓領、束帶、皂靴；士庶則服四帶巾、雜色盤領衣，不得用黃玄；士庶妻首飾許用銀鍍金，耳環用金、珠，釧環用銀，服淺色團衫，用紵絲綾羅綢絹；樂妓則帶明角皂褙，不許同。二十二年（1389 年）申嚴巾帽之禁，儒生、吏員、人民常戴本等頭巾；鄉村農夫許戴斗笠，出入市井不禁，不親農業者不許。二十四年（1391 年），生員玉色絹布衫，寬袖皂線條軟巾、垂巾；農家許著綢紗、絹布；商賈之家只許著絹布；如農民之家但有一人為商賈者，亦不許著綢紗；農民許戴斗笠、蒲笠。累朝遞有禁革。隆慶四年（1570 年），奏革雜流舉監忠靖冠服，士庶男女宋錦、雲鶴、綾緞、紗羅，女衣花鳳通袖，機坊不許織造。」[59]明太祖及其後繼者不厭其煩地一次次頒布有關冠服的命令，其目的就是想建立一個尊卑有序、貴賤分明的社會秩序，造成一種望人便知其品級、身分、地位、職業的冠服文化氛圍。自明中葉後，富商大賈們不顧禮制的約束，他們憑藉雄厚的資產，一擲千金，「去樸從豔」，「僭擬無涯」。他們的行動，帶動了整個社會時尚的變化，一發而不可收，「綺靡之服，金珠之飾」[60]已成為一種普遍的現象。

---

57 龍文彬纂：《明會要·民政三》，引王圻《續文獻通考》。
58 何良俊：《四友齋叢說·正俗二》。
59 田藝蘅：《留青日札·我朝服制》。
60 嘉靖《茶陵州志·風俗第六》。

第九章

人才培育
與科舉取士

學校教育

一、各級學校的興辦

明代的學校作為「養賢育材之所」，由於明太祖的重教興學而興盛起來。

明代學校育才的形式是多樣的。國子監是中央一級的學校，明初共有三處，即南京國子監、中都國子監、北京國子監。中都國子監，設置的時間較短，只存在了十六年。因而明代的國子監有南、北兩監之分（亦稱南北兩雍）。國子監的學生，通稱為「監生」，其來源有兩類，一類是官生，一類是民生。官生又分兩等，一等是品官子弟，一等是土司子弟和海外留學生。官生由皇帝指派分定，民生由各地文官保送。洪武以後，國子監的生源有所擴大。主要有舉監（會試落第的舉人）、蔭監（品官子弟）、例監（捐貲）、貢監（生員）。貢監中又有歲貢、選貢、恩貢、納貢之分，蔭監中有官生、恩生之別。監生可以直接參加鄉試，可享受免去丁糧、官役和差徭的優惠照顧。監生在監，國家按月發給每人一定的廩膳費，歲時節令又有布帛、衣著、賞錢等。妻子有給養，探親有路費。尤其舉監，是會試落第的舉人，有資格擔任教職，所以舉監生員也可享受教諭的俸祿。從某種意義上說，國子監實際上又承擔了培訓官學教官的職責，帶有師範教育的性質。

國子監作為養士之所，負擔著培育官僚的任務。明初「天下官多缺員」，監生被擢為官的很多。從監生任官的情況看，並沒有一定的資序，最高的可以擢至地方大吏從二品的布政使，最低的只做正九品的縣主簿，以至無品級的教諭。而且監生也沒有固定的任官性質，部院官、監察官、地方最高的民政財政官、司法官，以至無所不管的府州縣官和學校官，幾乎無官不做。另外，在學的監生，有奉命出使的，有奉命巡行列郡的，有稽核百司案牘的，有到地方督修水利的，有執行丈量記錄土地面積、核定錢糧任務的，有清查黃冊的，有寫本的，有在各衙門辦事的，有在各衙門歷事的。每次授官，時間、數量也沒有一定的規律，大致以官員空缺的多少而定。總起來看，監生入仕，以洪武朝最多，「其時布列中外者，太學生最盛」[1]。但是，在洪武十五年（1382 年）以後，監生做官的出路每況愈下。這是因為此後科舉考試定期舉行，得第進士立即授官，甚至有的監生也通過進士科而得官，國子監已不再是唯一的官僚養成所了。監生原來的出路為進士所奪，只好改做基層技術工作和到諸司去歷事。[2]

明代府、州、縣學校的設置是在洪武二年（1369 年）以後。由於生員享有很多特權，因此要求入學的人很多。洪武二十年（1387 年），明政府下令增廣生員，規定民間俊秀子弟向學即可入學，不受數量的限制。正統十二年（1447 年）又令額外增補，附在廩膳生、增廣生之後，稱為附學生員。由於生員名額規定混亂，通過各種管道擠進的生員不知其數。生員入學，最初由巡按御使、布政使、按察使和府、州、縣官主持考試。正統元年（1436 年），在布政司下設立儒學提舉司，專門管理地方學校。地方學校從品級與規模來講，遠不及中央學校，但地方府州縣學也依照一定條件，定期向國子監輸送生員，稱為歲貢生。除了歲貢生外，還有選貢生、例監生等。生員最下等的出路是做鄉紳，也享有免役特權，比其他從事農、工、商的人生活要安適得多。與府州縣學相似，在邊疆和特殊地區還有衛學、都司儒學、行都司儒學、都轉運司儒學，以及土司武學的設置。明代設立衛學的情況比較複雜，有一衛設立一所衛學的，有合二衛設立一所衛學的，

---

1 《明史‧選舉志一》。
2 參見吳晗：《明初的學校》，《讀史札記》，北京，生活‧讀書‧新知三聯書店，1956。

還有聯三衛、四衛設立一所衛學的。衛學是培養武職子弟的學校，生員為軍中俊秀，稱為「軍生」。待遇稍低，沒有廩食供應，但亦有充貢國子監、應科舉考試的權利。[3]

除此之外，還有特殊的教育。宗學是設於兩京的貴冑子弟學校。學業五年，生員為各藩王的世子、長子、眾子，以及將軍、中尉等宗室子弟。萬曆二年（1574 年）規定，凡宗室子弟，年滿十歲以上，都要送入宗學讀書。宗學的教官是從各王府長史、紀善、伴讀、教授等官員中，選擇學行優長者除授。宗學教學內容是《皇明祖訓》、《孝順事實》、《為善陰騭》和《四書》、《五經》、《通鑒》、《性理》等。宗室子弟入學者，每歲就提學官考試，衣冠一如生員。萬曆末，允許宗室子弟參加科舉考試，明末已有不少宗生，身穿儒士服裝參加鄉、會試。

內書堂是為教育幼年內侍所設置的特殊學校，正式設立於宣德元年（1426 年）。其生員全都是年幼的宦官，即小內侍。內書堂在學的小內侍，一般為二三百人，多時曾達四五百人。內書堂由司禮監提督太監掌管學籍和學規等。內書堂畢業的小內侍，一般分撥到內府二十四監等衙門充當「寫字」之職，慢慢升至顯要地位。

經筵是為皇帝研讀經史而特設的御前講席，講席上除研讀經史外，還聯繫朝政實踐，切磋時務，目的是為了提高皇帝獨立處理政務的能力。明代經筵制度從明初不定期講讀，到明英宗正統初年正式確立。經筵講讀又分經筵（又名大經筵或月講）和日講（又名小經筵）。經筵規定每年的二月至五月、八月至十月春秋進講，每月三次，逢二舉行。日講不拘期，除每逢三、七、九日為皇帝臨朝處理政務或接受群臣朝觀的日子外，一般每日都講，一年四季寒暑不輟。經筵日講的內容以儒家經典、歷朝正史、宋明理學典要、明朝皇家先祖制誥及祖規遺訓、典章制度、處理政務的經驗方法以及文翰詩賦等。經筵禮儀十分隆重，但無多少實質內容。日講形式簡單，但進講通俗易懂而且更加接近實際，所以日講才真正成為教育皇帝的課堂。

3　萬曆《大明會典》卷七十八。

皇太子的講讀在東宮進行，教學內容和教學計畫一般視年齡及知識水準而定，比較有系統性。有的皇太子在幼年即冊封，故其教育有小學與大學之分。皇太子所用教科書主要是《四書》、經史等，講讀官亦由翰林之士充任。諸王讀書在書堂進行。明初，明太祖在加強皇權的同時，出於鞏固統治的需要，實行分封藩王的制度，這一制度被以後各朝沿襲下來。按照這一制度，諸王長大後要就藩各地，擔當守衛明朝江山的大任，所以對諸王的教育也極為重視。諸王讀書儀從明初開始建立，至天順二年（1458年）定為常規，萬曆六年（1578年）又加詳定，亦分春秋進講。

翰林院作為國家儲才重地，也納入了國家的教育體系。凡能入翰林院者，可以說是進士中的佼佼者。一般情況下，每次會試進士通過殿試後，一甲三名分別被授予翰林修撰、編修，二、三甲進士可再參加翰林院的考試，稱「館選」，若考選的就稱為庶起士。洪武十八年（1385年）乙丑科，明太祖命考取的進士到各衙門（如六部、都察院、通政司、大理寺等）實習政務，稱觀政進士。凡是分派到翰林院、承敕監（掌詔誥起草之事）等衙門觀政的進士，就稱為庶起士。永樂二年（1404年）以後，庶起士便專屬翰林院。翰林庶起士的學習條件方便，文淵閣為國家最大的藏書機構，供教學之用。庶起士跟從學士學習，可以根據各人的興趣和專業特長自學自修。庶起士的教學內容，首要者為道德政學，其次是詩文記誦。正統以降，翰林院學風有所變化，由於程朱理學日趨式微，所謂道德政學又非統治者所提倡，學無所用，所以翰林院教育日漸空疏無用，與實政實學少有聯繫。庶起士教育三年為期，期滿為「散館」，也要舉行考試，並根據成績優劣量才授官。考試優等者，授翰林編修、檢討等官，稱留館，次者授給事中、監察御史、府佐及州、縣正官。不過無論是留館還是出任地方官，這些人因有翰林院的資歷，所以日後都有成為高級官員的希望。

明代培養專門人才的機構有武學、醫學、陰陽學、三氏學等。武學是專門培養武職子弟及年長失學的武臣而專門設立的特殊學校。正統六年（1441年），成國公朱勇奏選驍勇都指揮等官五十一人，熟嫻騎射的年輕武官一百名入學，不久朝廷命都司、衛所應襲軍籍子弟，年十歲以上者，由提學官選送入學，無武學者送衛學或附近儒學讀書。武學生員分居仁、由義、宏智、惇信、勸忠、崇禮六齋

學習，生員的考核、學規等大致與儒學相似。明代在各府州縣還設立了陰陽學和醫學。陰陽學和醫學屬於自然科學方面的教育機構，未受到明政府的重視，所聘的教師，也不享受俸祿。三氏學萬曆後稱四氏學。洪武七年（1374年）明政府詔設孔、顏、孟三氏教授司（簡稱三氏學），令三氏子孫入學習禮。萬曆十五年（1587年），明神宗下令將曾氏加入，於是三氏學改為四氏學。四氏學的創立，反映了明朝統治者對儒學的推崇及對聖賢之後的重視。

明朝還在城鄉廣泛設立社學，尤以官立社學得到長足發展。關於社學生員的資格，弘治十七年（1504年）規定，凡民間幼童十五歲以下者均可入學讀書。每逢鄉試之年，提學官也兼取一兩名民間俊秀參加鄉試，如中試即為舉人。然而，明代社學卻時興時廢，它主要在於地方官的辦學積極性和社學教育是否與科舉發生聯繫。社學的興盛，大約在弘治至嘉靖年間，當時書院教育和社會教化思潮的勃興，推動了社學建設。社學作為州縣儒學的預備學校，深受科舉制的影響。此外，還有培育兒童的各類蒙學，如私塾、義塾等。

總之，明代學校的形式很多，體現了教育的興盛和發達。各級學校不僅僅是育才的場所，而且也是行使社會教育職能的特殊機構。明初，明太祖一再強調「治國以教化為先，教化以學校為本」，所以直接規定了學校在社會教化方面的作用。洪武五年（1372年），明政府規定全國各地學校都要舉行鄉飲酒禮，試圖通過鄉飲酒禮，以達到敘尊卑、別廉恥、知禮讓的目的。洪武十六年（1383年），明政府又頒布鄉飲酒圖式，下令各府州縣每年正月十五日、十月初一日在學校中舉行鄉飲酒禮，由教官負責進行。這一規定很繁瑣，但學校的作用卻十分重要。另外，明朝統治者還依靠鄉里保甲、縉紳士大夫、族長等推行社會教化，教化內容不外乎傳統的綱常倫理教育以及勸民農桑及本朝律令、御製大誥等。明中葉以後，社會教化中興，在社會基層，縉紳士大夫因其文化和社會威望方面的優勢，絕大多數充任宗族和宗法制家族的首領，充當著文化教育的具體實施者和倫理風化的楷模中堅。他們或用言行開導族黨，使鄉風大變，或憑禮教約束百姓，使奸盜屏息。通過社會教育這一形式，使統治者的政治理念深入到百姓的社會生活中，並被百姓所接受、遵守，其目的是培育封建統治下的順民。

二、學校的教學與管理制度

明王朝很重視學校內部各項制度的建設，所以明代的學校無論在教學還是管理等方面，都有一套嚴密的運行體系。

明代的學校有完備的教學制度，可以有效地制約和規範生員的發展。國子監的教學制度分為坐監和歷事兩大部分。以坐監即在校學習為主。教學內容有《御製大誥》、《大明律令》、《四書》、《五經》、《說苑》等。最重要的是《大誥》，禮部責令教官，嚴督諸生熟讀講解，有不遵者以違制論。教學內容貫穿著專制的文教政策。國子監的教學安排以月為單位，教學活動主要有講書、習字、背書、作文四項。講書即教官授課，講解經書。每日早晨，舉行隆重的全校會講，其他則由博士、助教、學正、學錄分班複講。習字即每日須寫二百餘字，必須端楷有本。背書即背誦經書及其他規定教材。每三日一次背書，每次須讀《大誥》一百字，《本經》一百字，《四書》一百字，不僅要求熟記文詞，而且還要通曉大義。作文即練習各種文體寫作。每月務要作課，四書義一道，本經義一道，論一道，詔誥表章等公文一道，均須按月送改，不得拖延。從這些教學活動來看，國子監的教學做到了計畫與檢查相結合，正課與自習相結合，教師指導與生員練習相結合，整個教學活動安排有條不紊，忙而不亂。所謂歷事，是分配監生到政府各衙門歷練政事。監生歷事始於洪武五年（1372年）。建文時定考核品級，永樂年間有選監生直接入翰林者。至仁宗時，歷事生不許直接授官，歷事期滿後仍回監讀書，由科舉入仕。監生歷事依其在監學習成績的高下，安排到各個不同的部門，而且名額都有規定。歷事時間有三個月、半年、一年不等，亦有以事來定期的，事完期滿。監生歷事制度為明代首創，後為清代所承繼。它包括了歷事監生的資格、權力、任務、待遇、考核以及歷事時間等一系列規定，它的推行有利於監生在學期間熟悉和了解政事，培養實際從政的能力，也有利於檢查教學品質。但監生歷事期滿後可直接入仕，因而在鼓勵監生歷事熱情的同時，也產生了只重形式、不求實學等諸多流弊。

明代地方學校的教學制度也比較完備。教學內容以五經六科教授學生。洪武初年，令生員「專治一經，以禮、樂、射、書、數，設科分教」。以後又有調

整，重點以禮、射、書、數四科為教。關於禮的內容，要求諸生熟讀朝廷所頒布的經、史、律、誥，以備應科貢考試。關於射的內容，規定每月朔望練習射法。關於書的內容，要求生員依臨名人法帖，每日習五百字。關於數的內容，要求務須精通《九章》之法。這些內容雖然較之國子監淺易，但按「務求實才」的要求看，還是注重了基本知識和基本技能的培養。地方學校也有歲考、科考等規制，由地方學校教官主持。歲考是成績測驗，按六等分優劣，關係到生員能否補入正式生員資格和受到降級、除名和扣除廩膳的懲罰。科考可算是畢業考試，一二等者可取得鄉試資格或出貢資格，三等不得應鄉試，三等以下有罰。因這兩次考試對生員前途關係重大，甚至對地方教官也有影響，因而平日教學自然也不敢鬆懈。

明代的學校管理也趨於完備和嚴格。國子監的監規禁例條目繁多，除了要遵守明太祖向全國學校頒行的「臥碑文」學規禁例外，還有自己的監規。《明史·選舉志一》載：「每班選一人充齋長，督諸生工課。衣冠、步履、飲食，必嚴飭中節。夜必宿監，有故而出必告本班教官，令齋長帥之以白祭酒。監丞置集愆簿，有不遵者書之，再三犯者決責，四犯者至發遣安置。其學規條目，屢次更定，寬嚴得其中。堂宇宿舍，飲饌澡浴，俱有禁例。」這說明明代國子監生是分班管理的。明代班級有多大，史書無載。每堂有教官分工負責，每班有齋長具體掌管。齋長由監生中選出，以督促各項監規的遵行。

從教學而言，國子監有嚴格的管理制度。監生參加監內各種禮典和講學活動，必須穿戴整齊，遵紀守禮。平時上課，監生也必須恭敬揖禮，立聽講解。監生在監務須按時按量完成各項功課。如背書，三日一次，若背誦講解全不通者，要痛打十板。作文每月六道，不許不及道數；每日寫字一幅，每行十六字，務要十六行，本日寫完，違者痛打。從生活而言，住宿和飲食都有嚴格的管理規定。監生在校，必須遵守監規，房間由國子監統一分派，編定號數，不許私下挪借他人住處，也不得擅自帶家人來內宿歇，並且住房要保持清潔，愛護各類生活設施，「其在學人員敢有毀汙作踐者，從繩愆廳糾察懲治」[4]。另外，監生還必須遵

4　萬曆《大明會典》卷二二〇。

守嚴格的請假制度。監生出入，乃至上廁所，都必須持牌放行。國子監於「每班給與出恭入敬牌一面，責令各班值日生員掌管。凡遇出入，務要有牌。若無牌擅離本班，及敢有藏匿牌面者，痛決。」監生假日外出，或請假辦事，須在天黑趕回，不得在外歇宿。「凡早晚升堂，務要各人親自放牌點閘。……點閘未到者，痛決。」[5]監生回籍探親或完婚，均須辦理請假手續，依路途遠近，限期回監。監內有職掌紀律的繩愆廳。凡教官怠於師訓，生員有戾規矩，都由此廳執行處罰。監丞僅次於祭酒、司業，並有權「參領監事」。

明代地方學校管理也很嚴苛。洪武十五年（1382 年），頒禁例十二條，要求生員遵守。生員學業達不到一定要求，就要被黜退，發充某些部門充吏；如犯有輕罪，則要罰充苦役，追還所食廩米。其他各類學校，也都有一套相應的教學和管理制度，此不贅述。

總之，明代的學校從中央到地方形成了一套縝密的管理制度，這對保證學校貫徹實施國家的文教政策，使學生按照教學要求和考核標準取得德、智的全面發展，具有積極的作用。但它自身也存在種種弊端。明中葉以後，學校的學規禁約日漸鬆弛，學校的各項制度便日趨敗壞。

三、學校教育的特點

明代的學校從中央到地方分布極廣，使國家教育的輻射面遍及全國各地，學校的生員也涵蓋了社會各階層的人士。教育制度完備，教育措施具體，構成獨立的教育行政體系。

育才與選才職能合一　明代學校教育的目的，是培養各級官吏。為了保證養士方針的實施，明王朝從制度上強化了學校的育才和選才職能。明代前期，為解決天下官員急缺難敷的狀況，明廷直接遴選大批國子監生充實各級政權機構。與

5　同上。

此同時，學校也通過科舉考試向國家輸送大批的優秀人才。所謂「學校以教育之，科目以登進之……學校者，儲才以應科目者也」。「科舉必由學校，而學校起家可不由科舉。」[6]即是強調學校人才培育的重要性。而且自洪武四年（1371年）起，明廷規定選士於地方學校。科舉第一級考試與地方學校的入學考試合為一體。童試及第者須入府州縣學習，學習成績優良者，方可取得科舉或出貢的資格。這就較好地解決了歷代在選才與育才問題上的矛盾和失控現象，肯定了選拔人才必須先行培養，經考核後方可入仕的原則。明中葉以後，科舉日重，學校日輕，學校越來越成為科舉的附庸，這更促使學校、科舉、入仕三者合一，加速育才與選才職能的集中。

中央與地方的學校聯繫密切　明代的學校，在總體上可分為中央學校和地方學校，二者之間的關係密切。明代的貢監制度規定，府州縣學必須定期推薦少量生員入讀國子監。貢監制包括「歲貢」和「選貢」兩種。歲貢指地方學校按期向國子監選送生員。選貢是指地方學校在歲貢之外，選拔學行兼優、年富力強者充貢，一般三五年一次。貢監制的實行在一定程度上加速了地方學校的發展，使其人才培養的目標更加明確而具體。同時，它也有助於改變國子監生員的成分，使監生的來源更為廣泛。從一定意義上而言，這加強了地方與中央的學校的聯繫，但也使地方學校從屬於中央國子監。

明代的地方學校的生員只有進國子監後，才可得到官職，因此二者之間存在等級上的差別。但是，不論是中央國子監還是地方府州縣學的生員，都可參加科舉考試，中舉人、成進士，從這點看，兩者又是獨立的教育機構，在體制和目標上同步運行。

管理權力高度集中於中央　明朝政府直接掌握著國子監和地方學校的管理及各級教育官員的考選，直接溝通中央與地方學校的聯繫，從而在體制上保證了國家教育的完整性。

6　《明史・選舉志一》。

明代國子監是中央最高學府，又是主管國學政令的機構，隸屬於禮部。國子監一個特點是以師為官，從祭酒到一般教學、管理人員，都是朝廷命官，由吏部任免，而且職、責、權分明。祭酒是國子監正官，總理監內一應事務。司業為祭酒之副，協助祭酒處理監內事務。監丞掌繩愆廳，是執行監規的主要負責人。博士、助教、學正、學錄等官為教學人員，典簿掌文案、金錢出納事宜，典籍負責圖書資料、文書檔案，掌饌負責教官、監生的膳食。

明代地方學校的管理權也直接由朝廷掌握。正統元年（1436 年）布政司下設儒學提舉司，設提學官一名，提督全省學政。明代提學官一般由按察司副使或僉事擔任，南北直隸由御史擔任，人選由朝廷直接任命。提學官代表皇帝巡視所轄區域的地方官學，考核教官和生員，督促其學業，決定其進退。府州縣學的教官也由國家直接委派，教授、學正、教諭、訓導這些教官不屬地方政府管轄，地方官對其工作有關心和檢查的責任，但卻不能干預，更沒有薦黜教官的權力。

明代教官有考核制度。教官除同樣受到政府的考察和監察外，還有專門的考滿制度。「太祖時，教官考滿，兼覆其歲貢生員之數。後以歲貢為學校常例。（洪武）二十六年（1393 年），定學官考課法，專以科舉為殿最。九年任滿，核其中式舉人，府九人，州六人，縣三人者為最。其教官又考通經，即與升遷。舉人少者為平等，即考通經亦不遷。舉人至少及全無者為殿，又考不通經，則黜降。」[7]教官考滿分稱職、平常、不稱職三個等級，以九年之內科舉取中生員名數為標準，定擬升降。

整體性和封閉性　明代的學校教育通過朝廷採取的行政手段，在中央集權的統一調控下發揮作用，產生效力。明代的學校與科舉合一，在重視育才作用的基礎上，堅持了選才的主導性。教育系統的各個要素雖然具有各自獨立的功能，職責權分明，但彼此又相互聯繫，突出了教育的整體性，並圍繞科舉這一目標運行。

7　《明史・選舉志一》。

明代教育具有鮮明的整體性，由此也產生了它的封閉性。明中後期心學思潮的興起，雖對傳統教育產生了一定的衝擊和影響，但並未改變國家教育體系在科舉制度軌道上的穩定運行。這樣，學校教育完全成為科舉制的附庸，就範於程朱理學與八股文的糅合之中，成為封閉的科舉演習場，學校為養士而應具備的教育功能也就逐漸喪失。學校出身不如科舉出身，這就迫使學子走中舉入仕的道路，辦學宗旨也必然向科舉傾斜。學校教育對人才的培育，完全以科舉考試的要求為轉移，勢必造成束縛思想、扼塞知識的流弊，導致教育的頹敗。學子讀書趨於聲名利祿，埋首時文而棄學問於不顧，國家整個教育機制於是不可避免地要陷於封閉和滯固。

第二節 ·
書院教育

一、書院的興起

明朝前期，全國各地陸續建立了一些書院。如洪武元年（1368 年）命立洙泗、尼山書院；成化二十年（1484 年）命江西貴溪縣重建象山書院；弘治二年（1489 年）以吏部郎中周木言，修江南常熟縣學道書院；正德元年（1506 年）江西按察司副使邵寶奏修德化縣濂溪書院。不過，明前期的書院數量並不很多。如安徽省明代書院共建九十八所，而洪武一朝僅有七所；廣東省，明代共建書院一百六十八所，而洪武至成化僅建十五所。這與當時學校教育的興旺，形成鮮明

的對照。究其原因,與學校、科舉的發達及書院講學內容的陳腐有著很大關係。

明初大興學校,不僅國子監有南、北之分,而且府州縣及邊疆衛所皆建儒學,生員只要學有所成,都可取得入仕資格,或以科舉為晉身之階,因而學校對讀書人有很大的吸引力,使書院的生徒大為減少。與此同時,當時書院也不注意學術的鑽研與講授,這也是它缺乏吸引力的一個原因。明初程朱理學成為占統治地位的學術思想,雖然此時明儒對程朱的經傳、注解加以輯集、整理,使之整齊劃一而成系統的正宗學說,但其用意卻並不在於學術的弘揚,而只不過是以欽定的形式,保證程朱理學地位的獨尊。獨尊之下,學子謹繩墨,守法度,矩秩然,當然無須講究學術。各級學校注重的是儒家禮教的灌輸,意在培育懂法執法的循吏。而各地書院也跟在學校的後面,墨守程朱之學,教學上沒有特色,而待遇又無法與各級學校相比,自然就無法引來更多的學生。

明代書院的興起是在成化、弘治年間,真正發展則是在正德、嘉靖以後。「自武宗朝王建新(守仁)以良知之學行江浙、兩廣間,而羅念庵(欽順)、唐荊川(順之)諸公繼之。於是東南景附,書院頓盛。……嘉靖末年,徐華亭(階)以首揆為主盟,一時趨鶩者人人自托吾道,凡撫臺涖鎮,必立書院。」[8]建書院遂成一時盛風。這些書院,有些建於親王宗室,如寧王朱宸濠在南昌建陽春書院;有些建自地方大吏,如當時巡撫涖鎮,必建書院,鳩集生徒,當時三吳之間,竟稱書院為「中丞行臺」;有些由提學官所建,甚至提學官的公署、寓所也以書院相稱,即「提學書院」;有些由講學者設立,作為講學的場所,如張璁為鄉貢士時,在家鄉立羅山書院,聚徒講學;更有一些林下君子,相與切磋講習,各立塾舍,亦稱書院。據統計,有明一代創建書院大約有一千二百餘所,大多興起於正德至萬曆年間,尤以嘉靖朝為最多,萬曆次之。廣東省明代共辦書院一百六十八所,嘉靖朝占七十八所,萬曆朝占四十三所。安徽明代共辦書院九十八所,嘉靖朝占三十八所。江蘇省成化至嘉靖年間共建書院三十所,其中成化年間創辦二所,弘治年間創辦三所,正德年間創辦七所,嘉靖年間創辦了十八

8　沈德符:《萬曆野獲編‧書院》。

所。從書院的分布情況看，以江西、浙江兩省最為發達，廣東次之。從地域看，長江流域居首位，珠江流域次之，黃河流域居第三位。

明中葉以後，書院的逐步興盛與學校教育的敗壞有關。在科舉日重、學校益輕的情況下，學校生員無心向學，讀書之事形同具文。面對學校教育的衰敗，一些理學家為拯救時弊，紛紛創設書院，以彌補學校教育的不足。明人時偕行在《明德書院記》中，也談到書院之設的作用：「凡以萃俊而專業也。業專則理明，理明則士習端，而知向方。是書院者，輔學以成俊者也。」王守仁興復講學以後，流風所被，傾動朝野，於是縉紳之士與遺逸之老，競相聯講會，立書院，藉以商討學問，傳播自己學派的觀點。不同學派的講學，宗旨各異，促進了學術的爭鳴與交融。這種爭鳴的風氣，也大大推動了書院的復興。另外，一些著名學者去世後，他們的弟子往往也創辦書院，築祠奉祀。如王守仁去世後，他的門人鄒守益在嘉靖十三年（1534 年）分別建復古、連山、復真書院以祀守仁。湛若水足跡所至，必建書院以祀白沙（即陳獻章）。這從表面看，似乎是對學派宗師的懷念，但實際上卻反映著時代學術思想和教育實踐的變化，對書院教育的發展也起著推波助瀾的作用。

二、書院教育的形式和宗旨

明代的書院教育形式各異，大體上有考課式、會講式兩種。當然，考課式書院並非絕對不講學，會講式書院也並非不實行考課。二者區分的標準，主要是以是否服務於科舉為準繩。而這兩類書院的背後，都有著政治的作用力。其中考課式書院的宗旨完全以科舉為目標，只招收府、州、縣學的生員，教學不重講學，而是以學習制藝為主。這類書院如同官辦學校一樣，成為科舉的附庸和預備場所。會講式書院的宗旨以發揚學術為重，講求理學為主。在明中後期，會講式書院是書院教育發展的主流。

講會是一種講學活動，有臨時性的，也有規範性的。講會時各地學者都來聽講，會後大家四散而去。學者一般是自願參加。明中葉以後，從京師繁華之地到

偏郡僻邑，都有講會存在。講會又往往是伴隨著書院的發展而發展的。一是有的書院本身就是一種講會式書院，書院的整個學術活動都是通過講會的形式得到實施的；一是作為一種學術和教育活動場所，書院也常常利用講會或會講的形式進行學術交流。因此，在一個書院發達的地區，其講會也必然是相當發達的。關於講會興起的原因，據黃宗羲的說法是「制科盛而人材絀，於是當時之君子，立講會以通其變」[9]。明代的講會肇始於正、嘉年間，如嘉靖時張振德在安徽，「集同志講學，邑會季舉，郡會歲舉。徽、寧、池、饒四郡大會，於每歲暮春，舉於四郡之中。」[10]王陽明設壇講學以來，各種講會也一直興盛不衰。到萬曆時，講學大盛。如萬曆三十一年（1603年）的新安大會，焦主講還古書院，「自薦紳先生以至兒童牧豎，四方之人莫不麇集，籍計之，得兩千有奇」[11]。至萬曆三十二年（1604年）東林書院落成，顧憲成、高攀龍主講。

明代的講會作為學術性的講學活動，往往就某一問題，聘請名儒闡發己見，聽眾虛心聽講，然後提出問題，互相磋商、探討，有質疑問難、方法靈活的特點，所以深受學者的歡迎。有些學者為了參加一個講會，往往不惜千里奔波，如王守仁在江西濂溪書院講學，四方學者紛至遝來。後來，他主講於浙江稽山書院，各地學者也是從湖南、廣東、直隸、江西、福建等地蜂擁而至。稽山書院的規模本不算小，但由於聽講的學者太多，書院容納不下，一些人不得不到附近的僧舍住宿。一般情況下，講會因書院本身的名氣、地利、書院主持人的聲望等原因，其規模有大有小，規模最大的有數千人，最小的僅有幾人。但是講會發展到一定程度，也常會建成書院。如弘治年間在浙江臺州總山修建的方岩書院，就是在總山講會的基礎上興建的。

明代書院的講會各有規程，即「學必有約，會必有規，規以佐約」，這是書院和講會發展的一個突出特點。規約既反映了講會本身的學術宗旨，也顯示出講會是否具有規範性。江西王陽明弟子的講會中，就有相當一部分講會是有著明確

9　黃宗羲：《南雷文定後集・陳夔獻墓誌》。
10　康熙《徽州府志・續學・張振德》。
11　焦竑：《澹園集・古城答嚀》。

的規約的，如復古書院、崇正書院、複真書院、一德書院、仁文書院等的講會，莫不如此。一般書院的講會多在書院舉行，也有為擴大規模，幾個書院聯合聚於某地舉行的。如鄒守益家居時，與劉邦采等建復古、連山、復真諸書院，為四鄉之會，春秋二季合五郡出青原山大會。徽州府紫陽書院的講會制度也很完備。紫陽講會的規約有四種：一是《白鹿洞規》，二是《崇實會約》，三是《紫陽規約》，四是《紫陽講堂會約》。每次講會，都要根據這些規約進行。如萬曆三十八年（1610年）九月，桐城方學漸在新安六邑大會上聚講數日，臨別以桐川崇實會約授六邑會友，共有十二則。現存十一則：一、會有統；二、會有期；三、會有議；四、會有圖；五、會有輔；六、會有指；七、會有錄；八、會有論；九、會有程；十、會有章；十一、會有戒。這些都是當時講會的基本組織原則。

　　然而，在明代書院的講會中，最有名的規程莫過於顧憲成為東林書院手訂的《東林會約》中的會約儀式。這個會約儀式共有十一項，從中可以窺見當年書院講會的大致狀況。首先，講會的組織工作是周到而具體的。會約所定條目，從講會的時間、程式、主持人、內容，到來賓接待、相互交往、生活飲食都一應俱有。如對會期，規定每年一大會，或春或秋，臨時酌定。每月一小會，除正月、六月、七月、十二月寒暑時不舉行外，二月、八月以仲丁之日始，其餘以十四日為始，各三日。其次，講會的氣氛是嚴肅而認真的。來賓遠至，擊柝傳報，延入講學，給講會參加者以一種自重自尊的約束。講論時，先由主講發論，餘皆虛懷以聽，即有所見，也須待主講講完，再依次呈請。有問則問，有商量則商量。與會者相互交往，只限於班揖，會散亦不交拜，以防止聲氣相求、互相吹捧的不良學風。再次，講會的節奏是緊張而活躍的，在嚴肅認真的氣氛中，又有活躍空氣的點綴。生徒聽講，久坐之後，就用歌詩來消遣。每日的飲食安排也錯落有致，前二日的晚飯只限酒數行，最後一日則不僅有加菜，而且酒不拘，意浹而止，盡歡而散。

　　從講會的會約和規約來看，明代書院的講會已趨於制度化和正規化，尤其是講會已超出書院講學的範圍，成為一個地區性的學術集會時，這些會約或規約，顯現的積極作用更為突出，它促進了書院的教學與社會學術活動的結合，使明代

書院的講會達到了更高水準。

書院的興盛是由於講學之風的倡導，而它的設立又是為了更好地服務於教育實踐。明朝前期百餘年間，書院教育和各級學校相似，其宗旨不過是程朱理學的傳習和闡釋。明中葉以後，王守仁、湛若水、顧憲成等一批著名學者的講學活動推動了書院的興盛，直接影響到書院的學術趣向。

王守仁和湛若水講學的基本宗旨就是樹起陸學旗幟，宣揚心學理論。但不論是王守仁「致良知」的心學，還是湛若水的「隨處體認天理」之說，其根本點是強調內心的悟性。然而，他們的認識有很大的不同，因而他們的書院教育內容也各具特色。如白鹿洞書院，自朱熹為之題寫《白鹿洞書院揭示》後，實際上就變成了以講求朱子之學為主的一所書院。雖世事屢有變遷，這一宗旨卻沒有多少變化。成化三年（1467 年），理學家胡居仁入主白鹿洞並為書院訂有學規，大體亦是推衍朱熹學規的基本思想。白鹿洞學術宗旨的逐漸改變，還是隨著「心學」的興起和傳播而受到影響。正德十三年（1518 年），王守仁以僉都御史巡撫南贛汀漳，其門人蔡宗兗受聘主洞事，王為之題寫了《大學》、《中庸》古本及序刻石，這是陽明心學在比較高的層次上影響白鹿洞書院學術宗旨的開始。嘉靖九年（1530 年），信奉湛若水之學的知府王溱，將湛若水所著《心性圖說》、《四句總箴說》刻石於白鹿洞，並成為書院的重要教材之一。之後，王、湛學派的學者易主洞事，這自然對白鹿洞的學術取向產生了影響。

王、湛及其門人的講學雖然促進了書院的發展，但門徒們對師說理解不一，互相紛爭，尤其是晚明的王學末流流弊更大。陸隴其在《學術辨》中力闢王學之弊說：「以禪之實而托於儒，其流弊不可勝言。」而王、湛門人又多達官，他們奔走遊說，逞詞鋒，務聲名，又造成浮慕虛名的不良習氣。以批評心學末流的空疏、提倡實學為主的東林學派於是興起。無錫的東林書院是宋代學者楊時講學的地方，萬曆三十二年（1604 年），顧憲成加以修復，與高攀龍等講學其中。他們標榜氣節，崇尚實學，反對王學末流棄儒入禪、空談心性的風氣，講學之餘，諷議朝政，裁量人物，抨擊時弊，使東林書院的講學求真求實，這一特色又具體體現在東林書院的「會約」上。《東林會約》共有三部分的內容：第一部分列舉孔

子、顏淵、曾參、子思、孟子等先聖先賢的語錄，作為為學的要旨；第二部分列舉了朱熹所制定的《白鹿洞學規》；第三部分為《東林會約》的主體部分，即飭四要、辨二惑，崇九益、屏九損等內容。《東林會約》的主旨是要求師生皈依孔孟，要求書院講學繼承朱熹的講學傳統，強調講學與修身並重，反對王學之陋習。東林書院這種求真求實的學風，極大地發展了古代書院的優良傳統。

三、書院的教學與管理

明代書院的教學管理體系，在宋元的基礎上進一步地發展和完善，而逐漸趨於正規化。

明代書院教學的一個重要特點，是以自學為主。書院導師雖也常面授生徒，但只是提綱挈領，由生徒隨其深淺自行體會。生徒有疑難問題，或入室請益，或質疑問難，導師也僅是點撥一二，主要還是靠學生自學領悟。因此，指導學生讀書便成為書院導師教學的主要形式。書院生徒所研習的教材主要是儒家經典《四書》、《五經》等，和地方儒學相似，但在啟導學生讀書方法上，書院各有自己的特色。

書院指導學生讀書，書院的主持者是關鍵。以湛若水在大科書院的講學為例，他規定生徒先讀《論語》、《大學》，次讀《中庸》、《孟子》。當時的書院要求生徒人專一經，但在熟讀本經、《四書》的基礎上，也提倡旁通其他經史及《性理大全》、《史記》等。然而對仙、釋、《莊子》、《列子》之類的著作，則禁止生徒研讀，認為這類著作會擾亂儒家的倫理名教，分散諸生求道明德的精神。書院指導學生讀書，課程安排是重要環節，不同的書院有不同的規定。王陽明講學時把生徒每日的課程分為五部分：一為明德，二為背書、誦書，三為習禮或作課藝，四為複誦書、講書，五為歌詩。湛若水在大科書院講學時，也將生徒每日的功課分為五部分：一為誦書，二為看書，三為作文，四為默坐思索，五為溫書。課程規定詳細具體，這樣使學生日有所學，也便於督促檢查。

書院指導學生讀書，還有一個重要措施就是考課。一般來講，明代書院重視講學與生徒的自學，而不太重視考課。部分書院也對生徒進行考課，如大科書院規定每月初二、六兩天考課生徒，但對生徒的答卷只批點可否，而不評定高下，讓生徒領會本人用功的勤惰和用心的精粗，以便自我努力。大科書院的考課方法表明，書院比較重視生徒進德修業的程度，這是書院與地方儒學的差別之一。但是，萬曆末年後，很多書院鼓勵生徒參加科舉考試，也逐步重視考課。萬曆末年，進行月考、歲考的書院已很普遍，書院已逐步失去了自學的特點，日益趨同於官學了。

另外，明代以會講為主的書院，平時沒有固定生徒，只是到了講會日期，學者從各地彙集而來，聽主講人講說。因此這類書院一般沒有固定教材，每次講會由主講標出「話頭」，然後就「話頭」開講，形式較為活潑，歌詩懸鐘，氣氛熱烈，師生融洽。據《明儒學案》載：王守仁講學時，「四方從學者眾，每晨班坐，次第請疑，問至即答，無不圓中」。對眾多學者既耐心指教，又啟發誘導。王、湛學派的書院盛行講會，《明儒學案》、《王文成公年譜》對此多有記載。每遇講會，四方聚集者經常數百上千，聲勢可謂壯觀。李遂建講舍於衢麓，「與天真遠近相應，往來講會不輟」，每次講會前，都要「陳禮儀、懸鐘磬，歌詩侑食」。這一做法倡導於王守仁，代表了書院自由講學的精神。

明代的書院除少部分為官立的外，大部分是私立的。書院的組織和管理較為簡單，沒有專門負責行政事務的管理人員，以師生的自我管理為主。書院的主持人通常稱為山長，如洪武初尼山、洙泗書院，各設山長一人。還有稱洞主和院長的，如白鹿洞書院和陝西景州的董子書院。總起來看，以山長之稱為多，而以洞主、院長之稱為少。書院的主持人，既負責書院的教學工作，又負責書院的組織管理工作，而且還是該書院最著名的學者、主講人，親自教授生徒，授業解惑。有些規模較大的書院，還設有副山長、副教、助教等人員，協助山長工作，有不少生徒也參與了書院的管理。

明代書院的生徒一般採取分齋肄業的辦法。書院屬自由講學的性質，各地學者往往慕一名師而奔趨，因此生徒年齡差異很大。如湛若水在廣東天關書院講學

時，簡翁一百〇二歲前來聽講，另外還有三皓：黎養真八十二歲，黃慎齋八十一歲，吳滕川八十歲。這樣，生徒學業的底子差距很大，因此需設齋授課。一些規模較大的書院往往設有許多齋，如嶽麓書院就設有誠明、敬義、日新、時習四齋。生徒的管理，一般每齋設齋長一人，選擇學業優秀的生徒充當，或由生徒輪流充當。生徒分齋學習，有利於根據生徒的水準，因材施教，進行有針對性的教學活動。

明代書院的經費，主要來自田租。書院的學田，無論是官方設立的還是私立的書院，主要都是由地方政府撥給的荒閑地、無主土地，其次則為私人捐獻的土地。如岳麓書院的學田，弘治時由地方官李錫、吳世忠和監生李經、甘歸受等人先後捐獻八十七畝。嘉靖年間王秉良又捐獻十八畝，孫存捐獻六十八畝，季本捐獻一百〇二畝，林華捐獻五十畝，並向官府請得荒田一百九十八畝，恢復書院原有田地二百九十畝。總計嶽麓書院擁有土地二千二百二十餘畝，可收地租八百八十餘石。

明代書院經費的支出，主要是為生徒、外地學者提供食宿、燈火、文具之費。如湛若水在廣東大科書院所作的堂訓規定：書院所擁有的捐獻土地，不論每年收入租穀多少，全部儲存在公倉之中，凡是貧窮的生徒及來自遠方不能攜帶食糧的生徒，都可以支取糧食。書院的經費，還有一部分用來藏書和刻書。不少書院都建有尊經閣、御書樓等以藏書。除了藏書外，還注重刻書，影響很大。

四、書院的命運

明代書院的發展並不是一帆風順的，嘉靖以後曾發生過四次禁毀書院的事件。嘉靖朝兩次，萬曆朝一次，天啟朝一次。第一次是嘉靖十六年（1537 年）。御史游居敬彈劾南京吏部尚書湛若水學術偏頗，志行邪偽，奏請朝廷將其罷黜，並禁毀王守仁、湛若水的著作及其門人私創的書院。吏部認為湛若水潛心研究經學，其學說並非全謬，其著作不宜禁絕，只是各地私創書院講學有違典制，應予以禁毀。這次禁毀書院範圍不廣，所以影響也不大。第二次是嘉靖十七年（1538

年）。吏部尚書許瓚再次上疏，指斥有些地方擅自更改官銜，另建書院，刻印書籍，花費很大，增加了百姓的負擔，請求拆毀書院。但此次對書院的處理，只是禁止今後擅創書院，刊刻書籍，而未下令拆毀各地已建立的書院。因而這次禁毀，並未限制住書院的發展勢頭。第三次是在萬曆七年（1579 年）。張居正認為書院是「群集徒黨」、「空談廢業」[12] 之地，敕令各地巡按御史、提學官嚴加查訪，奏聞處置。這次禁毀書院，其規模比前兩次都大，手段也更嚴厲。第四次禁毀是在天啟五年（1625 年）。天啟年間太監魏忠賢專權，東林黨人利用講學，諷議朝政。魏忠賢為進一步打擊東林黨人，剪除異己，將所有書院一律嚴令禁毀。天啟六年四月，東林書院被拆毀，將木材估價變賣，連片瓦寸椽也不許存留。其他如關中、江右、徽州等十一所書院也遭毀棄。明代四次禁毀書院，雖然各次情況有所不同，但都是統治者力圖控制書院、加強專制統治的反映。誠如王船山所說：「率以此附致儒者於罪害之中，毀其聚講之所，陷其受學之人，鉗網修士，如防盜賊。」[13]

五、書院教育的特點

書院教育的政治化　中國士大夫素有「以學術持清議」的傳統，常通過講學的形式干預朝政。明代書院與講會設立之初，主要目的就是為了傳播自己的學術思想以擴大本學派的影響，進而影響朝政。時日一久，魚龍混雜，摻雜一些貪婪功利之徒，他們更是「相飾以智，相軋以勢，相尚以藝能，相邀以聲譽」[14]。有的「立書院，以鳩集生徒，冀當路見知」[15]。因此，書院講學也就體現出一定的政治傾向，具有濃厚的政治色彩。特別是在明代中後期，這種傾向就更加明顯。

王守仁修書院，建學校，目的就在救治人心，挽救明朝衰頹的政治。他認為

---

12 張居正：《張文忠公全集·請申舊章飭學政以振興人才疏》。
13 王夫之：《船山遺書·書院》。
14 《明世宗實錄》卷五四一。
15 沈德符：《萬曆野獲編》卷二十四。

「今天下之不治，由於士風之衰薄；而士風之衰薄，由於學術之不明；學術之不明，由於無豪傑之士者為倡焉耳」[16]。他自覺擔當此任，直到臨死前，還告誡弟子：「今天下事勢，如沉屙積瘵，所望以起死回生者，實有在於諸君子。」[17]東林學派講學，也是「首為講學」，「有意立名」，積極參與國家政治活動。顧憲成毫不含糊地宣稱：「官輦轂，志不在君父；官封疆，志不在生民；居水邊林下，志不在世道，君子無取焉。」[18]高攀龍也說：「居廟堂之上則憂其民，處江湖之遠則憂其君，此士大夫實念也。居廟堂之上，無事不為吾君；處江湖之遠，隨事必為吾民，此士大夫實事也。」[19]他們講學之餘，品評當權人物，衡量朝政得失，關心時事。這種關心國事、熱衷政治的精神風尚，曾在當時的社會上產生了很大的影響。

萬曆以降，由於政治權威的失落，民間社團獲得了空前發展。隨著東林書院講學追求有用之學的崛起，學術界經世致用的實學思潮勃盛一時。文人士子活躍的社團紛起回應，大都帶有濃厚的政治傾向。如創立於天啟年間的複社，聚集了很多派別。復社前期以選編時文、學習經義、揣摩風氣、獵取功名作為晉身之階，後期則以發表不同政見，組織集會，發動清議為目的，對社會風氣的揚抑、輿論的導向和人心的澆鑄都發生了深遠影響。總之，書院的功利目的和關心時政的態度，使書院捲入了世俗的現實政治鬥爭中，政治化的傾向不斷加強。

書院教育的地域化　隨著講學之風的盛行，不同的學術流派紛紛建立自己的書院，作為傳播自己的學術觀點和進行學術論辯的場所。

當陽明心學盛行於海內的時候，王學與其同門及其他學派的論爭就沒有間斷過。王守仁在世時，即有程朱學派學者羅欽順、江門心學學者湛若水等與之爭論「格物」、「良知」。王守仁去世後，這種爭論依然沒有停止，這一方面固然是因為羅欽順、湛若水尚健在，另一方面是因為「格物」之類的問題，一直是理學各

---

16 王守仁：《王文成公全書·送別省吾林都憲序》。
17 王守仁：《王文成公全書·與黃宗賢》。
18 《明史·顧憲成傳》。
19 高攀龍：《高子遺書·答朱平涵書》。

派所關注的問題。不僅王門學者內部派別林立，有浙中派、江右派、泰州派、南中派、楚中派、北方派、粵閩派等；而且王學外部，持批評與反對態度的學派也不斷湧現，如出於王學而又有別於王學的泰州學派及東林學派等。這些不同學派為了宣傳自己的學術觀點，同時也為了壯大自己的聲勢，都建有自己的文化團體，並建立書院，授徒講學。

這些文化社團，凡是規模較大的，都是由幾個較小的社團合併而成。而各小規模社團成員的組成基本上又以區域為範圍，社事分工也常以區域為單位，並具有相對獨立性。在某些情況下，為了特殊需要，一些小社團也聯合組成跨地區的社團，如十郡大社涉及江、浙兩省範圍，國門廣業社則涉及浙江、江蘇、安徽、江西、河南等地，復社則由江蘇的太倉、松江等七郡，擴展到浙江、安徽、江西、福建、湖廣、貴州、山東、山西、河南等省。因此，他們的書院，也就具有鮮明的地域化色彩。

書院教育的官學化　由於明代學校教育是服務於科舉制度的，所以科舉這根指揮棒必然要制約書院的教學。書院講學旨在傳播新的學術思想，但如果生徒修業後不能中舉，便會受到非議和冷落。如陽明心學廣泛傳播的江西地區，因「念豐邑歷科七，未有薦者」[20]，大理寺卿宋儀望便議改建學宮。又楊守勤《贛縣新建儒學碑記》中載：「贛素產清明有道之士，自王文成昭揭聖修，倡學茲土，至今士品為他邑冠。乃舉制科者往往遜他邑，青衿詫語『祀弗專與？文弗耀與？抑赭惡不滿於景純之目也？』」[21]這雖未明確將王學的傳播視為當時贛縣科舉不佳的原因，卻也在一定程度上表明王學的確沒有推動當時江西的科舉，甚至可能對科舉還有一種反作用。因此，歷代書院的導師雖不提倡生徒習學舉業、參加科舉考試，但也不表示反對。如王守仁即表示：諸子學習舉業，並不妨礙個人修為之功，只是容易使諸子失去修為之志。如果按照書院的學規循序漸進，舉業與修為當並行不悖，互不妨礙。湛若水也不反對生徒參加科舉考試。他在大科書院講學時，為該書院所訂堂訓便規定：生徒不要把進德修業與舉業當成兩件事，科舉是

---

20 胡直：《衡廬精舍續稿·大理卿宋華陽先生行狀》。
21 同治《贛州府志》卷二十四。

聖代制度，諸生如不遵行，修習舉業，就是違反了天理。他既強調生徒不得荒廢舉業，又要求生徒不得以舉業為目的。萬曆末年以後，很多書院更鼓勵生徒參加科舉考試，書院也一直要求享有參加鄉試的名額，於是出現了「書院科舉」的名目。如白鹿洞書院原規定有洞學科舉二名，每遇大比之年，這二名生徒可與地方儒學生員一起參加鄉試。後來，白鹿洞書院鄉試的名額增至五名。天啟時，白鷺洲書院擁有四十二名鄉試名額，於是白鹿洞書院要求將鄉試名額增至十名。另外，白鹿洞書院為了鼓勵生徒參加科舉考試，還發給生徒路費銀七十兩，資助貧窮的生徒應試。這樣，書院因擁有了參加鄉試的名額，就與府州縣學沒有什麼重大差別，書院教育官學化已十分明顯。到了明末，地方學校只重舉業的弊端也在部分書院中顯示出來，書院的教育日益受到科舉制度的控制。

第三節·
科舉制度與入仕

一、科舉取士制度的確立

　　明代科舉制度設於洪武初年，後廢行十餘年，洪武十七年（1384 年）正式確立，嗣後歷經百餘年而臻完備。明太祖朱元璋以貧寒起家，在南征北戰中，認識到人才致治和選舉取士的重要性，一度非常重視薦舉，除親自徵召名儒外，還令有司不次薦舉。至正二十四年（1364 年）敕令中書省文武兼收，老少兼用，然而有司濫舉，庸人冒進現象時有發生。朱元璋即吳王位後不久，又詔設文武二科取士，但未能推行。洪武三年（1370 年）天下初定，便正式詔令開科取士，

從當年八月開始連試三年。於是京師和行省分別舉行鄉試。同時允許高麗、安南、占城等國士子，在本國自行鄉試，一體選送貢赴京師。次年舉行會試，接著明太祖在奉天殿親自策問取中的新貢士，選取了以吳伯宗為首的一百二十人。

科舉初開，網羅到不少人才，但連試三年後，明太祖發現錄取的大多是後生少年，缺乏行政經驗，能以所學辦好政事的很少，於是罷科舉不用。洪武六年（1373 年）重行薦舉取士，明太祖敕諭吏部察舉各色人才，以禮遣送京師，除授官職。洪武十三年（1380 年）據吏部奏，全國各府州縣薦舉聰明正直、孝悌力田、賢良方正、文學才幹之士八百六十餘人，送赴京師。洪武十五年（1382 年）送赴京師的各類人才達三千七百餘人。在停廢科舉期間，薦舉成為選官的主要途徑。造成這種狀況的原因當然是多方面的。從主觀上來講，明太祖對科舉取士期望過高，甚至想使「中外文臣皆由科舉而進，非科舉者勿得與官」。客觀上，科舉連試三年，過於頻繁，而學校教育尚未得到振興，勢必造成所取之人品質每況愈下。同時，學校考試內容本身有缺陷，範圍窄，且以記誦為主，這也不利於人才的培養。

但是經過罷科舉、行薦舉的十年實踐，效果也並不理想。由於薦舉的人數太多，難免泥沙俱下，品質得不到保證，而且數量過多，官僚機構也無法全部加以容納消化。經過反覆權衡比較，明太祖覺得還是科舉取士較好，便於洪武十五年（1382 年）八月下詔恢復科舉。洪武十七年（1384 年）定科舉程式，命禮部頒行各省，這標誌著科舉制度的正式確立。此後歷朝相沿，直至明亡。

洪武十七年（1384 年），禮部頒布科舉程式，對具體的考試程式、內容、考生資格、等級、時間、場次、錄取、出身等都作了明確的規定，標誌著科舉取士制度的正式確立。明代科舉考試大類分文武二科，文科以考文為主，武科以考武為主，每三年舉行一次，分鄉試、會試、殿試進行。科舉考試內容與學校教育內容相統一，但在實踐中有所增益變化。洪武三年（1370 年）規定，初場考試經義二道，《四書》義一道；二場論一道；三場策一道。中式後十日，對中式者復進行以騎、射、書、算、律為內容的考試。實際上《四書》、《五經》是考試內容的主要部分，首場考試的成績基本上決定了考生的取捨。至於策、論，以及中

式後的復試等，主要是為了考核考生學習的實效與實才，以便作為量才授官的參考依據。洪武十七年頒布的科舉程式，又重新規定：初場試《四書》義三道，本經義四道，如果在規定時間內完不成，允許各減一道；二場試論一道，判五道，詔、誥、表內科一道；三場試經史時務策五道。這個科舉程式的頒布，使明初的重實才實德的取士傳統日漸消失。

武科試士的內容與文科不同。武舉初試馬上箭，二場試步下箭，三場試策一道。武科以技勇為重，洪武時武臣子弟在各直省應試。天順八年（1464 年）擴大應試者的範圍，改變考試程式，由天下文武官銓舉通曉兵法和謀勇出眾者，先參加各省撫、按、三司及直隸巡按御史主持的考試，中式者由兵部會同總兵官於帥府試策略，再到校場試弓馬。成化十四年（1478 年）仿照文科的考試，規定設武科鄉、會試。弘治六年（1493 年）定武舉六年舉行一次，先策略後弓馬，注重軍事理論方面的考試內容，凡策不中者不許考騎射。弘治十七年（1504 年）改為三年一次，於子、午、卯、酉年與文科同時進行。嘉靖初年，規定各省應武舉者，由巡按御史於十月考試；兩京武學於兵部選取；俱送兵部，於次年四月會試，由翰林二員為考試官，給事中、部曹四員為同考官。鄉試、會試場期與文試相同，但名額遠不及文科。崇禎四年（1631 年）因對武舉會試結果發生爭議，於是由皇帝親自舉行復試，首開武舉殿試之先例。崇禎十四年（1641 年）又詔諭各部大臣，特開奇謀異勇科，但終無人應試。[22]

二、科舉取士制度

為保證取士用人制度得以順利推行，明代科舉考試有一整套組織措施，皆甚完備而周密。考生從報名到答題、行文都有規定。考生報名須填寫家狀，包括本人姓名、年齡、籍貫、三代、戶主、舉數場等，還包括父母年齡，現任或曾任官職，嚴禁冒籍。凡籍貫假冒，姓係偽謬者，一經查出，即行斥革，如若中式則革

22　《明史・選舉志二》。

去功名。考試方式主要有經書義和策論兩種。從形式上看二者沒有什麼區別，都採用作文答題形式。但從內容看，其要求及出題範圍有所不同。經書義的題目出自經書，策論的出題範圍較寬，不只經義，還包括歷史、時事政治等。明代對科舉考試的試題有具體規定，總體來看，明初比較重視有實用意義的學問，強調考核《大誥》等明代法律、條令。正統以後，考試題目要求典雅、平和，不許以有傷大雅、譏諷朝政的題目為難考生，而忽視了對經世致用之學的考核。

考生答卷有嚴格的程式要求。對答卷的字數有種種規定，如洪武三年（1370年）規定，本經義每道限五百字以上，《四書》義、論每道限三百字以上，時務策每道限一千字以上。洪武十七年（1384年）規定《四書》義每道限二三百字以上，其餘每道限二百字以上。然而這些規定僅限定了最低字數，因而造成考生答卷越來越長，給閱卷工作造成很大的困難。萬曆元年（1573年）對答卷字數作了新的規定，經書義文字限制在六百字上下，冗長浮誇的不許中式。萬曆八年又進一步限定在五百字以內，超過的不予以謄錄。關於行文風格，規定墨筆答卷，行文要迴避皇帝的名字、廟號，也不許敘述自己的身世、經歷，要審題準確，不得誤解離題，行文要求典雅樸實。科舉考試的內容，嚴格局限於儒家經典及宋儒對這些經典的解釋，文體使用對偶。後來，這種文體逐漸發展為八股文。八股文是一種嚴格注重行文格式的應試文體，通稱制義，亦謂制藝、時文、時藝、八比文、四書文等。每篇分為破題、承題、起講、起股、虛股、中股、後股、束股八個部分，有嚴格的字數限制。明代八股文定於洪武，而完備盛行於成化以後，八股文定型後，考生所作的經義、四書義，就以八股文為範，使科舉考試程式化更向前邁進了一步。

對考試官的選聘也極為嚴格。鄉、會試的考試官員包括內簾官和外簾官。所謂內簾官即考場內的主考官和同考官，主考官負責出試題，審閱考生答卷，決定考生的名次及錄取，並負責申報。同考官則輔助主考官出題、閱卷等。所謂外簾官係考場外的提調官、監視官等，主要是維持考場紀律，提供服務。其中以內簾官為重要。明初兩京鄉試的主考官專用翰林，各省則於儒官、儒士中聘請明經公正的人充任，選聘注重學識修養，而不以是否為朝廷的命官為標準。至景泰三年（1452年）則令布、按兩司同巡按御史推選現任教官擔任，資格為年五十歲以

下、三十歲以上，且文學謹謹者。教官主試，遂為定制。教官雖受命典試，但由地方官吏推舉，所以間或出現「有司循私，聘取或非其人」的狀況。地方行政長官監臨科場時，又「往往侵奪其職掌」。因此，成化、弘治、嘉靖時，屢屢有人提議由翰林主考，或由兩京大臣推舉考官，但未實行。直至萬曆十一年（1583年），才詔定浙江、江西、福建、湖廣皆用翰林編修、檢討充當主考官，他省用科部官，同考官也多以進士出身的官員充當。明代會試考官皆由皇帝欽命簡放，一般由閣臣典試，翰林、詹事一人副之。殿試由皇帝主持，讀卷官、監試官、提調官等更非一般官員能夠充任。

明代考官的人數，初定會試同考官八人，三人用翰林，五人用教官。從景泰五年（1454年）開始，全部聘用翰林、部官。其後同考官的人數不斷增加。正德六年（1511年）會試同考官共十七人，其中翰林十一人，科部各三人。萬曆四十四年（1616年）同考官人數增至二十八人，翰林二十人，科部各四人。鄉試主考官二人，同考官四人。據黃佐《翰林記》載，明代翰林充任科舉考試官的職責有：殿試讀卷，殿試擬撰策問，考會試，復試落榜舉人，考兩京鄉試，試錄程式文字，考武舉等。

閱卷與錄取是考試的最後一個環節，對考生而言也是最重要的環節。考生答完試卷後，經過彌封、謄錄、對讀等程式，交由主考官與同考官評閱，以確定錄取與否。一般來說，答卷先由同考官評閱一遍，選擇其中優秀的交給主考官複閱。明代鄉、會試閱卷的時間只有十天左右，殿試三天就得閱完。由於閱卷的時間很緊，答卷又太多，根本無法進行認真的評閱，所以鄉、會試一般只重視首場答卷尤其是首場《四書》義答卷的評閱，其他場次的答卷便未予以過多的關注，因而往往出現答卷「苟簡濫劣，至於全無典故、不知平仄者，亦皆中式」[23]的現象。而殿試試卷的評閱，讀卷大臣往往只注意評閱那些在會試中成績較好、平日聲譽較高的考生的答卷，其他人的卷子並不一一細加品評。

關於取士名額，洪武三年（1370年）規定鄉試貢額為直隸一百名，廣東、

---

23 顧炎武：《日知錄·制科》。

廣西二十五名，其餘各省皆四十名，若人才多則不拘此限。鄉試錄取名額規定：南京國子監並南直隸八十名，北京國子監並北直隸五十名，江西、浙江、福建各四十五名，湖廣、廣東各四十名，河南、四川各三十五名，陝西、山西、山東各三十名，廣西二十名，雲南五名。此後，鄉試錄取的數額屢有增加。至萬曆元年（1573 年）鄉試錄取額增至南、北兩直隸各一百三十五名，浙江、福建、湖廣各九十九名，江西九十五名，河南八十八名，山東、廣東各七十五名，陝西、山西各六十五名，廣西五十五名，雲南四十五名，貴州三十名。會試錄取配額在洪熙時實行南北卷取錄，其中南人占總錄取額的十分之六，北人占十分之四。宣德、正統時分為南、北、中卷，其中南卷包括應天及蘇、松諸府和浙江、江西、福建、湖廣、廣東諸省，北卷包括順天及山東、山西、河南、陝西諸省，中卷包括四川、廣西、雲南、貴州及鳳陽、盧州二府和滁、徐、和三州，錄取比例為南卷占總錄取額的百分之五十五，北卷占百分之三十五，中卷占百分之十。[24]

　　關於鄉、會試錄取名額分配的依據和原則，中國教育史學界經研究認為：一是省區之大小，二是參加應試人數的多寡，三是各省市地區文化水準的高低，四是照顧邊遠省分。明代首創劃區域、按比例錄取制，使科舉制度更臻完善，它有利於擴大統治基礎，又對各地區特別是文化落後地區的學校教育起著促進的作用。

三、科舉制度的實際功能與流弊

　　明代的科舉制度，就其功用來說，是要選拔官吏進入各級官僚機構，以維護和鞏固明朝的統治。從一定意義上說，科舉制度又是明王朝調控政治的一種統治策略，藉以對士人的政治傾向與倫理道德價值取向進行誘導。

　　科舉制度的實際功能　科舉考試以成績錄取，採取公平競爭的方式，為廣大士人打開入仕的門徑，因而吸引了大批人才，保證了官僚機構的正常維繫和穩

---

24 《明史・選舉志二》；萬曆《大明會典》卷七十七。

定。其實際功能，概括說來，有以下三個方面。

第一，思想上的收束。科舉考試的目的不是培養學者，而是選拔封建官僚。德才兼備是其選拔的標準，而德被置於極端重要的地位。德在明代依然囿於儒學的範疇，以程朱理學為核心。明初統治者宣揚程朱理學，以之為學術正宗，「國家明經取士，說經者以宋儒傳注為宗」[25]。永樂年間更編纂《四書五經大全》、《性理大全》頒行天下，作為各級學校的標準教材和科舉取士的唯一教本，成為士人仕進的唯一依據。這就使得程朱理學在學校教學內容和科舉考試內容中，得以確立主導的地位。

在考試方法上，明代的科舉又以書義來考核士子掌握《四書》的程度，用論策來了解士子對經史的掌握和應用能力，用詔誥律令來檢查士子對典章律例的熟悉情況。而在經義策論的考試中，明代又以八股文作為答題形式，考生只能代聖人立言，不許表達自己的思想，更將士子的思想嚴格局限於程朱理學的牢籠之中，不許越雷池半步。這樣，便能保證被選拔出來的官吏能夠恪守孔孟之道、程朱理學，忠實地貫徹明王朝的統治思想和各項方針政策。

第二，政治上的調控。明代的科舉制度，考生的資格放得較寬，任何士人都可投牒自薦，參加應試。士人作為一個知識和文化階層，其成員來自社會各個階層和從事各種職業的家庭，他們都希望通過科舉考試取得功名。尤其是中下層士人，他們沒有其他入仕途徑，更希望通過勤奮苦讀，以求科場一搏，中舉入仕，從而改變自身和家庭的社會地位與經濟狀況。而統治者要統御萬民，除了直接依靠各級官吏外，也需要利用士人的力量，通過他們來影響社會的各階層並起到溝通統治者和被統治者的作用。這樣，明王朝通過科舉制度，便可收到籠絡士人，進而控制社會各個階層的效果。

明代科舉取士採取逐級考試的形式，會試和殿試的錄取名額除特殊情況稍有變動外，基本是相等的。因此，會試也就成為最高一級兩種考試中帶有關鍵性的

---

25 《松下雜抄》卷下。

考試，殿試僅是排定名次而已。由於殿試是由皇帝親自主持，規制由他明令訂立，所舉之人亦由其親自策問，這就意味著科舉考試的最終決定權集中在朝廷特別是皇帝的手裡，皇帝可以按照自己的需要和愛好直接決定士人的考選。皇帝既然是最高的主考官，高中的士子必然對他感恩戴德，俯首貼耳，聽從驅使。這樣，更可使得科舉的調整作用得到進一步的發揮。

第三，教育上的推動。科舉取士主要依憑考試成績，這就促使考生留意舉業，讀書——科舉——入仕，是絕大多數士人所嚮往的人生道路。這就在社會上，特別是在中下階層中形成一種自覺求學的風氣，從而推動教育規模的擴大和數量的發展。不僅官學生員的名目不斷增多，有所謂廩膳生員、增廣生員和附學生員，私學、家學、宗學也隨之興起，形成「無地而不設之學，無人而不納之教」[26]的局面。

在明代的學校中，國子監是明朝最高的學府。有監生資格者，不僅可直接入仕，而且還可直接參加科舉考試，致使不少人爭相入監，使監生來源不斷擴大。特別是例監制的實施，報捐監生者人數更眾。捐監散於全國，名為監生，實則大多數並不在監。其捐監的目的不外乎提高聲譽，取得參加鄉試的資格。但要參加鄉試，就得認真準備，即使不在監讀書，也不致隨便荒廢舉業。因此，科舉誘導出的捐監制度，不僅推動了教育的發展，而且豐富了國子監的辦學模式。

另外，科舉制度的實施造就了數量龐大的舉業人口。從生員、監生、舉人到進士，逐層篩選，除絕大部分進士、部分舉人及少數監生入仕為官外，其餘則自謀職業。作為知識分子，他們的大多數或受聘為師，或自立學館，或講學書院，從而投入到教育行業中去。即使入仕為官者，也有不少人成為學校的教師或提學官。這對明代教育的發展，顯然起到了推動的作用。

科舉制度的流弊　　學校為養才之所，科舉為選才之途。隨著科舉制度的發達，學校教育逐漸成為科舉的附庸。讀書人為考能夠高中，便四處奔走，極力鑽

---

26 《明史・選舉志一》。

營，甚至不惜使出渾身解數在科場中作弊。科舉制度在實施過程中，日益顯現出越來越多的弊端。

第一，教育內容的空疏。明初學校與科舉皆為入仕正途，學校的教育功能得到較好發揮，由國子監出身而身居要職的人很多，並未形成科舉獨重的局面。然而隨著科舉日盛，科甲進士日重，學校成了儲才以應科目之地，其地位也就日趨低下。雖然科舉必由學校，客觀上促進了學校數量的發展和規模的擴大，但又導致學校教育空疏、忽視實學的局面。從教育內容來看，與科舉無關的內容被置於可有可無的境地，範圍大大縮小。從教育方法來看，主要精力放在考試內容的記誦和試文程式的訓練上。尤其是八股文盛行以後，科舉取士皆以程文格式為範本，這種情況就更加嚴重。據焦竑《玉堂叢語·科試》載，嘉靖十一年（1532 年）會試，「禮部尚書夏言上言：『舉子經義論策，各有程式，請令今歲舉子，凡騁詞浮誕，碎裂以壞文體者，擯不得取。』上從之。」這樣，士子為了應付科舉考試，往往無暇鑽研經史，只讀書商們刊刻的各種八股範本。從教育目的來看，士子都期望金榜題名，考中進士，居官為政。然而，科舉考試以「文」取人，考試的內容多與日後任官理政沒有多大關係。任官理政所必備的知識能力沒有列入考試範圍，學校自然也就不重視實學，久而久之必然要導致教育的空疏。

第二，學術衰微。明代的科舉考試，以考本經和《四書》為主。學校生徒便專習《五經》中的一種和《四書》等，對其餘四經則不聞不問，以致「專一經輒白首，餘經、史付度外，而學專而識益陋」[27]。士人讀書既是為了獲取功名，因而「以日所讀之經、日所習之注、日所鑽研之八比文」為務，結果必然是「仰不識天，俯不識地」，不知「學術」為何物。而且，自宋代以經義取士以來，歷代都考《四書》、《五經》，可出的題目非常有限，容易重複，應試者往往在考試前猜測若干題目，記誦前人的試文，「只記其可以出題之篇，及此數十題之文而已。……因陋就寡，赴速邀時。昔人所須十年而成者，以一年畢之，昔人所待一年而習者，以一月畢之。成於剽襲，得於假倩，卒而問其所未讀之經，有茫然不

---

27 傅維鱗：《明書·學校志》。

知為何書者。」[28]更有甚者，士子把讀書當成是入仕的敲門磚，若科舉中式則棄如敝屣。所有這一切，都必然導致明代經學的衰微。《明史·儒林傳序》稱明代「經學非漢、唐之精專，性理襲宋、元之糟粕，論者謂科舉盛而儒術微」，原因即在於此。

第三，科舉考試的舞弊。明代科舉考試以鄉、會試為主，對考場紀律作了嚴格的規定，然而科場舞弊卻依然存在，並隨著防範措施的日益周密而益趨高明。正如《明史·選舉志二》所描繪的那樣：「賄買鑽營、懷挾倩代、割卷傳遞、頂名冒籍，弊端百出，不可窮究，而關節為甚。」所謂關節，就是在鄉、會試前買通各房官，讓他們在試卷上寫出關鍵的字眼，便於考生順利做好答題，或故意扣下成績好的試卷，為其錄取掃清障礙。有的考生還打通主考官的關節，讓他們洩露題目。沈德符在《萬曆野獲編·關節狀況》中列舉了三件泄題事件。一是永樂二年（1404 年）解縉為會試主考官，將廷試策題透露給江西永豐人曾棨，使之得中狀元。二是正德辛未科（1511 年）內閣次輔楊廷和之子楊慎，因預先知道策題而獲得狀元資格。三是萬曆庚辰科（1580 年）內閣首輔張居正的兒子張懋修，因試策題目為其乃父所出而中狀元。明代對科考舞弊除防範極嚴外，對其懲治手段也是極嚴厲的。對此，明廷雖然屢頒禁令，並採取種種防範措施，但科舉舞弊不斷花樣翻新，防不勝防。考風的敗壞，導致士習的敗壞，甚至影響到政風和社會風氣的敗壞。

四、科舉取士對社會心理的影響

有明一代，入仕為官成為科舉中式士人的唯一出路。然而中式士人的出路，因出身等級的不同又有較大的差異。一般來說，明代入仕最重進士，進士又以入翰林為主。明朝「狀元授修撰，榜眼、探花授編修，二、三甲考選庶起士者，皆為翰林官。其他或授給事、御史、主事、中書、行人、評事、太常、國子博士，

---

28 顧炎武：《日知錄·擬題》。

或授府推官、知州、知縣等官。舉人、貢生不第，入監而選者，或授小京職，或授府佐及州縣正官，或授教職。」[29]天順二年（1458 年）以後，翰林院官專用進士出身之人，而翰林院則是升入內閣的首要階梯，不能進入翰林院，也就無法進入內閣，升至大僚。因此，科舉考試，取得進士資格，進入翰林院，再入內閣，仕至內閣大學士，是士子們最企羨之途了。

但是，明代科舉考試錄取名額很少，錄取比例也不高。隨著考試級別的提高，其錄取率也愈低。關於鄉、會試的錄取率，由於統計資料不全，很難作出全面、準確的判斷。這裡僅舉幾例，以見中舉之難。洪武三年（1370 年）應天府鄉試，共有一百三十二人參加，錄取率超過百分之五十，在選過半。此時，明朝新立，朝廷急需龐大的官僚隊伍，而願意應試、任官的讀書人又較少，因此錄取率很高。之後，隨著明朝統治的穩定，應試人數越來越多，錄取率則越來越低。洪武二十六年（1393 年）應天府鄉試，考生八百名，取中舉人八十八名，錄取率為百分之十點一。成化二十二年（1486 年）順天府鄉試，考生二千三百人，按朝廷限額取中一百三十五人，錄取率為百分之五強。會試亦是如此，如永樂十九年（1421 年）會試，參加考試的舉人有三千多人，選中貢士二百〇二人，錄取率僅為百分之六強。弘治六年（1493 年）會試，參加考試的舉人近四千人，取中貢士三百人，錄取率不足百分之八。正如李東陽所說：「舉人之法，博求而慎擇。簡於部使，郡試於藩，然後會於京師。而大試之舉禮部者，積千百而得一，由此以策大廷，名進士，則有殿最，而無去取焉。」[30]

那些未被揀選的舉人及鄉試不第的生員，除非有優厚的經濟條件，可以畢生讀書、應考，直至高中或老死科場，否則經過多次失敗以後，便要自謀出路。特別是來自農耕家庭者，不可能總是吟詩誦經，為文作詩，閉門潛行，坐而論道，雲遊觀光，書畫怡情，而必須從事有經濟效益的活動。或從事教育，或受雇公門私室，或耕讀兼營，或學商一體，販賣詩文，行醫占卜，或棄學經商，或從事低賤職業等。他們被迫放棄舉業，幹此營生，其心情是相當痛苦的。

---

29 《明史·選舉志二》。
30 《李東陽集·會試錄序》。

明代統治者以科舉為選才之法，士子以科舉為晉身之階，科舉考試已融進傳統文化的網路之中，積澱在人們的心理意識裡，成為人們觀念中的一個因數，代代相傳，成為一種不可逆轉的時尚。對於絕大多數的知識分子及其家人、族人、親戚、朋友來說，應科舉求功名才是讀書受教育的最直接、最強大的動機。因為讀書可以做官，讀書與做官之間存在內在聯繫，官本位意識因而大大強化。受做官心理的制約，讀書做官成了光宗耀祖的手段，這又進一步增強了宗法心理。知識分子案牘勞形，皓首窮經，很大程度上不是為了心靈的充實、個性的豐富和視野的拓展，而是為了做官從政，光耀門庭。結果讀書成了手段，而不是目的。

明代科舉考試局限於《四書》、《五經》等儒家經典，以宋儒傳注為標準，只許代聖賢立言，不許有自己的見解和發揮。這種狀況勢必促使士人各安其職，各守其分，在職分內修身養性，把握儒家倫理道德規範，並影響他人，以安世濟民。這種人格模式的形成，雖有助於維護統治秩序，但也易使個體角色意識融化於群體之中，妨礙個性的獨立發展和主體意識的擴張。同時，由於人們重視對儒家經典的學習，而忽視了對自然界的探求，也勢必妨礙科學技術的學習和掌握。[31]

---

31 參見李宗桂：《中國文化概論》，廣州，中山大學出版社，1988。

教育理論與
著名教育家

一、教育理論的發展

明代教育思想的發展，大體經歷了三個階段。從明初到成化年間，程朱理學教育理論完全支配著教育思想和實踐。由於它與明初專制主義文教政策相結而日趨僵化，逐漸喪失生命力。成化至萬曆年間，書院教育逢勃發展，心學教育思潮逐漸形成並發展起來，取代了程朱理學教育思想的統治地位。萬曆以後，由於社會主題的轉換，王學末流空談心性不務實學的弊端日益顯露，心學教育思想受到多方面的批判與改造。及至明末在西學東漸的影響之下，經世致用實學教育思潮又復興起，開始占據主導地位。

心學教育思想產生於明中葉。隨著理學教育的僵化，程朱學派養成的教育傳統窒息了自由思想，士人都把熟讀宋儒對經書的傳注奉為金科玉律，不敢稍有出入。人們對教育的不滿情緒不斷增長，紛紛對理學教育思想及科舉考試弊端展開檢討和批判。正統時，理學家薛瑄、吳與弼等人因不滿「述朱」式教育思想的控制，主張重振儒家躬行實踐的道德教育傳統，並提倡「清修篤行」。至成化、弘治年間，這股教育的檢討與批判思潮由學者間對「清修篤行」的提倡，轉向對社

會道德淪喪的救治，其救治方法就是正人心。胡居仁提出「凡道理具於吾心，大小精細無所不該」，「心與理一」，「心理不相離」，「心存則理自在，心放則理亦失」[32]的觀點。與胡居仁同出於吳與弼門下的婁諒、陳獻章，亦從自我身心修養方面，對程朱理學的教育理論與方法進行反思與修正。婁諒大膽懷疑宋儒對《四書》、《五經》的注釋，企圖通過重新解釋來「正本清源」。陳獻章則主張輕書重思，學宗自然，自得於心，閉門修養。繼之而起的王守仁、湛若水，針對程朱理學教育理論與實踐只重書本輕道德的弊病，提出了他們的教育主張。湛若水注重道德修養方法，企圖對程朱理學進行修補。而王守仁則對程朱理學的僵化和教條化進行了批評和否定，主張重振儒家的倫理道德，加強教化的作用。他力排程朱，建立自己的心學體系，並在教育實踐活動中廣泛傳播。隨著陽明學派的形成與發展，王學的教育思想無論在理論層面還是在實踐層面，都涵蓋了湛若水的甘泉學派及其他諸儒的心學教育主張，取得了主導地位。

陽明心學的出現，標誌著一個新的、具有革新性的思想流派的崛起和確立。其基本理論是由「心即理」、「知行合一」、「致良知」等範疇建構而成的，涉及了儒家傳統的道德本體論、修養論、知識論、人性論、價值論以及教育原則與方法諸問題。它力圖在道德本體論和修養論上革新程朱理學的教育學說，旨在使道德本體論與修養方法論達到有機統一，提高道德實踐主體的主觀能動性，在道德修養中將主觀與客觀、感性與理性、動機與效果、知識與德行、心理與倫理等有機地完整地統一起來，從而建立獨立而完善的個體道德人格。以「性即理」為哲學基礎的程朱理學，其價值取向偏重於對「天人合一」境界的追求，要求人們按照儒家經典的道德教條去循規蹈矩，成為完全拋棄現實物質存在的自我而實現精神存在的道德自我，因此程朱理學強調書本知識的學習。王守仁提出「心即理」，以為「天理」既體現於知，也體現於行，是需要用「心」來把握的，因而強調人們必須在道德實踐活動中去體現「天理」，突出了道德實踐者的主觀能動性。這對於扭轉道德教育以書本教學為基礎或中心的學風，對於擺脫教條主義的精神束縛和昂揚人的主觀能動性，具有積極的意義。

---

32 《明史・胡居仁傳》。

王守仁提出「經學即心學」，認為經學教育的目的不在於教人「知道」和「明理」，而在於「為我之所用」。王守仁與朱熹不同，朱熹強調經學教育是「做人」的準備，而他卻把它看作是道德修養的實在工夫，教育的目的不在學習過程之後去達到，而是在教學過程之中去實現，目的與過程要做到「知行合一」的有機統一。王守仁以「知行合一」為理論基礎，強調道德與知識是內在統一的。教學要成為發展良知的工夫，關鍵在「知行合一」的過程中使知、情、意、欲、思等心理倫理化，然後從內心擴展到實際生活的事事物物之中。他主張以「知行合一」為為學原則，以「致良知」為立教宗旨，要求教學過程道德化，把讀書作為道德實踐的一種形式。

總之，王守仁的心學教育思想，其核心問題是培養人的道德實踐能力和道德自覺性。在理論上他充分肯定每個人都有自我教育能力，肯定人的主觀能動性和道德實踐中的關鍵作用。然而，由於他的教育思想表現出強烈的重「心」傾向，最終又必然走向自然人性論和輕知識的「狂禪」，陷入空談心性的泥潭。及至王學末流，其空疏的學風更是弊端百出，遺患無窮。於是一些思想家、教育家又致力於開拓新的學術與教育風氣，提倡經世致用，並對心學教育思想進行了抨擊。如東林學派的顧憲成、高攀龍等以及明末清初的黃宗羲、王夫之、顧炎武等，都尖銳指出心學思想教育與實踐相脫離的弊病，主張以經世致用的實學來拯救明代學術與教育的空疏。與此同時，隨著西方傳教士的來華，西學東漸，一批有識之士開始認識到自然科學在教育中的重要地位，要求以實學教育來改變中國傳統的教學，培養實用人才。在這股教育思潮的推動下，心學教育思想日漸失去了它的歷史地位，而讓位於經世致用的教育思想。

二、著名的教育思想家

明代是教育比較發達的時代，出現了一批有影響的教育家，現擇其中尤為著名的，作簡要介紹。

曹端與薛瑄　曹端，永樂六年（1408 年）中舉，次年會試落第，被選為副

榜舉人，授山西霍州學正。在任期間，他倡明儒教，並以身作則，強調教化的作用。他的教育思想沿襲宋、元之舊，曾熟讀《太極圖》、《通書》、《西銘》等宋儒著作，格外強調身體力行，躬行實踐。由此深得生徒的信服和州人的尊重，收到較好的教育效果。

薛瑄，永樂十八年（1420 年）舉河南鄉試第一，次年中進士，正統元年（1436 年）五月，授山東提學僉事。他在督學山東時，以朱熹所訂的白鹿洞學規開示諸生，使他們認真遵守。在此基礎上，他提出了「致知而力行，居敬以窮理，由經以求道」的教育方針，強調貴在力行，要求實理，務實用。在提學期間，他經常召見生徒，親自講授，並注意因材施教，區別管理。因此生徒「才者樂其寬，而不才者憚其嚴」[33]，都很欽佩他，稱他為薛夫子。

吳與弼與陳獻章　吳與弼，幼年時在鄉塾讀書，十九歲時到北京投奔做國子監司業的父親，並跟大學士楊溥學習《伊洛淵源錄》等宋儒著作，並放棄了舉業。由於他學有所成，名氣很大，不久回到崇仁，開始了長達五十餘年的教學生涯。他一生與學生躬親耕稼，自食其力，耕讀結合，教育活動很有特色。雖他厭惡日益繁瑣的注經活動，不輕於著述，即使所撰《日錄》，也只是鋪陳舊說，寫下自己的體會。但是，他的教學活動是對當時讀書人只重記誦、忽視實踐的糾正。

陳獻章，正統十二年（1447 年）廣東鄉試中舉，次年會試落榜。二十七歲時離開北京，前往江西崇仁，從學於吳與弼，刻苦學習儒家經典及宋儒著作，學問大有進益。成化二年（1466 年）就學於國子監，名滿京城。不久，他回到新會老家，以講學授徒為生。他的講學很有影響，全國各地學者紛紛投到他的門下。他教育生徒，要求他們靜坐，在靜坐中體認聖賢之道。這種教學方法吸收、借用了禪宗的修養方法，將佛教禪宗融入儒教之中，形成了自己的教育體系。

王守仁與湛若水　二人繼承宋代自由講學的傳統，宣揚心學理論，直接推動

---

33 《明史·儒林傳一》。

了明代書院的興盛。

王守仁，弘治十二年（1499 年）中進士。三十四歲開始在京師講學授徒，直到去世，從事教育、學術活動二十餘年。王守仁有一套較為系統的教育理論，它的核心是「致良知」；教育的作用是「去人欲」，追宗聖人；教育的目的是「明人倫」，達到聖人的標準。因此，內心修養是為學之根本。他認為「良知是造化的精靈」，「良知」人人都有，不待學而有。但一般的良知常被私欲所蒙蔽。因此，為學就是去私欲，恢復本心的「良知」。

王守仁把培養聖人看作是教育的最高理想和目標。他認為，只要人們通過端正自身的行為來達到個人的修養工夫，「純乎天理」而無「人欲之雜」，達到純潔淨化的思想境界，就可以成為聖人。同時，他還指出「凡人而肯為學」，甚至「愚夫愚婦」，經過刻苦努力和勤奮修養，都可以成為聖人。這在一定程度上承認了人的資質原來都是一樣的，都有接受教育成為聖人的可能性。這種見解不但提高了人的價值，而且有擴大教育物件的意味，無疑也是有進步意義的。

王守仁特別強調「立志」的重要性，認為「學問不得長進，只是未立志」，「志不立，如無舵之舟」。指出學生要樹立獨立思考的意識和習慣，要善於思索，學貴「自得」；為學必須循序漸進，注重學生的接受能力，「隨人分限」，主張學貴「善疑」，破除對聖人的迷信，有所創見。他承認學生的個性差異，認為教學方法應該是「教無定法」，「因人而施」。

在有關的文獻中雖沒有王守仁曾擔任兒童教師的記載，但他對兒童教育同樣有著非常新穎的見解。他反對對兒童的體罰，重視激發兒童的學習興趣，必須使他們「趨向鼓舞，心中喜悅」，開展生動活潑的學習。王守仁主張「知行合一」，把教育過程中的道德認識與道德行為統一，他極力反對知行脫節及「知而不行」的空洞說教。因此強調德育要從兒童抓起，實施德育要及早，才會奏效快。他還重視美育對陶冶德性的作用，認為「詩教」、「樂教」能使兒童精神舒暢。

王守仁不僅授徒講學，還非常注重社會教育，推行社會教化，他所創設的十家牌法和鄉約等組織，對養成良好社會風尚具有積極意義。

總之，王守仁的教育思想打破了程朱理學教育的束縛，以啟發獨立思考、個性解放為主導的教育原則，主張教育要注意學生的心理和生理特徵，提倡平等和協調的師生關係，發展生動活潑的學風等，很值得借鑒和應用。因而他的思想風靡一時，幾乎席捲了整個思想界和教育界。

　　湛若水，弘治十八年（1505 年）中進士，選為翰林院庶起士，擢為編修，累官至南京吏、禮、兵三部尚書。湛若水「平生志篤而力勤，無處不授徒，無日不講學，從遊者殆遍天下」[34]。他在京師和廣東老家都講過學，也周遊過列郡。到了九十高齡，他還從廣東新城出發，前往南京，一路不停地講學。他在講學之處，一定要建立書院，所建書院甚多。

　　湛若水講學以「隨處體認天理而涵養之」為主。也就是說，人的本性充滿了善意，無限仁義，這就是天理。天理存於人心，所以要隨時體認，體認出來後要善加涵養。體認天理，要順其自然，不可忘也不可幫助。他的認識和王陽明有很大不同，他認為心沒有內外的區別，心與天地萬物同體。在教育中，他要求學生研習儒家經典，講求道德精神，並要求學生躬親細事，如兵、農、錢、穀、水利、馬政之類，以及綜理家務等。湛若水的理論雖說也是心學範疇，但更注重道德修養方法和教育實踐。

教育改革家張居正　　張居正，嘉靖二十六年（1547 年）中進士，隆慶元年（1567 年）入閣預機務，神宗初出任內閣首輔，開始對社會進行全面的整頓和改革。萬曆三年（1575 年）張居正上《請申飭舊章飭學政以振興人才疏》，針對當時教育中的各種弊端，提出了重申舊章，整飭學政，以振興人才的教育改革方針，其內容包括學校、科舉和書院三個方面。

　　整頓學校教育，改革學校教育中的不合理政策，是張居正教育改革的主要內容。第一，改選提學官。提學官又稱為提學憲臣，或稱督學，設立於正統元年（1436 年），負責一省的學校教育。張居正認為，學校是培養各級官僚人才的根

---

34 傅維鱗：《明書・湛若水傳》。

本，而能否管理好學校關鍵在於提學官。他把改造提學官作為改革的突破口，明文規定了提學官的職責，實行嚴格的考核，及時賞能罰劣。第二，慎選各地儒學教官。各地儒學教官主要由歲貢生員充當，其次則為會試副榜取中的舉人。張居正提出，要嚴格考核歲貢生，凡是不合格的，立即依法黜落，提學官也照例降調。對舉人教官，也要考核，並依成績分為三等，任滿三年後，再進行考核，有治民才能的，提升為有司正官，還允許參加一次會試。此外，還令各省提學官對現任儒學教官進行考核。慎選教官，慎重考核，有助於教官素質的提高和隊伍的穩定。第三，淘汰生員。由於地方學校生員過濫，張居正要求嚴加考核、淘汰，發現學業荒疏、不堪培養之人，立即予以黜退。對童生入學條件、數量也加以限制，並嚴禁冒籍，對在校生員嚴加管理。第四，重實學的教育內容。張居正強調學校教育以實學為主，重申明代以明經取士，經書以宋儒的傳注為標準，經書義行文典雅純實。生員所習除儒家經典外，還習本朝詔、律、典制等，以培養經世致用之才。第五，重視學校教育設施、經費。

科舉考試與歲貢，是各儒學諸生出身的兩條途徑，尤其是科舉制度，是生員進入仕途的重要階梯，對學校教育有重大影響。張居正進行教育改革，也自然對科舉和歲貢進行了整頓。關於歲貢，重新規定各地學校提前一年，選拔優秀生員充作歲貢生員，次年四月趕赴禮部參加廷試。凡歲貢時不遵禁令而濫貢及廷試時有五名不合格的，則將提學官降職，改調。關於補貢，也重申了舊規，補貢必須在一年以內，超過期限的發回原學肄業，並給該省提學官處罰，對鄉試名額也進行了適當限制，有利於減輕考試官閱卷負擔，也便於考場管理及後勤供應。

明中葉以後，書院逐步興起，講學之風很盛。各地的講會、書院，吸引了大量生徒，使本來已趨於衰敗中的府州縣學更加敗壞。為了振興地方儒學，張居正採取反對講學、禁毀書院的辦法。萬曆七年（1579 年），張居正敕令各地巡按御史、提學官嚴加查訪，不許另建書院，聚眾講學。張居正認為，書院講學空談心性，荒廢了學業，因而提倡從實講求經書義理，恭行實踐，以備日後為官行政之用。

張居正的教育改革是其全面改革的一個重要部分，是一場實實在在的改革，

對挽救日益衰敗的學校教育起了一定的積極作用。

顧憲成和高攀龍　東林學派在萬曆後期影響很大，他們提倡氣節，崇尚實學，希圖以講學挽回世道人心，他們講學不忘時政，而且常常以時政為講學材料。

顧憲成，萬曆四年（1576 年）中舉人，八年中進士，授戶部主事之職，從此開始了他一生坎坷不平的政治生涯。顧憲成正直敢言，不怕得罪權貴，萬曆二十二年（1594 年）被削籍家居。於是他有充分的時間四處講學。萬曆三十二年（1604 年）與高攀龍等江南學者，議修東林書院，開展講學活動。他在講學時批評王學末流落於禪宗，主張講學有助於世道人心，反對空談心性，認為它無補於社會。在性善問題上贊成程朱學說，反對王陽明觀點。講學之餘常諷議朝政得失，品評人物的善惡好壞，講求學以致用。據黃宗羲《明儒學案》說：「先生論學以世為體，嘗言，官輦轂念頭不在君父上，官封疆念頭不在百姓上，至於水間林下，三三兩兩，相與講求性命，切磨德義，念頭不在世道上，即有他美，君子不齒也。」在經世致用思想的推動下，他把關心國家大事同探討學術思想結合起來。

高攀龍，二十五歲時從顧憲成講學。他的講學，以復性為宗，以格物為要，以居敬、靜坐為修養的工夫。他認為性為人的本體，即天理，是完美無缺、至善的。但本性往往為私欲所蒙蔽，所以要恢復人生下來就具有的本性。因此他以復性為教育宗旨。至於靜坐、居敬的工夫，他認為初學之人，「神短氣浮」，需要下數十年的工夫習靜，使神完氣培，才能居敬，即心中無一點雜念，毫無牽掛，濁氣自清，本地自然呈現，達到修養的極限。總之，高攀龍的講學不偏廢程朱理學，亦不偏離王陽明心學，他以朱學修正王學，而最高境界的完成卻是心、性無所偏廢的合一之學。他對於學術的講求著重於經世致用的實現，他主張躬行實踐，希望透過政治，以求達到經世致用。

第十章

樸實無華
的史學

　　史學在明代有所發展，史著數量明顯增多，僅《明史・藝文志》不完全的記載，明代修出的史著便達一千三百餘部，將近三萬卷。加之未曾載錄的明代後期數量眾多的野史，明代史著數量遠超過元代。尤其是對當代史事的記述和方志撰修成績顯著。然而明代官方修史卻不及前代，只修實錄，不修國史。而與以前史學所不同的是，私家撰述風氣甚盛，特別是正德以後，湧現出一批著名的史學家，出現了各種體裁的史書和種類繁多的筆記，涉及的內容非常廣泛，史學獲得了更加豐富的通俗形式，這不僅顯示出明代史學走向社會深層的特點，也透示出明代史學樸實無華的特色。

明代刻書業發達，官私刻書數量很多，分布地區廣泛，印刷工藝水準也有明顯的進步，刻書價格比較低廉，這有利於圖書的流通和收藏。因此，明代除官府藏書外，私人藏書也特別興盛，遠遠超過了國家藏書，有些私人藏書家還提出了系統的購書、鑒別、收藏理論。

第一節 ·

官修史書的優勢

明代官修的書籍，據李晉華《明代敕撰書考》統計，有二百多部，尤以明朝前期為多。其中官修史書關於本朝史事的，以《實錄》和《大明會典》最為重要，關於前朝史事的以《元史》較有價值，另外還有數量繁多的志書。這些史書的纂修，雖也存在不足之處，但仍然顯示出官修史書所具有的優勢。[1]

一、修史制度的變化

我國自漢朝以來，歷朝都十分重視本朝史的撰述，不僅有起居注和日曆的修纂，還有紀傳體國史的編修，並有專門的修史機構。最晚到西漢時，便有了史官記錄帝王每天言行起居以及軍國政務處置情況的「起居注」，到兩晉南北朝時期，起居注的撰修已相當普遍。無論是漢族政權還是少數民族政權，幾乎所有的統治者都有起居注，即使一度「篡奪」東晉政權，在位時間不足半年的「楚帝」桓玄，在兵敗西逃，身陷絕境之時，還念念不忘「於道作《起居注》，敘其距義軍之事。……不遑與群下謀議，惟耽思誦述，宣示遠近。」[2]此後，歷隋、唐、

1　本章史書纂修部分，參考了李小樹先生《明代修史與史學》一文，特致謝意。
2　《晉書·桓玄傳》。

五代、宋、遼、金、元諸代，起居注的撰修沿襲不改，形成定制。日曆是在起居注和其他材料的基礎之上，以日月為序撰修的一種史事長編，始於唐順宗永貞元年（805 年）。此後直至元代，都有日曆的撰修。起居注和日曆的撰修為實錄和紀傳體國史的編纂打下了良好的基礎。

我國紀傳體國史的纂修，從東漢由朝廷遴選史才，以紀傳體形式修成《東觀漢記》以來，歷朝大都沿襲仿照。北魏時有了專門的修史機構，至北齊時正式設立了史館，並成為朝廷諸司中一個十分重要的機構，唐代官修國史成為定制。這種制度對當代史事的記載與保存十分有利，唐以後一直被沿用。即使在遼、金等文化相對落後的少數民族政權內，也設有國史院負責撰修國史。元代名稱上改為翰林兼國史院，將二者合併，但國史院仍然具有很強的獨立性，並未失去其專司國史撰修的性質。

然而，到明代修史制度就發生了變化。明人陸容曾在《菽園雜記》一書中指出：「國初循元之舊，翰林有國史院，院有編修官。……若翰林學士待制等官，兼史事，則帶兼修國史銜。其後更定官制，罷國史院，不復設編修官，而以修撰、編修、檢討專為史官，隸翰林。翰林自侍讀、侍講以下為屬官。官名雖異，然皆不分職。史官皆領講讀，講讀官亦領史事。」據此可知明朝建國不久便廢除了國史院，使翰林院的侍讀、侍講等官員與史官在職掌上相混淆，翰林院與掌起居注、修史的史館合而為一的事實。

明代立國不久，延續千年的起居注撰修和已歷數百年的日曆撰修皆被停止。明太祖在稱帝前和稱帝之初，都曾設置起居注官員撰修起居注，宋濂、魏觀、王直等都擔任過起居注官，負責撰寫起居注。明朝建立不久，明太祖又於洪武六年（1373 年）九月准翰林學士承旨詹同等人的奏言，命宋濂為總裁官，撰修日曆。到次年五月《大明日曆》成，「自上起兵至洪武六年事備載，百卷，藏金匱」[3]。遺憾的是，這一制度在明代維持的時間極為短暫。到洪武中，起居注官和起居注的撰修就被廢除。《明史·職官志》對此曾作了明確的記載：「起居注，甲辰年

3　談遷：《國榷》卷五。

（元至正二十四年，宋龍鳳十年，1364 年）置，吳元年定秩正五品，洪武四年改正七品，六年升從六品，九年定起居注二人，後革。十四年復置，秩從七品，尋罷。」此後一直到萬曆元年（1573 年），擔任編修官而預修《世宗實錄》的張位，深感沒有起居注難以修好實錄，於是「以前代皆有起居注，而本朝獨無」上疏請求恢復，於是起居注官員得以復置，以翰林院兼攝，重新開始撰修起居注，可是恢復不久又被廢除。今存官修《萬曆起居注》不分卷，按年記錄明神宗起居及有關詔諭敕文、大臣奏章等，為研究萬曆時期歷史的重要資料。

關於國史的撰修，在萬曆中期也只有過很短的時間。大臣陳于陛「以前代皆修國史，疏言：『我朝史籍，止有列聖實錄，正史闕焉未講』」[4]，請求設局撰修國史。萬曆二十二年（1594 年）三月，明神宗命陳于陛等負責，開館修史。但不久陳于陛病卒，接著宮中失火，殃及史料，修史工作停了下來，史局隨之被撤銷，明代唯一的一次撰修紀傳體國史的工作半途而廢。

由於明朝不修起居注和日曆，也不修國史，致使實錄無以為據，嚴重影響了實錄的可靠性和詳盡程度，成為明朝史事記載上的明顯缺陷。對此，明代學者王世貞說：「國史之失職，未有甚於我朝者也，其於左右史記言動，闕如也，是故無所考而不得書。」[5]沈德符在《萬曆野獲編》中也說：「本朝無國史，以曆帝實錄為史，已屬紕漏。」

二、卷帙浩繁的實錄

唐朝以後，纂修實錄是歷代官修史書的重要方面。唐、五代、宋、遼、金、元各朝皆有實錄，但都已亡佚，僅唐朝韓愈所撰的《順宗實錄》五卷，保存在他的《昌黎全集》中，還有北宋錢若水所撰的《太宗實錄》殘本二十卷。

---

4 《明史·陳于陛傳》。
5 王世貞：《弇山堂別集》卷二十。

明朝對實錄的修撰非常重視，新皇帝即位便詔修前朝實錄，由皇帝任命總裁、副總裁及纂修諸官，並由禮部命令中外官署採輯先朝事蹟。明朝政府還派人到各布政司、郡縣搜訪，把收集到的中央和地方諸司的各類章疏奏牘、抄存邸報、碑志行狀、先朝遺事等材料，匯總送交史館。「分為吏、戶、禮、兵、刑、工為十館，事繁者為二館。分派諸人，以年月編次，雜合成之，副總裁刪削之，內閣大臣總裁潤色」，這樣就編寫成一朝實錄。其制與唐宋時期無異，所不同者，是唐宋時期的實錄出於史館所修，而明代則史館合於翰林院。

　　有明一代自太祖朱元璋至熹宗朱由校 15 朝共修成 13 部實錄，其中《太祖實錄》257 卷，《太宗實錄》274 卷，《仁宗實錄》10 卷，《宣宗實錄》115 卷，《英宗實錄》361 卷，《憲宗實錄》293 卷，《孝宗實錄》224 卷，《武宗實錄》197 卷，《世宗實錄》566 卷，《穆宗實錄》70 卷，《神宗實錄》596 卷，《光宗實錄》8 卷，《熹宗實錄》87 卷（今存 74 卷），共計 3045 卷。此外，建文一朝史實附於《太祖實錄》中，景泰一朝史實也全部附於《英宗實錄》中。這是關於明代歷史最完備的官修史書，在中國史學史上，如此卷帙浩繁的實錄被大致完好地保存下來是前所未有的。

　　實錄取材是十分廣泛的，在內取於諸司部院保存之奏章，在外則歷朝特遣官分赴各省採輯先朝事蹟，益以留中之奏疏，傳抄之邸報。各地採輯先朝事蹟的工作，有時也命地方官領其事，雖有敷衍塞責的，但一般尚能認真對待，這樣就保證了實錄材料來源的廣泛性。然而，從建文年間肇修實錄到崇禎時終止，跨越二百餘年，而且各朝實錄皆獨立城書，所以很難做到體例的統一。據成書較早的《宣宗實錄》卷首的纂修凡例記載，涉及帝后諸王、禮儀天象、百官任免、學校科舉、刑獄河工、戶口鈔法、漕糧轉輸、茶馬之政等方面的內容，對此後實錄的纂修有很大影響。因此，實錄所反映的內容是非常豐富的，凡明代典章制度、政治狀況、社會經濟、思想文化、民族關係、中外交往等，無不有具體而詳盡的記載。

　　我國古代修史，自先秦以來，即以求真求實為貴。直筆書史一直是史學家追求的最高境界，是中國史學的優良傳統。但是，明朝由於僅以實錄代國史，而且

是官修，所以曲筆失實的情況較為嚴重，有的經過重修、改修，有的在初修時即有曲筆，掩蓋了歷史的真相。比較典型的如《太祖實錄》先後修過三次：第一次為建文時方孝孺主持修撰，第二次是永樂時李景隆等修，第三次亦係永樂時姚廣孝、夏原吉等重修，一改再改。一是將明太祖朱元璋時的一些重要史實如沉韓林兒於水，洪武十三年（1380 年）以後大殺開國功臣等皆不予記載。二是將「其有礙於燕者，悉裁革」[6]。三是編造史實，粉飾朱棣，捏造朱元璋生前欲傳位於朱棣，等等。類似這種不據實記載的情況，在以後的一些實錄中仍時有出現。這正如明末清初人李建泰在評論《明實錄》時所說：「《實錄》所紀，止書美而不書刺，書利而不書弊。」[7]作為官修史著中最為重要的一類，明代實錄的失實影響了人們對明代歷史的了解。

因此，從明代以來，批評實錄的人很多，郎瑛認為明代「無史」[8]，張岱在《石匱書自序》中指出：「有明一代，國史失誣，家史失諛，野史失臆，故以二百八十年，總成一誣妄之世界。」王世貞在《史乘考誤》中，對實錄與其他史書進行比較分析後認為：「國史人恣而善蔽真，其敘典章、述文獻，不可廢也。野史人臆而善失真，其徵是非、削忌諱，不可廢也。」當然，王世貞在對實錄進行批評的同時，也看到了實錄所具有的其他史書不能代替的價值。清初史學家萬斯同在讀過明代諸家紀事之書後，也認為實錄「雖是非未可盡信，而一朝之行事，暨群工之章奏，實可信不誣」[9]，「蓋實錄直載其事與言，而無所增飾者也」[10]。他們的論斷大致反映了《明實錄》的歷史價值。

6　查繼佐：《罪惟錄·藝文志》。
7　《名山藏》李建泰序。
8　郎瑛：《七修類稿》卷十三。
9　萬斯同：《石園文集·寄范筆山書》。
10　錢大昕：《潛研堂文集》卷二十八。

三、典制史《大明會典》的纂修

明代以前，就有了纂修本朝典章制度的斷代史書，《唐六典》、《元典章》是這類著作中價值較高的。《大明會典》則仿二書的體例而作，記述了明朝的典章制度，而且與二者相比較，更具有典制史的性質。

《大明會典》的體例大要以六部為綱，首列宗人府，其下依吏、戶、禮、兵、刑、工六部與都察院、六科以及各寺、府、監、司等為序，詳述其職掌及歷年事例。明神宗在萬曆重修《大明會典》序中說：「輯累朝之法令，定一代之章程。鴻綱纖目，燦然具備。」《四庫全書總目提要》也指出：「凡史志之所未詳，此皆具有始末，足以備後來之考證。」這大致反映了這部書在內容和編纂上的特點。《大明會典》以諸司職掌為主，不僅反映了諸職掌的基本情況和歷史變化，也反映出豐富的社會歷史內容，如各個部門都記載有具體的統計數位，田土、戶口、駐軍、糧餉等，比《明史》各志要詳細得多。

《大明會典》的資料來源，是以洪武二十六年（1393 年）刊布的《諸司職掌》為主，參以當代有關典章制度的史籍《皇明祖訓》、《大誥》、《大明令》、《大明集禮》、《洪武禮制》、《禮儀定式》、《稽古定制》、《孝慈錄》、《教民榜文》、《大明律》、《軍法定律》、《憲綱》等，並附以洪武以後歷年的有關事例。臣僚題本一經聖旨「是」了的，「准議」了的，「准擬」了的，都成了「題准」和「奏准」。這「題准」和「奏准」在當時都奉以為「例」，它完全具有律令的性質。一般在纂修會典前，「先行文各該衙門選委司屬官，將節年題准見行事例，分類編集，呈送堂上官校勘明白，候開館之日，送入史館，以備採擇」。

《大明會典》在明朝修過多次。據今存明萬曆刻本《大明會典》載武宗正德四年《御製大明會典序》、神宗萬曆十五年《御製重修大明會典序》所記，此書在英宗復辟之時即開始醞釀。孝宗弘治十年（1497 年）三月，以大學士徐溥等主其事纂修，十五年成書，未及頒行而孝宗死。武宗即位後，於正德六年（1511 年）由大學士楊廷和重校；武宗為之作序頒行，凡一百八十卷，是為初修。武宗在序中說：「英宗睿皇帝復辟之時，嘗命內閣儒臣纂輯條格，以續職掌之後，未

底於成。皇考孝宗敬皇帝，繼志述事，命官開局，纂輯成編，釐為百八十卷。其義一以職掌為主，類以頒降群書，附以歷年事例，使官領其事，事歸於職，以備一代之制。」記述了明初至弘治時的典章律令。

嘉靖八年（1529 年），世宗命大學士霍韜等續修，並要求反映出「因革損益，代有異同」的情況。嘉靖二十八年書成，共五十三卷，補充了弘治十五年以來的事例，但進呈後卻未曾刊行。萬曆四年（1576 年），神宗又命張居正主其事重修，「芟繁正訛，益以見行事例而折衷之」。萬曆十五年，申時行、許國、王錫爵等修成刊行，共二百二十八卷。這次「重修會典，稿成於萬曆乙酉（萬曆十三年），以後復有建設者，俱不及載」，增加了嘉靖續修以來至萬曆十三年間的事例。三修《大明會典》分述諸司職掌，內容詳贍，成為研究明代典章制度的官方原始材料。

《大明會典》從初修到三修頒行，經歷了九十年的時間，歷孝宗、武宗、世宗、神宗四朝。他們向內閣下述敕諭，並親為本書作序，反映出他們重視的程度和具體的要求，也顯示出這部書在官修史書中所具有的特殊地位。

四、《元史》的修撰

《元史》二百一十卷，包括本紀四十七卷，志五十八卷，表八卷，列傳九十七卷，記載了從成吉思汗元年（1206 年）至元順帝二十八年（1368 年）一百六十餘年的歷史，是明代初期官修的史書。

洪武元年（1368 年）八月，明軍攻克大都，元朝滅亡。徐達率兵進入大都，獲得了包括元十三朝實錄在內的各種資料。這年十二月，明太祖命左丞相李善長為監修，前起居注官宋濂、漳州通判王為總裁，從各地徵召汪克寬、胡翰、宋僖、陶凱、陳基、曾魯、高啟、趙汸、張文海、徐尊生、黃箎、傅恕、王錡、傅著、謝徽、趙塤「山林遺逸之士」十六人為翰林院國史編修官。次年二月，正式在南京天界寺設史局修撰元史。

明太祖對元史的纂修十分重視，他曾面諭修史諸儒，「自古有天下、國家者，行事見於當時，是非公於後世。故一代之興衰，必有一代之史以載之。」他敘述了元初「君臣樸厚，政事簡略，與民休息，時號小康。……至其季世，嗣君荒淫，權臣跋扈，兵戈四起，民命顛危，雖間有賢智之臣，言不見用，用不見信，天下遂至土崩。然其間君臣行事，有善有否，賢人君子，或隱或顯，或言行亦多可稱者。今命爾等修纂，以備一代之史，務直述其事，毋溢美，毋隱惡，庶合公論，以垂鑒戒。」[11]明太祖這番話的用意無非旨在「垂鑒戒」，總結前朝歷史的經驗教訓，這反映了他深刻的歷史意識。

洪武二年八月，《元史》的修撰工作初步完成。撰成元順帝以前的元史紀、志、表、傳一百五十九卷，目錄二卷，繕寫裝訂成一百二十冊，由李善長上表進呈，並稱這是一部「粗完之史」。這是因為元順帝時期的史實無實錄作依據，資料不足，無法修成全史。當初因元順帝元統以後事缺，明太祖即命儒士歐陽佑等十二人去北平、山東採求遺事。但由於《元史》的初修在很短時間內即告完成，而所遣採集元末史事的儒士尚未返回，因此使《元史》的撰修不得不暫時告一段落。洪武三年二月，歐陽佑等人完成採集任務還朝，明太祖隨即下詔重開史局，仍以宋濂、王禕為總裁官，纂修人員除一人外，均係新從各處徵調來的，有朱右、貝瓊、朱世濂、朱廉、王彝、張孟兼、高遜志、李懋、李汶、張宣、張簡、杜寅、殷弼、俞寅、趙壎十五人為纂修官，續修《元史》。同年七月，續修工作完成。

明朝對前朝紀傳體正史的撰修工作，在元朝滅亡僅五個月後便全面展開，兩次開局編纂，總計只用了十一個月的時間。這是自唐初官修正史制度化、規範化以來，撰修前朝紀傳體正史工作開展得最為及時，撰修最為迅速，所用時間最短的一次。但由於《元史》倉促成書，自然也存在不少訛誤和不足，因此歷來受到學者們的譏議，「書始頒行，紛紛然已多竊議，迨後為遞相考證，紕漏彌彰」[12]。著名學者顧炎武、錢大昕、朱彝尊、趙翼、魏源等都曾對它加以指摘。顧炎武指

---

11 《明太祖實錄》卷三十九。
12 《四庫全書總目提要·正史類二》。

出《元史》中有一人兩傳的現象，「《本紀》有脫漏月者，《列傳》有重書年者」，「諸《志》皆案牘之文，並無鎔範」[13]等。朱彝尊說《元史》一書「其文蕪，其體散，其人重複」，「至於作佛事則本紀必書，遊皇城入之《禮樂志》，皆乖謬之甚者」[14]。錢大昕對《元史》草率成書深為不滿，在其《十駕齋養新錄》中說：「古今史成之速，未有如《元史》者，而文之陋劣，亦無如《元史》者。蓋史為傳信之書，時日促迫，則考訂必不審，有草創而無討論，雖班、馬難以見長，況宋、王詞華之士，徵辟諸子皆起自草澤，迂腐而不諳掌故者乎！」魏源在《擬進呈〈元史新編〉表》中也指出《元史》「疏舛四出，或開國元勳而無傳，或一人而兩傳。順帝一朝之事雖經采補，亦復不詳。至其餘諸志，刑法、食貨、百官全同案牘。在諸史中，最為荒蕪。」總的來說，他們認為《元史》修纂不合史體，史料處理粗率，史實有錯誤、脫漏、重複等。

的確，《元史》編纂者只求速成，沒有採集當時已有的史料，如《元朝秘史》、《黑韃事略》、《蒙韃備錄》、《長春真人西遊記》及《輟耕錄》等，由於文獻搜求不完備，所以未能反映元朝歷史的全貌。《元史》記事主要在世祖忽必烈以後，而對此前太祖成吉思汗、太宗窩闊臺、定宗貴由、憲宗蒙哥四朝七十三年的歷史，記載過於簡略，尤其對蒙古起源不曾涉及。而對有的材料，纂修者根本來不及推敲，只好照抄各種資料，略加刪節，輯集成書。當然，造成《元史》紕漏的原因很多，其中元代史料內容貧乏甚至存在舛謬，也是一個主要原因。如元代官修的《經世大典》、《大元一統志》等書就有不少問題。因此，《元史》成書後，不斷有人對《元史》進行補證以至於重撰。

但是從總體來看，《元史》的及時撰修和迅速完成，是在三十餘名有才華的學者參與，有保存完整的元十三實錄、《經世大典》等重要史料以及採集來的大量資料為依據的前提下進行的。其時元朝剛剛滅亡，作者都是由元入明的學識淵博之士，對元朝情況十分熟悉，史料搜集也相對容易，因而《元史》記述元代歷史較為完整、系統、可靠。如順帝以外的本紀，其材料皆採自元十三朝實錄，而

---

13 顧炎武：《日知錄·元史》。
14 朱彝尊：《曝書亭集·史館上總裁第三書》。

元實錄今已失傳。志、表部分的材料，主要來自《經世大典》，該書今已殘缺，因此僅就這兩部分的情況看，《元史》確有較高的史料價值。另外，《元史》在體例上有一個明顯特點，就是纂修者對歷代正史的體例作了全面考察後，擇善而從，本紀以兩漢書為准，表以遼、金史為准，詳於本紀，表靈活運用，內容豐富，各具特色。因而，清代著名史學家趙翼在其《廿二史札記》中說：《元史》雖然不無缺陷，「然元史大概，亦尚完整……一朝制度，亦頗詳贍。……閱《元史》者，不得概以舛誤疑之也。」對《元史》給予了較為中肯的評價。

五、方志纂修的發展

明代是方志發展的重要時期，無論是方志數量，還是品質，都達到了前所未有的水準。明代共修成各類志書二千八百九十二種，流傳至今的一千餘種。由此可見，明代修志規模和數量獲得了很大發展。不僅如此，明代方志體例亦更加完備多樣，體裁更加豐富，在內容上也有一定的擴展，並注重不斷更新。明代方志纂修在次數和志書特點上，雖然各不相同，但是大都趨向定期普遍纂修，具有廣泛的社會性。這也是明代史學向社會深層發展的一個突出標誌。

明代方志的發展，固然與修志傳統及各地經濟、文化的發展有很大關係，但更重要的是明朝統治者對地方志纂修的重視和提倡。明太祖朱元璋即位不久，為了使「功業永垂」，即詔令天下編纂地方志書。洪武三年（1370 年）命儒士魏俊民、黃箎等編修《大明志書》，類編天下州郡地理形勢及降附始末，凡十二省、一百二十府、一百〇八州、八百八十七縣、三撫按司、三長官司，東至大海，南到瓊崖，西至臨洮，北到北平，都在記載範圍之內。九年詔天下州郡縣纂修志書，十七年編成《大明清類天文分野書》二十四卷，以十二星野分次，記郡縣建置沿革。二十七年又詔修《寰宇通志》，專載全國交通水馬驛程。

明成祖即位後，對纂修地方志書更為重視。永樂十年（1412 年）頒布了《修志凡例》十六則，規定志書內容應包括建置沿革、分野、疆域、城池、裏至、山川、坊廓、鄉鎮、土產、貢賦、風俗、形勢、戶口、學校、軍衛、廨舍、寺觀、

祠廟、橋梁、宦績、人物、仙釋、雜志、詩文二十四項，以及各類目編寫原則。
這是迄今發現最早由朝廷頒布的修志凡例。其後六年，又詔纂天下郡縣志書，頒
降《修志凡例》二十一條，由夏原吉、楊榮、金幼孜任總裁，於是天下州郡縣紛
紛修志。永樂朝兩次頒發修志條例，對志書內容的規範化有很大作用。

　　由於朝廷的重視，明朝從洪武到天順的百餘年間，曾連續不斷地纂修總志。
據不完全統計，明代官修總志共五種，全在此時。如洪武時曾修《大明志書》、
《大明清類天文分野書》、《寰宇通志》。永樂中，明成祖也曾詔修全國性的總
志，惜未成書。景泰七年（1456 年），陳循、高穀奉敕編成《寰宇通志》，但未
付梓。天順年間李賢等主修的《大明一統志》，以南北兩京、十三布政使司分
區，每府、州分建置、郡名、形勝、風俗及古蹟、人物諸目，並有簡略的文字說
明，這有助於了解明代政區及其概貌。在全國總志頻頻編纂和不斷向地方的「徵
志」之下，推動了各府州縣的修志工作。各地修志蓬勃開展，正德時已出現了
「天下藩郡州邑，莫不有志」[15]的局面。到嘉靖、萬曆時，修志達到鼎盛。嘉靖
三年詔修郡國志書進史局，地方上湖廣布政司左參政丁明於嘉靖中頒布《修志凡
例》，規定志書的內容和各類目的具體編纂方法，於是地方修志形成了以地方官
主持，有鄉紳和名人學士參加的纂修體制。在各級政權的倡導、組織之下，明代
修志已相當普遍，州縣修志蔚然成風。許多省、縣志書一修再修，方志體例結構
也已相當完整，不僅有序、目錄、圖、正文、跋，而且有凡例、修志者名氏、大
事記等。由於修志體例較為統一，層次分明，所以志書內容聯繫也比較嚴謹。

　　明代方志種類繁多，撰述上的一個突出成就是開創了衛所志和邊關志的編
纂。這固然是出於軍事防禦的需要，但也充分證明了修志的現實意義，尤其是邊
關志的撰修。明代邊防以北方為重，然東有海防，西南有苗防，邊關志就是以邊
關要塞重鎮為記載範圍，以軍備、險要為主要內容，纂修者多為守邊官吏或兵部
職官，因而所述對邊疆防禦具有重要的實用價值。據《明史‧藝文志》地理類著
錄，這類方志有鄭汝璧的《延綏鎮志》、劉效祖的《四鎮三關志》、蘇祐的《三
關紀要》、詹榮的《山海關志》、許論的《九邊圖論》、魏煥的《九邊通考》、霍

---

15 正德《上元縣志》卷十二，沈庠：《正德上元縣志》序。

冀的《九邊圖說》、畢恭的《遼東志》、方孔炤的《全邊略記》及《天津三衛志》等，都是著名的邊關志。另外，志書中輿圖分量也明顯增多。如成化《寧波府志》無圖，嘉靖《志》則新設輿地圖一類，其中繪有郡境圖、郡治圖、縣境圖、縣治圖、城圖。嘉靖《嘉興府圖記》自吳越分境以迄元，每朝一圖，還有明初一府三縣圖，宣德後七縣圖，以及嘉靖時府及屬縣境圖、衛所圖、水利圖。萬曆《紹興府志》有圖多達一百〇一幅。

　　總的來看，明代除建文時未發現有志書編纂外，其餘各朝均有編纂，其中以萬曆朝最多，嘉靖次之，洪熙、泰昌最少，有些地區還一修再修。明代方志的區域分布是十分廣泛的，但志書的修纂在地區分布上又是不平衡的，主要集中在當時的南直隸、浙江、北京、湖廣、河南、山東等省，邊遠省區較少，這反映了明代經濟、文化發展的不平衡性。但地方志的普遍撰修，使明代各地的沿革變化、山川形勢、人口物產、民情風俗、名勝古蹟等政治、經濟、文化、社會生活諸方面的情況得以較為詳細地記錄和保存下來，成為研究明代社會歷史不可缺少的重要資料。[16]

第二節 ·
私修史書

　　明代私家修史的風氣很盛，湧現出一批著名的史學家，出現了大量的私修史書。它們中的絕大多數在材料來源、記述內容、著作體裁、語言文字、撰述目

---

16 參見黃葦等：《方志學》，上海，復旦大學出版社，1993。

的、流傳範圍等方面與官修史著有著明顯的區別。《明史・藝文志》著錄這類的撰述，主要見於史部雜史類和子部雜家類、小說家類，數量龐大。其中雜史類有215 部、2232 卷；雜家類有 67 部、2284 卷；小說家類有 128 部、3317 卷。這些書並不都屬於野史，但野史一類的書卻占了不少分量。同時，也還有不少流傳下來的野史是《明史・藝文志》沒有著錄的。因此，王世貞說：「野史亡慮數十百家。」明末清初史學家談遷也說：明人史著，「實錄外，野史家狀，汗牛充棟，不勝數矣」[17]。明代私人記史之風如此之盛，私修史書數量如此之多，這在中國史學發展史上是極為罕見的。正如明人俞應益在《國榷序》中所說：「野史之繁，亦未有多於今日者矣。」

這些書沒有謹嚴的體例，涉及的內容異常廣泛，包括自然、社會、經濟、政治、思想、文化、民族關係、對外關係等各方面的內容，諸如典章制度、朝野掌故、社會風俗、歷史人物、經濟狀況等，尤其很多是記述當代史事和人物的，材料大多具體實際，記載更加接近真實，可以補官史之不足，而且因其數量之多，擴大了同社會接觸的層面。這些因素決定了明代數量眾多的私史對於保存當時歷史發展的真相有著其他史著無法比擬的優勢，是研究明代歷史重要的資料。

明代較著名的史學家及其著作有：王世貞及其《弇山堂別集》、《弇州史料》；何喬遠及其《名山藏》；張岱及其《石匱藏書》、《石匱書後集》；鄭曉及其《吾學編》；張萱及其《西園聞見錄》；焦竑及其《國朝獻徵錄》；李贄及其《藏書》、《續藏書》；朱國楨及其《皇明史概》、《皇明大政記》；雷禮及其《國朝列卿記》；談遷及其《國榷》等。明人續撰前代史書的主要有：柯維騏及其《宋史新編》；馮琦、陳邦瞻合編《宋史紀事本末》；王圻及其《續文獻通考》。其中較有影響的是王世貞、李贄、談遷、焦竑、王圻等。

---

17 談遷：《國榷・義例》。

一、王世貞的史學成就

王世貞，字元美，號鳳洲，又號弇州山人，江蘇太倉人。嘉靖二十六年
（1547 年）進士，累官至南京刑部尚書。他在文學上主張復古，為後七子中的領
袖人物，在當時文壇上享有很高的聲響。然而，王世貞在明代雖以文學家見稱，
但他在史學方面的成就是十分可觀的。明人對王世貞的史才有明確的評價。為
《弇山堂別集》作序的陳文燭稱其為「千秋軼才」，以其「不得一登史館」引為
憾事。萬曆年間奏准開史局纂修國史的大學士陳于陛，也有與王世貞「生不同時
之恨」。享有盛名的文人陳繼儒還說：「予嘗謂吾朝有兩大恨」，其一為「王弇州
負兩司馬之才，若置之天祿、石渠、而以（汪）伯玉諸子為副，其史必可觀，而
老為文人以歿。皆本朝大恨事也。」

王世貞的史學成就，主要在於明史撰述方面。他在青少年時期，就注意收錄
本朝掌故舊聞，有志於撰寫明代歷史。他在晚年曾多次談到這一點：「老人束髮
入朝行而嘗竊有志矣，故上自列朝之匯言，累朝之副草，旁及六曹九鎮畿省之例
利要害，大家委巷之舊聞，文學掌故之私記，皆網搜札錄。有志而未成，而惜乎
予老矣！」[18]「王子弱冠登朝，即好訪問朝家故典與閭閻琬琰之詳，益三十年一
日矣。晚而從故相徐公（徐階）所得盡窺金匱石室之藏，竊亦欲籍薛蘿之日，一
從事於龍門、蘭臺遺響，庶幾昭代之盛不至忞忞爾。」[19] 王世貞為了撰寫明朝國
史，孜孜不倦地從歷朝實錄、檔案文書、野史家乘中抄錄了大量史料，他把這些
史料加以整理、考核，分門別類彙編成為幾部明史的資料書，《弇山堂識小錄》、
《少陽叢談》、《國朝叢記》、《明野史匯》、《皇明名臣琬琰錄》、《天言匯錄》、《觚
不觚錄》、《閹寺小紀》、《戚武檔杌》等，他在對這些史料進行嚴格的審查、仔
細的甄別後，寫成了《史乘考誤》一書。在這樣嚴實的基礎上，王世貞才著手撰
寫一部紀傳體的當代史。萬曆十六年（1588 年）前後，王世貞已六十餘歲，他
感到自己難以完成撰寫明史的巨大任務，便把自己所搜集的上述資料加以整理，

---

18 《弇州史料》陳繼儒序中引。
19 王世貞：《弇山堂別集·小序》。

彙編成《弇山堂別集》一百卷，在金陵刊刻。所以稱為「別集」，是對他自己所撰的詩文集《弇山堂正集》而言的。但這部書並沒有包括他的全部史學著作，後來又由董復表對其遺著加以收集整理，於萬曆四十二年（1614 年）刻成《弇州史料》一百卷，前集三十卷，後集七十卷。

《弇山堂別集》和《弇州史料》是王世貞的史學力作，也可以說是王世貞撰寫明史的草稿。《弇山堂別集》成書於萬曆十八年（1590 年），包括《皇明盛事述》五卷，《皇明異典述》十卷，《皇明奇事述》四卷，《史乘考誤》十一卷，《表》三十四卷，《考》三十六卷。「述」是記事的，涉及朝章典故、君臣事蹟、人物軼事、民族關係、中外關係等。「考」是記典章制度為主，包括親征、巡幸、親王祿賜、宗室公主即位之賞、之國之賞、來朝之賞、有功之賞、命將、諡法、賞賚、賞功、科試、詔令、兵制、市馬、中官等十六目。「表」如紀傳體中的「表」。在各類述、考、表之前有序，簡要敘述明代各項制度的歷史沿革。《弇州史料》收輯的內容，其中除《皇明三述》、《史乘考誤》和《弇山堂別集》相重複外，其他大部分是不曾刊行過的。書中包含明代君臣事蹟、盛世軼聞、社會經濟、典章制度、禮儀風俗、朝野掌故、少數民族與民族關係、對外關係等方面的材料。如前集第三至十六卷考釋中的《京營兵將考》、《市馬考》、《藩祿考》、《科舉考》、《中官考》等篇，第十七、十八卷中的《錦衣志》、《北虜志》、《三衛志》、《哈密志》、《安南通志》、《倭志》等篇，第十九至三十卷有包括六七十人之多的世家和傳記。後集第三十七卷筆記中的《戶口登耗之異》、《輿地貢賦》、《鈔法》、《宗費》、《官俸》、《邊費》等篇。王世貞的這兩部書內容非常豐富，材料非常珍貴，給後人研究明史以很大的方便。他寫成的一些世家列傳和志表及專題考證，也為清代編纂《明史》奠定了基礎。

王世貞是一個勤奮、淵博的學者。他勤奮讀書，注意「網羅散佚，博采異聞」，藏書甚富，「二典之外，尚有三萬餘卷。其他即墓銘朝報積之如山」。因而，他的著述詳明，「其考核該博，固有自來」，「是非不謬，證據獨精」[20]。他

---

20 謝肇淛：《五雜俎》卷十三。

的史著求實求真，在大量搜集史料的同時又進行了嚴肅的鑒別，取長避短，在字裏行間把事情的真相委婉地表露出來。因而，清修《明史》，因「《明實錄》疏漏脫略，不得已採之稗史，而稗史惟王元美《史料》為勝」[21]。

二、李贄及其《藏書》、《續藏書》

李贄的主要撰述有《藏書》、《續藏書》、《焚書》、《續焚書》。前者是歷史評論著作，後者是詩文集而重於思想評論，它們在史學史和思想史上各有重要地位。《藏書》和《續藏書》這兩部較有影響的史著，也使李贄在以「異端」思想著稱的同時，確立了在中國史學史上的地位。

《藏書》六十八卷，《續藏書》二十七卷，是李贄關於歷史人物述評的兩部著作。《藏書》用李贄自己的話說，是取「書而藏之，以俟夫千百世之後爾」，即藏之名山之意。全書分為《世紀》和《列傳》兩大部分。《世紀》類似《史記》中的帝王《本紀》與諸侯國《世家》之組合；列傳皆以「臣」名篇。分別有《大臣傳》、《名臣傳》、《儒臣傳》、《武臣傳》、《賊臣傳》、《親臣傳》、《近臣傳》、《外臣傳》八類，在形式上與歷代紀傳本史著中的類傳相同。因而從總體上看，全書頗似一部沒有《志》和《表》的紀傳體史著。該書起自春秋，迄於宋元，載錄了西周、東周、燕、田齊、魏、趙、韓、楚、秦九個諸侯國的簡要歷史以及秦始皇、陳勝、項羽等八百餘名歷史人物的生平並加以評論。

《續藏書》是李贄去世後才印行的。它是《藏書》中《列傳》部分的續篇，專門記載明代人物，收錄了明神宗以前上至王侯將相、下至士庶人等約四百名，同樣以臣名篇，同樣是類傳形式。分別為《開國名臣》、《開國功臣》、《遜國名臣》、《靖難名臣》、《靖難功臣》、《內閣輔臣》、《勳封名臣》、《經濟名臣》、《清正名臣》、《理學名臣》、《忠節名臣》、《孝義名臣》、《文學名臣》、《郡縣名臣》十四類。

---

21 《明史例案‧楊農先再上明鑒綱目館總裁書》。

《藏書》主要取材於歷代紀傳體史著和《資治通鑒》。《續藏書》資料來源於明代的人物傳記和文集。在人物本身的生平活動上，這兩部書基本錄自他書，只是有選擇地摘錄了其活動的主要部分。其價值在於，李贄在為各類傳記所寫的「總論」、「前論」、「論」、「小引」、「記序」、「敘述」、「後記」，以及在一些人物傳記之後和傳記之中以「李生曰」、「卓吾曰」、「李贄曰」等形式發表的史論和史評，及在傳中插入的簡短評話，闡明了他對歷史獨到的見解，表達了他的歷史觀。

　　在對歷史評價的理論認識上，李贄認為：「人之是非，初無定質；人之是非人也，亦無定論。無定質，則此是彼非並育而不相害；無定論，則是此非彼亦行而不相悖矣。」[22]這就肯定了人們認識事物的「是」與「非」。是可以同時存在的，不僅可以「並行」，而且可以「並育」，即促進認識的發展。他明確提出，史學家應當有自己的是非標準，要突破「咸以孔子之是非為是非」的傳統觀念。在他看來，千百年中只遵循孔子的是非為是非，就等同於沒有是非可言，更談不上「是」與「非」的「並行」、「並育」。李贄提出的這些論點，在歷史評論的理論發展上，是一個重大進步。

　　在對歷史進程的認識上，李贄也有獨立的見解，他將天下的治與亂歸結為客觀之「勢」，並認為治與亂是相互依存、相互轉化的，即「亂之終而治之始也」，「治之極而亂之兆也」，可見他對於歷史上治與亂的認識，是具有樸素的唯物思想和辯證思想的。他還認為歷史過程是種種不同歷史人物活動的軌跡，不論這些歷史人物活動的性質及結果如何，都應當在這個軌跡上反映出來。《藏書·世紀》部分就體現了李贄的歷史意識。他在《混一諸侯》一目之下，列舉了秦始皇帝；在《匹夫首倡》下寫了陳王勝，在《英雄草創》下寫了齊王橫，最後在《神聖開基》寫下了漢高祖皇帝。按照同樣的道理，王莽、公孫述、曹魏、孫吳、劉蜀、南朝、北朝，以及李密、竇建德等，都一一列於「世紀」之中。在對這些歷史人物的評價上，李贄也往往表現出與眾不同的評價。他稱秦始皇「自是千古一

---

22 李贄：《藏書·世紀列傳總目前論》。

帝」，稱陳勝是「古所未有」，稱項羽「自是千古英雄」，說西漢元、成、哀、平四帝「不足稱帝」等，都表明他敢是敢非的獨立見解。書中一些「排擊孔子，別立褒貶，凡千古相傳之善惡，無不顛倒易位」[23]的反傳統的觀點，產生了深遠的影響。.

三、焦竑及其史學著作

焦竑字弱侯，號澹園，江寧（今江蘇南京）人。萬曆十七年（1589 年）狀元，官至翰林院修撰。他與當時進步思想家李贄交往密切，受其影響較深。他落職還家後，專心從事著述。他一生著作很多，《明史‧藝文志》經、史、子、集類著錄他的書有十幾種。關於本朝史的撰述，主要有《國史經籍志》、《國朝獻徵錄》、《玉堂叢語》。在明代的史學家，前有王世貞後有焦竑。謝肇淛在《五雜俎》中說：「王元美先生藏書，二典之外，尚有三萬卷，其他即墓銘朝報，積之如山，其考核該博，固有自來。近時則焦弱侯太史，留心墳索，累世探討，非徒為書簏者。」隆慶、萬曆以來，南京人士之所以喜歡董理鄉邦掌故，如顧起元、周暉等人，都是受了他的啟發，遂成為一時的風氣。

《國史經籍志》五卷，附錄一卷。萬曆二十二年（1594 年），大學士陳于陛建議修國史，焦竑曾應陳于陛之聘，參與官修紀傳體本朝史之事，撰寫了《經籍志》一書，其他皆無所撰，史館亦罷，有幸《經籍志》一書流傳下來。《經籍志》一書體例多遵《隋書‧經籍志》，著錄歷代典籍，重視分類，各類皆有小序，以明分類之旨。而其分類方法，又參考了《通志‧略》，全書含經部十一類，史部十五類，子部十七類，集部五類。附錄一卷名為《糾謬》，詳析《漢書‧藝文志》以下至《文獻通考‧經籍考》等公私所撰文獻分類目錄之誤。因有這些特點，它受到後人的推崇，在目錄學史上有一定的地位，對於後人了解明人著作，尤有幫助。但對前代典籍之著錄，多抄自有關目錄書，難免失誤。該書曾收在《明史‧

---

23 《四庫全書總目提要》卷五十。

藝文志・補編・附編》中，因此《明史》評價說：「明萬曆中，修撰焦竑修國史，輯《經籍志》，號稱詳博。然延閣廣內之藏，竑亦無從遍覽，則前代陳編，何憑記錄，區區掇拾遺聞，冀以上承《隋志》，而贗書錯列，徒滋訛舛。」《四庫全書總目》評其「古來目錄，惟是書最不足憑」，所評顯然有些過分了。

《國朝獻徵錄》一百二十卷。是書憑藉焦竑應聘修本朝史時所搜集的資料，並在其後繼續努力下，編輯而成。此書博采自洪武以迄嘉靖時期的名人事蹟，按宗室、戚畹、勳爵、內閣、六卿以下各官，分類標目，依次編排。沒有任過官職的，按孝子、義人、儒林、藝苑等目，分類彙編。大多數人物傳記，都注明引述之書，內容豐富，查用方便，保存了明中期以前的人物傳記資料，可用來校正實錄和《明史》。

《玉堂叢語》八卷，是一部筆記體史料集。是書仿《世說新語》體例，記萬曆以前翰林人物言行，分行誼、文學、言語、政事、銓選、籌策等五十四門，書首有焦竑萬曆四十六年（1618 年）所撰小序《書玉堂叢語》，以及顧起元、郭一鶚的序。顧序概括了此書的性質、內容和特點。顧序稱：「《玉堂叢語》若干卷……仿臨川《世說》而記之者也。其官則自閣部元僚，而下逮於待詔應奉之冗徒。其人則自鼎甲館選，而旁及於徵辟薦舉之遺賢。其事則自德徒、政事、文學、言語，而徵摭於諧謔、排之卮言。其書則自金匱石室、典冊高文，而博采於稗官野史之餘論。義例精而權量審，聞見博而取舍嚴。詞林一代得失之林，煌煌乎可考鏡矣！」郭序稱其「宛然成館閣諸君子一小史然」。此書徵引廣博，皆注出處，多有未見之書，明代稗乘史資，賴以流傳。書中所記如葉淇鹽法納粟實邊開中的制度、周忱在戶部尚書任內為了備荒設立濟農倉積米囤穀的方法、外戚勳貴莊田增租加稅五分的害民、楊士奇之縱子橫暴鄉里，以及其他官僚地主之驕奢生活，皆有助於研究明代史事。[24]

---

24 參見謝國楨：《明清筆記談叢》，上海，上海古籍出版社，1981。

四、談遷與《國榷》

談遷原名以訓，字仲木，明朝滅亡後，易其名曰遷，字孺木，號觀若，自署「江左遺民」，浙江海寧人。他自幼聰慧，青年時即酷好讀書，「好觀古今之治亂，其尤所注心者，在明朝之典故」[25]。他有感於《明實錄》等書多曲筆粉飾之詞，記載失實，以及私修野史之不足，立志編修明史。天啟元年（1621 年），他開始獨自搜集資料，先後參考「諸家之書凡百餘種」，經過六年的努力，六易其稿，匯至百卷，天啟六年完成初稿，取名《國榷》，記事始自元文宗天曆元年，終於明天啟初。這年三月，他為此稿寫了序言。此後，他繼續不斷地搜集資料，補充原稿。

明朝滅亡後，談遷又在舊稿的基礎上，繼續撰寫了崇禎、弘光兩朝史事，成為首尾俱全的明代編年體史書。可是，順治四年（1647 年）八月，全稿被盜，二十年心血化為烏有，這對已經五十四歲的談遷來說，無疑是一個沉重的打擊。但他沒有灰心，發憤重寫，他遂走百里之外，遍考群籍，訪諸故家，有所得輒記之，與《實錄》等書一一相參照。經過五年的艱苦努力，他完成了第二稿。順治二年（1645 年），他因替人做幕僚而來到北京。在北京兩年多的時間裡，他不辭辛勞，利用空餘時間，四處探尋明朝遺跡，訪問故老，借閱和抄錄有關資料。順治十三年（1656 年），談遷回到南方，完成了《國榷》的修改工作。這部史著的撰修，前後歷三十六年，傾注了談遷大半生的心血。他的友人朱彝尊在《靜志居詩話》中以「墨枯筆禿，饑不及餐」來形容他撰寫《國榷》的艱辛。談遷自己也感歎其三十多年的撰述經歷，「居恆借人書綴輯，又二十餘年。雖然盡失，未敢廢也。遂走百里之外，遍考群籍，歸本於實錄。……冰毫汗璽，又若干歲，始竟前志。」在他所撰《北遊錄》一書中，有不少地方記載了他北上調查訪問的細節。

《國榷》全書二百〇四卷，又卷首四卷，共二百〇八卷，按年月日記載明朝一代的史事，共四百餘萬字，是編年體的明史中篇幅最浩繁的一部史書。該書在

---

25 黃宗羲：《談君墓表》。

編年記述史事之前，卷首有大統、天儷、元潢、各藩、興屬、勳封、恤爵、戚畹、直閣、部院、甲科、朝貢十三部分，以四卷的篇幅分別排列明朝各代皇帝的諡號、卒年、陵號；明太祖的先祖及其配偶；歷代皇后及皇妃；歷代皇子及公主；各地藩王及後嗣；地方建置；歷代勳封名單及其封祿數量、奪除情況；死後追封及加封爵位者名單；受封外戚的封號及其爵祿；歷朝殿閣大學士名單；歷朝六部尚書、都察院左右都御史名單及其任免時間；歷屆科舉會元、狀元、榜眼、探花名單；邊疆地區所設都指揮司、衛、所及朝貢於明的周邊諸國名單，等等。這些記載與紀傳體史著中的「表」在內容和形式上相似，這是《國榷》不同於其他編年體史著的地方。

《國榷》記事上起元文宗天曆元年（1328 年），下迄南明弘光元年（1645年），記載了元末至明亡三百多年的歷史。作為一部編年體斷代史，其內容主要根據明代歷朝實錄及百餘家明人著作編修而成，與很多編年體斷代史相比，記述較為詳盡，尤其是萬曆以後的史事。談遷生於明末，對萬曆以後的明季歷史非常注意，遍搜當時的邸報、公文、方志及遺民著述，取其確鑿可信者，載入本書，所以本書保存了大量的明季史料，為其他史書所莫及。其關於明代女真族發展狀況及後金與明朝關係的記載，可補其他史書記載之不足。

《國榷》一書的特點之一是對於實錄中避而不談的一些重要史實，敢於直書。如對明太祖晚年殺戮功臣，對建文朝的史事，他都作了記述。他不顧清朝統治者的忌諱，記述了建州各衛所設置的時間和各衛首領的承襲情況，對明末清朝統治者入關燒殺搶掠的罪惡事實也予以記載，並歌頌了內地抗擊清兵的英雄人物。談遷的歷史撰述態度是非常嚴肅的，他敢於秉筆直書，對明代重要事件的發生進行評論，並經常將自己以及諸家的議論並列於後，既便於讀者的了解，也有一定的參考價值。如他對明朝皇室勳戚們的奢侈荒淫，指出「豪貴一筵，抵窮民歲費」，「數日之糧不足供一席之費，百畝之入不能易一身之衣」。此書還詳於史實的考訂。作者在《國榷‧義例》中曾談到「事辭道法，句權而字衡之」，這種求實的精神也是他撰述本書的指導思想。因此，對《實錄》及其他史書失實之處及未載錄的史實，都盡可能根據有關史料進行如實記述，從而也使這部書的記載較為可靠，成為一部有價值的史學著作。

五、王圻及其《續文獻通考》

《續文獻通考》成書於萬曆十四年（1586 年），萬曆三十一年刊行於世，這部典制體歷史巨著的誕生，是晚明史學的一個重大成就。

王圻字元翰，上海人。嘉靖四十四年（1565 年）進士，歷官陝西布政參議，落職後築室松江之濱，以著書為事，年逾耄耋，猶籌燈寫作。王圻一生撰述很多，見於《明史·藝文志》著錄的有：《續定周禮全經集注》十四卷，《續文獻通考》二百五十四卷，《兩浙鹽志》二十四卷，《東吳水利考》十卷，《三才圖說》十卷，《鴻洲類稿》十卷，還有《稗史彙編》一百七十五卷。這些書除《鴻洲類稿》是其詩文集以外，都是歷史著作或與歷史有關的著作，而《續文獻通考》則是王圻的代表作。

《續文獻通考》記事年代與《文獻通考》相銜接，起自南宋寧宗嘉定年間，至萬曆初年。全書共分三十門：田賦、錢幣、戶口、職役、征榷、市糴、土貢、國用、選舉、學校、節義、職官、郊社、宗廟、王禮、謚法、樂、兵、刑、經籍、六書、帝系、封建、道統、氏族、象緯、物異、輿地、四裔、方外，專記政治經濟制度的沿革等。書首載有王圻於萬曆十四年（1586 年）手書凡例十六條，以及他所撰的《續文獻通考引》。在引言中，王圻簡略地談到他撰寫此書的目的：「文與獻皆歷朝典章所寄，可缺一也哉？貴與氏（指馬端臨）之作《通考》，窮搜典籍，以言乎文則備矣，而上下數千年忠臣、孝子、節義之流及理學名儒類皆不載，則詳於文而獻則略。」因此，他在馬端臨《文獻通考》的基礎上，充實了「獻」的部分，體例上較《文獻通考》多節義、謚法、六書、道統、氏族、方外諸考。這六考中，謚法、六書、氏族等目，已見於鄭樵《通志》的《二十略》，節義、道統、方外等目是王圻所創立的，反映了明朝思想領域的變化及統治者思想統治的特點。

王圻於各門之下，有的也增設了細目，反映了當時一些迫切的社會問題。如關於水利，凡例第四條說：「水利乃國家大政，而水利之最巨者，在北莫如黃河，在南莫如震澤，前考皆未備。今別述黃河、太湖二考，附水利田賦之後，俾

在事者得以按跡而圖揆。」水利問題，治黃和開發三吳水利是其中最重要者。因此，他在該書《田賦考》中寫了黃河上中下三篇、河渠上中下三篇，在《國用考》中寫了漕運上中下三篇，海運一篇，目的是「俾司國計者稽焉，庶足以備不虞」。這反映了作者的歷史觀，具有鮮明的時代感。晚明實學思潮的興起，滲透於思想文化各個領域，人們追求「有用」之學，講究經世致用，顯然王圻也受到這股學風的影響，成為他撰修這部書的指導思想。

王圻是一個知識淵博又有明確治史目的的史學家，他十分重視遼、金典制，凡例中指出「宋真以後，遼、金事蹟十居六、七。舊考削而不入，豈貴與乃宋相鸞子，故不樂敘其事；抑宋末播遷之際，二國文獻不足，故偶缺耶？然輿圖之沿革，祥異之昭垂，及政事善惡之可為戒法者，惡可盡棄弗錄。余故摭其大節，補入各目下，事則取之史乘，序則附之宋末。」王圻能夠如此重視遼、金事蹟，可謂史家卓識，也反映了他深刻的歷史認識。

王圻善於利用歷史文獻，曾搜集了大量的史乘和名家文集以及當時存留的「往牒及奏疏」，據事節錄，編次成書。因此，《續文獻通考》收錄材料較多，尤其是明代部分更為豐富。該書卷首載溫純序文也稱王圻「肆力搜羅，且四十年，遂成此考」。由此可見，該書史料之繁富是一大特色，但也顯現出該書在體例和內容上的雜亂。不過這部典制史巨著仍有很大價值，也代表了明代典制史撰述上的成就。

第三節 ·

興盛的刻書業
與圖書收藏

　　明代的書籍刻印不僅數量和品種，而且在印刷技術和工藝方面，都有發展和創新。明人大量史著、通俗文學作品及各種學術著作的問世與出版，也促進了圖書刊刻業的發展。明朝政府從中央到地方，都建有一定規模的刻印機構，還有相當數量的書院、家塾也進行書籍的刻印，民間刻書幾乎遍及全國各地。刻書風氣的盛行，使社會上出版物激增，不僅前代的各種著作大量出版，而且當代著作也紛紛付梓，這有利於圖書的流通和收藏。

一、圖書刊刻

　　明代的圖書出版主要的仍是雕版印刷，但活字版和彩色印刷也已普遍應用。在活字版方面，不僅有木活字，而且出現了銅、錫等金屬活字；彩色印刷上拱花印刷則是明代的創舉。因此，明代的圖書刊刻數量大、品種多、技術精、地域廣，數量上所印書籍超過二萬種，有的書幾十種版本，刻書品種幾乎包括了所有的學科門類。從刻書事業的經營者來說，有政府（官刻）和私人兩種，私人又分家刻和坊刻兩種類型。

官刻書的盛行　官刻圖書中，重要的是內府刻本、監本和藩刻本。

內府刻本指宮廷刻書，由宦官衙門司禮監主持，司禮監經廠庫有提督總管，下設掌司若干，管理書籍刻印及印成的書籍。據萬曆《大明會典》記載，嘉靖年間司禮監經廠所屬工匠有一千二百人之多，刻字匠三百一十五人，刷印匠一百三十四名，擢配匠一百八十九名，裝褙匠二百九十三名，還有製筆、製墨等工匠數十名，可見內府印書規模之大。印刷的主要書籍

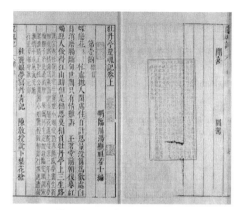

明萬曆刻本《牡丹亭還魂記》

有《佛藏》、《道藏》、《番藏》等佛、道經卷以及各種由皇帝批准的書籍。皇帝批准要印的書籍大多是經史讀物、國家政令典制。如《皇明祖訓》、《大誥》、《大明律》、《大明令》、《御製文集》、《為善陰騭》、《孝順事實》、《內訓》等就屬於這一類書。內府刻書主要供宮內書房學習、小內監誦讀和頒發到各級官員及政府，有的書還要發到各級學校的學生，可見印刷量之大。周弘祖《古今書刻》載有內府刻書八十三種的目錄，劉若愚《明宮史》土集「內板書數」載有經廠明末存板書籍一百五十八種的目錄，由這兩個目錄可大體了解明代內府刻書的數量和種類。內府刻書其版式寬闊，行格疏朗，字大如錢，紙墨皆精。但因經廠係宦官主持，萬曆以後，主管內府書版的太監「鮮諳大體」，視書版如泥沙，有的被偷出宮外貨賣，有的被劈柴禦寒，有的被削去原有刻字改作他用。到明代末年，不僅內府書版的數量有所減少，品質也有下降。因此，內府刻本不大為讀書人和藏書家重視。

國子監刻書稱監本。明代南京和北京皆設國子監，兩個國子監都刻印書籍，所以有南監本和北監本之分。在兩監之中，南監刻書較多。南京國子監收藏了宋、元以來的很多書版，主要包括元代一些儒學的書版、元杭州西湖書院所刻書版。明朝的幾代皇帝十分重視這些書版，並多次下令修補。此外，還不斷收集和充實印版。如洪武八年（1375 年）從元慶元路（今寧波市）收到王應麟著的《玉海》版，後來又從廣東布政司收到成化年間所刻的《宋史》版，隨後又收到宋紹

興眉山刊本宋、齊、梁、陳、魏、北齊、周七史印版。根據明代周弘祖的《古今書刻》記載，南京國子監印刷書籍二百七十一種，其中包括本朝書、雜書、類書、韻書以及經、史、子、集八大類。其中一部分除利用原來存版進行修補後印刷外，還有相當數量的書是重新刻版印刷的。由此可見南監印刷規模是相當大的。在南監所藏書板中，有著名的「二十一史」，其中有宋、元、明三朝所刻，因而稱「三朝木」，這套書版直至清代嘉慶年間才毀於火災。北京國子監的印刷規模比南監要小，刻印的書籍數量也比南監少得多。據成化年間《國子監通志》和弘治年間的《國子監續志》記載，北監共印書籍八十五種，而以經史為多。萬曆年間，所刊刻的《十三經注疏》、《二十一史》為北監最重要的書籍，從萬曆十四年（1586 年）開雕，至萬曆三十四年完成，歷時二十年，可見北監印刷也是不斷進行的。但北監在正常的情況下，是用所存印版印刷，而要組織一部書的刻版和印刷時，則臨時雇工，並依工程大小來確定雇工的數量。關於北監刻版者的姓名，歷史上也很少記載，只是在《國子監通志》、《國子監續志》上，有祭酒邱濬刻《世史正綱》、《進修錄》，呂楠刻《詩樂圖譜》、《春季考錄》等五種書。[26]

　　明代藩王府印書，在出版印刷史上是一種特有現象，也是明代官刻本的一個突出特點，稱為「藩府本」或「藩本」。明代各藩王沒有什麼實際政務，而又有很豐厚的祿糧，一部分藩王過著養尊處優，錦衣玉食，以聲色犬馬自娛的生活，有的則橫行鄉里，稱霸一方，有些人比較好學，喜歡讀書，就把精力用在刻書上，於是刻版印書也就在不少藩王府興盛起來，並逐漸形成一種風氣。藩府刻書極多，《古今書刻》上登載有刻書的王府十五個，刊書一百四十二種。清末葉德輝所著《書林清話》又列出刻書王府二十個，刻書五十六種。兩者合在一起，除去重複者共有二十七個王府，如蜀、寧、代、吉、晉、秦、周、徽、魯、遼、楚等，刻書一百九十一種。張秀民在《中國印刷史》中，又列出了鄭、襄、漢、岷等王府刻書，共計四十三府，刻印古代及明代著作約五百多種。明藩府刻書始於洪武末年，延續至明末，以嘉靖、萬曆年間最為興盛。刻書最早的有周、蜀、

26 參見羅樹寶：《中國古代印刷史》，北京，印刷工業出版社，1993。

慶、寧、楚等府，有的王府刻書先後經歷數十年，其中周、蜀、寧三府刻書延續了二百年左右。刻書最多的為南昌寧王府及其後裔弋陽王府，刻書一百三十七種，其次是蜀、周、楚等王府，刻書都在三十種以上，其他藩府刻書多則十幾種，少則二三種，只有小部分藩府沒有刻書的記載。

各藩王府刻印的書籍品種很多，門類龐雜，除經、史、子、集外，還有當朝的有關律典，以及有關醫學、佛經、道經、棋譜、琴譜、茶譜、法帖、地理、花卉、小說、人物傳記等很多方面，有些書是藩府首次刻印。其中醫學類書籍占有很大比例，不但有古代的醫書，還有當代的醫學著作，以及各藩府自己編寫的醫書，據統計，各藩府印刷的醫學類圖書約三十多種。另外，藩府刻印藩王自己的著作，數量也不少。有的藩王在很多方面都有成就，著作很多。如寧獻王朱權在軍事、歷史、地理、農業、醫藥、文學、音樂等方面都很有成就，他著的書有名可考者五十餘種，除在本府刻印外，其他藩府也有刻印。周憲王朱有燉史稱好文辭，能書畫，曉音律，著有《誠齋集》、《誠齋樂府》。據記載，在藩王及宗室中有著作的約九十三人，著書三百五十九種，其中詩文集約一百二十種，大部分都由本藩自刻出版，有的書還由其他藩府翻刻。藩府刻書還有一個特點，喜歡採用堂、軒、書院等名號，刻印在牌記或中縫內。如晉王府所用堂號有寶賢堂、志道堂、虛益堂、敕賜養德書院；楚府正心書院、崇本書院、崇古書院；衡藩時習軒，寧府文英館等。其中有的是皇帝敕賜的。至於藩王本人，往往喜歡給自己起一個別號，稱道人、羽客、仙人或子。藩本不僅數量多，而且校刊精當。

內府刻本、監本和藩本外，中央政府各部院如禮部、戶部、兵部、工部、都察院、大理寺、欽天監、太醫院等部門都刻印過與各自業務有關的書籍。地方上各省布政司、按察司、府州縣等官署、各地儒學書院及鹽運司等，主要刻印地方誌及其他書籍，這些都屬於官刻書，其總量也不在少數。

刊刻精良的家刻書　明代私家刻書風氣甚盛，嘉靖以後尤多，並且大多集中在富饒的江浙一帶。許多刻書家都是藏書家，他們因藏書而提倡刻書，除了刊印古籍之外，往往翻刻著名的宋元版，所刻品質極好，對保存和傳播古代典籍貢獻突出。

明代前期，私刻不多，傳世者更少。明中期數量明顯增多，著名者有豐城遊明翻刻元中統本《史記集解索隱》，約刻於天順、成化之際；江陰知縣塗禎於弘治十四年複刻宋本《鹽鐵論》，後來有許多翻刻本都出自塗的刻本；蘇州顧元慶於正德十二年開始用了十六年時間刻出《顧氏文房小說四十種》，校刻都很精美。正德、嘉靖以後，出現了一批著名的刻書家及刻書精品。如錫山安國桂坡館刻《顏魯公文集》及《補遺》、宋本《初學記》；震澤王延喆恩褒四世之堂刻宋黃善夫本《史記集解索隱正義》；蘇州袁褧嘉趣堂刻《文選注》六十卷，吳元恭太素館刻《爾雅注》，沈辨之野竹齋刻《韓詩外傳》及《畫鑒》，陳仁錫閱帆堂刻《陳白陽集》與《石田先生集》等都很著名。徐時泰東雅堂刻《韓昌黎集》，郭雲鵬濟美堂刻《柳河東集》均為影刻宋本，此後把兩種書合刻稱為「韓柳文」。其中最著名的有常熟的毛晉等。毛晉是有名的藏書家，汲古閣是他的藏書樓。他不僅博覽群書，廣為藏書，而且刻印書品種和數量很大，僅據《汲古閣校刻書目》及《補遺》著錄，毛晉自明萬曆至清順治四十多年間共刻書六百餘部。除了規模龐大的《十三經》、《十七史》外，還刻印一套《津逮秘書》，共十五集，一百四十四種，七百五十二卷，也是大部頭書，而且是毛晉第一次刻印出版。此外，他還印刷了一批唐宋元人的別集和詞曲、道藏之類的書。如《漢魏六朝一百三家集》、《郭茂倩樂府詩集》、《陸放翁全集》、《唐人選唐詩》、《唐詩紀事》、《六十家詞》、《詞苑英華》、《詩詞雜俎》、《六十種曲》、《三唐人集》、《四唐人集》、《五唐人集》、《六唐人集》、《蘇門六君子集》、《元人十集》、《宋名家詞》、《洛陽伽藍記》等。這只是其中一少部分，到毛晉晚年，家藏印版已超過十萬頁，有很多書沒有刻印。毛晉對書籍印刷的品質十分重視。他所印書籍都由他自己或請名家認真校勘，印書用的紙張，也是從江西特造，厚一些的紙稱為毛邊，薄一些的紙稱為毛太，印版多為雕刻精良的宋版翻雕，品質很高而且書價便宜，所以流傳甚廣。

分布廣泛的坊刻本　明代書坊刻書進一步發展，分布地區較為廣泛，所刻圖書品種多，數量大。人們日常所需的各種醫書、科技書、經史書以及文學作品、通俗讀物紛紛由書坊出版發行，有許多刻坊始於宋元，延續了很長時間。

明代書坊基本上集中在江南幾個商業性大都市裡，其中尤以南京、杭州、蘇

州、徽州為主要聚集地，其他地區除了福建建陽具有相當規模以外，幾乎沒有能與江南書坊業相比的。在北方，書坊集中處為北京，印刷業雖不如江浙，但隨著明代官府印刷規模的擴大，書坊刻印也有發展。明代北京的印書作坊，有資料記載的有永順堂、金臺魯氏、國子監前趙鋪、正陽門內大街東小石橋第一巷內金臺岳家、正陽門內西第一巡警更鋪對門汪諒金臺書鋪、刑部街陳氏、宣武門裏鐵匠胡同葉鋪、崇文門裏觀音寺胡同覺家、太平倉後崇國寺單牌樓張鋪、京都高家經鋪、二酉堂、洪氏剞劂齋等十餘家。永順堂是北京較早的一家刻書鋪，一九六七年上海嘉定縣發現永順堂用竹紙刻印的說唱詞話十一種和南戲一種。國子監前趙鋪刻印《陸放翁集》，金臺岳家刻印《奇妙全相注釋西廂記》，金臺書鋪刻印《文選》等，但明代北京坊刻規模並不很大。

明代南京坊刻規模遠超過北京，明代中期以後成為全國坊刻最集中的地區。南京的書坊有九十三家，多於建陽等其他地區，萬曆年間達到鼎盛期。在南京書坊中，唐姓以十五家為最多，其次為周姓十四家，王姓七家。南京坊刻書的內容和品種，多為民間所需的各種平話、小說、故事、戲曲、傳奇等通俗讀物，此外還有一些醫書、經書、文集、尺牘、琴譜、繪畫等書。其中唐姓書坊數量多，刻書的數量和品種也最多。唐對溪富春堂就刻印了近百種書，現存者有《管鮑分金記》、《三顧草廬記》、《呂蒙正破窯記》、《嶽飛破虜東窗記》、《張巡許遠雙忠記》、《商輅三元記》、《韓信千金記》、《白兔記》等五十餘種。富春堂刻本工藝水準很高，在編輯上也有特色，對古本的校對核定也很認真，但有時修改增刪過多，在藝術上出現適得其反的效果。唐繡穀世德堂刻有《裴度香山還帶記》、《趙氏孤兒記》、《五倫全備忠孝記》、《荊釵記》、《香囊記》、《拜月亭記》等十一種。數量遠不及富春堂，但品質並不差。據估計，明代南京書坊所刻戲劇類書籍約三百種。

福建建寧府自唐末宋元以來一直是重要的刻書中心，書坊多集中在建寧府的建安、建陽兩縣。到明代，建安書坊衰落，建陽書坊獨盛，嘉靖年間發展到鼎盛時期。建陽書坊較為集中的是麻沙、崇化兩鎮，各鄉集市別有日期，崇化鎮每月以一、六日為集，是日「書坊書籍比屋為之，天下書商皆集」，許多有名的書肆經營幾代。建陽的書坊或稱書林，有堂號姓名可考者約四十八家，有許多是宋元

以來的老書坊，有的已有二百餘年的歷史。建陽書坊刻印書籍的內容，到明代也發生很大的變化，從宋元時代的經、史、子、集為主，變為向多樣化發展，通俗讀物、小說、歷史故事、平話大量刻印，還出版了大量的科技、醫學、相書、法律以及家庭日用書籍。其中明代刻書最多的兩個書坊劉洪的慎獨齋與劉宗器的安正堂頗負盛名。劉洪的刻書活動在正德年間，所刻大抵以史部書居多，如宋呂祖謙《十七史詳節》二百七十三卷，元馬端臨《文獻通考》三百四十八卷等，卷帙浩繁，校勘也精，頗為藏書家所貴重。安正堂所刻多為集部及醫經類書，如《針灸資生經》、《類聚古今韻府群玉續編》、《象山先生集》、《宋濂學士文集》及其《附錄》等。

蘇州書坊很多，主要有三十七家，所印書籍不僅數量多，而且品質好。胡應麟評價說：「吳會、金陵，擅名文獻，刻本至多，巨帙類書，咸會萃焉。……余所見當今刻本，蘇常為上，金陵次之，杭又次之……其精吳為最。」[27]蘇州書坊印書品種也較多，萬曆以前，刻書就已達一百七十七種，但以小說及民間讀物為主，如舒載陽、舒仲甫刻印《封神演義》，葉昆池刻印《玉茗堂批點繡像南北宋傳》，葉敬池刻印《李卓吾批評三大家文集》、《醒世恆言》、《新列國志》、《石點頭》，安少雲刻印《拍案驚奇》等。由於小說戲曲類書籍民間需要量很大，各地書坊競相刻印，往往有幾家書坊同刻一種書。其他如歷代名人詩文集、經史、醫學等類書籍，也占有一定的比例。蘇州書坊刊刻水準較高，許多仿宋元刻本，因為雕刻精美，裝幀考究，幾乎可以亂真，所以為當時藏書家所重視。

杭州書坊可考者有二十四家，刻書最早的是勤德書堂；選本和刻圖較講究的是武林容與堂和張氏白雪齋，所刻《李卓吾先生批評忠義水滸傳》、《李評幽閨記》、《紅拂記》、《琵琶記》、《玉合記》等，均有極高的學術和藝術價值。杭州書坊的刊刻品質一般說來不及蘇、常，也不及南京，但比蜀、閩本要好得多。杭州書坊中刻書最多的是胡文煥的文會堂。胡文煥的刻書活動約在萬曆至天啟年間，他一面藏書，一面刻書賣書，在當時讀書界和書坊業中頗有影響。他所編印

---

27 胡應麟：《少室山房筆叢‧經籍會通四》。

的《格致叢書》，子目達二百多種，又編《百家名書》一百〇三種，所收古今著作，內容極為廣泛。他還將有關稗家、遊覽、諧史、寸札、寓文等內容，編成《胡氏粹編》刻印出版。胡文煥刻印的書籍中，還有他自編自著的《文會堂詩韻》、《文會堂詞韻》、《文會堂琴譜》、《祝壽編年》、《歷世統譜》、《省身格言》、《華夷風土志》、《寰宇雜記》、《皇輿要覽》、《余慶記》、《群音類選》等二三十種。胡氏所刻的書總數約有四百五十種，每一種都冠有「新刻」二字。

徽州又稱新安，文房四寶中除筆出於宣州外，紙、墨、硯之極品全都出於徽州。明代這裡的圖書印刷業也開始發展起來，成為江南一大基地。徽州書坊可考者有十家，徽版圖書最大的特點是版畫精美，雕刻印刷講究，水準不低於宋代，這裡有一批技術精湛的刻工，特別是歙縣虯村的黃姓刻工，以技藝精良，雕鏤精細而聞名，自成一派。胡應麟說：「近湖刻、歙刻驟精，遂與蘇、常爭價。」萬曆年間，彩色版畫盛行，雕工中技藝最精巧的都是安徽和浙江的工匠。徽州書坊刻書最多的是歙縣吳勉學「師古齋」。吳勉學字師古，以刻印醫書而著名。他所刻印的醫書有《古今醫統正脈》四十四種，以及《二十子》、《性理大全》、《禮記集說》、《四史》、《資治通鑒》、《近思錄》、《世說新語》等書。徽州另一家刻書較多的是汪延訥環翠堂。汪延訥自號坐隱先生，休寧人，是當地有名的富戶。環翠堂書坊資本雄厚，設有印書局、藏版所，萬曆末年刻了許多詩文、戲曲、傳奇和畫冊，品質均屬上乘，尤以插圖精美著稱。如《環翠堂樂府》、《獅吼記》、《坐隱先生集》、《草堂餘意》、《人鏡陽秋》等幾十種書。

印刷裝幀技術及版式、字體　隨著明銅活字印刷的普遍應用，木活字印書的流行，以及套印、餖版、拱花等方法的採用，明代的印刷裝幀技術也比以前有明顯的進步，其中最突出的是繪圖書籍的印刷。明代書籍中的插圖，已不完全是為了點綴裝潢，而成為書籍的一個有機組成部分，不僅戲曲、小說配有大量插圖，人物傳記、歷史故事，即便是嚴肅的經典著作，也配有插圖，各種農書、醫書等科學技術書籍，也多用形象的插圖來配合內容。明代中後期，圖版雕刻更加工整細緻，畫面極富雅麗生趣，並逐漸形成了各地區不同派別和雕刻藝術上的不同風格。如建寧派線條粗勁，古樸豪放；金陵派布局疏朗，人物生動；徽派以精緻婉麗、神韻生動、刀法纖細而引人入勝。這是就大體情形而言，若細加考察，在一

個地區也並非風格完全一致，各地區相互間不乏相互影響、滲透的痕跡，如南京唐氏所刊書籍的圖畫，以人物為主，運用粗毫大筆，表現了莊重、雄健、勁挺之趣，而陳氏繼志齋所刊則漸脫古樸的風格，向秀麗細緻發展，又汪氏環翠堂所刊力求秀麗工整，刻工多為徽派名手。

明代圖版印刷的發展，各地都湧現了一批優秀的刻工，而人才最集中、名手最多、技藝自成體系的，當推徽州刻工，又以歙縣虯村黃氏最為有名。黃氏刻工繼承了明代初期刻版技藝的優良傳統，在構圖、刀法上經過長期的鑽研和實踐，達到了精密細巧、俊逸秀麗的一代風範。他們大都具有一定的繪畫基礎，有的是有一定水準的畫家，他們根據畫稿，細心雕鏤，不僅不損原畫精神，而且有時其刀鋒能借助畫家筆觸之未到，深刻表現出畫中人的內心情緒，做到眉目傳神，栩栩如生。他們有時也與當時的名畫家合作，創作出繪刻雙精的作品。如畫家丁雲鵬、吳左千與刻工黃德時合作創作的《博古圖錄》；畫家陳洪綬與名雕手黃子立合作的《西廂記》、《九歌圖》、《水滸葉子》等，都是具有很高水準的佳作。

明代套印圖書普遍，而且出現了圖畫的彩色套印。套印是在一塊雕版上，在不同區域的印刷部分分別塗上不同顏色，經重複疊印而成。明代中葉是套色印刷的黃金時代，當時有名的刻書家閔齊伋、閔昭明、凌汝亭、凌濛初、凌瀛初等，都曾用朱墨二色或三色、四色印刷過圖書，稱為朱墨刊本，尤以閔刻最著名。明萬曆三十三年（1605 年）安徽歙縣程氏滋生堂刻印的《墨苑》一書，附有近五十幅彩色插圖，多為四色、五色印成。

在套印技術發展成熟的同時，餖版和拱花的印刷方法也相繼問世。「餖版」是將彩色畫按不同顏色分別刻成一塊小木板，然後逐色由淺入深套印。「拱花」是用凹凸兩版嵌合，使版面拱起花紋，產生立體感。徽州休寧人胡正言以餖版、拱花套印《十竹齋畫譜》、《十竹齋箋譜》，標誌著木板彩色印刷技術的創新和發展。

明初印書的版式、字體等風格，基本上沿襲元代之舊，多是黑口趙孟字體，行式比較緊密。嘉靖初期，有所變化。當時受文學復古傾向影響。刻書的人爭相追模北宋風格，字體採用了歐陽詢、顏真卿的書法，橫輕豎重，方方正正，版心

由黑口變為白口，刀法**趨**於板滯。萬曆以後，黑口本漸多，從此黑白口都常見，字體更**趨**方正。明人印書用紙有綿紙、竹紙，嘉靖以前多用綿紙，萬曆以後則以竹紙為多。

明代初期書籍的裝訂繼南宋、元代之後流行包背裝。包背裝一是把各書頁粘在包背的紙上；一是以版心作書口，書頁兩邊作書背，空白處打孔，用紙撚裝訂，然後裝上封面。到了中期產生了線裝，即把包背裝的封皮改為前後各加書衣，同書身一起打孔穿線，裝訂成冊。線裝至清初開始廣泛採用，直到現在還有應用。

二、圖書收藏

明代的圖書收藏有官府藏書和私人藏書兩種形式，私人藏書的風氣空前興盛。

官府藏書　明代官府藏書主要集中在宮廷之內，是經過幾代皇帝一系列搜求書籍的活動而形成的。明太祖朱元璋在推翻元朝創建明朝的過程中，受周圍知識分子的影響，認識到圖書的重要性，很注意讀書，非常重視訪求、收藏書籍。元至正二十六年（1366年）他下令有司訪求古今書籍，藏之秘府，以資覽閱。洪武元年（1368年）大將軍徐達攻克元大都，他又命徐達將元奎章閣、崇文閣等秘室藏書盡載南京。這樣，宋、遼、金、元的國家藏書全部為明朝承襲。其後又廣羅民間藏書，建文淵閣、大本堂藏之。洪武三年（1370年）三月，襲元制設立了專門掌握國家圖書的獨立機構秘書監，奠定了藏書的基礎。

明惠帝朱允炆繼位，亦令募購遺籍。永樂時，明成祖朱棣視朝之暇，常到便殿閱覽圖書。永樂四年（1406年）他問起文淵閣藏書情況，學士解縉回答：「經史粗備，子集尚多闕。」成祖即謂：「士庶家稍有餘資，皆欲積書，況於朝廷，可闕乎？」遂召來禮部尚書鄭賜，令其派人四處購求遺書。並說：「書籍不可較價值，惟其所欲與之，庶奇書可得。」永樂遷都北京後，明朝國家藏書中心也由

南京遷來，將南京文淵閣所藏古今書籍，從一部至百以上，各取一部運往北京，恰好是一百櫃。為了存放這些北運的圖書，特於午門之東另建一文淵閣貯藏。明仁宗即位後，皇家圖書續有擴增。宣德年間，明宣宗朱瞻基曾到文淵閣覽閱經史，並與楊士奇等討論。此時明朝國家藏書達到極盛階段，秘閣藏書約二萬餘部，近百萬卷，刻本十分之三，抄本十分之七。正統六年（1441 年）楊士奇等人清理文淵閣所貯書籍，編出著名的《文淵閣書目》，收書達七千多種，四點三二萬冊，估計在十萬卷以上，而且多係「宋元所遺，無不精美，裝用倒摺，四周外向，蟲鼠不能損」[28]，真是琳琅滿目，珍貴之極。

明代官府藏書除文淵閣外，還有聞名中外的國家檔案庫皇史宬。皇史宬位於東苑（今天安門東南池子一帶），建於嘉靖十三年（1534 年），所存放的檔案主要是歷朝實錄、寶訓等重要典籍。中央政府的各種機構如各部院、國子監、府州縣學等各級衙門和各級學校，以及各藩王府也藏書；這些藏書中有許多是朝廷頒發的。在藩王府藏書中，有些藩王藏書極富，如周定王朱、晉莊王朱鐘鉉、寧獻王朱權等府藏書均在萬卷以上。周定王朱橚係明太祖第五子，癖嗜古書，著有《普濟方》廣泛收集了明以前的醫籍及有關著作，其六世孫朱睦㮮自幼喜收書，曾購得江都葛氏、章邱李氏之書，藏書竟達五萬卷以上，藏書室稱「萬卷堂」，且編有《萬卷堂書目》。

明代官府藏書在正統末年以後，逐步趨於衰落。明英宗以後皇帝不僅不再關心圖書的典藏，而且因缺乏嚴格的管理制度和定期的整理，散失嚴重，數量日益減少。明代中葉以後國家藏書的損失，當然與明代獨立的國家藏書機構被取消也有很大關係。洪武十三年（1380 年），明政府決定罷秘書監，將官府藏書統歸翰林院典籍執掌，翰林院典籍只有二人，為從八品，很不利於圖書的保管，另外，國家圖書的損失與明代官府只重視收藏，不重視管理利用也有關係。文淵閣官府藏書量最大，卻不許一般讀書人借閱。這裡的藏書主要為了方便皇帝披覽。連一般官僚也無資格閱讀。因此，文淵閣的圖書收藏遠遠超過了其利用價值，這正是

---

28 《明史·藝文志一》。

明官府藏書的指導思想。

眾多的私人藏書家 明代私人藏書風氣很盛，據葉昌熾《藏書紀事詩》和吳 《江浙藏書家史略》統計，由宋元兩代一百八十四人和三十五人陡增至 四百二十七人，僅浙江一省就有八十多家。從藏書總量上看，明代私家藏書遠遠 超過了國家藏書，而論藏書品質，也以私家所藏多有校勘精審的善本。明代藏書 家很多，像著名的范氏天一閣，藏有七萬卷，徐氏紅雨樓亦藏有七萬卷，黃氏千 頃堂藏有八萬卷，鈕氏世學樓則達十萬卷，祁氏澹生堂、遠生堂、奕慶樓三代合 計藏書十四萬卷，毛氏汲古閣竟達八萬四千冊。

其一，范欽和天一閣。范欽字堯卿，一字安卿，號東明，浙江鄞縣人，嘉靖 十一年（1352 年）考中進士，出任湖廣隨州知州，十五年升入工部員外郎，因 事觸犯了權臣武定侯郭勳，遭誣廷杖下獄。十九年出任江西袁州知州，繼任江西 按察副使，備兵九江，後升任廣西參政、福建按察使，進雲南右布政使、陝西左 布政使，後又巡撫南贛汀漳諸郡，嘉靖三十九年升入兵部右侍郎，同年十月去官 歸里。他把在各地採集到的書運回寧波月湖之濱的故宅，設藏書樓，初名「東明 草堂」，後依據《易經》注釋中「天一生水、地六成之」之說，取以水制火之 義，命閣為「天一」，而閣前所鑿水池稱為「天一池」。天一閣樓上為一大統間、 樓下分隔六間，象徵「天一地六」，約於嘉靖四十年至嘉靖四十五年建造。

范欽酷愛書籍，喜好讀書、聚書、藏書，做地方官時，每到一地都留心收集 當地公私刻本，對無法買到的書即設法抄錄，尤其是一些說經諸書及前人沒有傳 世的詩文集，同時重視收集當時各地出版的地方志和明代文獻，經數十年積累、 藏書七萬餘卷，彌足珍貴的是明代地方志、科舉錄、家譜、政書、實錄、醫書、 琴譜、營造等書。

范欽收集的明代地方志多達四百五十種，海內孤本占一百六十四種，纂於嘉 靖年間的約占總數的百分之七十，其間有少數明代綿紙抄本，如嘉靖《翁源縣 志》卷末題記記載，此志由纂修《廣東通志》的需要而纂輯，當時尚未刊行，僅 一樣二本，這樣罕見的底本亦被范欽搜覓到了。此外，還有陝西、貴州、雲南、 廣西等邊遠地區的一些地方志，除天一閣收藏外，別處無跡可覓。

歷代科舉考試文獻，以明代保存最全。明代共開八十九科。天一閣藏有首科洪武四年會試和進士登科錄，又有極為罕見的建文二年的會試錄和進士登科錄。自宣德五年至萬曆十三年，連續五十幾科會試錄和進士登科錄均一種不漏，宣德五年前僅缺十種。范欽卒於萬曆十三年（1585 年），因此萬曆十四年後全部缺藏，但目前天一閣猶存明代科舉錄三百七十種，占全國現存總數的百分之八十，其中百分之九十以上為海內孤本。

另外，在范欽的藏書中，有相當一部分係內部官書檔，如果沒有一定的獨特條件，是很難收集到的。如《軍令》一卷，嘉靖二十六年頒行，同年刻本；《大閱錄》二卷，收有張居正、霍冀等奏疏，隆慶二年兵部刻本；《營規》一卷，南京兵部本駕司編，嘉靖官刻本；《戶部集議揭帖》一卷，嘉靖年間抄本等，他如《國子監監規》、《武定侯郭勳招供》等，這些為一般藏書家既不甚關注，又難以獲得的極為罕見的文獻，是我們研究明代特別是嘉靖年間社會現狀、法律制度最直接最有價值的寶貴資料。

天一閣藏書，除范欽在各地做地方官時留心收集所得外，一部分得自豐氏萬卷樓。范欽與豐坊為鄰，豐坊是江南望族，家有祖傳的「萬卷樓」，藏有珍本甚多。豐坊晚年藏書多被門生拿走，又遭火災，於是范欽將萬卷樓藏書全部買下；又一部分得自借抄，如范欽曾向豐坊借抄萬卷樓藏書，並請豐坊作藏書記，又與江蘇太倉王世貞有藏書互抄之約；還有一部分得自朋友所贈，另各地新修志書，也多寄贈求正。天一閣還收有范欽之侄范大澈舊物。范大澈亦酷愛藏書，他死後其書漸入天一閣。天一閣藏書有的蓋有專用印章，僅范欽所用即有「古司馬氏」、「東明草堂」、「范欽私印」、「天一閣古人」等二三十顆，其子范大沖有「范子受氏」、「范大沖印」等二十多顆，他的後代也有一些印章。這些印章是鑑定天一閣原藏書籍的一個依據。另外，范欽也刻印過一些書籍，經范欽親自校訂並流傳至今的有《范氏奇書》，計二十種。至今閣中尚存明刻版片數百塊，是研究明代雕版印刷極為珍貴的實物資料。為了使天一閣藏書得到永久保存，范欽及其子孫們對藏書進行了嚴格的規定，制定了以水制火、火不入閣、代不分書、書不出閣、芸香闢蠹、曝書去濕等一系列相應的管理制度。天一閣藏書因此得以保存

久遠，延續數百年而不散亡。[29]

其二，祁承爜及《澹生堂藏書約》。祁承爜字爾光，號夷度，又稱曠翁、密士老人，浙江山陰（今紹興）人。萬曆三十二年（1604 年）進士，曾宦游南京、蘇州、山東、河南等地，最後官至江西右參政。他一生辛勤攻讀，使他成為學識淵博的學者。其著述甚多，可惜大部分已經散失，今存者只有《澹生堂集》、《澹生堂外集·宋賢雜佩》、《澹生堂藏書約》、《澹生堂書目》等數種。他喜愛讀書，經過數十年積累，藏書總數達十餘萬卷，他不僅藏書甚富，而且提出了系統的藏書理論，集中在《澹生堂藏書約》一書中。

此書除前言部分外，有「讀書訓」、「聚書訓」和「藏書訓略」三部分。「讀書訓」和「聚書訓」是抄錄古人讀書、聚書的事蹟而寫成的，「藏書訓略」分「購書」與「鑒書」兩小節，這是他對自己平生購書、鑒書經驗的總結。他的「購書」有三術，包括「眼界欲寬，精神欲注，而心思欲巧」。所謂「眼界欲寬」，是指要放開視野；「精神欲注」是指養成讀書的嗜好；「心思欲巧」是指多動腦筋，多想辦法，並提出了搜求書籍的途徑。他所講的「鑒書五法」包括「審輕重」、「辨真偽」、「核名實」、「權緩急」、「別品類」，即要注意圖書的刊刻時代、著作的真偽、書籍內容、實用價值等，對各類圖書給予不同的重視。祁承提出的「購書三術」和「鑒書五法」的藏書建議理論，有一定的參考價值。因此，他的藏書注意實用，講求圖書內容的準確，藏書品質好。他還與子孫相約，訂出條規，使祁氏藏書能世代相傳。其子祁彪佳能恪守所藏，並收集了大量戲曲作品，藏書所稱遠山堂。其孫祁理孫，繼承保護祖藏，並有所增益，又增建藏書所奕慶樓。

其三，毛晉與汲古閣。毛晉初名鳳苞，字子九，號潛在，別署隱湖書院，晚更名子晉。他勤奮好學，曾受業於錢謙益門下。他家中的藏書樓不止一座，主要有汲古閣、目耕樓、鼎足齋、定月堂、雙蓮閣，以及一些分散的書亭等，毛氏及其家族把毛氏藏書樓擴大成了一個建築群。江熙《掃軌閒談》介紹過這一建築

---

29 參見虞浩旭主編：《天一閣論叢》，寧波，寧波出版社，1996。

群：「毛潛在先生晉，家隱湖，創汲古閣，刻經史諸書。中為閣，閣後有樓八間藏書板者。樓下及廂廊俱刻書所。閣四圍有綠君、二如等亭，招延天下名士校書於中，風流文雅，江左首推焉。」陳湖《為毛潛在隱君乞言小傳》，對汲古閣的規模及藏書也有描寫：「江南藏書之富，自玉峰綠竹堂、婁東萬卷堂後，近屈指海虞。……而歸然獨存者，惟毛氏汲古閣。登其閣者，如入龍宮蛟肆……其制上下三楹，始子訖亥，分十二架，中藏四庫及釋、道兩藏，皆南北宋內府所遺，紙理縝滑，墨光騰剡。又有金元人本，多好事家所未見。子晉日坐閣下，手翻諸部，讎其偽謬，次第行世，至滇南官長萬里遺幣以購毛氏書，一時載籍之盛，近古未有也。」

毛晉收藏各種名貴書籍達八萬四千多冊，其中可稱為絕世精品的有宋版《十三經》、《十七史》、《冊府元龜》、《文選》等。他對收藏書的酷愛程度，已到了無以復加的地步，當地流傳的諺語稱：「三百六十行生意，不如鬻書於毛氏。」但毛晉的主要功績還不在於對書籍的收藏，而在於他對古籍不遺餘力的校勘、刊刻和出版。

其他如明初的宋濂藏書萬卷；葉盛藏書數萬卷，並編有《菉竹堂書目》，登錄圖書四千六百冊，二萬二千七百多卷；王世貞藏書三萬卷；錢謙益的絳雲樓，其藏書數量和品質均稱江南第一家。這些私人藏書家或不惜以重金收買圖書，或手自繕錄，或悉心校勘，對保存和傳播文化典籍，推動學術的發展，陶冶治學的風氣，促進學風的興盛等方面起到了不可忽視的作用。

第十一章

以小說為代表
的文學

　　明代文學的發展以正德年間為界，大致可分為前後兩個大的時期。前期從明朝建國到正德年間，文學的創作相對沉寂，這一時期的優秀作品幾乎都集中在元明之際。正德以後，明代文壇開始繁盛起來，小說、戲曲等通俗文學的創作取得了輝煌的成就，詩文方面出現了眾多的文學流派。明代文學的總體傾向，顯現出的是一種世俗性的特徵。

第一節 ·
文學思想的嬗變

作為文學創作，它不僅是感物起興時的情感表現，而且也是對社會、人生底蘊的洞見慧識。文學是有時代性的，時代孕育了文學，文學的發展又體現了鮮明的時代特色。元明之際出現的文學高潮，是與大動盪的時代特徵密切相關的。在元末風雲激盪的時代，人們的思想得以突破傳統儒學的束縛而獲得解放，敏感的文學家也很自然地觸發聯想，對社會與人生的一系列問題進行思索，或抒發心中的鬱結，或表現自己的理想，展現自己的人生價值。

明初的許多作家大都從戰亂中走來，因而對社會生活有較深刻的認識和體驗，他們往往從功利觀念出發，本著對社會負責的精神從事文學創作，各抒所長，反映大動盪時代較為廣闊的現實生活。題材是廣闊多樣的，既有取材於歷史的，也有直接反映現實生活的；有寫統治階級內部各個集團之間政治鬥爭和軍事鬥爭的歷史小說；也有以寫農民起義為主的英雄傳奇；有寫現實社會中重大題材的；也有寫家庭生活、兒女情事的；神魔世界的題材亦已有所開拓。這些作品，大都內容充實，有思想深度，一洗元季綺靡和纖弱的文風，樸實自然。

明初立國，以程朱理學作為官方哲學，思想文化歸於一統，「崇朱」、「述朱」風氣甚盛。這種學風勢必造成士人對倫理道德規範的尊崇和亦步亦趨，拘泥于傳統禮教，呈現出一種保守的文化特徵。與之相應，倫理綱常、道德說教滲入到文學作品中也具有倫理教化的特質。明初劉基、宋濂、高啟等人的詩文雖有尚實的

風格，語言渾樸精練，但也有這樣的特點。劉基論詩主「諷」，宋濂的「宗經」說和所謂的「緣情托物」的觀點，均體現了對文學倫理功能的重視。明初戲曲作品中，內容關涉傳統倫理道德說教意味的也為數極多，如高明的《琵琶記》，其主旨就是宣揚忠孝節義的思想。其中，作為明代廟堂文化的奠基者之一的宋濂，力主崇儒宗經、文道合一，讚揚「臺閣之文，其體絢麗而豐腴」[1]，並寫下一批臺閣應酬之作，開了「三楊」臺閣體之先聲。

從永樂起的幾十年中，隨著政治的逐步穩定，社會經濟的恢復和繁榮，官方文化也達到極盛。永樂時期《四書五經大全》、《性理大全》的編纂，進一步確立了程朱理學的統治地位，科舉考試專以《四書》、《五經》命題，並規定以八股文取士，到成化時八股文逐漸形成嚴格的程式，這種文體以善擬古人立意為上，完全失去了創作的意義，對士林文風有很大影響。詩文領域內元明之際折射社會現實的作品，逐漸為粉飾太平、歌功頌德、宣揚教化的內容所取代。當時最有影響的是以楊士奇、楊榮、楊溥為代表的「臺閣體」詩作，雖從表面看來雍容華貴，體現出宮廷風致和皇家的氣魄，而在內容上卻極其貧乏，充溢著應制和頌聖之作，藝術上平庸呆板，了無生氣。臺閣體從永樂初年到正統末年，壟斷了整個文壇。繼起的李東陽的「茶陵體」，雖自稱宗法杜甫，但又過分注重詩歌的體制和聲調格律等形式。這樣，明朝的文學創作便陷入了低谷。在元明之際《三國志通俗演義》、《水滸傳》等長篇章回小說出現之後，直到《西遊記》問世之前，小說創作幾成絕響。就文學思潮而言，貴族化、宮廷化的趨向極為明顯，詩文的「臺閣體」，雜劇的貴族化，南曲傳奇的八股化，都是這種文風的反映。

明代文學思想出現變革則是在明中期正、嘉以後。此時，朝廷對於政治、經濟、文化等各方面的控制漸趨削弱，統治的鬆弛為文學復興創造了一個社會環境。陽明心學的崛起，標誌著與傳統文化思想相對抗的、帶有人文主義思想特質的思想體系逐漸形成。王守仁整個哲學體系的關鍵在於探索聖人與個人之間的關係，即聖人與「愚夫愚婦」之間的區別與聯繫。王守仁肯定了「愚夫愚婦」通過

1　宋濂：《宋文憲公全集·蔣錄事詩集後序》。

「良知」而達到「聖人」境界的可能性，他力圖把儒家思想從士階層進一步推向民間，將他的「良知」說作通俗化的處理，主張「須做得個愚夫愚婦方可與人講學」。王守仁「人人皆可為堯舜」的觀點，突出了人應該有的價值和地位，為個人的發展和自我表現開拓了無限的可能性。以後的泰州學派，提倡個性解放，強調人欲的需求，對傳統價值觀念作了大膽的否定。這種思想配合著日益繁榮的城市商業經濟和由商品交換帶來的平等意識，包含著某種平民的精神，並與市民意識相互影響、融合。這不僅體現了市民階層力量對社會的巨大衝擊，影響到社會風氣的變化，而且給晚明文學注入了新的生命力。《金瓶梅》、《西遊記》、《牡丹亭》、《歌代嘯》以及「三言」「二拍」等大量作品，都有不同程度的思想越軌傾向，反映出那個時代價值觀念、道德標準等方面的變化。如《金瓶梅》中西門慶的「名言」：「咱聞那佛祖西天，也止不過黃金鋪地；陰司十殿，也要些楮鏹營求。咱只消盡這家私，廣為善事，就使強姦了嫦娥，和姦了織女，拐了許飛瓊，盜了西王母的女兒，也不減我潑天富貴。」《初刻拍案驚奇》中亦有異曲同工的「如今的世界，有什麼正經？有了錢，百事可做」之言。這種赤裸裸的拜金意識在這些文學作品裡被表現得淋漓盡致。同樣，倫理觀的變化也很明顯。如《禪真後史》公然反對寡婦守節，說它不合人性人情，而應「三媒六證，大落落地嫁一丈夫，倒也乾淨」。《二刻拍案驚奇》中的《滿少卿饑附飽》談及男女地位時，指出現狀之不合理：「女子愈加可憐，男子愈加放肆，這些也是伏不得女娘們心裡的所在。」這些內容已包含男女平等思想的萌芽。[2]

當然這些文學作品中所蘊涵的新觀念的萌芽，與明後期掀起的文藝變革的浪潮有很大關係。其中一個較為顯著的特色，就是與儒家「詩以言志」、「文以載道」的傳統文藝觀不同，作家強調表現自我，張揚主體意識。李贄從「人皆有私」這一基本命題出發，承認人的不同個性特點，主張順其自然，任其發展，並在充分發展個人「自然之性」的前提下，追求人格的獨立。於是在李贄思想的影響下，晚明文壇形成了一股追求個性自由的風潮。公安派重視文學的自我價值與個人的不朽作用，特別強調作家個性在創作之中的地位。在文學表現上，提出

2　參見陳洪：《金聖歎傳論》，天津，天津人民出版社，1996。

「獨抒性靈，不拘格套」的創作主張，反覆強調「信腕直寄」、「任性而發」，讚揚和推崇自然美。公安派的「性靈說」亦如李贄的「童心說」那樣，看重情感表達之流暢自然，並主張真正體現於創作實踐中。他們的詩文，真實自然，酣暢淋漓，無復遮掩。他們早年狂放，即現其狂於詩文中；晚期歸心於淡，即顯其淡於創作內。在袁宏道的尺牘小品中，此種特徵更為明顯，在創作中體現了重自我性靈，求真求達，自然揮灑的文風。湯顯祖受李贄思想的影響，主張順乎天性自然，表現人的自然感情和欲望。他確立了情的崇高地位，言情成了他文藝思想的核心。他言情的理論反映在文藝創作上，一是對社會現實的大膽批判，一是對男女愛情的大膽歌頌。他在《牡丹亭》中塑造的杜麗娘「一生兒愛好是天然」，「率性而行」，以其「天生自然」戰勝禮教的束縛，描寫了真摯的愛情戰勝死亡的動人故事。[3] 與湯顯祖同時以及在湯顯祖身後的許多作家和藝術家，也都不同程度地觸及社會現實，對虛偽的禮教、腐朽的政治展開了批判，並用生動的形象，從社會政治和道德各方面，大膽地表抒自己的感情和認識。其著名者如屠隆、王驥德、袁于令、孟稱舜等，都以絢麗的旋律唱起情的頌歌。竟陵派同樣具有個性自由特色。鍾惺不囿於傳統的禮教，在居喪期間作詩文，遊山玩水，「不盡拘乎禮俗」。譚元春極力反對「沾泥帶水」，追求一種「灑灑落落」的奇趣，而不受世俗絲毫的拘束。

　　晚明人性的復甦，商品經濟的發展，在市民階層中不斷滋生新的意識和觀念，它們所帶來的樸素力量，與社會上虛偽矯飾的風氣形成鮮明的對照。市民階層力量對社會的衝擊，在思想觀念上也引起巨大的回響。在王守仁的思想中，已有重視商業活動的內容。他肯定商人「終歲棄離家室，辛苦道途，以營什一之利，良亦可憫」[4]，主張免抽或抽收合理商稅。李贄在《又與焦弱侯》一文中也談道：「商賈……挾數萬之貲，經風濤之險，受辱於關吏，忍垢於市場，辛勤萬狀。」對商人歷受的艱辛寄予很大的同情。隨著晚明商品經濟的高度繁榮，文人們從關懷商人到一步步接近市民文學，是不難理解的。因此嘉靖以後，市民文學

3　參考周育德：《湯顯祖論稿》，北京，文化藝術出版社，1991。
4　王守仁：《王文成公全書・禁約權商官吏》。

蓬勃發展起來，話本小說、雜劇、戲曲等世俗文學進入繁榮時期，到萬曆、崇禎發展到高峰，並成為文學的主流。

話本小說是由「說話」發展而來的。宋代「說話」藝人的藝術水準已經很高，但那時的藝術技巧主要表現在藝人的講唱上。到明代小說藝術水準的提高，主要表現在作家的書面創作上。晚明小說的數量很多，雖然沒有像《三國志通俗演義》、《水滸傳》、《西遊記》那樣的長篇巨著，卻有大量的擬話本、優秀的短篇小說。這既是適應市民的審美需求，也說明文人作家文學觀念的改變。文人通過對話本小說創作的參與，利用這些通俗的形式教化庶民，把儒家思想推進到庶民的日常生活中去。以「三言」為代表，不僅容納著大量新鮮活潑的民間世俗生活，體現著通俗的文學形式，而且也蘊涵著儒家倫理的文學觀念。馮夢龍受李贄「童心說」的影響，認為「情」是天地萬物的自然本性，情始於男女，而流注於君臣父子兄弟朋友之間，他從這個立場看待「六經」，稱「六經」「皆以情教也」[5]。他致力於通俗文學就是「立情教」。基於這個思想，他選擇的舊本和創作的新本，一方面容納了社會各階層，特別是市民階層的情感世界，另一方面又以儒家倫理道德對被商品經濟刺激起來的人欲進行引導。

在戲曲方面，明中葉是一個轉折時期。從明初到成化、弘治年間，基本傾向是雜劇貴族化、傳奇八股化。嘉靖年間，隨著社會矛盾的激化和人們審美心理的轉變，傳奇創作開始改變以寫家庭生活和宣揚儒家倫理為主的傾向，無論是寫歷史題材或寫當代生活，都表現了強烈的現實性，擴大了社會內容，提高了傳奇劇本的思想意義。在傳奇劇本創作題材、內容改變的同時，在藝術形式上也進行了革新，提高了戲曲反映生活的功能，便於表現複雜變化的思想感情，贏得觀眾的喜愛。這一時期，雜劇和散曲也有很多具有鮮明的時代特色。

詩文比之小說、戲劇等成就來說，大有遜色，在探索和革新的過程中迂迴曲折，產生了眾多的文學流派。從前七子、唐宋派、後七子到公安派、竟陵派，都主張革新文壇，各派在復古與反復古的矛盾鬥爭中，互相否定，又互相彌補，從

5　詹詹外史：《情史敘》。

而促使文學理論和創作實踐的發展。他們的詩文創作，雖然對推動主體意識的覺醒產生了一定的作用，但是他們所使用的古典詩文的藝術形式，已與當時人們的生活內容、思維方式、語言習慣不相適應，因而不可避免地要走向衰落，逐漸喪失文學的主流地位。

　　晚明文學的思想內容很複雜，而且它的特點也很鮮明，展現個人價值，追求婚姻自由，詛咒世態炎涼，反對虛偽和庸俗的思想，在小說、戲曲、散曲等世俗文學中占有很大的比重，而且其中有不少達到了很高的成就，反映了文藝變革的精神。與此相應，狂放激情的浪漫主義思潮，繼《西遊記》之後，在文學藝術的各個領域，也都有長足的發展，如《封神演義》、《三保太監西洋記》等小說，徐渭、湯顯祖、孟稱舜等人的戲曲，晚明小品文，都洋溢著不受羈絆的浪漫主義激情。審美趣味趨向世俗化、市民化，士大夫高雅、莊重的審美心理，變成雅俗兼賞。這種文藝審美心理的變化，在通俗白話小說和民歌中，表現得更為突出。世俗文學的雅化也將新興市民的主體意識，連同其利欲觀念一併顯現出來，這對「存天理、滅人欲」的道德規範和「言志」、「明道」的文學傳統，無疑是一個重大突破，也反映了不同的經濟和社會條件下，不同的文化心態與審美需求的變化。與此同時，隨著小說、戲曲創作的繁榮，對小說、戲曲的理論探討蓬勃興起，與傳統美學觀念異趣的帶有世俗化的新美學思想體系也逐步形成。如李贄、袁宏道、馮夢龍、金聖歎等人對小說的評點、序跋或筆記、通信中，提出了關於小說藝術的價值、真實性、典型形象的塑造，藝術形式美、情節與性格的辯證關係以及小說語言的藝術特色等一系列卓越的見解。徐渭、王世貞、王驥德、祁彪佳等人對戲曲的評論，金聖歎對《西廂記》的批改，也提出或總結了中國古典戲曲的許多理論問題。

　　當然，在明中葉以後的文藝變革思潮中，思想意識、倫理觀念承襲舊傳統的因素也有很多，儒家說教、迷信思想、消極頹廢的傾向以及市民某些落後庸俗的審美趣味，既打上時代的烙印，也影響了文學藝術取得更高的成就。晚明市民意識的滋長，對人格獨立的強調和自我人欲的凸顯，顯然具有人文主義思想的色彩，但對禁欲主義的批判走向極端，就是縱欲主義，反映在一些文學作品中，對庸俗低級的色情描寫，表現得非常嚴重。這不僅展示了晚明奢侈浮靡的社會生

活，也反映了市民和士大夫的畸形心理。[6]

第二節·
詩文的盛衰
與革新

一、明前期詩文

明代前期的詩文，經歷了由盛而衰的發展過程。在明初的詩文作家中，比較有成就的是經歷過元末社會大動亂的作家，他們的作品較有現實內容，具有時代特色。其文風尚樸崇實，渾樸自然，與元末浮豔華麗的風格形成鮮明的對照。

明初的詩文，以宋濂、劉基、高啟為代表，他們致力於開拓新文風，將傳統的文學「致用」價值觀引入創作主旨中，主張文學與政治相為流通，文學應有益於政治道德。劉基論詩主諷，與宋濂「發乎情，止乎禮義」的見解大致相同。倡導崇儒復雅，反對清虛浮靡，否定詩歌吟花詠月的藝術職能，這是他們的一致歸趨。所以，他們的作品中有歌功頌德、應酬冗長之作，開啟了臺閣體的先河，但也有反映時代特色的作品。

詩歌成就較突出的是古體詩和樂府歌行，顯得揮灑自如，雄健豪邁，有一種

6　參見陳寶良：《悄悄散去的幕紗──明代文化歷程新說》，西安，陝西人民教育出版社，1988。

狂放磅礴的凜然俠氣。劉基的詩在明初的影響僅次於高啟，古體詩較好，風格接近韓愈。如《感懷三十一首》、《雜詩四十一首》等組詩，以及《北上感懷》、《贈周宗道六十四韻》等長詩，反映了元末動亂的社會現實，抒發了憂國憂民之情。其中以歌行體寫成的《二鬼》為代表。這是一首雄奇宏麗的神話詩，詩中運用浪漫主義手法，以豐富奇妙的想像，創造了二鬼鮮明生動的形象。他以二鬼隱喻自己和宋濂，表達了他重振乾坤的理想。他的樂府詩《築城詞》、《畦桑詞》、《買馬詞》等，或表示對時事的憂慮，或諷刺政令繁苛，重斂傷民，也有較強的現實性，風格質樸自然。《吳歌》、《採蓮歌》、《江上曲》、《竹枝歌》、《江南曲》等作品，頗有江南民歌的風味，清新活潑。

高啟的詩眾體兼長，但最能表現他豪宕淩厲、奔放馳騁的個性特色和藝術才華的還是七言歌行和七言律詩。他死於壯年，雖然尚未完全形成自己獨特的風格，但他的筆力豪健、詞句秀逸而不事雕琢，具有俊秀自然之美的特色。他從大自然中搜索詩的素材，通過精妙的藝術構思，把很難捉摸的大自然的意趣，有聲有聲地描繪出來。如《登金陵雨花臺望大江》，以沉雄、悲壯的筆調描繪了祖國山河的壯麗，抒發了激動的心懷。在他所經歷的生活範圍內，無論是描寫自然景物，還是抒發親情友誼，反映社會現實，都曾寫下不少優秀的詩篇。如《猛虎行》對酷政的諷刺；《醉歌贈宋仲溫》描寫意氣相傾的友誼；他早年作的《青丘子歌》，則自述他疏狂的性格和苦吟的生活。他的詩作中也有部分描寫農村現實生活的，感情深沉，真實動人。如《田家行》描述了遭遇水災的農民的困苦生活；《養蠶詞》描寫了蠶家的生活和感情；《放牛詞》、《捕魚詞》、《採蓮詞》、《打麥詞》等詩作描寫了江南農民的勞動情景，反映了農民的疾苦。

劉基的律詩有不少可誦的作品，如五律《古戍》，描繪了一幅元末社會動亂的圖畫，表現了深沉含蓄的格調。高啟的律詩藝術才華也相當高。如《送沈左司從汪參政分省陝西》，借送行簡括地寫出祖國統一後的新氣象；《清明呈館中諸公》道出在外做客的人所共有的心情。高啟的律詩或嚴肅，或委婉，涵渾從容，接近盛唐一些詩人的風格。然而，明初詩作有明顯的摹擬古人的傾向，不免落入舊套，這又為後來的復古派詩歌開了先河。

明初也產生過一些有現實意義的散文作品。宋濂、高啟的某些傳記體散文，敘述故事緊湊自然，刻畫人物妙肖如生，對英雄志士、奇人異事頗有讚賞之情。宋濂專長散文，傳記文章的藝術性最高，如《秦士錄》、《王冕傳》、《李疑傳》、《杜環小傳》都是比較著名的作品。《秦士錄》記載一個文武兼長而懷才不遇的人物鄧弼，作者以同情之筆描述了他坎坷的命運，刻畫他磊落的性格。《王冕傳》以曉暢俊逸的筆調，描寫那種豪放但孤傲的人物。《李疑傳》和《杜環小傳》則表現李疑、杜環兩個下層人物扶病濟貧、捨己為人的俠義品質，鞭撻了社會道德墮落的世風。更值得注意的是《記李歌》，刻畫了淪落風塵的少女李歌堅貞、潑辣而深情的性格。高啟的散文成就遜於詩歌。《書博雞者事》塑造一位傳奇似的人物，生動描述了博雞者見義勇為之舉。《遊靈岩臺》是一篇頗為奇特的散文，明是遊記，卻不著意於遊歷過程，明是應命之作，卻行譏諷控告之實。作者的靈岩之「異」，一貫到底，借描述靈岩之遊，運用明褒實貶的方法，詭譎巧妙地嘲弄了一夥趨炎附勢的新貴，表明自己不尚功利、潔身自好的志向。

寓言雜文集如宋濂《龍門子凝道記》、《燕書》、劉基《郁離子》筆鋒犀利，諷刺辛辣，寓意深刻，切中時弊。《龍門子凝道記》及《燕說》中，有一些較為深刻的寓言故事，文字精警，富有哲理，耐人回味。《郁離子》是劉基元末棄官歸隱青田後所作，是一部含意深刻而饒有風趣的寓言體雜文集。郁離，文明之意，象徵著太平盛世文明之治。「郁離子」是作者假託的人物。作品中通過一個寓言故事和郁離子的議論，對社會生活中的某些現象進行尖刻的諷刺，並表達作者自己的見解。

從永樂到成化的幾十年中，明代政治趨於安定，在文學領域由宋濂首開其端而由「三楊」加以發展的臺閣體成了主流。臺閣體的產生不是偶然的，除了作家自身久居高官、主體意識上有濃厚的感恩知遇、歌功頌德的願望之外，與當時的社會環境、政治氣候、文化思潮，都有著密切關係。明初經過洪武時期的恢復，社會經濟漸趨繁榮，政治清明，人民生活相對安定，潛伏的社會矛盾被表面的繁榮昌盛景象所掩蓋。在「太平盛世」的氣氛下，以楊士奇、楊榮、楊溥為代表的作品中，充滿了大量的應制、頌聖和應酬、題贈之作，甚至在描寫其他題材的作品中，如題畫詩和遊山玩水詩，也表現出這種傾向。臺閣體詩文不僅內容上是歌

功頌德，粉飾現實，而且從藝術上看四平八穩，雍容典雅，成為典型的宮廷文學。上有所好，下必有所應。經他們倡導，效法者眾，一時相襲成風，形成流派，產生了許多冗長空洞、眾口一腔的作品。臺閣體文學的出現，固然透示出皇家的氣魄，但卻使明初文學墮入嚴重的衰落時期。

這一時期不囿於臺閣體的詩人也有一些，雖然他們沒有形成主流，卻能以各自的風格才情，在文學創作的低潮中激起幾片浪花。其中能表現出自己創作特色的有于謙。在于謙的詩中，除少數寫景詠物、酬唱贈和者外，多數充滿著愛國憂民、堅貞節操的浩然正氣。青年時作《石灰吟》表現出甘願為祖國建功立業、不惜犧牲個人的精神。由於他曾長期擔任地方官，關心民生疾苦，在詩歌創作中，能真實地反映社會現實。如《晝夜長短》充分展現了一個有高度責任感的士大夫的內心世界，及其為國為民的精神。《田舍翁》對一輩子辛勤勞動而過著窮困生活的老農深表同情。《憫農》、《荒村》等則嚴厲譴責了統治者對農民的殘酷剝削。他後來在反擊瓦剌的鬥爭中，也寫下了洋溢著愛國主義激情的詩篇，如《出塞》、《聞甘州等處捷報有喜》、《夜坐念邊事》等詩。于謙的詩不事雕琢，藝術上質樸平易，明白如話，但也有推敲不足、用語欠精、有時失之平直散緩的缺點。

比于謙約晚五十年的茶陵派領袖李東陽，是從臺閣體到前後七子過渡性的人物，在明前期文壇上有一定的地位和影響。永樂以後，原無文學生命的臺閣體詩文，內容貧乏，篇章冗贅，枯燥乏味的文風漸為眾人所不滿，李東陽首先起來力圖振興文壇。李東陽，字賓之，號西涯，湖南茶陵人，著有《懷麓堂集》。在成化、弘治年間，他以臺閣大臣的地位主持詩壇數十年，形成以他為首的茶陵派，包括謝鐸、張泰、陸釴、邵寶、石硃、羅玘、顧清、魯鐸、何孟春等人。李東陽論詩多附和嚴羽，力主宗法杜甫，強調從法度音調著眼，擬有古樂府百首。詠懷史實，抒己感慨，或譴責暴君，指斥虐政，或關心民瘼，同情人民疾苦，論說中肯，較有意義。還有一些憂國憫民、感時傷世的作品，有的寫景抒情，意境清新，真摯感人。他的散文，追求典雅流利，師法先秦古文，長於記、傳及雜著，成就不及詩。雖然他的詩文深厚雄渾，意味雋永，但由於他久居高位，長期脫離社會底層生活，思想內容不免貧乏，仍未能超出臺閣體的影響。不過他在創作實

踐中，主張取法盛唐，反對臺閣體的萎弱冗遝，帶有復古主義傾向，開前後七子創作趨向的先河。

二、詩文的革新

正統以後，隨著社會危機的逐漸加深，升平盛世的氣象漸趨消失，這對文學觀念、審美心理的變化產生了深刻的影響。尤其是弘治、正德以來，士人追求人格獨立、個性自由的風氣在江南潮湧萌動，並隨著陽明心學的興起而成為一股社會思潮，引起思想文化的變革和解放，也刺激了詩文風尚的革新。

文學復古的主張是針對臺閣體之弊而提出來的。明代最早對復古理論進行探索並進行復古的初步實踐的是弘治、正德年間以李東陽為首的茶陵派。他們在政治和思想文化有所鬆動的條件下，針對臺閣體作品的理化和俗化傾向，提出了自己的文學理論，強調詩文有別，詩歌應該言情，並且有重聲律的特徵。為了恢復詩歌創作中所應具備的審美特徵，他們主張超越宋元而上，以漢唐為師。這種文學主張，反映了要求把文學從理學的統治之下解放出來的時代呼聲，為復古運動的興起作了充分的準備。不過，他們對臺閣體的批判很不徹底，在創作上對社會的關注又很不夠，藝術風格也未能擺脫臺閣體追求雍容華貴的風尚，因而也就未能根本改變文壇的面貌。弘治、正德年間繼起的前七子公開亮出了復古的旗號，掀起了第一次復古運動的高潮。後來嘉靖、萬曆年間的後七子，又掀起第二次復古運動的高潮。直至天啟末年、崇禎初年，復古運動的第三次高潮又再度掀起。這場復古運動從弘治年間一直持續到明末，綿延了大約一個半世紀之久。明末的復古運動及其詩文創作下面將作專門的論述，這裡將集中介紹明中葉「前後七子」的文學主張及其詩文創作。

前七子是指弘治、正德年間的李夢陽、何景明、徐禎卿、邊貢、王廷相、康海、王九思，以李夢陽、何景明為首。後七子是李攀龍、王世貞、謝榛、宗臣、梁有譽、吳國倫、徐中行，以李攀龍、王世貞為首。前後七子都提出相似的復古口號。前七子倡言「文必秦漢，詩必盛唐」，後七子也主張「文必西漢，詩必盛

唐」。他們共同的宗旨，都要求恢復主體與客觀社會現實、情與理、意與象、詩與樂的完美統一，即恢復中國古典詩歌傳統的審美理想和審美特徵。從這一點來說，可謂是「復古」。但同時，他們針對宋元以來理學家倡理貶情的文學觀，特別是臺閣體創作中的理化與俗化的傾向，著重強調主體感情的價值與地位，倡導向民歌學習，恢復文學創作表達真實情感的傳統，又適應了明中葉社會生活的變化，反映了當時人們擺脫程朱理學的桎梏、追求主體自由、實現人生價值的要求。從這一點來說，他們的主張又具有創新的意義，是試圖通過復古達到革新的目的。因此，這種復古運動，就起到了打破明前期文壇程朱理學的壟斷局面，開啟了明後期浪漫主義文學思潮的先河，成為明代的文學思潮從前者過渡到後者的橋梁。

不過，復古派雖然反對理學家的重理輕情、以理貶情，但卻沒有從根本上懷疑和否定理學家所倡導的這個「理」，沒有能對它進行直接的剖析批判，對「情」本身的合理性又缺乏深入的研究，對它的肯定也顯得不夠明確，不敢旗幟鮮明地為主體情感高唱讚歌，不敢公開大膽地追求個性的解放。他們總是在封建倫理道德與主體情感要求之間尋求調和，力圖做到理與情的和諧統一，從而陷入矛盾而尷尬的窘境。同時，復古派也沒有認識到，任何一種藝術形式總是與某個民族特定歷史階段的現實生活和思想感情相適應的，而任何一種藝術形式又都有其特定的審美理想和審美規範，具有很強的封閉性與穩定性。在現實生活和思想感情早已發生巨大變化的情況下，他們不是進行相應的審美理想的革新，並尋求與之相應的藝術形式，而是要求作家嚴格遵守古典詩歌的體裁法度，按照古典詩歌的審美規範來表現現實生活，「以古之辭，述今之事」，甚至「抑才以就法」，試圖重鑄古典詩歌的輝煌。這樣，按照古典詩歌的審美規範來剪裁豐富多彩的現實生活，勢必使作品變得蒼白無力，空虛軟弱，甚至落入模仿抄襲的窠臼。事實也正是如此，越到後來，這種模仿抄襲的現象便越發嚴重，以至「雷同翻復，殊可厭穢」。因此，復古派的創作成就總的來說不是很高，因而復古運動最終都又避免不了失敗的命運。

雖然復古派的創作總體成就不高，但他們還是寫出了許多有價值的優秀作品。復古派的成員，大多數屬於比較正直的士大夫，對執掌朝政的腐朽勢力持反

對態度，第一次復古運動的作家曾與昏君、外戚特別是以劉瑾為首的宦官勢力作過鬥爭，第二次復古運動的作家也參加了反對權臣嚴嵩及其黨羽的政治鬥爭。他們都結合自己的鬥爭經歷，寫下了一批揭露、抨擊社會黑暗現象，同情勞動人民遭遇的詩文。同時，由於他們力求恢復主體與客觀世界、情與理統一的古典審美理想，強調主體精神特別是主體情感的地位，也使得他們在創作中注重描繪豐富多彩的感情世界，展現自己的人格。因此，他們的許多作品，都寫得個性鮮明，感情真摯，具有很強的藝術感染力。

第一次復古運動中前七子的創作，以李夢陽與何景明的成就最為突出，而李的成就又在何之上。李夢陽運用的體裁最為全面，涉及的題材也最廣泛，現存詩文的數量也是最多的。他的作品，很注意情文並茂，既重視格調又重視感情。他創作的樂府和古詩較多，其中不乏有現實意義的作品，或反映下層勞動人民的悲慘處境，或刻畫宦官的驕橫，如《朝飲馬送陳子出塞》、《君馬黃》、《空城雀》等。他的題畫詩《林良畫兩角鷹歌》借題畫發議論，諷刺為帝王者當以國事為重，切莫耽於逸樂，玩物喪志。在藝術表現手法上筆力縱橫、議論精當，頗見其功力。近體七律也有一些佳作，如《秋望》、《舟次》、《泰山》、《春暮》、《夏夜泊別友人》都是很有真情實感、藝術精湛的作品。何景明雖主張宗古，但反對為擬古而擬古，主張詩歌創作是「領會神情」，而「不仿形跡」，認為學習古人只是一種手段，要有所創新，走自己的路。他的詩作有一定的現實性，或撫時感物，或托物抒情，都表現了他的心境和情操。如《歲晏行》揭露徭役和苛捐給人民帶來的苦難，《鰣魚》諷刺最高統治者奢侈的生活等。其餘五子也有一些佳作，徐禎卿長於七絕，康海、王九思多率直之作。後七子中李攀龍雖擬古傾向較為嚴重，但他的七言律詩和七言絕句，也有不少清新可讀的作品。王世貞的詩文中反映現實的作品成就也很多，如歷數嚴嵩父子罪行的長詩《袁江流鈐山岡當廬江小吏》、《太保歌》、《欽𩿇行》等。宗臣的散文成就較高，風格奔放，少摹擬、堆砌，為人們所傳誦的《報劉一丈書》對嚴嵩當政時官場的醜惡現象作了深刻的揭露，對權臣貪污受賄的醜態、干謁者趨炎附勢、卑躬屈膝的穢行都刻畫得惟妙惟肖，不啻是當時官場的一幅百醜圖。

前後七子想以文學復古求革新，但摹擬的結果並沒有達到預期的目的。因為

摹擬本身與作家的創作要求是有矛盾的。於是文壇上就有要求打破僵化的平衡，對「文必秦漢」的主張予以反駁。提出修正意見的是嘉靖年間的王慎中、唐順之、李開先、陳束、趙時春、任瀚、熊過、呂高，號稱「八才子」，以王慎中、唐順之為首。八才子後又有茅坤、歸有光提出專以唐宋古文為規範，因而被稱為唐宋派。唐宋派作為反對前七子的復古派，其貢獻並不在於他們提出的唐宋古文和秦漢古文相抗衡，而在於他們進一步要求文章能表露作者內心的真情實感，力求思想感情的自然流露。他們雖然也是模仿古人，但其模仿對象不是遙遠的秦漢，而是時代距離較近的唐宋，貼近現實，也體現了語言文字之間的體態神情，容易引起共鳴，為人們所接受。

他們所寫的詩文，一般都宛曲流暢，平易近人。詩歌創作也大多能實踐他們的主張。王慎中早年受前七子的影響，詩文模仿秦漢盛唐，晚年提倡唐宋散文，對歐陽修、曾鞏、王安石等人的作品尤為推崇，其創作思想也仍離不開復古派的範疇。他的詩五言尤受人推崇，寫景抒懷，頗有風致，其散文成就高於詩，文筆雄健流暢，氣勢豪宕而富於變化。受王慎中影響最深的唐順之，雖然在奉秦漢為宗轉為宗法宋人的問題上，起初他比王慎中保守，但後來他對擬古派的攻擊則比王慎中更堅決。他指出作家的作品應有各自的特色，不能抄襲古人，也不必做作，而要保持天然的本色。雖然他和王慎中一樣，也只能做到效法歐、曾，未能完全擺脫古人窠臼，但他對創作的見解卻比王慎中深了一層，標誌著以復古求革新的探索，有了進一步的發展。他的觀點對後來的公安派和竟陵派的反復古有很大影響。他的詩文，直抒胸臆，信手寫來，文風簡雅清新，間用口語，自然生動。茅坤敬佩唐順之並發展了他的理論，他進一步肯定了唐宋文，認為一切傳統文人和八大家所以動人，是因為其「各得其物之情而肆於心」，所以強調作家要體察物情，摹擬於心。但他在反對摹擬秦漢的同時，卻陷入了摹擬唐宋的泥潭。唐宋派中較有成就的作家是歸有光。他推崇唐宋諸家，提倡文章要文從字順，「如上甑之饅頭，一時要發，乃佳」。他的散文成就較高，有自己的特點。他把生活瑣事引到「載道」的文章中來，使文章與生活密切聯繫起來。他善於即事抒情，描神寫態，把一些極平常的人和極普通的事，描寫得情景逼真，親切動人。雖寥寥幾筆，就能給人以深刻的印象。

唐宋派作家的成就，反駁了前後七子「文必秦漢，詩必盛唐」的主張。但他們力圖以宗主唐宋之文來革新文壇，不免又落入舊的窠臼。而且他們又不關心社會的現實生活，未能寫出深刻反映社會現實的作品。所以，他們在當時文壇上的地位並不高，號召力也不大。

　　明代中葉以後詩文的革新是在摹擬和反摹擬的不斷矛盾鬥爭、互相矯正的過程中發展的。弘治、正德年間，在前七子復古運動聲勢顯赫的時候，就有沈周、文徵明、祝允明、唐寅等「狂簡」之士，在人格上開始擺脫傳統，趨向獨立。他們的詩文較為平易，不傍門戶而自成一家。由於他們大都是畫家，詩中帶有畫意，題畫詩和寫景詩清新可讀。如唐寅為人任適誕放，風流自喜，詩如其人，他作詩不拘成法，不避口語，形式活潑，語言簡潔明快，頗能表現真摯的思想感情。他的《言志》詩、《把酒對月歌》抒情寫志，把其疏狂玩世、狷介自處的性格和盤托出，表現出對世俗極大的蔑視。文徵明的詩以娟秀見稱，直抒胸臆，不蹈襲古人，自成一格。祝允明的詩取材豐富，強調了創作與生活之間的關係。沈周也緣情作詩，不求雕琢，詩畫交融，表現了充分的才情。這在復古盛行、摹擬剽竊成風的情況下，他們的詩畫確給人以獨特的感受，清新可貴。繼之追求個性自由、天才俊逸的徐渭，也不受儒家的網羅，性格縱誕放逸，並表現於詩歌創作中。如《醉中贈張子先》一詩，真切地道出了他那種向外表露的狂放豪俠的氣質。所以他論詩主張獨創，本乎性情，反對擬古，其文亦言志抒懷；瀟灑自如，別具一格。他的文學主張對晚明公安派、竟陵派等有很大的影響。

　　然而，真正給晚明反復古的文學革新以深遠影響的卻是李贄。他的文學主張主要見於《童心說》一文，其核心是崇尚「自然之性」，這不僅構成文學創作的理論基礎，而且為以個人心靈自由為主旨的浪漫主義文藝開闢了廣闊的天地。他反對貴古輕今，反對摹擬剽竊，認為文學作品並非愈古愈好，好的作品是在變化和發展中出現的。他把小說和戲曲的地位抬得很高，把《西廂記》和《水滸傳》同列入「古今至文」，這就打破了正統文人對文學的偏見，為「唐宋派」所莫及。他還強調文學要真實，反對虛假，認為作家首先應該是個具有「真心」的「真人」，這個「真心」就是「童心」，也就是真實的思想感情。因此，他認為文學只有真假問題，不得以時勢先後論優劣。他強調「自然」與「發憤」，極力推

崇自然美，反對人工的造作，認為文學作品是作家激情的自然表現，所以他主張為讓真實的激情自然流露，而不要在雕琢字句上花工夫。從他對《拜月記》、《西廂記》和《琵琶記》的評價中，對「化工」和「畫工」的藝術境界作了很有見地的比較，體現了他對文學藝術自然之美的讚賞。他認為「造化無工」出於自然，畫工雖巧，但「化工」勝於「畫工」。這些觀點為公安派所繼承和發展。當然，李贄作為思想家，並不以文學著名，但他的文章卻有鮮明的個性特色，見解大膽新穎，文筆辛辣而饒有風趣，文章短小精悍。如他晚年在湖北麻城寫的《題孔子像於芝佛院》即是一篇絕妙的文章。雖不到三百字，但文章寫得既簡練質樸，又淋漓酣暢，妙趣橫生。

在文學上受李贄的直接影響，高舉反復古旗幟，進行詩文革新的是浪漫主義文學流派公安派。其代表人物是湖北公安人袁宗道、袁宏道、袁中道，時稱「三袁」。三袁在文學上的主要成就是以其文學發展觀、文學創作觀，以及對小說、戲曲、民歌等通俗文學的推崇，建立了新的超異傳統的文藝理論體系。文學藝術貴在創新，公安派認為文學是隨著時代發展的變化而變化的，因此也才有不斷的創造，所以不應該厚古薄今。古今只是一個歷史概念，而不是好壞高低的標準。袁宏道在《敘小修詩》一文中說：「唯夫代有升降，而法不相沿，各極其變，各窮其趣，所以可貴，原不可以優劣論也。」他根據文學發展的客觀規律，說明各個時代審美意識和藝術風格的變化。公安派反對復古和摹擬剽竊，認為以摹擬剽襲為成法，勢必窒息真正有才能的作家的聰明才智，而使詩歌創作庸俗化，扼殺了藝術生命。他們主張「獨抒性靈，不拘格套」。袁宏道在《敘小修詩》中倡言：「獨抒性靈，不拘格套，非從自己胸臆流出，不肯下筆。」所謂「性靈」就是性情與情感，即強調個性抒發，表現真實感情。袁宏道提出「文章新奇」，實際上就是打破「調法」的最好闡述，發人所未發，字字句句從自己胸中流出。袁宏道認為出自「性靈」者為真詩、好詩、好文，都是「任性而發」。在他看來，文章無個性特點，勢必失真，流於虛假；不求變化，被格套所束縛，就會千篇一律，公式化。所以他在否定摹擬雷同之作的同時，強調作家要抒發有個性、有特色的性靈，而其精髓則在於「真」。他們蔑視古典詩歌體裁、結構、語言、音律等方面的法度要求，主張求新、求奇、求變、求怪，「於是以信筆掃抹為文字，而稍

含吐精微、鍛煉高卓者為咬薑呷醋。故萬曆壬辰（二十年）以後，文之俗陋，亙古未有。」

公安派在詩歌創作中既沿襲古典詩歌的形式，又蔑棄其語言、音律等法度要求，引入大量俳語、俚語，弄得不倫不類，故成就不高。他們的創作成就，主要在於散文，特別是遊記、尺牘以及闡明文學主張的某些序文。這些文章是晚明最有代表性的「小品文」，既富有生活氣息，又有詩情畫意之美，風格明朗清麗，活潑自然，體現出自然意趣，給人以通俗樸素、清新雋永之感。小品文的出現，這在晚明衰落的文壇上透露出一點新的資訊，帶來一點新鮮的氣氛。公安派中的「三袁」喜歡遊山玩水，寄興托情於自然風光，以自然景物之美反襯現實生活的醜。因而他們遊覽名山勝跡，創作了許多以描寫自然景物和身邊瑣事為題材的散文，尤其是遊記對自然景物的描寫記敘，情景逼真，饒有風趣，充分表現出對人格自由以及對人生價值追求的要求和願望。不過，他們的散文很少反映當時的社會現實，故而總體成就也是有限的。

萬曆三十年（1602 年）李贄在遭受統治者的殘酷迫害而自刎後，晚明的進步思潮趨於沉寂，浪漫主義文學思潮也隨之發生蛻變。公安派開始對其前期創作中的粗疏直露的弊病進行反思與檢討，對自己此前倡導的「信口而出，信口而談」的主張進行修正。袁宏道開始強調要保持和遵守古典詩歌的審美特徵和體裁法度，其詩文創作也漸趨謹嚴，表現出向復古主義回歸的勢態。不久，繼起的另一浪漫主義文學流派竟陵派逐漸取代公安派，占據了晚明詩文領域的主導地位。其代表人物是湖北竟陵人鍾惺和譚元春。他們在文學上一方面繼承公安派的「性靈說」，強調抒發性靈，在作品中表現作家的個性、氣質和精神面貌。但他們提倡的「性靈」卻比公安派的性靈狹窄，只承認表現了「幽情單緒」、「孤行靜寄」的作品才是「真有性靈之言」。另一方面，他們又反對公安派的文風，認為過分「俚俗」，強調要遵循古典詩歌的體裁法度，主張將重性靈與重法度兩者統一起來。為此，他們試圖尋找一種既能表達「性靈」而又能與古典詩歌體裁法度相適應的描寫物件，這就是「幽情單緒，孤行狹僻」的東西。因此，他們的詩作多是抒寫孤冷、淡漠的情懷，觀賞自然景物臨然自得的情緒，喜用怪字，押險韻，把不同的句子構造形式湊在一起，弄得文氣不暢，支離破碎。如鍾惺的《西陵峽》

一詩就是典型的例子。儘管竟陵派的散文意蘊較為豐富，他們的詩歌也不乏清新流暢的篇什，如鍾惺赴京應試途中作的組詩《江行俳體》十二首，將途中見聞予以生動的描繪，既有自然山水的優美圖畫，也有風俗人情和遊子心態的真實寫照。但就總體來說，他們的古典詩歌創作，雖然扭轉了公安派「戲謔嘲笑、間雜俚語」的俗態，卻又陷入「以悽聲寒魄為致」、「以噍音促節為能」的境地，因而既遭到重性靈說者的不滿，也受到重法度者的抨擊。竟陵派的創作實踐，進一步暴露了「性靈」說與古典詩歌體裁法度之間的矛盾，促使人們進一步反思晚明浪漫主義文學思潮的弊端，從而呼喚著復古主義高潮的再次到來。

三、明末詩文

明代文學的一個突出現象是復古與反復古迂迴曲折地發展。晚明實學思潮的興起，刺激了詩文風尚的變革，出現了「經世派」文學，「致用」和「功利」成為一致歸趨。反思到文學作品中，或蘊涵著儒家的倫理說教，表現為對理學的回歸；或打著復古的旗幟關心現實，體現出文學與政事的統一。而從明中葉以來，追求人格自由和獨立，以抒發個人真情實感的傳統也一脈延續，文藝革新思潮的餘波在社會上仍有很大的影響。這種文學多元化的傾向，使浪漫主義與現實主義的作品交相輝映。

晚明在文學革新思潮的影響下，出現了一批具有才華和鮮明個性的散文作家，著名的有王思任、祁彪佳、張岱等。他們寫有大量的小品文，兼有公安、竟陵之長，又泯除了門戶之見，主要描寫山水園林，語言明麗潔淨、清新活潑，又刻琢精工、蘊藉風流。王思任一生大半時間退居林下，放浪山水，他的小品文以詼諧幽默見長，其成就主要表現在《遊喚》、《歷遊記》兩種遊記中，代表作有《天姥》、《剡溪》、《觀泰山記》、《遊五臺山記》等。既有公安派散文的清新詼諧，又帶有竟陵派的幽深，但並無孤峭嚴冷之感，更無膚淺鄙俚之弊，而且往往於詼諧中寓諷世意，體現出與傳統散文風格迥然相異的特點。祁彪佳在文學史上以戲曲批評著稱，《遠山堂曲品》和《遠山堂劇品》著錄和評論了明代許多劇作

家和作品，價值很高。其散文有《寓山注》、《越中園亭記》、《祁忠敏日記》等。《寓山注》是他記敘在寓山修建別墅的一組文章，描寫園林景物，嚴整精工，表現了中國南方園林藝術的特色，讀來別有風味。《越中園林記》描寫山水，語言瀟灑明淨，刻畫精緻，也不失為小品文佳作。

張岱的詩文成就較高。他的文學理論和詩文創作，受公安派「獨抒性靈，不拘格套」的啟發，又受竟陵派的影響，並兼采眾長，陶冶融會，自成一家。他的小品散文取材廣泛，博觀約取，凡風景名勝、世情風習、戲曲技藝，乃至古董玩具等無所不記。這記錄了他的生活實際，也涉及明末社會生活的許多問題。文筆清新活潑，時雜以詼諧，寫景抒情，敘事說理，情味盎然。《陶庵夢憶》、《西湖夢尋》中許多短小的散文都非常精彩，以極其簡省的文字，畫出色彩明麗、優美動人的意境。他還善於以簡潔生動、形象化的語言描寫人物肖像和精神面貌特徵，如《柳敬亭說書》中，他以傳神之筆描述了著名藝人柳敬亭說書的情景，繪聲繪色地將其高超藝術活靈活現地刻畫出來，給人們留下難以忘卻的印象。

明末文社甚盛，以復社最為著名。以張溥為首的復社集合了當時許多小社，實際上是帶有政治傾向的團體，而陳子龍、夏允彝等組織的幾社，與復社相呼應，繼承「前後七子」，重倡復古主義，掀起了第三次復古運動。他們面對尖銳複雜的社會矛盾、國破家亡的危局，積極參與挽救危亡的政治鬥爭，並以文學為武器來為政治鬥爭服務。因此，他們在繼承「前後七子」復古的文學主張，強調創作應遵守古典詩歌體裁法度要求的同時，又針對「前後七子」創作中的弊病作了某些修正，進一步強調情和文采，批評宋人「為詩也言理而不言情」的傾向。他們還針對浪漫派以情反理的傾向，主張重雅正，要求以理制情，發乎情止乎禮，倡導溫柔敦厚的詩教，反對不負責任地不加節制地發洩個人情感，強調要發揮文學頌美怨刺的社會功能。他們這種追求雅正、倡導溫柔敦厚的主張，不同於理學家以理遏情的主張，而是力圖追求情與理的統一，既肯定情的地位和價值，又強調文學表情的本質特徵；也不同於浪漫派將文學僅僅當作個人自適自娛的工具的做法，而是強調文學應該反映時代現實，作用於時代現實，從而為挽救國家民族命運的現實政治鬥爭服務。他們的詩文創作，儘管都有復古派的餘風，但在參與政治鬥爭的實踐中，卻寫出了既有時代精神又有藝術特色的作品。如張溥散

文的代表作《五人墓碑記》，就是一篇政治性很強的作品，歌頌了蘇州市民與閹黨的鬥爭，向為人們所傳誦。

第三次復古運動的成就，主要在詩歌創作方面。其中首推陳子龍成就最為突出。陳子龍很注意經世致用之學，曾編過《明經世文編》，又整理過徐光啟的《農政全書》，在當時社會上享有很高的聲望。他在詩歌創作上贊同七子，反對公安、竟陵，同樣以復興古學為號召，但也並不盲目擬古，認為藝術上應有創新。他還比較重視詩歌感時憂世、託物言志的社會作用。在創作上，他早年窗課社稿，不免有很多「以形似為工」的摹擬之作，雖然也有反映社會現實的詩篇，如《遼事雜詩》、《小車行》、《賣兒行》等，但沒有構成他自己的獨特風格。隨著生活經驗的豐富，藝術造詣的深化，特別是國家形勢的劇變，詩歌的擬古痕跡蕩除殆盡。在崇禎最後幾年裡，他的詩歌創作起了變化，注入了沉痛的感情，顯得悲勁蒼涼、氣勢雄偉，具有感人的力量。明亡後，他在吳中作的十首《秋日雜感》表達了他懷念故國、哀悼殉國烈士的沉痛感情，悲歌慷慨，酣暢淋漓。

夏完淳的詩歌創作，深受其父允彝和老師陳子龍的影響，講究氣節。他的前期作品，受復古派的影響，多摹擬六朝以前的詩，有許多因襲內容比較單薄。十四歲參加抗清鬥爭後，詩歌中就出現了濃烈的戰鬥生活氣息，表現出悲壯激越的風格。尤其是在被捕以後，寫了不少慷慨悲壯而又清新明朗、表現民族氣節的詩篇。如《細林夜哭》、《魚服》、《大哀賦》等。

明末詩人還有瞿式耜、張煌言等，他們都積極投入抗清鬥爭，也寫出了感傷時事、哀痛故國、蒼勁樸直的詩篇，表現出了至死不屈的愛國主義精神。

第三節‧

小說的繁榮

一、文言小說

　　傳奇體文言小說，興盛於唐代，宋元時代是話本小說的勃興期，文言小說則逐漸衰頹。傳奇小說從興盛到衰頹，這是一個由雅變俗的過程，小說的題材逐漸從士大夫文化自我封閉的傾向中走出來，而轉向以民間意識為內核，反映世俗民間的生活。宋元傳奇多寫宮闈豔情和兒女私情，呈現出纖穠浮豔媚俗的風格。然而，到明初洪武年間，瞿佑繼承唐人傳奇的傳統，有意仿效唐人傳奇的體制作《剪燈新話》，重新開拓神鬼世界，敘述鬼怪、煙粉、豔情之類的故事，並在故事中有所諷喻，有所抑揚，有所獎懲，來表達亂世黍離的悲愴。

　　《剪燈新話》共四卷二十篇，附錄一篇。故事的背景除《綠衣人傳》等少數幾篇以外，大都是在元末至正年間天下離亂之時，其思想內容有很鮮明的時代特色。如寫男女情愛的作品共有八篇，其中《愛卿傳》、《翠翠傳》、《秋香亭記》三篇都是愛情悲劇，這三篇與同類題材的唐人傳奇比較，有著顯著的差別，與同時代的戲曲、話本相比，藝術趣味、審美觀念也很不相同，而是反映元末亂世人民的苦難，寫戰爭的破壞。愛卿被營軍劉萬戶逼納不從自縊而死；翠翠被張士誠部李將軍擄去，翠翠與金生雙雙抑鬱而死；商生和楊采采青梅竹馬相戀多年，戰

亂一起雙雙分離，十年之後相遇，采采已為人妻，兩人唯抱恨終生而已。而在別的作品裏，瞿佑也運用寓言手法反映了元末社會的黑暗。如《永州野廟記》的妖蟒強迫路人設奠，等於勒索買路錢；《申陽洞記》的妖猴占山為王，擄掠民間美女；《令狐生冥夢錄》借冥府官吏貪贓枉法影指現實的賄賂公行；《修文舍人傳》利用冥府的清廉反襯世間政治的敗壞，這些作品都借神鬼精怪來譏諷現實。

尤其值得注意的是《剪燈新話》對文人的描寫，展示了亂世文人的心態和命運。如《水官慶會錄》寫潮州士人余善文為南海龍宮新殿撰寫《上梁文》，並參與南海龍王廣利舉行的慶殿大會，東海廣淵王的侍從赤鮮公見余善文在座，極為蔑視，欲驅逐出席，受到廣淵王的呵斥。余善文因《上梁文》而得到格外恩賜，龍王以珍寶相酬。善文遂為富族。廣利王和廣淵王禮賢下士，作者感慨極深，反映了亂世中士人難以施展才學並取富貴的心態。《令狐生冥夢錄》雖然是描寫令狐譔冥夢中之事，實際上是現實黑暗吏治的曲折反映。令狐譔是一位剛直之士，見冥府也收受賄賂便作詩諷刺，冥府以誣衊罪將其逮捕，冥王感其剛直不屈，特許放還。多言獲咎，這就是文字獄，反映了作者的政治思想傾向。《永州野廟記》中的畢應祥見妖蟒為害地方，跑到南嶽祠去告了一狀，而妖蟒赴地府反誣畢應祥，畢應祥把官司打到底，終於勝訴。《修文舍人傳》的夏顏，博學多聞，性氣英邁，卻因貧窮客死地方，他在世間不得施展抱負才華，到了冥間卻受重用。《剪燈新話》的文人與唐人傳奇不同，他們懷才不遇，憤世嫉俗，遭遇艱險，下場悲慘，這是元末明初文人境況的真實寫照。

小說以文言為語言媒介，文中摻入大量詩詞，這種文體在唐傳奇中已有萌芽，到《剪燈新話》宣告確立。這部小說集雖然文筆不如唐人華美自然，精練生動，也沒有唐人傳奇那樣豐富的想像和紛呈的色彩，以及唐傳奇那樣大度、奔放、瀟灑飄逸的氣象，但它描繪了元末亂世的灰暗陰慘的景象，抒發了一代士人的苦悶和悲哀。在藝術上雖非上乘之作，思想內容上有不少封建迷信、因果報應之類的說教，但也不能以「文筆殊冗弱」一兩句話予以否定，其思想藝術性在社會上仍有較大的影響。從一定層面上而言，這是傳奇小說雅俗變化過程中一次雅的復歸。而且，這在明初文網嚴密、文壇上籠罩著恐怖氣氛、顯得冷清寂寥之際，突然出現傳奇小說，使人有耳目一新之感，因而風靡一時，洪武十一年

（1378年）成書後便傳抄四方，效響者蜂起，傳奇體文言小說，頗有復甦之勢。

受《剪燈新話》的影響，永樂年間李禎撰著《剪燈餘話》。全書五卷二十一篇，前四卷每卷五篇，卷五僅一篇，從書名、篇數乃至題材性質，很明顯是摹擬《剪燈新話》的。《剪燈餘話》大都取材於元末明初事，洪武年間居多，以婚姻愛情為主，又多幽冥靈異之物，作者借此抒發胸臆，表達「善可法，惡可戒，表節義，礪風俗」，在一定程度上也揭露抨擊了強權邪惡勢力及傳統禮教的罪惡。《剪燈餘話》寫得最動人的是愛情婚姻的悲劇。如《鸞鸞傳》、《瓊奴傳》等。也有寫人鬼戀愛的故事。《剪燈餘話》雖在形式上摹擬《剪燈新話》，在精神上卻相去甚遠。李禎沒有瞿佑那種抑鬱憤懣之情，卻有粉飾太平、垂世立教之意，思想內容也顯得平庸而單薄，在形式上卻更喜歡贅附詩詞，因而受到社會上層文人的攻擊，文言小說又出現一度的沉寂。

但文言小說並沒有銷聲匿跡。這兩部小說集雖是有意規模唐人傳奇，但作品的題材、主題均有所開拓，並且反映了時代特色，塑造了不少有生命力的藝術形象，有一定的可讀性。因而，從弘治到嘉靖、萬曆，隨著城市經濟的繁榮和市民勢力的壯大，市民意識對文學藝術的影響逐漸加深，一部分士大夫的審美觀念也發生了變化，傳奇小說又成為時興的文學樣式，創作或搜集整理出版文言小說蔚然成風。這種狀況的出現，與時代變革有一定的關聯。嘉靖、萬曆時期朝政敗壞，致使對政治、經濟、文化等各方面的控制漸趨削弱，統治鬆弛卻為文學復興創造了一個社會環境。

明代中後期傳奇小說出現了一大批中篇和短篇的作品，以中篇為突出，影響也較大。短篇作品以萬曆年間邵景詹的《覓燈因話》為代表。這一時期，士人們感到明朝危機四伏，於世事不能有所作為，便用放蕩和頹廢寄託內心的空虛和苦悶，反映人情世態和社會道德的墮落。中篇傳奇小說受這種風氣的影響，題材多寫豔情，這些作品格調不一，有的趣味只在色情上，格調比較低下，有的則風格樸實，不加渲染，反映現實社會的醜惡。《覓燈因話》共八篇，故事雖然涉及因果報應、傳統禮教題材的較多，但思想內容和藝術表現手法卻各有特色，反映了商品經濟下人的價值觀念、道德規範以至人際關係的顯著變化，具有時代特點。

如《桂遷夢感錄》和《丁縣丞傳》等。《覓燈因話》在語言藝術上，具有樸素自然、不事雕飾的特點，它雖是傳奇體文言小說，但文而不深，樸素而不失於粗俗，而且所含人生哲理豐富深刻。

明代小說文學的主流是白話小說，但在文學史上，並沒有因此而使文言小說絕跡。恰恰相反，它在為短篇白話小說和戲曲提供豐富的題材和藝術經驗的同時，也推動了自身的發展，為清代以蒲松齡《聊齋志異》為代表的文言小說高峰的出現，提供了有益的借鑒，在中國文言小說史上具有承前啟後的作用。

二、長篇章回小說的成熟

章回小說是中國古代的長篇小說，其特點是分回標目，段落整齊，首尾完備，以說話人講述的口氣進行，重於敘事。宋元的講史話本已具有章回小說的雛形，元末明初一批文人作家根據講史話本加工改寫的長篇小說，如《三國志通俗演義》、《水滸傳》等，雖尚未正式創立小說的回目，但已初具章回小說的體制。晚明標為「李贄評吳觀明刻本」的《三國演義》，改二百四十回為一百二十回。萬曆十七年（1589 年）天都外臣序刻本《水滸傳》已取消了卷數，直接標目為「回」，回目用雙句對偶體。此外，《西遊記》、《封神演義》、《金瓶梅詞話》等，也都分回標目，但回目或用單句，或用雙句標目而上下句對仗不工。到了明末清初，才較普遍採用工整的偶句，逐漸成為固定的形式，這也標誌著章回小說的成熟。從章回小說的演變來看，由說話藝人的講說到文人作家的書面創作，這是由俗到雅的變化，並且使章回小說從講唱技藝的附庸成為通用的小說體裁，成為既適合案頭閱讀，也可供場上講說，雅俗共賞老少咸宜的文學形式。

《三國演義》和歷史小說　歷史演義這一小說體裁，是由宋代的講史話本發展而來的。宋代的講史家，專講歷史故事，取材於正史而有所虛構，取材於野史雜傳，虛構的成分更多。而演義則是援引歷史故事敷陳其義而加以引申，在明代有數十部之多，其中最傑出的是《三國演義》。

《三國演義》是一部描寫三國時代魏、蜀、吳三個統治集團之間互相鬥爭的歷史小說，它的成書經過了一個漫長的歷史過程。至遲在晚唐時，三國故事就以雜戲和說話的形式在民間流傳，李商隱的《嬌兒詩》就有「或謔張飛胡，或笑鄧艾吃」之句。宋代通過藝人的表演說唱，三國故事更為廣泛流傳，並且已有「尊劉抑曹」的鮮明傾向。金元時代，三國故事還大量被編成戲劇，搬上舞臺，劇碼達三十多種。現存最早的三國故事平話小說，是元代至治年間新安虞氏刊刻的《全相三國志平話》三卷，其內容和結構已初具《三國演義》的規模，但前後缺乏照應，文筆粗糙，內容帶有濃厚的民間傳說色彩。到元末明初，羅貫中根據民間傳說以及前人創作的話本、戲曲，運用陳壽的《三國志》和裴松之注中的大量史料，並結合他豐富的生活經驗，創作了《三國志通俗演義》，簡稱《三國演義》。該書雖然保留了許多虛構的故事，但在敘述中詳盡地展示了漢末各種政治勢力和集團之間的政治、軍事和外交等各方面錯綜複雜的鬥爭，較為深刻地揭示了社會紛亂的原因以及給人民帶來的災難。在處理歷史人物和政治集團之間的矛盾衝突關係時，它基本上遵從史傳的記載，描寫了他們各方面的戰略策略。從對作者所理想的聖君賢相、猛將謀士的謳歌中，表達了人民對和平安定生活的渴望和嚮往，以及為達到這一目標而進行堅毅頑強、堅貞不屈的鬥爭精神。作者「尊劉抑曹」的傾向是很明顯的，這也表達了他的政治和倫理思想，反映了他對醜惡現實的不滿和對理想的追求。元末社會的動亂生活，他所參與變革現實鬥爭的實際，都給予他深沉的反思。因而，《三國演義》所表達的主題除了故事表層之外，還蘊涵著極其深厚和豐富的文化旨趣，展現了元末明初的時代風貌和人民的心聲。

　　《三國演義》藝術成就是多方面的，在人物塑造、情節結構和語言風格等方面有著顯著的特色。這部小說寫了四百多個人物，呈現出不同的個性，異彩紛呈，體現出優美和壯美的和諧統一，給讀者以高度的美感享受。它描寫戰爭也有顯著特色，除風格上的陽剛之美外，它能把軍事鬥爭和政治鬥爭相結合，鬥勇與鬥智相交錯。小說大約寫了四十多次大小戰役，作者以幾次重大戰役為支柱，把許多中小戰役貫穿起來，由此構成全書的情節發展，主線突出，脈絡分明，從情節的曲折發展和人物形象的塑造中表現作品的思想傾向。《三國演義》的語言風

格，歷來被評為「文不甚深，言不甚俗」，雅俗共賞，敘述多於描寫，這一傳統被繼承下來，成為歷史小說創作方法的一個特點。

《三國演義》的出現為人們認識生活和表現生活提供了一種新的文學體裁，把歷史演義小說的創作推向高峰，成為中國古代歷史演義小說的典範之作。明人蔣大器《三國志演義序》說，羅貫中這部書編寫成後，立即有人「爭相謄錄，以便觀覽」。羅貫中除了《三國演義》以外，還寫了《隋唐志傳》、《殘唐五代史演義》以及《三遂平妖傳》。《水滸傳》則是他和施耐庵合作的成果。受羅貫中的影響，在明代中葉以後有利於通俗文學發展的環境氣氛中，興起了編纂歷史小說的熱潮。明中葉以後產生的歷史小說有二十餘部，幾乎每朝歷史都有通俗演義，這些歷史演義小說的創作，或拘泥於紀實，或流於幻想，文學價值大多不高。

《水滸傳》和英雄傳奇小說　元末明初，與《三國演義》同時出現的有《水滸傳》。《水滸傳》是描寫北宋末年農民起義的長篇小說，是在長期群眾創作的基礎上，經過作家的綜合加工再創作而形成的。故事取材於北宋末年的宋江起義，這在《宋史》的《徽宗本紀》、《張叔夜傳》、《侯蒙傳》以及《十朝綱要》、《三朝北盟會編》等史籍中有簡略的記載。宋江所領導的這支義軍影響頗大，他們傳奇性的英雄事蹟在民間廣泛流傳，在傳播過程中，人們又根據對現實生活的觀察和想像，不斷豐富英雄們的故事。南宋時「說話」盛行，宋江等人的故事已是「說話」的重要內容之一。在羅燁的《醉翁談錄》所記話本名目中，已有「樸刀類青面獸」、「公案類石頭孫立」、「杆棒類花和尚、武行者」等。宋末元初的《大宋宣和遺事》中關於梁山泊的英雄故事，可能就是說話人的提綱，也是迄今所見到的《水滸傳》最早的藍本。元代出現了一批水滸戲，人物故事日益豐富發展，水滸英雄由三十六人發展到七十二人，又發展到一百〇八人。元末明初，施耐庵、羅貫中就在宋元以來廣泛流行的民間故事、話本、戲曲的基礎上，進行了綜合性的再創作，完成了這部長篇巨著。《水滸傳》的版本很多，有所謂繁、簡本，又有殘本、佚本，即一百二十回本、一百回本、七十回本。

《水滸傳》以它傑出的藝術描寫，歷史地、真實地表現了一次農民起義發生、發展直至失敗的全過程，從而揭示了起義的社會根源，又成功地塑造了起義

英雄的光輝形象。作者以極大的熱情謳歌了歷來被視為「盜賊草寇」的梁山英雄，並把他們「劫富濟貧」、「除暴安良」的行為，當作一面正義的旗幟「替天行道」來招展，對起義給予充分的肯定，也寄予極大的同情，寄託了作者自己的社會理想。當然，《水滸傳》在思想內容上也有嚴重的缺陷，這主要表現在小說大力宣揚「忠義」思想，過分渲染了江湖義氣、色情描寫和迷信色彩等。這與作者所處的時代、特定的歷史背景是分不開的。

《水滸傳》和《三國演義》，都寫於元末大動盪的時代，反映了廣闊的社會生活，不僅思想內容豐富，而且有很高的藝術成就。《水滸傳》繼承並發展了現實主義和浪漫主義的優秀傳統，按照作者的理想和社會心理，來塑造一系列典型形象，處理重大事件或生活細節，往往奇中見真，虛中寓實，深刻地反映那個時代的社會本質和人們的審美觀念。《水滸傳》所描繪的人物達幾百個之多，其中不少鮮明的性格給人留下了不可磨滅的印象。作者善於把人物置於真實的環境中，既能注意人物的身分和經歷來處理人物的性格，同時又能體察生活中複雜的人情世態，並通過故事情節的描寫來塑造人物不同的個性。小說的語言成就也極為突出，在口語的基礎上經過加工提煉，使其成為優秀的文學語言，明快、洗練、生動、準確，富有表現力。

《水滸傳》自問世以來，以其獨特的藝術成就，對後世文學尤其是小說、戲劇和民間文學的發展產生了很大影響，成為許多作品的題材來源，從而又相繼出現了一大批英雄傳奇作品。在《說唐》、《楊家將演義》、《說岳全傳》、《水滸後傳》等小說中，塑造了一系列英雄形象。戲劇《寶劍記》、《義俠記》等

《水滸傳》

劇碼都是有關水滸的題材，民間文藝取材水滸故事的也屢見不鮮。

《西遊記》和神魔小說　　《西遊記》是繼《三國演義》、《水滸傳》以後，又

一部群眾創作和文人創作相結合的作品，從故事產生到形成長篇小說，同樣經歷了長期的演化過程。作為《西遊記》主體部分的唐僧取經故事，是一個真實的歷史事件。唐貞觀三年（629年），玄奘不顧禁令，偷越國境，隻身去印度求經，歷時十七載，經歷百餘國，從印度取回佛經六百五十七部，震驚中外。他的弟子辯機根據他的口述，輯成《大唐西域記》。其後弟子慧立、顏琮為他寫了《大唐慈恩寺三藏法師傳》，穿插進帶有宗教神秘色彩的故事。南宋的《大唐三藏取經詩話》開始把各種神話與取經故事串聯起來。到元代，取經故事已廣為流傳並逐漸定型，今存元代磁州窯「唐僧取經枕」已有唐僧師徒四人取經形象，元人吳昌齡還寫出雜劇《西遊記》和平話《西遊記》等。吳承恩在上述創作的基礎上，既繼承了古代神話、志怪傳奇富於幻想的藝術構思和表現方法，又融合了自己要求變革現實、感慨激憤的情懷和「善諧劇」的個性特點，重新組織創作了《西遊記》這部具有浪漫主義特色的神魔小說。

吳承恩故居及吳承恩墓

　　《西遊記》共一百回，前七回寫孫悟空的英雄傳奇，後八十八回寫孫悟空保護唐僧去西天取經的經歷。其中孫悟空「大鬧天宮」是該書最精彩的部分，塑造了孫悟空的光輝形象。《西遊記》所描寫的神魔世界，固然是藝術家的想像和虛構，帶有很大的神奇性，但它實際上是明代社會現實和某些自然現象的藝術概括，它蘊涵著豐富的生活內容，反映了現實社會中存在的矛盾。吳承恩生活在弘治至萬曆初年，明朝統治的腐朽黑暗，使他對統治者感到不滿，他希望改變現

狀，於是懷著一種神秘好奇的心情探求新的理想。因此，在對待現實中的昏君和宗教的態度上，對取經所經過的列國無道昏君和把持朝政禍國殃民的道徒的罪惡，給予了深刻的揭露和批判。與此同時，小說也體現著苦難深重的人民企圖擺脫壓迫，要求征服自然，掌握自己命運的強烈願望。

《西遊記》問世後，引起人們對神魔題材的廣泛興趣，許多作家競相創作。除了像《後西遊記》、《續西遊記》這樣的續書以外，還有與《西遊記》有直接或間接淵源關係的神魔小說，如朱鼎臣的《唐三藏西遊釋厄傳》、楊致和的《西遊記傳》、吳元泰的《東遊記》、余象斗的《南遊記》、《北遊記》以及許仲琳的《封神演義》、羅懋登的《三寶太監西洋記通俗演義》、董說的《西遊補》等。然而像《西遊記》這樣典型的神魔小說，雖然個別人物如玄奘，有一定的史實作依據，但全書故事情節乃至主要的神魔形象孫悟空，都是虛構的，《東遊記》、《南遊記》、《北遊記》則更為虛幻。到《封神演義》和《三寶太監西洋記通俗演義》則是把歷史神話化，具有某些歷史事實的影子，又借助神話的藝術構思和想像表現出來，雖然寫了眾多的神魔和幻想的境界，但占主導地位的是現實生活中的人物。

《金瓶梅》和世情小說　　《金瓶梅》與歷史小說《三國演義》、英雄傳奇《水滸傳》、神魔小說《西遊記》並稱為明代「四大奇書」。但與前三部長篇小說不同，《金瓶梅》在敘事方式上脫離了「說話」的表現模式，在題材上也突破講史和神魔的內容，以描寫家庭日常生活，藉以描摹現實社會的世態人情，故稱之「世情書」。其實在宋元以前唐人傳奇中，就有描寫世俗人情的小說，但主要是適應文人雅士的審美心理。宋元以後，隨著城市商品經濟的發展，市民階層的壯大，世情小說更趨向世俗化，與市民的生活情趣、審美心理相適應。世俗人情、價值觀念、人際關係都發生著顯著的變化，反映這種變化的世情小說也更加興盛。

《金瓶梅》共一百回，從《水滸傳》引申出來，主要描寫西門慶的家庭生活，家庭的矛盾衝突構成小說主要情節的基礎。西門慶有一妻五妾，他是家庭的中心，具有至高無上的權威，不僅可以任意虐待侮辱家僕和他們的妻女，而且對

於妻妾也可以濫施刑罰，隨意處置。這一妻五妾生活在一個屋頂下，但卻各自盤算著自己的利益，每一個人都按照自己的願望意志行動，每個人的意志和行動又同時受到不止一個方面的阻撓和牽制，這樣多方相互交錯的力量導致了家庭的崩潰。小說通過描寫西門慶一家的興衰史，深刻地展示了世態炎涼、人情冷暖，反映了當時社會上的風俗人情。

《金瓶梅》是一部寫實的書。故事發生在北宋，但實際上寫的是明代社會。明代中期，以地主土地所有制為基礎的社會制度和意識形態遇到嚴重危機，商品經濟的發展，商人勢力的壯大，商業不再被視為賤業，與商人血肉相連的金錢在社會生活中乃至政治生活中起著越來越大的作

《金瓶梅》書影

用。小說的主角西門慶，原是個中藥鋪老闆，但他善於夤緣鑽營，巴結權貴，不擇手段地巧取豪奪，聚斂財富，幾年以後，做到山東理刑正千戶，成為一個兼富商、官僚為一身的人物。他的發家是靠勾結官僚衙門和依仗手中的權力，而他的飛黃騰達又在於錢的神通。金錢轉化為權勢，反過來權勢則轉化為更多的金錢，西門慶轉手幾次便成了權勢和金錢的特大富翁。西門慶在地方上儼然一霸，貪鄙好色，為所欲為，甚至皇親國戚都跌落到向他低頭的地步。作者感於社會的黑暗，認為原因在於人的貪欲。西門慶可以說是貪欲的化身，「酒色財氣」一應俱全，欲望不但不受理性的節制，反而處處支使他，直至把他變成自己的奴隸，促使他的墮落和淪喪。作者面對這樣江河日下的世風，憤懣之中透出一股酸楚、悲哀以及無可奈何之氣，因而《金瓶梅》是一部憤世嫉俗之作。但作者對市民小民、日常家庭生活、世俗人情世態的描寫，猶如一幅極為生動的風俗畫，寫得細緻真實，各色人物個性鮮明，就像現實生活中人的本來面貌那樣，具有多樣性、複雜性。不過，書中存在大量展示醜惡淫穢的情節，尤其是對性行為肆無忌憚的描寫，嚴重地損害了這部小說藝術上應有的美質，從而也大大削弱了它的社會教育作用。

《金瓶梅》作者署名蘭陵笑笑生，這是中國文學史上第一部由文人獨立創作

的長篇小說，並逐漸成為小說創作的主流。在藝術結構上，與《三國演義》、《水滸傳》不同，《金瓶梅》敘述一個整一性的故事：西門慶發跡、縱欲和暴死以及死後他家庭的報應，在小說情節矛盾衝突的處理上，縱橫擴充，觸及社會生活的各個角落，從而描繪出當時的社會面貌和家庭關係。《金瓶梅》的藝術成就，對世情小說的創作有很大影響。明末世情小說盛行，它的續書如《玉嬌梨》、《續金瓶梅》、《隔簾花影》、《金屋夢》以及明末清初出現的所謂「才子佳人小說」，都是世情小說，而集其大成者，則是清代乾隆年間問世的《紅樓夢》。

三、短篇白話小說的繁榮

明代短篇白話小說指的是話本和擬話本，它與「說話」技藝有著血緣關係。宋代是說話藝術的繁榮時期，話本數量很多，到明代說話藝術仍廣泛流行，並繼承發展了宋元話本的傳統，普遍採用了講唱文學的形式，邊講邊唱，以散文為主，夾雜了較多的詩詞散文，形式生動活潑。明代中葉，隨著說話技藝的漸趨衰落，話本已明顯地脫離了說話藝人的口頭創作而書面化，由文人對話本的編輯加工，進而摹擬話本進行創作的擬話本大量出現。這與一般市民階層的審美趣味和需求、文學藝術的商品化，都有很大關係，更重要的是由於不少文人對通俗文學的重視和倡導，文人搜集話本和擬作話本蔚然成風，出現話本和擬話本的總集與專集，對短篇白話小說的繁榮起了促進作用。

最早的話本總集《清平山堂話本》，是嘉靖年間洪楩輯印的，共收宋元話本六十篇。天啟年間馮夢龍編纂的「三言」，包括《喻世明言》、《警世通言》和《醒世恆言》。三部短篇白話小說集，每部四十篇，共一百二十篇，大都經過他的加工。其中有宋元舊篇，也有明代新作和他的擬作，現在雖已難以一一分辨清楚，但小說基本上反映了他的思想和明中後期廣泛的社會生活。馮夢龍受李贄思想的影響，自覺向市民文化靠近，倡導文學藝術的大眾化、通俗化，把視野擴大到社會各階層，以市井小民的生活為主體，描寫家常日用、俗人俗事，從中發現豐富飽滿的性靈人情。因此，「三言」展示的大千世界與傳統詩文表現高雅的精神世

界，體現儒家的理性有所不同，它體現的是市井小民的價值觀念，把市井小民作為有性格、有良知、有喜怒哀樂的人去表現，寫了大量傳統詩文不曾暴露的酒色財氣、男女情事、社會的時尚風氣。

在「三言」的影響下，出現了大量的文人擬話本小說專集。如凌濛初的《初刻拍案驚奇》和《二刻拍案驚奇》、陸人龍的《型世言》、周清源的《西湖二集》、天然癡叟的《石點頭》、東魯古狂生的《醉醒石》，還有原名《幻影》後來改稱《三刻拍案驚奇》者等。在輯集話本和擬作話本之風影響下，明末清初陸續出現了很多的小說選集，其中以抱翁老人所編的《今古奇觀》最好，影響也最大。《今古奇觀》選自「三言」、「二拍」共四十篇。在「三言」、「二拍」未被發現之前，我國古代短篇白話小說，就借此選集得以流行，它流布甚廣，早在十八世紀就流傳到歐洲。由之可見明代短篇白話小說的繁榮狀況，也可見說話藝術經過長期的演變發展，到明代短篇白話小說藝術已經很成熟。明代的短篇小說，比之宋元話本，題材有所拓寬，篇幅大大加長，主題思想比較集中，故事情節更為曲折，刻畫人物更細緻入微，尤其在人情世態的描繪上更加豐富，文筆也更為流暢生動，可讀性大大增強了。

明代短篇白話小說以「三言」、「二拍」、「一型」為代表，全面展示了晚明社會風貌。三部短篇白話小說集各有側重，相得益彰，「三言」主要寫世情，「二拍」主要寫社會問題，《型世言》主要寫時事，具有強烈的晚明時代色彩。從所反映的思想內容看，描寫愛情婚姻生活的作品數量多，思想性較強，藝術成就也高。有情有色反映在小說中，這是晚明文學一個嶄新的主題。如《杜十娘怒沉百寶箱》的杜十娘，《賣油郎獨占花魁》的莘瑤琴，都是紅透一方的名妓，以其美貌而名，前者委身一個宦家子弟，後者嫁與一個小市民商賈，兩人的結局雖不大一樣，可她們對「情」的追求卻是一樣的。她們對「情」作出了自覺的選擇，並把自己毫無保留地託付給這段「情」，情在人在，情滅人亡，體現了重視情感的真摯平等、重視現實生活幸福等進步觀念。情和欲的關係在小說裏也有了新的思考，人們更重視人的個性品質，坦然追求自我欲望，充分體現出晚明個性解放的思想。如《宣徽院仕女秋千會，清安寺夫婦笑啼緣》、《錯調情賈母罵女，誤告狀孫郎得妻》、《通閨闥堅心燈火，鬧圍圍捷報旗鈴》及《宋小官團圓破氈笠》

皆是寫女子有主見，不顧父母之命與死抗爭的內容，反映了女子要求個性解放、人身自由的願望。《蔣興哥重會珍珠衫》、《酒下酒趙尼嫗迷花，機中機賈秀才報怨》，反映了節烈觀的沒落，追求男女平等的社會觀念。當然，在晚明個性解放思潮和商品經濟的條件下，隨著縱欲思潮的氾濫，在作品中也不乏低級庸俗趣味性愛內容的描寫。這些描寫有的反映了當時婚姻制度的不人道，如《小夫人金錢贈少年》、《勘皮靴單證二郎神》等，有的表現了性愛不可抑制的力量，如《月明和尚度柳翠》等。享樂和情欲都是出自人的自然感情，但在新的道德規範確立之前，人的自然情欲非理性的一面，卻很快會肆虐氾濫，衝擊著社會秩序。

小說中反映商品經濟條件下人際關係和道德準則變化的內容，也是市民文藝的一個鮮明主題。晚明商品經濟的發展，使得商人的社會地位得以提高。對金錢的欲望頃刻之間成了社會的強心劑，拜金主義思潮騰空而起，人們在迅速膨脹的欲望中開始盲目探索，並從商業角度豎起新的道德標準，都以經商為尚。《宋小官團圓破氈笠》、《轉運漢巧遇洞庭紅，波斯胡指破鼉龍殼》、《疊居奇程客得助，三救厄海神顯靈》等都是反映商人企求暴富、企求意外之財的心理。然而商人在追逐利潤，提出致富理想的同時，人們的心理狀態、價值取向也發生了變化，並樹立了「義」的道德標準，強調人生以信義為重。《施潤澤灘闕遇友》就是一個突出的例子。施潤澤在路上偶然拾到六兩多銀子，送還失主，後在失主朱恩的幫助下，產業興旺，終於致富。此外，如《呂大郎還金完骨肉》、《劉小官雌雄兄弟》都是寫輕利重義、濟困扶危的信義美德，終於得到善報和美滿的歸宿。而對於背信棄義、見利忘義之徒，則為社會輿論所不齒，如《桂員外途窮懺悔》對桂生的寡恩薄德予以道德上的批判。這實際上反映了晚明的人情世態和道德導向，反映了商人的道德理想。

反映統治者生活的題材也是小說的一個重要內容。如「三言」中的《沈小霞相會出師表》、《盧太學詩酒傲王侯》、《木棉庵鄭虎臣報冤》、《滕大尹鬼斷家私》等，「二拍」中的《青樓市探人蹤，紅花場假鬼鬧》、《遲取券毛烈賴原錢，失還魂牙僧索剩命》、《程元玉店肆代償錢，十一娘雲岡縱譚俠》、《硬勘案大儒爭閒氣，甘受刑俠女著芳名》、《進香客莽看金剛經，出獄僧巧完法會分》、《錢多處白丁橫帶，運退時刺史當艄》等，這些作品或描寫了統治階級內部的忠奸鬥爭，

或揭露官場的黑暗、吏治的腐敗，對某些人趨炎附勢，道德淪喪，所謂「世風日下，人心不古」的描寫，正反映了晚明社會的精神面貌。這種描寫在《型世言》中有集中的體現。《型世言》四十篇作品均寫明朝發生的故事，其中有些是重大歷史事件，反映了作者對當朝時事政治的關切。作者痛感明朝政治腐敗，民風衰頹，邊患不絕，這種憂患意識不僅決定了小說題材的取向，也決定了小說偏重理性的特色。

此外，對於文人生活與科舉制度的題材，小說也有涉及，這既有文人對科舉制度弊端的不滿，也有對科舉及第的豔羨，表現了失意文人和市民對科舉的矛盾心理。如《老門生三世報恩》、《鈍秀才一朝交泰》、《趙春兒重旺曹家莊》等。

明代短篇白話小說作為市民文學，在思想內容上固然有不少儒家說教、宗教迷信、色情描寫等反映落後意識和庸俗情趣題材的作品，但卻多側面、形象地反映了宋元明時代社會生活的面貌，各階層人物的家庭、愛情婚姻狀況，以及他們的理想和願望，反映了人與人之間關係、價值取向和道德倫理觀念的變化。這些題材與文言小說、戲曲互相資取，藝術上互相借鑒，促進了晚明市民文化的繁榮。

第十二章

異彩紛呈
的藝苑

第一節 ·
繪畫與雕塑

一、繪畫藝術成就

明朝建立後，恢復了宋代畫院的設置。宮廷內外，畫派繁雜，畫家眾多，僅見於記載的即不下千人。山水、人物、花鳥各種畫科取得了全面發展，尤以山水、花鳥成就最為顯著。從畫風來說，初期猶存元四家的影響，前期以仿宋「院體」為主，中期以後則是繼承元代水墨畫法的文人畫派占據主流地位。版畫在萬曆前後達到鼎盛時代，特別是陳洪綬的藝術活動，更擴大了版畫的影響。民間繪畫也有很大的發展。繪畫理論的研究也取得新的突破，湧現了一批頗有創見的著作。

宮廷畫院的設置　宋代在宮廷設有畫院。元代廢而未設。明朝建立後，隨著政治的穩定、經濟的恢復，明太祖朱元璋繼承兩宋的舊制，在宮廷重新設立了畫院，宮廷繪畫又復發展、興盛起來。

明代的畫院，在編制上與宋代的翰林圖畫院不同，沒有正式建立專門的畫院機構，只是隨時徵召各地著名的畫家入宮，授予一定的職銜，讓他們為宮廷服務。這些畫家，大多是由薦舉、徵召入宮的，只有少數是通過考試錄用的。如明

英宗曾召取全國畫士入京，以「萬綠枝頭紅一點，動人春色不須多」為題進行考選。明孝宗也曾在弘治七年（1494年）詔選畫士，林郊考取第一，被召入宮。召入宮廷的畫家，所授職銜沒有固定的名稱，也沒有一定的隸屬關係。洪武、永樂年間，有的授以文淵閣待詔、武英殿待詔、翰林待詔，有的供事內府或擔任營繕所丞等。宣德以後，宮廷畫家則大部分在武英殿及文華殿擔任供奉待詔。也有些宮廷畫家被授以錦衣衛武官職銜，如指揮、千戶、鎮撫等，但他們都只掛名領取俸祿，並不從事這些武職工作，而是專門為內廷繪畫。

洪武年間，明太祖徵召徐賁、趙原、謝縉、王紱、杜瓊、劉珏、夏泉、姚綬、王仲玉、周位、卓迪、郭純等人入畫院。他們都是元末明初的著名畫家，宮中的壁畫，多出他們之手。趙原字善長，號丹林，山東莒城人，後居吳（今蘇州）。元末以畫著名，擅長山水，師法董源、王蒙，筆調清雋秀逸，獨具風格。其傳世名作《合溪草堂圖》、《溪亭秋色圖》、《陸羽烹茶圖》代表著元末明初水墨山水畫的一種面貌。他在洪武中年被召入宮，奉命繪製歷代功臣像。後因繪畫不稱明太祖的心意，竟被下令誅殺。許多內廷畫家，因此人人自危，繪畫一味迎合皇帝的喜好，未敢有所創新。周位元字元素，鎮洋人，也在洪武中被召入宮，為宮殿繪作壁畫，以《天下江山圖》而名著於時。永樂時，明成祖也徵召邊景昭等人入宮廷畫院。文華殿的《漢文止輦受諫圖》、《唐太宗納魏徵十思圖》，便都出自畫院畫家之手。邊景昭字文進，福建沙縣人。他擅長花鳥，師法宋院體畫傳統，畫法工細，注重形神特徵的表現，飛鳴之態栩栩如生，工致絕倫。其傳世之作《竹鶴圖》、《春禽花木圖》等，皆是仿宋代「院體」工筆重彩的佳構。邊景昭的花鳥畫與宮廷畫家蔣子誠的人物畫及趙廉畫的虎，被同稱為「禁中三絕」。

宣德、成化、弘治年間，宮廷畫院的創作進入興盛時期。明宣宗酷愛並擅長繪畫，重視藝術，在宮廷畫院裡集中了孫隆、謝環、李在、商喜等一批著名的畫家。孫隆又作孫龍，字廷振，號都癡，武進（今江蘇常州）人，明初開國忠湣侯孫興祖後裔。他擅長畫梅花禽魚草蟲，攝物不加勾勒，運用色彩烘染，狀物周密，水墨濕潤，頗得北宋徐熙沒骨法逸趣，自成一家。傳世的名作有《芙蓉遊鵝圖》、《雪禽梅竹圖》、《花鳥草蟲冊》和《花鳥草蟲圖卷》等。謝環「知文學，喜賦詩」，以山水、人物畫見長。所畫人物筆法工細嚴謹，色彩鮮豔，具有性格

化的肖像畫特徵。所作《杏園雅集圖》，描繪了幾個內閣宰輔在杏園內聚會的情景，人物與園景的表現細緻逼真，反映了當時上層官員的生活情景，成為宣德時期人物山水畫的一幅代表作。李在的山水畫，師承郭熙、馬遠和夏圭，筆法勁健豪放，具有工細和粗筆兩種面貌。商喜擅長畫山水、人物、花卉、走獸，畫史稱他畫虎得勇猛之真諦。其傳世作品《明宣宗行樂圖》，描寫明宣宗遊獵的情景，畫法工致，筆力勁健。整個畫面結構繁複，人物形象具有肖像畫特徵，四周綴以山石樹木，叢林建築，場面浩浩蕩蕩，景物絢麗幽雅。被譽為明朝第一的戴進，也曾被明宣宗徵召入宮，後來出宮創建了浙派山水畫。

在明宣宗的影響下，其後繼者英宗、憲宗、孝宗也都親近畫家，把他們網羅到畫院之中，從事宮廷繪畫創作。弘治、正德時，被召入宮的名畫家有獲賜「畫狀元」的山水、人物畫家吳偉，被明孝宗稱為「今之馬遠」的山水畫家王諤，考天下畫工第一的花鳥畫家林郊與林良等。林良字以善，廣東人，《圖繪寶鑑續編》稱他的畫「著色花果翎毛，皆極精巧」，「放筆作水墨禽鳥，遒勁如草書」。李夢陽作詩讚賞：「林良寫鳥只用墨，開縑半掃風雲黑。」傳世的《山茶白羽圖》是他工筆重彩的佳作，《灌木集禽圖》、《秋林集禽圖》則是其水墨寫意的精品。

明武宗正德以後，明代畫院的創作漸趨消沉。及至嘉靖、萬曆以後，朝政腐敗，危機四起，宮廷的繪畫隨之益顯衰微。

山水畫的輝煌成就　在明代各種畫科中，以山水畫的成就最為輝煌。

明初的山水畫家王履，在浙派形成之前是個承上啟下的重要畫家。王履精工詩文書畫，擅長山水，尤長於寫生，不拘前人成法，創作了著名的《華山圖》，以用筆峭拔方硬而名噪畫壇。在《華山圖序》中，他提出「吾師心，心師目，目師華山」的精闢見解，主張深入自然，師法造化。明代中期，浙江錢塘（杭州）人戴進步其後塵，宗法南宋李唐、劉松年、馬遠、夏圭的院體傳統，兼融北宋各家及元人之長，形成自己挺健豪放的風格，一時群起回應，成為畫壇主流派。這個流派的畫家大都生活在浙江一帶，故被稱為「浙派」。戴進生於洪武二十一年（1388 年），字文進，號靜庵，又號玉泉道人。據傳他初為鍛工，後改習畫，山水、人物、花果、翎毛俱精。明宣宗時受薦入宮侍奉，遭謝環等人忌斥，不得志

返回鄉里，以賣畫為生，老死錢塘。他兼長畫藝各科，筆墨也多有變化創新，史有「明畫手以戴進為第一」與「行家兼利者也」之說。他的山水、花鳥和人物故事畫，大體可分為工筆與粗筆兩種風格。《達摩至慧能六代像》，畫法工細，人物神態生動，線條勁練，轉折頓挫中有酣暢連貫之氣，是師承南宋院體風格的典型，也是他早期人物畫的重要代表作。《鍾馗夜遊圖》的筆墨放縱奔放，風格粗獷，人物動作誇張，衣紋用鐵線兼蘭葉描，山石的皴染也更為勁爽，從中可窺知戴進晚年畫風的變化。《三顧茅廬圖》處於前兩者之間，運用的是粗筆水墨寫意法，人物面部描畫較細，衣紋線條則粗重有力；山石大斧劈皴，水墨蒼勁淋漓，粗獷而不輕飄，氣勢兼具。在山水畫方面，戴進的畫風雖以院體為主，但也有師法宋人的兩種面貌，兼有融合宋元水墨畫法為一體而形成自己的獨特風格。戴進「變南宋渾厚沉鬱之體成健拔勁銳一體」，對明代前半期宮廷內外的畫家產生了深刻的影響。著名畫家吳偉也是在他的畫風影響下崛然的著名畫家。

吳偉字士英，又字次翁，號小仙，江夏（今武昌）人。幼為孤兒，曾流浪至南京。後因善畫為王公貴冑所賞識。成化、弘治年間，曾兩度被召入宮廷，然而終因性格狂放，不慣朝廷拘羈，辭還南京，所以他的藝術活動和影響主要在民間。吳偉專攻山水、人物，兼有粗筆和工筆兩者之長，其白描人物既有師法李公麟的《鐵笛圖》、《問津圖》等，又有取法南宋梁楷減筆法的《柳蔭讀書圖》、《北海真人像》。山水畫主要繼承馬遠、夏圭的傳統，深受「浙派」戴進的影響。《中麓畫品》稱其「原出文進（戴進），筆法更逸，重巒疊峰，非其所長，片石一樹粗而簡者在文進之上」。其創作題材廣泛，有些是描寫宗教人物故事，有些則是反映漁夫、樵者等社會下層生活的。他尤長於畫屏障巨幅，當時南京有許多寺廟的壁畫均出自其手筆。

吳偉的畫風在成化、弘治年間影響較大，因為他是江夏人，時人把以他為代表的一批畫家稱為「江夏派」，其實是浙派的支流。追隨其後的畫家主要有張路、蔣嵩、汪肇、鄭文林、朱邦、史文等，成為後來有別於院體而與吳門派對峙的一路。由於他們的畫風過分輕狂放縱，不免流於草草。而這種草草又不同於文人畫的「逸筆草草」，缺乏筆簡意賅的內涵，顯得躁動浮薄，所以明代中期以後不時受到批評。清人張庚在《浦山論畫》中即批評浙派有「硬、板、禿、拙」四

大缺陷。到了明末，有的畫家更把吳派斥為病態狂學，罵為「野狐禪」，「衣鉢塵土」的「邪學」，從此浙派不再活躍於畫苑。[1]

　　明代中期，以蘇州為中心的江南地區湧現了一批傑出的畫家。他們學有素養，在繪畫上廣泛吸取前代傳統，「接元之蕭散而不失唐宋之縝密」，作品不像浙派畫家那樣風格統一，但大多蘊藉淵雅，力矯浙派的浮躁刻露，以其大家的風範與浙派相對壘，成為明代中後期畫壇的主流，時人稱之為吳門畫派。代表人物有沈周、文徵明、唐寅和仇英，並稱「吳門四家」或「明四家」。

沈周《臥遊圖冊》（之一）

　　沈周字啟南，號石田，晚號白石翁，長洲（今江蘇蘇州）人，出身於詩畫及收藏世家。他天資聰穎，繼承家業，「繪事為當代第一，山水、人物、花卉、禽獸，悉入神品」[2]。他的藝術成就主要表現在水墨山水方面，師承元四家而上溯董、巨，後期則醉心於黃公望與吳鎮，融南北畫的特徵於一體。王克文在《山水

1　參見李文初等：《中國山水文化》，廣州，廣東人民出版社，1996；張安奇、步近智總纂：《中華文明史》第8卷；楊仁愷主編：《中國書畫》，上海，上海古籍出版社，1990。
2　王稚登：《吳郡丹青志》。

畫談》中認為：「沈周在筆墨上承『南畫』蘊藉傳統而兼有『北畫』爽利的情味。『南畫』以韻勝，用筆『毛』，松秀圓潤，是多層次積疊的畫法；『北畫』以骨勝，用筆『光』，方剛勁挺，是一氣呵成墨法單純的畫法。沈周能融合『南畫』蒼莽渾厚和『北畫』莊麗清麗技法於一體，而以南畫面貌出之，所以後人稱他『師夏圭以入元人』，這大體上就是沈周的本色。」

沈周的繪畫作品多描繪江南勝景，反映文人淡泊生活的情趣。代表作《青園圖卷》布局疏朗，用筆勁利，簡潔含蓄，意韻兼勝，顯露出高雅閒適的生活理想。畫卷後自題曰：「修身以立世，修德以潤身；左右不諱拒，謙恭肯忤人。擇交求益己，致養務奉親；鄉里推高誼，蘭馨通四鄰。」反映其表裡如一的人格精神與淡泊淳厚的畫品。此外，沈周傳世的山水畫作，既有水墨絪縕的仿米《雨意圖》，又有滿幅生輝、重彩工筆的《柳蔭垂釣圖》，寫意與工筆兼作，水墨與重彩全能，為吳門後學起而效仿。他的花鳥畫創作，則對明代寫意花鳥畫風的革新產生過決定意義的作用。陳淳、徐渭等人的寫意花卉，主要就是受到他的影響而發展起來的。所以，他被公認為吳門畫派的開創者和領袖人物。

文徵明初名璧，字徵仲，號衡山居士，是沈周的同鄉、學生，也是繼沈之後的吳門畫派領袖人物。他早年師從沈周學繪畫，並從吳寬學文學，從李應禎學書法，為後來的發展打下堅實的基礎。他於繪畫諸體兼擅，山水兼採董、巨、二米、趙孟及元四家之長，畫風較沈周更加文秀細潤。他的山水畫多狀寫江南風光，有「細文」與「粗文」兩種畫法，既精於水墨，又工於青綠，既能以精密的方式表現秀美的風格，也能用自由奔放的筆墨表現宏壯的氣勢。其細文代表作有《金焦落日圖》、《石湖

文徵明《萬壑爭流圖軸》

清勝圖》、《江南春圖》等；粗文代表作有《古木寒泉圖》、《柏石圖》等。他晚年畫山水喜用狹窄的長構圖，追求色與墨、線與點、勾勒與皴染的變化和統一，追求密集中的和諧與適度。

唐寅，字子畏，一字伯虎，號六如居士，江蘇吳縣人。商賈家庭出身，二十九歲中應天府（今江蘇南京）解元，後入京會試，以考場舞弊案下獄，被罷為吏，還歸故里，築室桃花塢，以詩文書畫終其一生。其書法師承趙孟頫，參酌李邕。畫技全面，山水、人物、花鳥、樓閣等無所不工。早年學周臣，後上追南宋李唐、劉松年、馬遠等「院體」傳統，吸取元代四家水墨淺絳法，博採眾長。以院體工細為主，而兼具「文人畫」的蓄蘊，行筆於秀潤縝密之中透出瀟灑清逸的韻度，而自成一派。他的人物畫多描寫古今仕女生活和歷史故事，仕女造型優美。早年以工細豔麗為主，色調濃麗，後來則改為水墨寫意，線條細勁流暢。花

唐寅《李瑞瑞圖軸》

鳥畫兼有工筆與水墨寫意，介於沈周與林良之間，猶存元人餘韻。傳世的早年工筆人物畫《王蜀宮妓圖》，畫法繼承五代和宋人工筆重彩的傳統，技法技工，是他早期人物畫的代表作。中年的得意作《秋風紈扇圖》在畫法風格上，略帶寫意，時作頓筆，略近杜堇，更加流暢灑脫。他的山水畫，以仿宋院體為主，偏重於表現高山峻嶺的雄險景致，氣勢磅礴。同時亦善繪溪橋亭樹的田園風情。明代畫壇往往以文、沈並稱。他傳世作品較多，今存其早期的《騎驢歸思圖》，中年的《山路松聲圖》，《落霞孤鶩圖》、晚年的《西洲話舊圖》、《事茗圖》，都堪稱為佳構傑作。

仇英字實父，號十洲，江蘇太倉人，後居蘇州。他出身工匠，「初為漆工，兼為人彩繪棟宇，後徙而業畫」。仇英先師從職業畫師周臣，後結識文徵明、唐寅及其弟子門生。他沒有門戶之見，「山石師王維，林木師李成，人物師吳元

瑜，設色師趙伯駒，資諸家之長而渾合之，種種臻妙」[3]，因而能博採眾家之長。他擅長人物、山水、花鳥、樓閣界畫，尤長於臨摹。作品以工筆重彩為主。所繪青綠山水和人物故事畫，形象精確，工細雅秀，色彩鮮豔，含蓄蘊藉，色調淡雅清麗，具有文人畫的筆致墨韻。兼能作水墨寫意，風格清勁瀟灑。董其昌稱讚他的畫：「位置古雅，設色妍麗，為近代高手第一」，「欲突過伯駒前矣，雖文太史當避席」；「仇實父是趙伯駒後身，即文、沈亦未盡其法」。其傳世的《桃源仙境圖》、《棧道圖》、《蓮溪漁隱圖》、《臨宋元六景圖冊》、《柳下眠琴圖》、《右軍書扇圖》、《職貢圖》以及兼帶背景的《修竹仕女圖》、《臨蕭照中興瑞應圖》，都表現出極高的藝術修養和繪畫造詣。他的藝術風格，對明清宮廷、民間與文人的繪畫都產生過相當大的影響。[4]

　　吳門畫派除上述四家外，較有成就的畫家還有文嘉、文伯仁、陳道復、錢穀、陸治、陸師道、王穀祥、謝時臣等。他們多數師從文徵明，畫史又稱之為「文氏一派」。他們的創作也很有成就，如文伯仁的《四萬圖》，以磅礴的氣勢，表現萬壑松風、萬竿煙雨、萬頃晴波與萬山風雪，極富感染力。錢謙益稱吳派後學「師承其風範，風流儒雅，彬彬可觀，遺風餘緒，至今猶在人間，未可謂五世而斬也」[5]。

　　明代後期，在上海地區先後湧現出以顧正誼為首的華亭派，以趙左為首的蘇松派，以沈士充為首的雲間派等，實際上都是吳派的延伸，其中最主要的是以董其昌為代表的松江畫派及其「畫中九友」。他們對吳派後學所表現的瑣細柔媚與空疏恣意之風和浙派片面追求粗放簡率的弊病進行反撥，強調筆墨表現與畫家修養。董其昌字玄宰，號思白、思翁，別號香光居士，華亭（今上海松江）人。精鑒賞，富收藏，是明代後期的山水畫的集大成者。他的書畫理論著作十分豐富，有《容臺集》、《畫禪室隨筆》、《畫旨》、《畫眼》等。在書畫創作上，他竭力倡導「文人畫」的「士氣」，主張書畫相通，追求「生」、「拙」、「真」、「淡」的

3　張醜：《清河書畫舫》。
4　參見楊仁愷主編：《中國書畫》。
5　錢謙益：《列朝詩集小傳》。

筆墨趣味。他以佛教禪宗的分宗作譬喻，推出了中國繪畫史上自中唐以來山水畫的不同風格的「南北宗論」，認為王維和李思訓是這兩派的祖師，以荊、關、董、巨、米家父子以至元四家為南宗正傳，以宋代趙伯駒、伯和李唐、劉松年、馬遠、夏圭為北宗一派。他尚南宗而貶北宗，以南宗為文人畫派，指為畫家正統，北宗是行家畫，貶為非學。董其昌的這些論點顯然是一種主觀臆造，並不符合畫史發展的規律和實際情況。它雖然遭到後人的批評，但卻在「畫理」和「畫作」上主導了嘉靖至明末乃至清初近百年的繪畫創作。正如《山靜居畫論》所言：此論一出，松江派勢力日熾，「書畫至此一大轉關，要非人力所能挽也」。當時，包括董其昌、李流芳、楊文驄、程嘉燧、張學曾、卞文瑜、邵彌、王時敏和王鑑在內的「畫中九友」，畫風雖然略有差異，但都積極實踐董其昌的藝術主張。王時敏和王鑑，還是明末清初繼承與光大「南北宗」說的得力主將。[6]

董其昌專長山水，在師承古代各家的基礎上，將書法的筆墨修養直接融入於繪畫的皴、擦、點、劃之中。他所作山川樹石，煙雲流潤，柔而有骨，轉折靈變，墨色層次分明，拙中帶秀，清雋雅逸，能做到筆與神合，氣韻生動。其傳世山水畫《畫錦堂圖》、《夏木垂蔭圖》、《昇山圖》、《霜林秋思圖》，都較突出地綜合了董源、米芾、黃公望三家之長，筆法外疏而內實，似渙漫而謹嚴，精於用墨而瀟灑生動。除董其昌之外，陳繼儒、莫是龍、惲向、顧凝遠、馮景夏、吳振等人，也都是松江畫派的繪畫名流。松江畫派的藝術主張與創作實踐，被後人奉為繪畫的正統傳派，受到清代統治者的喜愛與推崇，影響極為深遠。

花鳥畫與人物畫的發展　在明代文人畫中，寫意花鳥畫取得了令人矚目的進步。明初王紱、夏昶的水墨蘭竹，宮廷畫家林良、孫隆的花鳥變革，為寫意花鳥畫的誕生作了必要的鋪墊。吳門畫派沈周、文徵明和唐寅運用水墨技法描繪花鳥蟲魚，在題材及筆墨技巧的開拓深入方面邁出了重要的一步。而最終將寫意花鳥畫推向發展的，則是「白陽青藤」陳道復和徐渭。

陳道復初名淳，後以字行，別字復甫，號白陽山人，吳縣（今江蘇蘇州）

6　參見張安奇、步近智總纂：《中華文明史》第 8 卷。

人。工詩文書畫，尤擅長畫花鳥。他取宋人的禪意寫生與元人的書法用筆，淡彩與水墨交融，論者稱其「一花半葉，淡墨攲毫，疏斜歷亂之致，咄咄逼真」。其傳世作品有《葵石圖》、《洛陽牡丹圖》、《紅梨詩畫圖》、《墨花釣艇圖》、《墨花圖冊》和《墨花十二種圖》等。所畫花鳥樹石皆淡墨攲毫，生動逼真，極有韻味。其所作折枝長卷間題詩跋，首創書畫並美的文人畫特色，大大豐富了明代寫意花鳥畫的內容和形式。

　　徐渭字文長，號天池，晚年號青藤，山陰（今浙江紹興）人。因坎坷的個人經歷和受明後期個性解放的思潮的影響，他的繪畫筆墨狂放不羈，追求新穎奇特，著意於氣韻的體現與胸襟的抒發。他作畫「舍形而悅影」，「不求形似求生趣」，往往是整幅畫紙墨汁淋漓，煙嵐撲面，氣韻生動，橫塗豎抹，氣勢逼人。其山水、樹木、人物、動物、花鳥無所不能，尤以寫意花鳥畫的成就最為突出。他在《雜花圖卷》中，畫梅、菊、芭蕉、梧桐、水仙等，激情奔放，運筆如飛，「擅跌盪之趣」[7]。在《牡丹蕉石圖》、《山水人物花卉冊》中，他更注意絪縕的水分與乾、濕、濃、淡不同墨色的對比組合，畫面韻致丰采，形簡意深。繼陳道復之

陳洪綬《臥石梅花圖》

後，徐渭不但將中國寫意花鳥畫推至抒發主觀性情的新境界，而且把生宣紙上自如控制筆法、水分與墨色，提煉筆墨語言的表現力提高到前所未有的水準。陳、徐以後，孫克弘、周之冕的花鳥畫技法更為內斂、含蓄。周之冕還將花鳥畫的工筆與寫意兩種技法結合起來，另創鉤花點葉畫派。他們與直接承續宋元水墨的「四君子」一道，使明代花鳥畫壇呈現出異彩紛呈的盛況。

7　方薰：《山靜居畫論》。

明代的人物畫，不及山水、花鳥畫為盛。由前述可知，戴進、吳偉、郭詡等十幾人都是人物畫家，他們或繼承宋代院體傳統，工筆細密，設色濃豔，或習李公麟的白描畫風，淡墨輕毫，不施粉黛。以成就而論，明末唐寅、仇英、丁雲鵬、陳洪綬、崔子忠、曾鯨、吳彬等人的貢獻最大。他們上追晉唐古拙之風，一改陳陳相因、日趨媚俗的「美人圖像」，適應了時代的審美需求，作品具有承上啟下的轉折意義。陳洪綬字章侯，號老蓮，浙江諸暨人。擅山水、人物、花鳥，人物畫成就尤為顯著。他借鑒五代貫休、宋龔開誇張變形的手法描繪人物，注重神似。傳世的《升庵簪花圖》繪明中葉名士楊慎懷才不遇，醉酒後胡粉傅面，簪花飾頭，由妓女簇擁著招搖過市的驚人之舉。人物形體偉岸，主紋線描遒勁，敷色凝重而不妖豔。傳世名作還有《飲酒讀書圖》、《宣文君授經圖》等。陳洪綬繪畫的藝術成就，在他的版畫中得到較充分的體現。《九歌圖》、《水滸葉

陳洪綬《升庵簪花圖軸》

子》及《西廂記》插畫，即出自他的手筆。崔子忠的白描人物，自出新意，為世人稱道，與陳洪綬齊名，有「南陳北崔」之說。傳世的代表作有《達摩像》、《盧全烹茶圖》等。晚明曾鯨，擅長肖像，妙得傳神。從傳世的《王時敏像》、《葛一龍像》等看，他的畫技重墨骨，設淡彩，每圖一像，以墨烘染數十層，咄咄逼真，妙得神情，表明中國肖像畫技法已相當成熟。這一技法，深得世人好評，風行一時，世稱「波臣派」，學者甚眾。波臣派的出現，標誌著中國傳統的肖像畫已經進入高度成熟的階段。[8]

8　參見張安奇、步近智總纂：《中華文明史》第 8 卷；楊仁愷主編：《中國書畫》。

壁畫與版畫的成就　明代的壁畫藝術，就題材而論，道釋壁畫的內容有所拓展，有雜糅釋、道、儒的水陸畫，密宗佛畫，等等。在宗教壁畫中，與歷史傳說及世俗生活相關的部分也時有凸顯。北京法海寺的明代壁畫，完成於正統八年（1442 年）。大雄寶殿佛像坐龕背後的三幅壁畫，中間是水月觀音，右邊是文殊菩薩，左邊是普賢菩薩，其中的水月觀音細眉俊目，半身裸露，肩披輕紗，胸掛瓔珞，屈右膝盤左腿而坐，端莊慈祥，超凡脫俗，堪稱是明代壁畫的傑作。北牆門左右牆壁上的兩幅畫，是由天帝、天后、天龍八部、鬼眾和侍女等三十六人組成的《帝釋梵天護法禮佛圖》。整幅畫規模宏大，人物形象性格鮮明，衣紋飄逸流暢，表現出高超的畫技。這些壁畫設色濃麗，加之採用疊暈烘染、描金、瀝粉貼金等手法，整個畫面呈現出一派神秘縹緲、寧靜深邃的氣氛，雖經歷數百年，至今仍保持其鮮豔的彩色，令人驚歎不已。河北石家莊市毗盧寺後殿繪製的水陸會壁畫一堂，完成於嘉靖十四年（1535 年）。畫面集中了佛、道、儒的壁畫人物共五百多身，組合成一個內容龐雜的宗教性群體。北壁繪有以梵王、帝釋為中心的諸天神王一百二十多身，東壁繪有南極長生大帝、四海龍王、五方諸神等一百三十多身，西壁繪有北極紫微六帝、五湖諸神、雷電、花木神等一百四十多身，南壁繪有城隍土地、古帝王后妃、賢婦烈女、九流百家等一百四十多身。山西稷山青龍寺腰殿有類似的水陸壁畫，作於永樂初年。它將佛祖、羅漢與王母、星君雜糅一處，既有烈女孝子，又有蘇武牧羊，天上人間，包羅萬象，反映出明代寺廟壁畫衍變的顯著特徵。此外，山西新絳稷益廟、四川新津觀音寺、雲南麗江大覺宮以及青海、西藏地區的一些寺廟中，也保存著許多明代著名的壁畫。西藏的甘丹寺、哲蚌寺和桑耶寺的藏傳佛教壁畫，青海都樂縣瞿曇寺、湟中縣塔爾寺的壁畫，融合藏漢民族的藝術風格，構圖飽滿，色彩濃豔，裝飾精湛，是多民族藝術文化交流的結晶。

明代的中國版畫，隨著印刷技術的發展與刻書坊的興盛而進入黃金時代。尤其是到了萬曆年間，附屬於刻書業的各種木版書籍的插圖，種類與數量更是愈來愈多。除了宗教經文之外，小說、戲曲、傳奇、地理、譜錄等各類圖書均有大量插圖，畫譜逐漸流行，木版年畫與木刻連環畫也開始形成。不但湧現出許多以地域命名的版畫、年畫中心，而且有許多優秀畫家與民間刻工進行合作，運用新發

明的「餖版」與「拱花」的雕版印
刷技術，創造出一批版畫傑作。如
以安徽歙縣為中心的新安派版畫，
刻工精細，刀法圓活流暢，線紋綿
密柔和，人物刻畫精細，表情含
蓄，並注意室內外環境的陪襯，借
景抒情。傳世作品既有宣揚封建禮

孔子周遊圖

教的《養正圖解》、《帝鑒圖說》、《古列女傳》，也有《水滸傳》、《金瓶梅》、《琵
琶記》等在市民文學中湧現出來的名著插圖。以福建建陽為中心的建安派版畫，
多採用宋元的上圖下文的形式，陰陽刻兼施，古樸簡率，但壯健粗豪。存世的作
品有《水滸志傳評林》、《西廂記》等。以南京為中心的金陵派版畫，改上圖下
文為整版半幅，或前後頁合併成一大幅，線條秀勁，布局疏朗，風格工麗，人物
生動。傳世的代表作有魏少峰刻《三國演義》，劉希賢、張承祖刻《金陵梵剎
志》，陳聘洲等刻《西廂記》等。採用新技藝印製的套色凸版《十竹齋箋譜》
等，更使金陵版畫錦上添花。而以杭州為中心的武林版畫，則注重景物和名勝的
描畫，圖幅上的人物比例相對較小。

　　隨著木刻版畫的發達，明代還出現了以天津楊柳青、蘇州桃花塢、山東濰縣
楊家埠、河南朱仙鎮為中心的若干年畫生產基地，有力地推動了年畫創作的發
展。

　　繪畫藝術論著　　在明代繪畫藝術的發展過程中，一些畫家和學者對自己和前
人的藝術創作實踐不斷進行總結，研究成敗得失，探索創作規律，寫出了一批專
門的論著。這些繪畫藝術論著，不僅數量比前代的同類著作增多，而且在體裁和
內容方面也比前代更加豐富多樣。

　　明代有關繪畫藝術的論著，大體可以分為史傳、論述、品評與著錄等幾類。
史傳類的著作主要有：韓昂的《圖繪寶鑒續編》，記載從明宣宗至朱端共
一百一十四名畫家，是關於明代畫家傳記的最早著作。朱謀垔的《畫史會要》五
卷，是一部繪畫通史。卷一至卷三摘錄前人記述上古至元代、域外畫家的著述，

卷四專述明代畫家，卷五是為有關繪畫的評論、雜述。姜紹書的《無聲詩史》七卷，是一部明代繪畫的斷代史，卷一至卷四記載洪武至崇禎朝的畫家二百〇一人，卷五錄女史二十二人，卷六以下為附錄，記載二百四十七位元不甚著名畫家。徐沁的《明畫錄》八卷，按道釋、人物、宮室、山水、獸畜、龍魚、花鳥、墨竹、墨梅、蔬果諸畫科記述了明代的八百七十三個畫家，並分帝王貴族及婦女畫家各類逐一列傳。每種畫科之前，都寫有簡要的專論，論述該畫科在明代的過程及各種流派的興替情況。此外，還有劉璋的《明書畫史》三卷、王勱的《畫史》二十卷等。論述類的著作主要有：何良俊的《四友齋畫論》一卷，除論述晉、唐、宋、元一些名畫外，主要是論述明代畫壇的現狀，並品鑒院體與吳派的畫作，頗有自己的見解。董其昌的《畫旨》一卷、《畫眼》一卷、《畫禪室隨筆》二卷，既分條論述畫理畫法，又具體評論畫史、畫作，有關文人畫的「南北宗論」即出其中。顧凝遠的《畫引》一卷，分興致、氣韻、筆墨、生拙、枯潤、取勢、畫水七則論述繪畫技法，《生拙》一則較為詳細地闡述了文人畫「用筆生，用意拙，有深義」的特色，雖寥寥數十語，卻多有見地。此外，還有唐志契的《繪事微言》二卷等。品評類的有楊慎的《畫品》一卷、羅周旦的《古今畫鑒》五卷、李開先的《中麓畫品》一卷、王稚登的《吳郡丹青志》一卷，等等。屬著錄類的著作，則有張丑的《清河書畫舫》十二卷，該書以時代為序，作者為綱，著錄本人家藏與所見的古書名畫，每件作品皆錄題跋文字，並有作者簡介及前人評述，同時附有考證與評論。還有郁逢慶的《書畫題跋記》十二卷及《續題跋記》十二卷、汪珂玉的《珊瑚網》四十八卷、韓昂的《明畫譜》一卷、曹學佺的《蜀畫苑》四卷、徐燉的《閩畫記》一卷、李流芳的《西湖臥遊圖題跋》一卷等。此外，伍履的《華山圖序》、王世貞的《藝苑卮言》、唐志契的《繪事微言》、張萱的《西園畫評》等，也有不少有關畫理、畫家、畫作方面的評論。而沈周、文徵明、唐寅、陳繼儒、李日華、陳洪綬等書畫名家，他們的詩文集與題跋，更有許多有關畫派、畫作和繪畫發展規律，特別是有關文人畫的創作思想和審美要求的獨到見解，從而成為後人探索明代繪畫藝術的第一手資料。

二、形式多樣的雕塑藝術

在空前豐厚的社會物質財富基礎上和不斷改進的工藝技術條件下，明代的雕塑藝術創作呈現出前所未有的活躍態勢。而且如同繪畫創作追宗宋代院體的畫風一樣，明代的雕塑造像也在追求唐宋風格。這個時期，明朝官府出於封建統治者宗教、精神以及奢侈豪華生活等等的需要，曾經耗費大量資金，使用貴重材料，精工製作許多規模巨大的陵墓雕刻與宗教雕刻，但是，這些雕刻大多缺乏創造性和生命力。相反，倒是民間藝人製作的一些小型的案頭陳設雕塑和工藝品裝飾雕刻，由於適應民眾的審美情趣與生活需要，富於時代氣息和生命力，受到廣大群眾的喜愛，呈現出蓬勃發展的生機，而成為這個歷史時期雕塑藝術成就的代表。

明代的寺院宮觀及宗教造像較多，地面遺存也較豐富。寺廟宮觀的雕塑造像，尤其是泥塑像，有不少生動而有特色的創造，各具鮮明的地方特色。北京大慧寺大悲閣中的二十四諸天塑像，是明代大型彩塑中的佼佼者。塑像體形高大，神態各異，從廣目天的孔武有力、多聞天的威猛英發、大辯才天的聰敏睿智等，可知作者在創作中運用了生活中文臣、武臣、貴婦、智者的形象，從而使神像偏離一般宗教造像的程式，透露出些許源於生活的跡象。山西平遙縣的雙林寺，以擁有眾多的古代彩塑聞名於世。現存的十間殿堂有大小壁塑彩像二千餘尊，大多是明代作品。其中千佛殿和菩薩殿的彩塑均出自明代匠人之手，無不顯得神態各異而又生動活潑。所塑菩薩，大多面部豐腴，眉清目秀，身體苗條，姿態婀娜，極富人情味。建造於嘉靖二十四年（1545 年）的山西太原晉祠水母樓，是明代道教的主要遺跡之一。樓內的主神水母及侍女像，都是具有較高藝術價值的彩塑精品。主像兩側的四尊侍女像，體態輕盈，面目清秀，格外傳神，尤其引人注目。建於洪武八年（1375 年）的陝西三原縣城隍廟，塑有二十四個樂女和侍女像，也很有生活情趣。山西汾陽縣太符觀裡明代製作的泥塑玉女像，豐滿的臉形，極似健壯的北方婦女。總之，明代的壁塑不僅較之唐宋規模更加宏大，技巧也更精細，反映了匠師手藝的熟練與經驗的豐富；而且淡化了宗教教義而呈現世俗化的傾向，具有鮮明的時代感。

明代的佛教石窟雕刻，已呈衰微之勢。現存較為完整的明代石窟雕刻，在山

西平順縣東北林慮山崖。那裡有北周興建的寶岩寺，後改稱金燈寺。寺後依山崖開鑿有二十多個窟龕，其中的雕像大多為明代所造。最大的一個窟龕即第五窟中的水陸道場，共有六十九方浮雕，表現不同的情節，人物也各有不同的身分與神態。「其成就雖然不高，卻是明代石窟雕刻的重要遺產。」[9]

明代在宮殿、府第、廟宇及帝王、勳貴陵墓地面建築的平面布局中占有特定地位和具有特殊作用的大型圓雕，是明代雕塑藝術的一個重要門類。這類雕塑遺存遍布全國各地，而以南北兩京及其附近最為集中，也最具規模。如南京明太祖朱元璋的孝陵、安徽鳳陽明皇陵、江蘇泗州明祖陵、北京以明成祖朱棣的長陵為中心的明十三陵等，在陵前的御道（每陵各自的御道或陵群共同的御道）兩旁，多設有左右相對的長長的雕刻行列。在長陵前的御道上，自碑亭以北至龍鳳門之南的一公里長的一段，就有明宣宗十年（1435 年）左右雕造的以石望柱為引首的大理石雕獅子、獬豸、駱駝、大象、麒麟、駿馬各四驅，每種動物形象都是兩蹲（或伏）兩立，隔道相對。接著有武官像四驅，文官像八驅，也是隔道兩兩相向而立。這些莊重威武的文武官員雕像，和來自現實的或憑想像創造的各有一定寓意的動物雕像，以其高大堅重的立體造型，等距離、左右對稱的排列，象徵著墓主人的至高無上的尊嚴與文治武功的業績，有力地強化了陵苑建築的主題，起到歌頌皇帝的所謂「聖德神功」的作用，但是從總的來說，明代陵墓雕刻除內容形制與唐宋存在差異外，造型上的程式化則是一脈相承的，缺乏生氣和力量。此外，明代在宮殿或廟宇門前普遍都擺設威武雄壯的銅、石雕獅像，山西太原崇善寺、文廟門前的鐵獅，北京天安門前的石獅，故宮太和門前的銅獅，都是此類雕刻的代表性作品。

明代建築裝飾木雕，在室內天花藻井方面多有佳構。如北京智化寺如來殿斗八貼金藻井，以龍紋為中心，四邊雕出精緻的卷枝花草圖案。明代的牌坊，亦稱牌樓，石構飾以雕刻，木構繪以彩畫，有不少優異的佳作。如十三陵前的石坊，以坊身上的圓雕、浮雕混成的瑞獸、雲龍等紋飾，組成一個完整的石雕裝飾藝

9　楊烈：《寶岩寺明代石窟》，《文物》，1961 年第 12 期。

術。河北靈壽縣現存的一座建於崇禎十四年（1641 年）的石牌坊，用細青石仿五層樓閣的木構形式建造。在上下三層的額坊上，布滿了透雕而成的雲龍、雙鳳等禽獸紋飾，布局勻稱，雕工精美。在下部四柱夾柱石上，雕有大小不一的數十隻獅子，或坐或立，相互嬉戲，顯示出當時民間匠人的高超技藝。明代的照壁，多採用磚砌而加雕刻，或用帶有釉彩的琉璃磚砌飾。明初建造的松江府城隍廟照壁，以磚雕拼成，中間是一隻「獚」，周圍布列圓日、元寶、珊瑚、如意、玉杯、靈芝、搖錢樹，各種動植物以及雲石圖案。動植物組合含有「連（蓮）升（笙）三級（三戟）」、「封（鳳）侯（猴）掛印」的寓意，帶有祝願與勸誡的意義。

在明代雕塑藝術領域裡，最富有生氣並且與廣大人民群眾在精神上保持較多聯繫的，是被稱為案頭擺設的小型裝飾雕刻。有木雕、泥塑、陶塑、磚雕、竹雕、玉石雕、骨角牙雕和果核雕等多種品種。其中如福建德化窯的瓷塑，廣東石灣窯的陶塑，浙江嘉定與江蘇南京的刻竹，閩南與粵東的「潮州木雕」，無錫、蘇州、天津的泥塑等，無不以其精湛的技藝而馳譽中外。案頭擺設用的小型雕塑藝術品，固然有些是貴族官僚高堂華屋的點綴，士大夫文人書房及廳堂的「消玩」，但更多的則是為滿足民眾生活和精神需要而製作的普及性作品。它們一般都具有樸素大方、明朗健康、單純簡潔、百看不厭的特點。其中有一些玩具性的雕塑品，也頗有時代的氣息。就題材內容而言，雖然有些是取之於宗教題材，如觀音菩薩、羅漢、達摩、壽星、八仙之類，但它們主要是作為民眾所熟悉喜愛的帶有傳奇色彩或具有某種高貴品格和神異力量的藝術典型而加以再創造的；更為大量的則是取材於當時廣為流播的小說和戲曲作品中的人物，或者家喻戶曉的歷史故事、神話傳說；也有不少是以社會生活和自然界為題材的。這些作品，都不同程度地體現了民眾的美好理想和願望，因而受到廣大民眾的歡迎和喜愛。[10]

---

10 參見王遜：《中國美術史》，上海，上海人民美術出版社，1985。

書法與篆刻

一、書法藝術

明代科舉教育發達，從基層的社學到府州縣學直到國子監，皆設習書一課。國子監生每日還須寫字一幅，每行十六字，務要十六行，每日都要寫完，違者痛打。科舉考試字必須寫得工整，否則主考官根本不屑一看。因此，每個生員都能寫字，有人形容說，明代三尺童子即能揮毫作書。明代的歷朝皇帝和諸藩親王，又大都酷愛書法，有的甚至將它列為日課，徵召書法高手充當文華內制。凡是朝廷正式頒布的詔敕，都找善書之人書寫。為了提高他們的水準，甚至將內府秘藏的歷代法書，拿出來讓他們觀摩臨習。私家收集法書，翻刻古帖，也蔚然成風。崇尚書法，成為當時朝野流行的習尚。隨著書法實踐的普及，書法的理論研究也不斷深入，既有對傳統理論的總結，也有富於時代精神的創見。書法實踐與理論研究相輔而行，共同促成了明代書壇的繁榮局面。

明代前期書法，直接師承元人，以草書、楷書成就較大。宋克、宋廣、宋璲和沈度、沈粲被稱為「三宋」、「二沈」，是明初的書法名家。宋廣、解縉以草書勝。由於朝廷的典冊要求統一書寫的規格，特別是《永樂大典》的編撰謄寫體例要求極嚴，而科舉考試又要求書寫工整，讀書人寫字便追求端方齊整，橫平豎

直，千字一同，不逾規矩。於是便形成了「臺閣體」的楷書。沈度、姜立綱是其主要代表。他們的楷書遠學虞世南，圓潤平整。這種書風不僅影響明初的一部分人，而且一直影響到明代中期。

明代書法的先驅宋克，字仲溫，號南宮生，長洲（今江蘇吳縣）人。擅長楷、草書，楷書師法鍾繇，草書學王羲之，章草學皇象、索靖。尤工旁草，沿襲趙孟、鄧文厚餘緒，筆劃娟秀勁健，自成風格。草書《急就章》是他傳世代表作之一，章法嚴謹，融合今草和行書的筆法，被譽為「茂美沖和，信能入晉人之室，唐以後無足頡頏者」。宋廣字昌裔，河南南陽人。擅長行書、草書。師法張旭、懷素，而略變其體。傳世佳作有《草書風入松》、《臨自敘帖》等。宋璲字仲珩，宋濂次子。精於篆、隸、真、草各體書法，其小篆純熟姿媚，尤為著名。

沈度字民則，號自樂，華亭（上海松江）人。以善寫篆、隸、真、行各體著名，尤精於楷書，學智永、虞世南，風格婉麗端秀，圓潤平正，深得明成祖愛重，稱其為「我朝羲之」。朝廷金版玉冊、制誥多出其手筆，成為流行於館閣、中書間正式書寫檔的範本。《敬齋箴》是他的代表作。沈粲字民望，號簡庵，沈度之弟，以草書見長，「度以婉麗勝，粲以遒逸勝」[11]，兄弟並稱「雲間二沈」。傳世之作有《草書千字文》、《行書五詠詩卷》等。

錢博字原博，華亭人。善楷書、行草，學宋克與沈度。與兄溥並稱為「二錢」。傳世有楷書《滕王閣序》。此外，解縉、陳獻章的行草書，張弼、張駿的狂草，程南雲、李東陽的篆書和行草書，在明初書法界也享有盛譽。如解縉工小楷，而以草書著名，實開晚明抒情狂草之先河。傳世的《自書詩》狂草兼行書，筆勢勁逸飛動，宛轉流暢。陳獻章晚年專以茅草製筆作書，號稱茅筆字。他的字古拙奇崛，自成一家。有行草《大頭蝦說》、草書《自書詩》傳世。張弼擅長草書，多作狂草，學張旭、懷素。酒酣興起，縱橫跌宕，筆勢迅疾，不拘繩墨，是當時最流行的狂草一派的代表人物，影響到明中後期的書風。草書《唐詩七律》、《千字文》均是其代表作。張駿兼能篆、隸、行、草，尤以狂草見長，與

---

11 《明史·文苑傳二》。

張弼齊名，號稱「二張」。《杜詩貧交行》是其傳世佳作。李東陽篆、隸、行、草各體俱工，尤以小篆著名。行、草書風格勁健，傳世的行書作品有《甘露寺詩》、《自書詩》。

明代書法藝術，到中期形成許多新的特點。成化至嘉靖年間，是明代書法藝術的興盛期。當時許多文人書畫家集中在江、浙一帶，特別是蘇州地區。他們相互切磋，彼此交流，突破「千字一同」的「臺閣體」，創造新的書法風格。沈周、文徵明、祝允明、王寵等人是其傑出的代表。

沈周的行書、楷書書體學黃庭堅，結體嚴整，筆法沉穩，風格渾厚。傳世的行書《五律詩》，為其中年時期的風格；《詠葡詩》、自書《落花詩》，書法蒼秀，是其晚年行書的精品。

祝允明《飯苓賦》

祝允明才氣橫溢，書法造詣深厚，兼重各體，融會貫通，與文徵明、王寵並稱「吳中三大家」。他博採晉唐各家之長，楷書學鍾、王、智永、虞、褚；行書法二王、蘇軾、米芾，兼取章草的古樸；狂草來自懷素、張旭，更接近黃山谷。早年楷書嚴謹沉厚，有晉唐遺意，晚年草書奔放雄健，自成風格。故史書稱他「出入魏晉，晚益奇縱」。傳世的中晚期作品《東坡遊記》、《韓夫人墓誌銘》工整蒼秀，是小楷的代表作。《洛神賦》揮灑縱橫，華麗多姿，是草書的代表作。其中晚年所書《六體詩賦》是仿唐宋以來六家的六體書法合卷，全面反映了他兼長各體、博採眾長的深厚功力。

文徵明的書法造詣深厚，篆、隸、楷、行、草各體兼工，小楷尤其精熟，師承晉唐各家，筆鋒挺秀，溫純精絕，愈晚愈追古致，似敧反正，深有逸趣。行、草早年師法懷素及蘇、米、趙諸家，後出入於懷仁《聖教序》、智永，融會變通。行書工穩而有情致，節奏如行雲流水，有「泉鳴竹澗」之雅。晚年大字法黃庭堅，稍加放縱，風格蒼秀。隸書筆劃瘦勁光潤，受唐代徐浩及元代吳睿等影

響，形成一時風尚。其子文彭、文嘉及學生陳道復、彭年、陸師道、錢穀、周天球、王稚登等人的書法，均受其風格影響而有所創新。文徵明的書法作品，楷書傳世的佳作有早期的《上吳愈尺牘》，晚年有小楷書《蘇東坡自書赤壁賦真跡跋》；行書傳世的有早年的《南窗記》，中年的《詩稿五種》，晚年的《西苑詩》、《前赤壁賦》等。

王寵字履吉，號雅宜山人，江蘇吳縣人。擅長行、楷書，上追晉唐古法，行書學自閣帖，楷法得自智永、虞世南。以拙取巧，疏岩道逸，與文徵明、祝允明並稱「吳中三大家」。傳世作品有楷書《晉唐小楷》，草書《李白古風詩》、《五律詩》等。草書《五律詩》，是其書法風格的代表作。此外，陳道復、文彭、豐坊等人的書法作品也有一定成就。

文徵明《前赤壁賦》

明代後期的書法藝術，以董其昌、邢侗、張瑞圖、米萬鍾四人最為著名，合稱「晚明四大家」。其中，以董其昌成就最突出，影響最大。明末，黃道周、王鐸、倪元璐、范允臨、李流芳、趙宧光等，也以擅長書法聞名於世。

董其昌的書法廣臨古人，融合變化，尤擅行、楷書。他早年學顏真卿，後改學虞世南，以為唐書不如魏、晉，於是轉而師法鍾繇、王羲之，兼汲李邕、徐浩、楊凝式、米芾諸家之長，晚年返歸顏真卿，成為習古之集大成者。其書法講究一個「淡」字，說：「天真爛漫是吾師。」筆劃圓勁蒼秀，平淡古樸，自成一體。布局疏朗勻稱，閒雅清和，力追古法。他的作品數量很多，「尺素短札，流布人間，爭購寶之」[12]。傳世之作甚豐，早年小楷書《月賦》，晚期的《三世誥

---

12 《明史·文苑傳四》。

命》、《松江府制誥》等墨蹟，是其楷書的重要代表作。行書傳世的作品有早期的《金沙帖》、中年的《岳陽樓記》和晚年的《瀋路馬湖記》等。

邢侗字子願，號來禽生，山東臨沂人。善行、草，師法鍾、王、虞、褚、旭、素、米晉唐各家，主要以二王為宗，尤其對王羲之書法得力最多，筆力矯健，古樸圓渾，與董其昌齊名。傳世作品有《行書五律詩》、草書《信札軸》和臨帖等墨蹟。

張瑞圖字長公，號二水、果亭山人，福建晉江人。擅長行書、草書，在師法鍾、王的基礎上，參以北碑筆勢以標風骨，用筆多方筆、折筆，不轉筆鋒，順勢而下，又不時雜以柔筆，雖斷若連，形成奇峭勁崛的獨特風格，若層巒疊峰，獨闢蹊徑。傳世作品有《行草五律詩》、《前後赤壁賦》、草書長卷《感遼事作》等。

米萬鍾字仲詔，號友石，原籍關中，後遷順天（今北京）。擅長行書、草書，師法米芾，用筆渾厚有力，書史稱其書法「行草得南宮家法」，與董其昌齊名，時有「南董北米」之譽。他特善於署書，「擅名四十年，書跡遍天下」。傳世作品有《草書詩》、行草《劉景孟八十壽詩》等。

黃道周字幼玄，號石齋，福建漳州人。南明時官禮部尚書，後為清兵俘虜，被殺於南京。擅寫古體草書。他學書直追魏晉，遠師鍾繇，再參索靖草法，既見傳統，又具新意。擅長古體草書「隸草」，用筆峭厲圓渾，緊勁聯綿，自為一體。楷書亦帶隸體，筆劃凝重，方勁峭厲，別具風貌。傳世的行、草書有《行書五律詩》、《草書七言詩》等，楷書有《張溥墓誌銘》、《周順昌神道碑》等。

王鐸字覺斯，號嵩樵，孟津（今河南洛陽東北）人。行、草兼精，宗二王，亦師米，取法高古，臨古能肖，作而出新。其行書凝遲沉重，用筆老辣。草書則將米芾「刷字」墨法借用到狂草中，枯濃並用，將濃遂枯，運筆揮灑跳擲，怪偉跌宕，氣勢逼人。現存《杜甫詩卷》即是其狂草的代表作。

倪元璐字玉汝，號鴻室，浙江上虞人。學顏書，又自出新意。擅行、草，參以古隸，剛骨秀韻，超逸脫俗。代表作有《行草七絕詩》、《舞鶴賦》、《行書五律》、《行書七律》等傳世。

總之，明代書法早期盛行「館閣體」楷書，端莊秀整，又顯呆板拘謹，形成一種特有的書體形式，其餘風影響到清代中期。吳門地區號稱文、祝、王三家不遁臺閣之路，而上溯晉唐宋元，力標高格。其小楷力宗鍾、王，法度嚴謹，勁練工致，獨步書壇，蔚為大觀。其「狂草」運筆狂縱奔放，不拘繩墨，也流行一時，形成一種社會風尚。明代晚期至清初，以張瑞圖、黃道周等為代表力興新的書風，尚硬直轉角，結體扁方，形成新的書法格局。[13]

隨著書法藝術的發展，明代湧現出不少書法理論著作。因為這些書論著作不是出自書法名家之手，所以其論述多局限於形式，主要內容多是有關書體、結構、執筆、用筆、臨摹碑帖、書評等的闡述。書法史的論作主要有陶宗儀的《書史會要》、解縉的《春雨雜述》、李淳的《大字結構八十四法》、張紳的《法書通釋》、豐坊的《書訣》、項穆的《書法雅言》、趙宦光的《寒山帚談》、朱存理的《珊瑚木難》、趙琦美的《趙氏鐵網珊瑚》，等等。

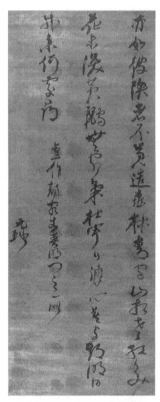

倪元璐《草書自書書軸》

《書史會要》九卷，陶宗儀著，是一部較為詳備的書法史著作。前八卷輯錄上古至元末能書者的小傳，卷九摘錄前人有關技法的理論，最後附以補遺。書中輯錄的重點是對書家的評判以及各種書體的流變，藉以表達作者自己的書法審美要求。他主張書法應具有嫵媚之姿而又不丟剛勁之氣。故此，他最重晉人秀逸清健的書風，這與元人的看法完全一致。此外，他還強調書如其人，以為書風、書品基於作書者的品行節義。

《春雨雜述》一卷，解縉著。內容包括學書法、草書評、評書、書學評說、書學傳授，等等。他認為書法之工來源於傳授和臨摹，強調師承與技法。就師承

---

13 參見楊仁愷主編：《中國書畫》。

而言，強調書法的傳授，「學書之法，非口傳心授，不得其門」，重視口傳心授的作用。就技法而言，強調要重視用筆與結構章法等，認為「書之美自鍾、王，其功在執筆用筆」，並具體論述了用筆的頓挫垂縮、虛實順逆，筆勢的動感力度以及字體的疏密奇正等問題，頗合藝術的辯證法。

《珊瑚木難》八卷，朱存理撰。這是明代私人鑒賞收藏家的一部書畫著錄。書中的著錄重在作者生平所見書畫碑帖名跡，不僅錄載書畫題跋、詩文著作，有些作品加有附記，而且還簡要記述其收藏處所。這種編纂形式體例為此前的書畫著錄所未見，後來的書畫著錄便大多仿效這種做法。雖然書中的編排次序、類別比較雜亂，但仍具有重要的文獻資料價值。

《書法雅言》一卷，項穆撰。因其父項元汴喜收藏書畫並精於鑒賞，他秉承家學，工於書學。全書分標書統、古今、辨體、形質、品格、資學等，凡十七篇，是一本體系明朗、條理清晰的書論名著。不過，作者評論前人書法，大抵尊崇晉唐而卑抑宋元，宗二王而排蘇、米，有失偏頗。

《寒山帚談》，趙宧光撰，分上下二卷，拾遺一卷，附錄一卷。上卷包括權輿、格調、學力、臨仿四目；下卷包括用材、評鑒、法書、義四目。全書所論大多本於作者自己對書法的認識，而不依傍前人陳論，也不為時人左右，因此觀點較為獨特新穎。由於趙氏精通《說文》，擅長篆書，又創草篆一體，所以書中所論便以篆為主。認為篆法為書之極則，篆書是介於古文與時人之書間的書體，古文太繁，時書太俗，而篆書上可以通古，下可以通時，掌握篆書便可通眾體。同時，書中還認為書法代降，由篆變隸，由隸變真，由真變草，愈出愈下，因而主張學書宜取法乎上，求其本源。此書對書論的創新之處，在於以運筆為主的格調論。認為運筆與結構相輔相成，二者相合，即能寫出成體的書法。而在運筆與結構兩者之中，後者更為重要。此外，在書法審美方面，作者崇尚潔淨精微，主張不用多餘的筆劃，並反對筆劃的挑剔掛角。

此外，董其昌的《畫禪室隨筆》也有許多評論他人和自抒心得的精到見解，對清初的書法影響頗大。

二、印章篆刻藝術

　　明代書畫藝術的繁榮，對同它們關係密切的印章篆刻的發展，無疑是個有力的推動。而理想印材的發現，又恰為篆刻藝術的發展提供了必要的條件。宋元時期的文人雖也曾積極參與印章篆刻的創作，但當時治印主要使用銅、玉材料，這些文人都缺乏加工銅、玉的能力，只能做些設計印稿的工作，而不能親自操刀篆刻。元末的畫家王冕發現了便於治印的花乳石，文人們便有了可以自篆自刻的理想材料，出現了文人無不研朱弄石的風尚。到明中期，文徵明長子、書畫家文彭與另一書畫名家何震，經過反覆探索，又發現另一種便於治印的燈光石，並積極加以推廣。於是有更多的文人參與印章篆刻，明中葉前後便形成了流派眾多的篆刻藝術。

　　文彭與何震的開拓性創造，奠定了文人畫家參與篆刻的格局，首先拉開了不同篆刻藝術流派標新立異的帷幕。文彭治印純正，何震精能，蘇宣雄強，朱簡險峻，江關雅妍，合稱明代五大家。明末的趙宦光、宋玉、僧慧壽、程邃等人的篆刻也各具特色。他們不但顯赫卓著於明代，而且給清代的篆刻以巨大而深遠的影響。

　　文彭字壽承，號三橋，善作書畫，篆刻的成就尤為突出，首開文人以石治印之先河。他精研「六書」，主張篆刻當以「六書」為準則，自篆自刻。其印作，以二方朱白文「文彭之印」最為著名。朱文「文彭之印」，印文用小篆筆意，筆勢圓轉秀麗，與元人朱文一脈相承，頗類元代趙孟頫「趙氏子昂」、「趙孟頫印」等朱文印。白文「文彭之印」，布局嚴謹，用刀率意，刀痕清晰，印文筆劃借邊，明顯反映了他在師承漢鑿印傳統方面的探索和努力。他認為，刻朱文印必須達到流利，令如春花舞雪；刻白文印必須做到沉凝，令如寒山積雪；落手處要大膽，令如壯士舞劍；收拾處要小心，令如美女拈針。文彭還是利用印章邊側鐫刻邊款的第一人。西泠印社所藏「琴罷倚松玩鶴」朱文印的款跋，純用雙刀法刻出，刀痕無跡可尋，筆勢飛動連綿，氣貫全局，非篆刻名家不能為。後人稱讚文彭的篆刻以「天韻旺」，並說：「自三橋以下，無不從斯籀，家家秦漢，猗歟盛

哉。」[14]文彭超越宋元印風直追秦漢的創作思維，影響並帶動了許多後來的印人，從而形成了篆刻藝術史上的第一個流派——「三橋派」，或稱「吳門派」。後來的歸昌世、李流芳、陳方言、顧聽等人，皆承其技法而都各有成就。

何震字主臣，號雪漁，安徽婺源（今屬江西）人。精通六書，能書善畫，尤工篆刻，是文彭之後最負盛名的篆刻家，與文彭合稱「文何」。何震一生精研篆刻，印作繁多，但留傳下來的極少。「聽鸝深處」、「雲中白鶴」、「沽酒聽鮫（漁）歌」、「吳之鯨印」、「蘭雪堂」等是其傳世的佳作。其中「聽鸝深處」一印，顯現漢印風貌，用刀以「沖」和「切」二法相結合，而以切刀法為主，運刀放縱潑辣，轉折筆內線任其破磔，產生渾厚蒼茫之韻。「雲中白鶴」一印，以沖刀為之，刀痕顯著，明快辛辣，風格與上印相近，只是「聽鸝深處」較為粗放，而「雲中白鶴」細勁瘦挺，且對角虛實回應。由此可知，他治印敢於嘗試新刀法，而且深得印面布局之妙。不僅如此，何震還一改印壇巨匠所用的雙刀法，以單刀刻邊款，刀法爽利，字體奇趣，攲斜錯落，跌宕自然。後人稱讚何震的印章：白文如晴霞散綺，玉樹臨風；朱文如荷花映水，文鴛戲波；所摹漢人急就章，如神鼇鼓波，雁陣驚寒。至於以切刀為之的粗白文玉印、滿白文爛銅印，盤虯屈曲之文，也各臻其妙。後人爭相效仿，形成了一個新流派「雪漁派」，又稱「徽派」。梁袠、吳忠、程原、程樸父子，就是此派的傳人。程氏父子曾精選何震刻原石一千餘方，摹刻後於天啟六年（1626 年）印成《忍草堂印選》一書傳世。

明代末年的篆刻名家還有以汪關為首的「婁東派」，以工整流麗、秀美雋永見長；以程邃為代表的「皖派」，以參合古文、離奇錯落著稱。他們發揮主觀能動性，革故鼎新，力變文彭、何震的風格，在印壇上異軍突起。

明代也湧現了一批有關篆刻藝術的論著。安徽休寧人朱簡撰寫的《印經》、《印章要論》以及《印品》等論著，闡述了篆刻藝術的理論、技巧，並對古印璽進行考證辨誤，很有獨到的見解。

---

14 朱簡：《印談》。

成熟的工藝美術

一、織繡印染

明代的絲、棉紡織業，無論是紡織工具還是紡織技術都達到新的高度，織物的品種較之元代更加豐富，湧現了許多色彩和圖案獨具特色的極具審美價值的產品。

明代絲織品中的錦緞，一般來說紋樣單純明快，氣魄豪放，色彩飽滿，講究對比。江浙一帶出產的明錦，以緞地起花，質地較厚，圖案花頭大，造型飽滿苴壯，故名「大錦」；其色彩瑰麗多姿，對比強烈，尤多使用金線，輝煌燦爛猶如天空之雲霞，故又稱「雲錦」。這種明錦是明朝宮廷的專用織品，多用於製作帳幔、鋪墊、服裝和裝裱等。其中，以織金緞和妝花緞最為名貴。織金緞是從元代的「納石失」，即「織金」錦緞發展而來的。它的圖案設計花滿地少，花紋全用金線織就，充分利用金線材料達到顯金的效果。妝花緞為明初新創，它將一般通梭織彩改成分段換色，以各色彩緯用「通經斷緯」的方法在緞地上「挖花妝彩」，故名妝花。它是明代織造工藝中最為複雜的品種，特點是用色多，可以無限制地配色，一件織物可以織出十幾種乃至二三十種顏色。而圖案的主體花紋又往往是通過兩個層次或三個層次的顏色來表現，色彩的變化十分豐富，非常精美

富麗，藝術性也最高。除妝花緞外，還有妝花羅、妝花綢、妝花絹、妝花錦等。據《天水冰山錄》記載，嘉靖年間內閣首輔嚴嵩倒臺後，僅從他家中抄出的妝花織物就有妝花紗、妝花雲紗、妝花補紗、妝花緞、織金妝花緞、妝花絹、織金妝花絹、妝花綢、妝花潞綢、妝花羅、織金妝花羅、妝花改機、妝花絲布、織金妝、花絲布、妝花雲布、妝花蕉布、妝花錦等十餘種名貴的錦緞。

蘇州產的錦緞是在唐代緯錦織造技術的基礎上發展起來的，是一種緯三重起花的重緯織錦。它質地薄，花紋細，多仿宋錦圖案和宋代建築的彩繪圖案，用色古雅，故稱「宋式錦」；主要圖案是在幾何紋骨架中添加各種團花或折枝小花，花頭較小，故又稱「小錦」。這種錦緞圖案古樸規整，色彩柔和文雅，常用於裝潢書畫，故又有「匣飾」之稱。

改機是弘治年間首先在福州出現的一種絲織物。它將原先與蘇州相同的兩層錦改為四層經線、兩層緯線的平紋提花織物。這種織物不僅質薄柔軟，色彩沉穩淡雅，而且兩面花紋相同。它有妝花、織金、兩色、閃色等各種品種，多用來作衣服與書畫的裝潢。現故宮博物院所保存的明代妝花胡桃錦，以及明定陵出土的白地落花流水上衣，都是此類織物。

絨是指表面帶有毛絨的一類絲織物。從明人《天水冰山錄》的記載看，明代已有織絨、妝花絨、緙絲絨、漳絨等品類。其中妝花絨又名漳緞，原產於福建漳州，它以貢緞的織物作地，多為杏黃、藍、紫色，而以妝花錦的圖案起絨，絨花則多為黑色、藍色。漳絨又名天鵝絨，是由前代絨圈錦發展而來，明代大量生產，它有暗花、五彩、金地等各種品種，常用來做炕毯和墊子。

明代緙絲技術有了進一步發展，不僅大量採用金線和孔雀羽毛，而且出現了雙

緙絲《瑤池集慶》圖軸

子緙絲法，可以隨織者的意圖安排畫面的粗細疏密，也可以隨題材內容的不同而變換織法，使織物更加層次分明，疏密有致，而富於裝飾性。緙絲的應用範圍也更加廣泛，除去傳統的畫軸、書法、冊頁、卷首、佛像、裱首之外，袍服、帳幔、椅披、桌圍、掛屏、坐墊、裝裱書畫等也無不採用，並出現了一些前所未見的巨幅製作，如《瑤池集慶》圖高達二百六十釐米，寬二百〇五釐米，《趙昌花卉》圖卷也長達二百四十四點五釐米，寬四十四釐米。

明代的刺繡技藝也取得了十分顯著的成就，並形成南繡和北繡兩大流派。南繡中最著名的是上海的顧繡，由明末上海露香園顧江海妾繆氏首創，而以顧江海侄壽潛妻韓希孟的作品最為有名。韓希孟的丈夫能詩善畫，她自己也善於鑒賞字畫，夫妻兩人都認為不能把刺繡作為衣物的裝飾品，而應該用它來製作純粹的藝術品。韓希孟於是認真總結前人針法的變化，歸納出平繡、刺繡、纏繡、金繡、內入繡、綴繡、組繡、環繡、芥子繡、髮繡十種針法，在刺繡時根據不同情況靈活加以運用，以加強其表現力。她以宋元名畫為稿本，參照現實所見加以融合，刺繡山水、人物、花鳥。由於其擘絲細過毛髮，針如毫，配色濃淡深淺猶如暈染，繡出的山水、人物、花鳥既富質感又有神韻，世稱其繡巧如畫，故有「畫繡」之稱。董其昌看了她的作品，讚不絕口，以為與趙子昂的畫作幾難分辨，是為一絕。除顧繡外，浙江的倪仁吉也是南繡的著名代表人物。她自小能詩善繡，成年後又長於書畫，以針代筆，所繡人物、走獸、花卉、翎毛無不精妙，「染色既工，運針無跡」，令人歎為觀止。傳世作品有《髮繡大士像》、《繡心經》、《五幅圖》、《種樹圖》等，製藝均精細工整。

松江布

明代的北繡又可分為魯繡與京繡兩種。魯繡是山東地區傳統工藝的精粹，多用撚線繡，質地堅牢，色彩濃麗，花紋蒼勁有力，具有強烈的裝飾效果。京繡又有灑線繡、打點繡、網繡、丁靈（即補花）等不同品種。其中的灑線繡，是用五彩拈線，在方目紗的質地上鋪繡而成的，現存故宮博物院的一件百花攢龍披肩袍料，就是此種刺繡的代表作品。

明代棉紡織業由江南向江北推廣，直至華北與遼東各地。棉布的品種不斷增加，僅松江一地所產的布就有龍墩、三梭、飛花（丁娘子布）、榮斑（印花）、斜文、紫花、眉織、番布（織花）、錦布、標布、扣布、稀布、雲布、絲布、漿紗布、衲布等多種。其中，龍墩布輕薄細軟，經過改進的雲布精美如花絨，三梭布薄而軟，丁娘子布光如銀，都是很受歡迎的精美織品。蘇州地方產的有藥斑、刮白、官機、縑絲、棋花、斜紋等品種。當地的織工，將不少絲織物的織造方法引入到了棉紡織中，使工藝更加精進。隨著織棉工藝的發達，印染技術也已大大提高。用豬胰等進行脫膠練帛和精煉棉布的方法，使得織物外觀的色澤更加柔和明亮，手感柔軟。這是在印染工藝中首次運用的生物化學技術。與此同時，由於配色、拼色工藝方法的進一步發展，顏料和染劑品種也較前有顯著的增加，據《天工開物・彰施》的記載，當時已能染製大紅、蓮紅、桃紅、銀紅、水紅、木紅、紫色、赫黃、金黃、茶褐、大紅官綠、豆綠、油綠、天青、葡萄青、蛋青、包頭青、毛青、翠藍、天藍、玄色、月白、草白、象牙、藕褐等四五十種顏色，色彩經久不變，鮮豔如新。不僅普遍流行單色澆花布，還能製作各色漿印花布。此外，邊陲地區的少數民族在紡織和印染技術方面也有相當的發展，如西北少數民族的地毯、壁毯、和田綢，西南少數民族的苗錦、侗錦、壯錦、土錦，苗族、布依族、土家族的蠟染等，均具有濃郁的地方風味和鮮明的民族審美特點，擁有強大的生命力。

二、陶瓷器

明代的陶瓷工藝，燒造技術明顯提高，釉彩、紋樣、造型等方面較前大為發展。不但瓷器的品種增多，除大量生產青花瓷器，還成功地燒出了各種彩瓷和顏色釉瓷器，而且各種仿古瓷器也有大量燒製。窯場遍布全國各地。景德鎮是全國製瓷業的中心，官窯、民窯數以千計，能生產不同風格的青花瓷器、各種彩瓷和顏色釉瓷，並且集中了最優秀的工匠，於是「至精至美之瓷，莫不出於景德鎮」，有「工匠來四方，器成天下走」之稱。

永樂、宣德時期是中國青花瓷器發展的黃金時代，以胎釉精細、青色濃豔、造型多樣、紋飾優美而著稱。器物品種除已有的盤、碗、洗、罐、高足碗、梅瓶、玉壺春瓶、僧帽壺外，還創造了雙耳折方瓶、天球瓶、壓手杯、雞心碗、八角燭臺、花澆等許多新的器型。造型一般都很規整，有些器物的造型明顯地受到西域文化的影響。相傳當時使用的青料是鄭和下西洋帶回的「蘇麻離青」[15]，它含錳量較低，可減少青色中的紫、紅色調，燒出鮮豔的青藍色，含鐵量又較高，往往會在青花部分出現黑色鐵斑。這樣，燒出的瓷器，色淺處如天藍，色深

青花海水雙龍紋瓷扁瓶

處似靛藍，鮮麗純正，而深重處的黑斑則閃爍出金屬般的光輝，使層次變得非常豐富，很有寫意水墨畫的意趣，成為後世難以模仿的珍品。現存故宮博物院的《海水行龍扁壺》、《松竹梅紋梅瓶》、《枇杷綬帶鳥盤》是其代表作。

成化、弘治時期的青花瓷器，因蘇麻離青料的斷絕，改用江西樂平出產的陂塘青（也叫平等青）。這種青料含鐵量少，燒出的瓷器沒有黑斑，也不那麼深厚豔麗，但淺淡柔和，色調幽雅清亮。器型也沒有永、宣時期那麼大，而以小件瓷器為主。胎質更加堅硬、細白，器壁向薄的方向發展，有的已近脫胎程度。到了正德時期，器型又開始向大的方向發展，胎骨也出現厚重的傾向，並出現了波斯文的裝飾。青料使用也趨複雜，除陂塘青外，還採用瑞州產的石子青和從雲南得到的回青。

從嘉靖到萬曆時期，回青料普遍用於官窯青花瓷器。這種青料氧化錳的含量較高，燒成後青花色澤藍中泛紅紫，甚為幽菁可愛。造型也更豐富，圖案方面為適應明世宗迷信道士方術的心理，出現了許多道教題材以及「福」、「壽」、「國泰民安」、「萬壽清年」等吉祥語。

---

15 王世懋：《窺天外乘》。

明代景德鎮民窯青花瓷器，無論從胎釉質量，還是從造型藝術上，都遠不如官窯。但明代官府禁止民窯燒造彩瓷，獨未禁青花瓷，因而其圖案裝飾題材更加廣泛多樣，手法也更加自由灑脫，筆墨疏簡而意境深邃。嘉靖時期，開始實行「官搭民燒」制度後，官民窯產品的差別才有所縮小。

彩瓷包括高溫彩和低溫彩兩種。以其與胎釉的關係劃分，又分為釉下彩和釉上彩，如鬥彩、五彩、黃地紅彩、紅地綠彩、黃地紫彩、黃地藍彩、黃地綠彩以及素三彩等多種。鬥彩是一種以釉下青花為主和釉上其他彩色拼合而成的瓷器，釉上釉下不同的彩色爭奇鬥豔，故稱「鬥彩」。又因彩繪方法的不同，又有點彩、填彩、覆彩、染彩、加彩等名稱。現存故宮博物院的鬥彩葡萄杯，是成化年間燒造的鬥彩精品之王。五彩是在鬥彩的基礎上發展起來的，有釉上的純粹五彩，有以釉下的青色與釉上多種彩色相結合的青花五彩。所謂五彩，是指多種顏色，並非實指五種顏色。五彩瓷器以嘉靖、萬曆時期的產品最負盛名，彩色濃豔，圖案花紋滿密，器型多種多樣，除常見的各式碗、盤、瓶類外，還有一些成型難度較大的方形器物，如方鬥栝、方盒等。在裝飾上，有雲龍、飛鳳、鴛鴦、蓮池、魚藻、人物、嬰戲等紋飾題材。黃地紅彩是明代產量極大的一種釉上彩瓷。其製作需要經過三次烘烤，先用高溫火燒製瓷胎，澆上黃釉，再用 850℃～900℃的高溫火燒成黃釉器，最後用鐵紅填畫所要的圖案花紋，以低溫火進行第三次烘烤。這種器物由於黃色在下，紅色在上，又稱「黃上紅」。紅地綠彩、黃地紫彩、黃地藍彩、黃地綠彩等製法也基本與此相同。素三彩是正德時期的新品種。它是一種與濃豔五彩色調相反的、以素色為主的釉上彩，主要特點是不用紅色，而以白、綠、黃等素色為主。故宮博物院所藏的素三彩海蟾洗，就是傳世正德素三彩的典型作品。此外，明代的單色釉瓷器不但有很大的發展，而且還出現了甜白彩、鮮紅釉、藍釉、孔雀綠釉以及低溫黃釉等新品種。

明宣德青花八仙紋蓋罐

明代青花和彩瓷的發展，使描畫逐漸取代以前的刻、劃、印花而成為主要的

裝飾手法。當時白瓷胎、釉質量的提高，又恰為發展彩繪裝飾創造了條件。因此，明代的瓷器裝飾便呈現一種繪畫化的發展趨勢。當時的彩繪瓷器，以圖案為主，有植物、動物、雲紋、回紋、八寶、八卦、錢文、瓔珞、錦地和梵文、波斯文字等，往往用一種或幾種動植物作為主題紋樣，輔以其他紋樣，便構成一幅完整而精美的圖案。有的瓷器，則直接在器物上繪製整幅的圖畫，如花卉圖、樂舞圖、人物故事圖、嬰戲圖，等等。特別是民窯生產的瓷器，匠人揮灑更加自由，某些花鳥、禽獸、魚蟲呈現一種大寫意的風格，只寥寥數筆，便神態畢現，頗有清代八大山人的意趣。

　　明代的陶器，以宜興生產的紫砂陶器、山西生產的琉璃器與法華器最為馳名。紫砂器是以質地細膩、含鐵量高的特殊陶土燒成的無釉細陶器，呈赤褐、淡黃或紫黑等色。紫砂器始燒於宋代，明正德、嘉靖年間的龔春，燒出「栗色、如古金鐵、敦龐周正」[16]的作品，極盡造型之美，從而將紫砂器的製作推進到一個新的境界。明中期，士大夫盛行飲茶之風，紫砂壺泡茶不走味、不變色、不發餿且氣味芬芳，因而大受歡迎。此後，紫砂藝人輩出，時朋與時大彬父子、董翰、趙梁、元暢、李茂林、李大芳、徐大泉、歐正春、邵文金、邵文銀、蔣伯、陳用卿、陳信卿、閭魯生、陳光甫、邵蓋、邵二蓀、周後等人都是製壺的高手。作為陶胎釉製品的琉璃器在明以前早已出現，明代獲得了更大的發展。它主要用作皇家的宮殿建築、陵墓照壁、宗教廟宇、佛塔供器及器具裝飾。山西大同市內現存洪武九年雕造的琉璃九龍壁，全長四十五點五米，高八米，就是明初琉璃的代表作。法華器在元代已經出現，明代繼續燒造。法華器的陶胎與琉璃器一樣，釉的配方也大體相同，但琉璃器用鉛做助熔劑，法華器則以牙硝為助熔劑。山西法華器，是一些具有特殊的裝飾效果和獨特民族風格的日用器皿，如小件的花瓶、香爐、動物等。

---

16 吳騫：《陽羨名陶錄》卷上。

三、金屬器皿與首飾

明代的金屬鑄造工藝，在元代基礎上繼續向前發展，其成就集中體現在金銀首飾、冶銅、宣德爐、景泰藍的製作工藝上。花絲工藝的出現，標誌著明代金銀首飾的製作的重大發展，明十三陵定陵出土的金冠、鳳冠和江西明益王墓出土的各種金銀飾品、纖巧精美的亭臺樓閣等，是這方面的代表作。永樂年間鑄造，現存於北京西直門外覺生寺（俗稱大鐘寺）的金剛華嚴鐘，則代表明代鑄銅工藝的高超水準。該鐘通高五點八米，重八萬四千餘斤，除鐘身內外鑄《華嚴經》、《金光明經》外，鐘的銑部還鑄有《金剛般若經》，總計達二十餘萬字，字跡雖係鑄成，但「點畫波捺楚楚，如碾如刻，復如書楷」[17]，字體典雅嚴謹，端莊秀媚。這是中國現存最大的一口銅鐘。

宣德爐是明廷祭祀與陳設用的小型銅香爐。據《宣德鼎彝譜》記載，宣德時因郊廟所用彝鼎不合古式，明宣宗命工部參照古籍圖書和歷代銅器、瓷器的器形、紋樣，重新創造出一批銅香爐，後稱「宣德爐」。據載它是以日本、暹羅、印度、三佛齊（今印尼）、勃泥（今馬來西亞）、琉球等地的銅、鉛、錫以及　砂、紫、胭脂石、安瀾砂等原料經過十二煉後製成的。其色澤依配料的比例、冶煉的溫度及時間而有所不同，大約有近百種顏色，較多的是栗色、茄色、棠梨色、褐色、藏經色以及鎏金

宣德雲紋銅熏爐

等。史稱「宣德爐最妙在色，其色內融，從暗淡中發奇光」。又說它：「妙在寶色，內涵珠光，外觀淡淡穆穆，而玉毫金栗，隱躍於膚裡之間。」它充分展示了金屬的色澤之美，是明代金屬工藝製作所取得的輝煌成就之一。

景泰藍即是銅胎掐絲琺瑯。掐絲琺瑯的製作工藝源出波斯，後傳至阿拉伯，

17 劉侗、于奕正：《帝京景物略》卷五。

八世紀左右傳入中國。明代的掐絲琺瑯就是在這個基礎上發展起來的。現存最早的實物是宣德時的，因景泰年間燒製的最多最好，多以藍色作為地色，故名「景泰藍」。它主要是把細而薄的金屬絲掐成所需要的花紋圖案輪廓，焊在金屬胎上，然後填以各種顏色的琺瑯彩料，經反覆燒製、打磨、鍍金而成。宣德時期的景泰藍，銅胎厚重，加工細膩，呈橙黃色，紋飾簡練，掐絲茁壯，流暢自然，多用單線勾勒，釉料飽滿，色調鮮明，常以天藍色為地，外加紅、黃、白、綠等花色。器型有爐、瓶、盒、盤、熏爐以及仿古的觚、尊等。景泰時掐絲琺瑯工藝進一步得到發展，器型增大，紋飾也更豐富多彩，增加了菊花、葡萄、火焰、雲紋、獅子戲球、龍戲珠、夔龍、鳳、樓臺、山水、花鳥等新紋樣。釉色除了天藍、寶藍、紅、淺綠、深綠、白等宣德時已有的顏料外，還增加了葡萄紫、翠藍、紫紅等色。這一時期的器物，其掐絲之嫻熟整齊，磨光之細潤，料色之柔媚光亮，鍍金之勻實，都堪稱是有明一代最高水準之代表。嘉靖、萬曆以後，景泰藍的造型、紋飾、釉色又有新的發展與特色。

銅胎掐絲琺瑯魚藻紋高足碗

四、漆器、雕漆與《髹飾錄》

　　明代的官辦漆藝和民間漆藝都有較大發展，主要成就有雕漆、鑲嵌漆、彩漆、洋漆、填漆、戧金漆等。

　　雕漆是在木、銅等胎上塗彩色大漆，多達幾十道至上百道，待其達到一定厚度，再用刀雕鏤紋樣，最後烘乾，磨光。因漆色不同又可分為剔紅、剔黃、剔綠、剔黑、剔犀、剔彩等多種。明雕漆以北京宮廷漆藝作坊果園廠雕漆為代表，以剔紅為主，器型多為盤、盒、瓶、罐等小型器皿，也有櫥

剔彩林檎雙鸝圓盒

櫃、屏風等大件傢俱，紋樣主要有山水、人物、花果、飛禽等。前期以浙江嘉興的雕漆藝人最為著名，朝廷從當地召入果園廠為皇家服務，他們中的著名雕漆藝人有張德剛、倉亮等；作品的特點是漆層渾厚，漆色紅亮，又注重磨工，邊角圓潤，藏鋒不露，渾厚沉穩。故宮博物院所藏《剔紅牡丹孔雀紋大盤》、《剔紅玉蘭花盒》、《剔紅葡萄橢圓盤》，都是這個時期的代表作。嘉靖時期，朝廷又徵調大批雲南大理漆匠入果園廠，雕漆的風格為之一變，特點是漆色紫紅深褐無亮光，刀法細膩，不加磨工，刻痕顯露。著名的藝人有黃成、楊清仲等。黃成在總結前人經驗和自己漆工技藝的基礎上，寫成了《髹飾錄》一書，分乾、坤兩集，共有利用、楷法、質色、紋䰄、罩明、描飾、填嵌、陽織、堆起、雕鏤、戧劃、斒斕、復飾、紋間、裏衣、單素、質法、尚古十八章。內容分為四大部分：第一部分介紹漆器原材料的性能和品種，以及製作漆器的主要工具；第二部分總結歷代髹漆經驗，指出許多應予防止的弊病；第三部分著重介紹裝飾方法，將製作與裝飾概括為十四類一百三十多種，具體而明確；第四部分詳述胎骨的種類、性質和做法，同時結合遺物，對古代雕漆作品中胎骨的優缺點逐一作出中肯的評價。《髹飾錄》在天啟年間刊刻，嘉興漆藝大師楊清仲又為之作注。這為後人進行漆藝創作開闢了更為廣闊的道路。

明代的鑲嵌漆器主要有螺鈿和百寶嵌。螺鈿漆器是在漆面上刻花紋，然後填嵌螺鈿等物。這類漆器又據螺鈿的厚薄分為厚螺鈿和薄螺鈿兩種。在明代，薄螺鈿器的刻製較為流行，以明末揚州匠師江千里所製的螺鈿鑲嵌最有名，《嵌螺鈿金銀片長方盒》及《山水人物螺鈿金片圓盆》就是其代表作，時有「家家杯盤江千里」之說。百寶嵌又名「周製」，據傳是明末姓周的匠人始創的。以金、銀、珊瑚、琥珀、寶石、珍珠、碧玉、翡翠、水晶、玻璃、螺鈿、玳瑁、象牙、犀角之類鐫刻鑲嵌在彩色漆地上，名貴異常。大至屏風、桌椅、窗檻、書架，小則筆床、茶具、硯匣、書箱，「五色陸離，難以形容」。

彩漆又稱描漆，是在各色漆地上施以彩繪。明代的彩漆，有時還同時使用螺鈿技法，使一件器物上具備三種不同的花紋。故宮博物院所藏明代《彩漆雕填漢宮春曉六曲屏風》一座，頗有工筆重彩之美，就是這方面的代表作。

嘉靖款龍鳳填漆方勝式盒

洋漆又名描金或泥金漆法，即在漆地上加描金紋的做法，在日本稱為蒔繪。這種漆器中國在戰國時即已出現，唐代傳至日本，日本工匠又加以發展。據傳明宣德年間曾派漆工楊某到日本學習此種漆法，其子楊塤加以繼承發展，於是描金漆又重新在中國流行起來。故宮博物院藏有一對明萬曆款龍紋黑漆藥櫃，就是明代描金漆器的典型器物。

填漆是先在漆器表面雕刻陰線紋飾，填入與地子不同的色漆，再經磨平而成，費工而華美。明代的填漆工藝，又分為磨顯填漆、鏤嵌填漆、綺紋填漆、刻絲填漆、彰髹（又名斑紋填漆）和犀皮等多種。還有在刻後的紋飾中填入金粉或銀粉，即使用戧金、戧銀工藝的，其作品更顯富麗堂皇，雍容華貴。

五、傢俱製作工藝

明代傢俱，又稱「明式傢俱」，在繼承宋代傳統的基礎上，形成自己獨特的風格，成為中國傢俱史上的一個高峰。明式傢俱的生產遍及全國各地，但主要產地是以蘇州為中心的江南地區。明式傢俱多採用南洋進口或南方出產的黃花梨、紫檀木、紅木、鐵力木、杞梓木、櫸木等質地堅硬、紋理密緻、色澤幽潤、花紋精美的優質硬木製造，也有用楠、樟、榆、胡桃之類的硬雜木製造的，故又稱硬木傢俱。硬木堅實而名貴，用料少而精，具有輕巧挺拔、簡潔明快的特點。硬木傢俱種類繁多，按使用功能大體可分為椅凳類、幾案類、櫥櫃類、床榻類、臺架類、屏風

黃花梨木玫瑰式椅

類六種。按造型構件又可分為束腰和無束腰兩大體系。全不用釘，一般採用榫卯形式，主要有龍鳳榫加穿帶、攢邊打槽裝板、夾頭榫、擇肩榫、走馬銷等手法。在製作時，除了考慮到日常生活的需要外，還特別注意到與建築物相配套。一些輔助性的構件，又多施以浮雕、透雕、圓雕及線刻等技法，雕飾的題材十分廣泛，有龍鳳、獅鹿、麒麟等動物紋，也有卷草、牡丹、竹梅等植物紋，還有如意雲頭紋、水紋、火焰紋和幾何紋樣。有時還用螺鈿嵌及百寶嵌等方法在傢俱上加上各種飾件。表面一般施蠟而不塗漆，以顯露肌理樸素的美感。

明式傢俱設計簡練，結構合理，做工精巧，造型優美，風格典雅，達到實用性與藝術性的統一，具有鮮明的時代特色。

六、雕琢工藝品與文房用具

明代以觀賞和裝飾為主要目的的雕琢工藝，包括玉石、象牙、竹子、樹根、果核、骨、角等雕琢工藝，也達到前所未有的水準，並形成各種不同風格的流派。

玉雕工藝主要集中在北京、蘇州、揚州等地，產品多為生活用的器碗、杯、盤、壺，陳設用的花插，文房用具，佩飾用的玉帶、髮簪、手鐲、串珠、項鏈以及一些仿古器如瓶、爐、觚、鼎、觥等器物。早期的雕琢工藝紋飾較為簡練，渾厚圓潤，到晚期則趨向玲瓏剔透、華貴繁縟，有的還與嵌金銀、漆器、琺瑯等相結合，更加豪華精緻。蘇州名匠陸子岡的作品，堪稱琢玉工藝的傑作。故宮博物院保存的陸子岡的青玉嬰戲紋執壺、青玉合巹杯、青玉山水人物紋方盒、茶晶梅花花插，造型規整，器型多變，圖案設計巧妙。他常常將立雕、鏤雕、剔地陽文、淺浮雕和陰線

德化窯達摩像

雕等多種技法綜合運用於同一件器物，表現出極為高超的技藝，故史稱「陸子岡治玉」為「吳中絕技」。

竹雕工藝盛行於江南民間，明末形成了金陵、嘉定兩個流派。嘉定派為朱鶴首創，他擅長文學，又善繪畫，在竹刻中以筆法行刀法，極富創造性。其子朱纓、孫朱稚征皆精於竹刻。朱鶴祖孫三人便成為嘉定派的代表，作品以刻藝工整、章法新穎取勝。金陵派為濮澄（仲謙）所創，以技法簡樸著稱，李文浦也是此中的高手。金陵派往往選用盤根錯節的竹根，取其天然形態，略作刮磨，只需勾勒數刀即宛然成器，以古雅樸實見長。此外，明代的木雕、核雕、根雕、牙雕等工藝，也多仿竹雕。

以紙墨筆硯為主的文房用具的製作，明代也逐漸由前代的注重實用轉向工藝化、裝飾化、陳設化和觀賞化。造紙業在恢復傳統工藝的同時，還研製出了與宣德爐、宣德瓷一樣齊名的宣德貢箋、灑金箋、松江潭箋、羅紋紙、大紅銷金箋等加工紙，供內廷使用。傳統的以石墨和煙墨為主的製墨工藝，已被油煙墨所代替。這種墨不僅「堅而有光，黝而能潤，舐筆不膠，入紙不暈」，而且裝飾也很精美。徽州的歙縣和休寧成為主要的製墨中心，先後湧現了方正、邵格爾、程君房、方于魯等一批製墨名家。與紙墨的發展趨勢相一致，製硯工藝也向玩賞性的方向發展，不但重視石質的自然美，而且更注意石硯的造型與雕飾。或隨石之形體略加修飾使其具備渾樸天然之趣，或精雕細刻使其有巧奪天工之美。廣東肇慶所產的端硯與安徽歙縣所產的歙硯，在當時最負盛名。此外，松花江流域的松花石硯，蘇州的澄泥硯，以及用甘肅洮河石、湖南菊花石、山東紅絲石等製成的各種硯，也很有名。此外，在製筆工藝方面也特別重視毛筆的選材和裝飾性。筆桿除用竹外，也有用玉石、象牙、硬木製作的，而且還在上面加上雕刻、鑲嵌、髹飾、彩繪，呈現出各種精美的圖案紋飾。

第四節 ·

戲曲與樂舞

一、戲曲藝術

　　明代戲曲的主要形式，仍然是雜劇與南戲。但與元代相比，明代的雜劇和南戲從形式到內容都已發生了重大的變化。總的發展趨勢，是北曲雜劇日漸衰微，而南曲戲文卻日漸興盛，並形成了以南曲為骨幹而兼採北曲的新的戲曲體制——傳奇。由於人數眾多的文士的參與，傳奇藝術集古典戲曲之大成，在嘉、萬之間出現了兩次發展的高潮。

　　明代初年，元雜劇仍在劇壇流行，出現了不少雜劇作者，但其作品大多取材於神仙釋道，宣揚封建禮教，從內容和文辭俱不足觀。如周王朱有燉所寫的《牡丹仙》等三十多種雜劇，雖音律和諧，但內容卻極其貧乏。到明中期，南戲逐漸興盛，雜劇的創作受其影響，也出現了一些優秀的作家和作品。如王九思的《沽酒遊春》借杜甫斥責權奸李林甫的故事鞭撻現實政治的黑暗，康海的《中山狼》借東郭先生不講原則的仁慈對溫情主義作了辛辣的諷刺。而徐渭由《漁陽弄》、《翠鄉夢》、《雌木蘭》、《女狀元》四個雜劇所組成的《四聲猿》，不僅蘊涵著民主進步的思想內容，而且充滿著「怒龍挾雨，騰躍霄漢」般的激情。此外，王衡的《鬱輪袍》、徐復祚的《一文錢》和孟稱舜的《桃花人面》等，也都是雜劇的

優秀之作。

在北曲雜劇盛行的同時，南戲一直在民間流傳，保持質樸的特色。到了成化、弘治年間，由於地域的不同與觀眾成分的差異，逐漸形成不同的聲腔，並日漸興盛起來。據徐渭《南詞敘錄》說：「今唱家稱弋陽腔，則出於江西，兩京、湖南、閩、廣用之。稱餘姚腔者，出於會稽，常、潤、池、太、揚、徐用之。稱海鹽腔者，嘉、湖、溫、臺用之。惟昆山腔止行於吳中，流麗悠遠，出乎三腔之上，聽之最足蕩人。」沈寵綏在《度曲須知》中指出：「詞既南，凡腔調與字面俱南，字則宗洪武而兼祖中州；腔則有海鹽、義烏、弋陽、青陽、四平、樂平、太子之殊。」可見在嘉靖以前，南戲的各種聲腔已經並存，並且已走出其發源地而四處流播。其中，尤以弋陽腔、海鹽腔、餘姚腔和昆山腔的影響最大。這些聲腔都具有「劇種」的意義。隨著南戲諸腔的大盛，北曲雜劇漸成衰落之勢。

南曲真正高潮的到來，與魏良輔全面改革昆山腔的成功有直接的關係。魏良輔，字尚泉，豫章（今江西南昌）人，寄居太倉南關，熟諳南北曲，他「憤南曲之訛陋」，決心加以改革。嘉靖年間，他在善唱北曲的張野塘、笛師謝林泉、老作曲家過雲適的協助下，吸收海鹽、弋陽各腔之長，以及江南民歌小調的某些精華，並融合北曲的演唱技巧和結構嚴謹的藝術成果，對流行於昆山一帶的唱腔進行改造，形成一種耳目一新的昆山腔。新變昆腔在咬字發音上，富有字頭、字腹、字尾、開口、閉口、鼻音等種種技巧，喉轉聲音像蠶絲一樣的輕柔婉轉，並兼有弋陽、海鹽、北曲的韻味，成為一種舒徐淒婉的全新腔，稱「水磨調」，引起民間藝人和士大夫的重視，起而效之者甚眾，「而北詞幾廢」[18]。不過，改革後的昆山腔當時還只停留在清唱階段，尚未登上戲曲舞臺。後來，音樂造詣很深的昆山人梁辰魚，率先運用新變昆腔演唱他所創作的《浣紗記》，將昆山腔變成一種戲曲聲腔，從而刺激了戲曲創作的發展。隨後，便湧現出了《玉玦記》、《紅拂記》、《祝髮記》、《玉合記》、《香囊記》、《明珠記》等一大批昆腔劇作，掀起了明中葉以後的第一個戲劇高潮。從此，昆山腔日益走向成熟，逐漸形成流派，

---

18 沈德符：《顧曲雜言》。

並取代雜劇占據劇壇的主流地位。當時人便將這種新發展起來的戲曲形式稱為傳奇。

萬曆至明末，是明傳奇的黃金時期。此時的戲文創作，在體制上發生了巨大變化，劇本結構更趨精密化，曲調組織也更加規範化。至此，昆山腔已占據統治地位，成為「官腔」一類。許多文人才子紛紛參與劇本的創作，產生了大量的傳奇劇本，並糾正了明初戲曲創作宣揚封建禮教的風氣，出現了許多描寫當時政治鬥爭的作品，即使是描寫愛情的作品也往往把愛情與政治結合起來，有的批判封建禮教，有的以情反理，表現了進步的思想傾向。在藝術上，出現了一些重要的流派，體制形式靈活多樣，情節結構有一些新的特點，浪漫主義的創作方法得到了新的發展。

湯顯祖像

明晚期的傳奇創作，出現了三大流派，即臨川派、昆山派和吳江派。他們的劇作和論爭，掀起了明代後期的第二個戲曲高潮。

臨川派的代表人物是湯顯祖。湯顯祖（1550-1616 年），字義仍，號海若、若士，江西臨川人。早年即有文名，萬曆十一年（1583 年）中進士，歷任南京太常寺博士、禮部主事。萬曆十九年因上《論輔臣科臣疏》，抨擊大學士申時行，兼涉皇帝失政，被降職為廣東徐聞典史。萬曆二十一年升浙江遂昌知縣。在任時關心民間疾苦，又不依附權貴而被劾，於萬曆二十六年（1598 年）棄官歸隱，三年後被免職，此後即在自建的「玉茗堂」內專事戲曲創作，不再出仕。他早年曾從泰州學派羅汝芳讀書，後又受李贄與僧人達觀的影響，並與袁宏道、沈懋學、屠隆、徐渭等人相友善。文藝思想重性靈反對復古摹擬，重內容反對格律

束縛，認為戲曲創作應「以意趣神色為主」。他的劇作對封建禮教和當時黑暗的政治進行了暴露和抨擊，在曲律方面也有突破南北曲舊格律之處，對當時和後來的戲曲創作產生了很大的影響。他最著名的劇作是《玉茗堂四夢》即《臨川四夢》：《紫荊記》、《還魂記》、《南柯記》和《邯鄲記》。其中，《還魂記》又稱《牡丹亭》，通過杜麗娘和柳夢梅因情生夢，因夢相思而死，終又死而復生的故事，表現了青年男女對美好愛情的追求。作品以情反理，暴露了理的虛偽和殘酷，反映了爭取個性解放的時代思想。這部浪漫主義的傑作，充分體現了湯顯祖的思想、藝術主張，是臨川派的最高典範，也是中國戲曲史上的一個光輝的高峰。

昆山派的代表人物有鄭若庸、梁辰魚、屠隆、張鳳翼等。這一派的主要特點是追求文字的典雅工麗，連對白也寫得像駢文。

吳江派的代表是沈璟，他主張戲曲創作要使用樸素的本色語言，反對雕琢辭藻，同時主張作曲應以合律為第一義，並對音律提出了嚴格要求，把傳奇格律定型化。這對南戲由無途徑的較自由的寫作轉向定型成譜寫作有一定的

湯顯祖著作

積極意義。但過於講求聲律，對內容就不能不有所束縛，故其創作成就並不很高。

明末較有成就的傳奇作家是李玉與阮大鋮。李玉出身低微，崇禎時曾經中舉，明亡後隱居吳縣家鄉，從事戲曲研究，並創作了三十餘種傳奇。其中的《一捧雪》無情地暴露嚴世蕃的奸惡，表彰戚繼光的正義，《占花魁》表現了賣油郎對愛情的真誠態度和下層人民忠厚質樸的本質，思想內容與藝術成就都較高。阮大鋮，萬曆進士，曾任南明弘光政權兵部尚書，明亡後降清。他屬臨江派，曾創作了九部傳奇作品。其中以《燕子磯》最為有名，全劇描寫書生霍都梁和妓女華行雲、官家小姐酈飛雲之間的愛情故事，情節曲折，曲詞優美，對清代的傳奇創作曾產生一定的影響。

受昆腔傳奇劇作空前繁盛的影響，明代的不少地方劇種也呈現發展勢頭。不

但潮劇、瓊劇、越調、豫劇、贛劇、花鼓戲、秦腔、西府秦腔、同州梆子、藏劇、滇劇、桂劇、東河戲、徽劇、紹劇、上黨梆子、昆劇等爭奇鬥豔，而且木偶戲和皮影戲也有了長足的發展，湧現出許多不同的風格和流派。有些劇種，還隨著海上交通的發展和中外文化的交流，流傳到了域外。

在明代戲曲發展的過程中，還湧現出許多戲曲的曲譜與戲曲藝術的研究著作。主要的作品有：《太和正音譜》，也叫《北雅》，朱權編，成書於洪武三十一年（1398 年）。全書二卷八章，是現存最早的北曲雜劇曲譜的記載，對明代戲曲文學理論、戲曲音樂理論和戲曲史料也有涉及。《南詞敘錄》，徐渭著，專門論述南戲的源流和發展，評價作家和作品，並附有宋、元、明南戲作品目錄和對一些角色和戲曲術語的解釋。《曲律》，魏良輔撰，扼要闡述了昆腔在字、腔、板、眼各方面的練唱技藝和南北曲唱法的區別。後來，他將《曲律》改為《南詞引正》再版，增加了當時各種聲腔流派的論述等內容。此外，萬曆年間王驥德也著有《曲律》一書，全面論述了南北曲的源流、宮調、作曲和唱曲方法，兼及劇本結構、情節、賓白、科諢等內容，並收有雜劇、傳奇、散曲等作品的評論，多發前人未發，稱得上是一部全面的、系統的、獨創性的探討戲曲理論的專著。《遠山堂曲品劇品》，祁彪佳撰，包括《遠山堂曲品》和《遠山堂劇品》兩個部分。《曲品》收有傳奇劇碼四百六十七種，分妙、雅、逸、豔、能、具六個品級。現存五品，其中雅品三十種，逸品二十六種，豔品二十種，能品二百一十七種，具品一百二十七種。《劇品》收錄雜劇劇碼二百四十二種，也分六品。此書是明代著錄明代雜劇的唯一專著，具有極其珍貴的文獻參考價值。

此外，明代還有一些琴譜和琴論的專著。主要有：《太古大全集》，原名《太古遺音》，後又更名為《琴苑須知》，宋代田藝翁輯，明初袁均哲注，原刊於永樂十一年（1413 年），是現存最早的一部琴論專著。《太音大全集》，朱權輯錄，共六卷。書中詳論琴的製造、鑒藏方法、琴制形式、彈琴手勢、彈琴指法、記譜方法等，並附有練習曲。書中還保存了不少唐宋時期琴論的有關資料。《神奇秘譜》，也是朱權輯錄的。共三卷，錄載四十八首琴曲。上卷為「太古神品」，錄載十六曲；中卷、下卷稱為「霞外神品」，錄載四十八曲。曲前多有解題，介紹有關該樂曲的源流、內容等資料。其中「太古神品」多是唐宋時期傳世的曲譜，

有《廣陵散》、《高山》、《流水》、《酒狂》、《小胡笳》等。「霞外神品」則大多是宋元間流傳較廣的琴曲。琴譜的刊行，朱權具有首開端緒之功。《西麓堂琴統》，汪芝輯，成於嘉靖二十八年（1549年），收錄了自宋以來的琴曲一百七十首，是明代收曲最多而且獨具特點的一部曲譜集。《琴書大全》，蔣克謙輯，萬曆十八年（1590年）成書，全書共二十二卷，其中前二十卷收錄古代的琴學文獻，餘下二卷為琴譜。《松弦館琴譜》，由琴川派創始人嚴呇編訂，是琴川派即虞山派的代表性琴譜。曾多次再版，被當時及後世許多琴家奉為正宗。此外，紹興派的琴師尹爾韜、張岱等，還編有琴譜《徽言秘旨》、《徽言秘旨訂》等。

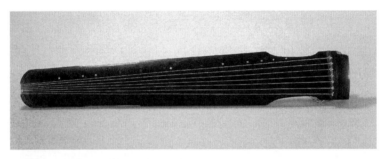

弘治御製琴

二、民間歌曲、曲藝和舞蹈

明代是民間文藝發展繁榮的時代。民間歌曲在這時特別是明中期以後獲得了新的發展，大量的山歌和俗曲在城鄉人民口頭中廣泛傳唱。這些民歌以豐富的想

像、熾熱的感情、生動的語言和白描的手法，表達了人民群眾反對封建禮教、暴露黑暗政治、追求婚姻自由、歌頌堅貞愛情的思想內容，具有強烈的藝術感染力。如《山歌·月上》：

約郎約到月上時，

那亨月上子山頭弗見渠。

唔弗知奴處山低月上得早，

唔弗知郎處山高月上得遲？

短短四句，通過淳樸的想像，就將一位等待情人的姑娘那種天真的性格和真摯的感情鮮明地表現出來，真可謂是「天然去雕飾」，這是當時那些正宗詩文所無法相比的。因此，它具有強大的生命力，不僅深受人民的歡迎，而且也受到不少文人的重視和推崇，認為民歌「出諸里巷婦女之口者，情詞婉曲，自非後世詩人墨客操觚染翰，刻骨流血所能及者」[19]。甚至說：「我明詩讓唐，詞讓宋，曲又讓元；庶幾《吳歌》、《掛枝兒》、《羅江怨》、《打棗杆》、《銀鉸絲》之類，為我明一絕耳。」[20]不少文人也運用民歌的形式進行寫作，並搜集民歌，彙集刊行，如金臺魯氏刊行的《四季五更駐雲飛》，馮夢龍編輯的《掛枝兒》、《山歌》，醉月子選輯的《新鐫雅俗同觀掛枝兒》、《新鋟千家詩吳歌》等，為保存中國民間文學的優秀作品做出了積極的貢獻。

適應商品經濟的發展和市民生活的需要，牌子曲、彈詞、道情、琴書、俗曲、鼓詞一類的曲藝也很興盛，並因地域的不同形成各種不同的風格。源於元代的彈詞，明代中葉在江浙一帶極為盛行，有《玉蜻蜓》、《珍珠塔》、《三笑》等作品，內容多是才子佳人或私訂終身反抗禮教的故事。楊慎編寫的《二十一史彈詞》，就是這一時期流行的彈詞作品集。源於唐代、以道教故事為題材的道曲，明代中葉也廣為傳唱，遍及大江南北。南方的道情以七言唱句為主，並結合各地

---

19 《李開先集·一笑散》。
20 陳宏緒：《寒夜錄》引。

語言而形成不同的地方曲種，在浙江有義烏道情、金華道情；在江西有寧都道情、南昌道情；有些地方則稱道情為「漁鼓」，有湖南漁鼓、湖北漁鼓、陝南漁鼓和廣西漁鼓等。俗曲在民間也廣為流行，並發展成為許多曲藝種類和地方戲曲。鼓詞在北方也廣為流行，有西河大鼓、梨花大鼓、京韻大鼓等。此外，由民間小曲組合起來的套曲以及以揚琴為主要伴奏樂器的琴書，也在南北許多地區流行。

明代由於封建禮教的束縛以及戲曲的興起，許多傳統的舞蹈藝術被吸收融合到戲曲和地方戲中，成為它們的有機組成部分。獨立的舞蹈藝術逐漸走向衰落，既沒有專業的舞蹈演出團體，也很少有專業的舞蹈藝人。純粹的舞蹈演出成為年節喜慶時民間的一種自娛活動。慶豐收、祈豐年、敬神、驅鬼魅，人們歌舞為儀，覓愛情、娶新娘、求子嗣、送長者，也表演歌舞助興。張岱在《陶庵夢憶》中曾說：正月十五的傳統燈節，「燈不演劇則燈意不酣，然無隊舞鼓吹，則燈焰不發」。袁宏道的《迎春歌》，曾以生動的筆觸，描寫江南一帶春節期間的盛大歌舞遊樂活動。

採蓮盤上玉作幢，歌童毛女白雙雙。

梨園舊樂三千部，蘇州新譜十三腔。

假面胡頭跳如虎，窄衫繡褲槌大鼓。

金蟒纏身神鬼妝，白衣合掌觀音舞。

觀者如山錦相屬，雜遝誰分絲與肉。

一路香風吹笑聲，千里紅紗遮醉玉。

青蓮衫子藕荷裳，透額垂鬒淡淡妝。

拾得青條誇姊妹，袖來瓜子擲兒郎。

急管繁弦又一時，千門楊柳破青枝……

明代流傳的民間舞蹈種類很多，有《龍燈》、《獅舞》、《秧歌》等。姚旅《露書》記載了在山西洪洞曾見到手執檀板，舞起來猶如「飛花著身」的《花板舞》；有手執小涼傘，隨著音樂節奏而舞的《涼傘舞》等。在福建民間至今流行的《大鼓涼傘》舞，據傳起源於明代民族英雄戚繼光在抗倭鬥爭中的擊鼓助戰。《英歌舞》是至今仍流傳於廣東、福建一帶的民間武舞，舞姿英武矯健，動作乾脆有力，節奏強烈鮮明，表現了農民起義軍的英雄氣概。據傳《跳五猖》，也是起源於明代的一種祭神假面舞蹈。安徽的《花鼓燈》和湖南的《地花鼓》，也是源出明代的民間舞蹈。在明代的美術作品中，也保存了許多極富生活氣息的民間舞蹈形象。如南京博物館藏的明代青花墩子碗上即繪有《竹馬舞》、《雙人袖舞》、《扁鼓舞》，遼寧鞍山明墓出土的玉石佩飾上也繪有《細腰鼓舞》等。

歷史悠久、傳統深厚的邊疆少數民族舞蹈藝術，在明代也競放異彩。據明初李思聰、錢古訓所撰《百夷傳》的記載，百夷宴會時要奏樂歌舞。樂分三種：一是《大百夷樂》，主要仿效中原樂舞體制，用琵琶、胡琴、箏、笛、響之類樂器伴奏；二是《緬樂》，即緬甸風格的樂舞，樂器用笙、阮、排簫、箜篌、琵琶等，人們一邊拍手，一邊歌舞；三是《車里樂》，這是當地的民族樂舞，用銅鐃、銅鼓、響板，用手拊擊的大小長皮鼓等樂器伴奏。此外，西南許多少數民族還喜愛「舞子」及蘆笙舞。明人鄺露的《赤雅》一書，也生動記載了粵西瑤族祭槃瓠的歌舞儀式以及《銅鼓舞》的情況，顧炎武《天下郡國利病書》則記述了瑤區的長鼓和《長鼓舞》。西藏寺院的壁畫描繪了一些明代藏族的舞蹈場面，如大昭寺「慶典圖」中的《犛牛舞》，與今日西藏流行的《犛牛舞》是一脈相承的。還有頭戴面具、動作粗獷豪壯的面具舞（羌姆）形象。藏族的《鍋莊舞》也頗有民族特色。新疆自古以來就有「歌舞之鄉」的美譽。居住在那裡的維吾爾、哈薩克、塔吉克、烏孜別克及其他民族，創造了燦爛多姿的樂舞文化。維吾爾族傳統的大型歌舞曲《十二木卡姆》，包括古典敘誦歌曲、民間敘事組歌、舞蹈組曲、即興樂曲等三百四十多首，其中相當數量的歌舞曲是明代的作品。十九世紀中葉成書的毛拉·伊斯木吐拉《藝人簡史》，記載了十七位元著名的歌舞藝人，明代就擁有六位。此外，僮族的《扁擔舞》、高山族的《杵舞》、黎族的《錢鈴雙刀舞》、彝族的《阿細跳月》以及蒙古族的許多舞蹈，都在明代形成或廣泛傳播，與漢族的民間樂舞交映生輝。

三、十二平均律的創建

宋元以來，中國音樂藝術的發展出現了新的局面。宮廷的雅樂更加衰微，民間的音樂日趨繁盛。到明中期，隨著商品經濟的繁榮，資本主義萌芽的出現，大量農村人口流入城市，出現了大大小小的手工工廠，民間的歌舞、戲曲也進入勾欄瓦舍、市井廟會，得到廣泛的流傳和發展。民間的山歌流入城市後，逐步發展成為以樂器伴奏的小曲，又由小曲發展為能夠演唱多種調式的套曲。歌舞變得更加豐富多彩，有的還為戲曲所吸收，融進戲曲舞蹈之中。說唱音樂進一步繁榮。戲曲的發展更為顯著，呈現百花吐豔的景象。適應歌舞、說唱和戲曲發展的需要，胡琴類拉絃樂器和嗩吶類蘆簧樂器也有較大的發展，並產生了陝西鼓樂、山西八大套以及十番鼓、十番鑼鼓等一批著名的器樂。

音樂藝術的發展，使本來就已存在的聲和律的矛盾變得更加尖銳。明代中後期的歌曲和樂曲，為了表現複雜的情節，抒發深刻的感情，前後往往有轉調，由一個調式轉換成另一個調式。但是傳統的律制都是不平均律，依照它們的定律法得出的十二個音，音程[21]的大小不同，而且各個律絕大多數和起始音並不處在同一個八度之內。如果人們把它們應用到固定音高的樂器上，並想在這種樂器上得到十二個高度不同的調，幾乎是不可能的。這些具有固定音高的樂器，就只能演奏某種調式，而不能自由旋宮轉調。[22]演唱者如果要想轉調，那就必須隨時更換樂器。為了解決這個矛盾，中國古代的藝人經過不斷摸索，曾在某些樂器中採用了平均律的音程，如秦漢時期出現的臥箜篌、漢代的琵琶、魏晉的阮咸（簡稱阮）以及月琴、秦琴、雙清、柳琴等彈奏樂器都運用了平均律。但是古代的這種平均律，是在演奏實踐中將音律適當加以變動湊合而成的，並沒有找到音律的計算方法，並把它上升到理論，因此不能普遍運用於各種樂器。近千年來，儘管不少人苦苦探索，但一直未能解決這個難題。此外，當時尚無統一的音高標準，律制又不統一，這就給各種樂器的合奏造成許多困難。

---

21 音程，指兩音之間的距離。計算音程的單位稱為度，兩音之間包括幾個音級，就稱為幾度。
22 旋宮，就是調高的改變，即轉調的意思。

音樂藝術的大發展，向人們提出了解決旋宮的理論和統一音高標準的課題。這個音樂理論上的難題，是由傑出的音樂家朱載堉解決的。

朱載堉（1536-1612 年），字伯勤，號句曲山人。他是明仁宗朱高熾的第六代孫，鄭恭王朱厚烷的兒子。出生在河南懷慶府（今河南沁陽）的鄭王府，被冊封為鄭世子。朱載堉從小就在父親的指導下學習音樂和數學，「口不絕誦，手不停披（閱），研究既久，數學之旨頗得其要」[23]。嘉靖二十九年（1550 年），朱厚烷遭到族人的誣陷，被削奪爵位，禁錮在安徽鳳陽。十五歲的朱載堉痛父無罪被囚，搬出王府，在宮門外築一土室，「席槁（枯木）獨處者十九年」[24]，發憤攻讀。嘉靖三十九年（1560 年），寫成他的音樂處女作《琴譜》。明世宗死後，朱厚烷在大赦中獲釋，恢復鄭王的爵位，朱載堉也恢復世子的名義，搬回王府。朱厚烷精通音律學，在鳳陽高牆裡寫出一部《操縵譜稿》，釋放歸來即將它交給朱載堉，和他共同合作，改寫為《操縵古樂譜》一書。在父親的精心指導下，朱載堉還寫了一部《律呂精義》，並對和音律學有關的曆法、計量、物理、樂器製造、音樂、舞蹈等進行深入的研究，取得豐碩的成果，完成了《律學新說》等一系列重要的著作。

萬曆十九年（1591 年），朱厚烷病故，應由朱載堉繼承鄭王的爵位。他經過十五年七次上疏，最後獲准將爵位讓給同族兄弟朱載璽，遷居懷慶府城外，繼續從事研究與寫作，寫出了最後三部著作。

朱載堉是一位傑出的科學巨匠，在數學、物理、天文、曆法、音樂、舞蹈、文學諸方面都有相當的造詣和成就。創建十二平均律，則是他最輝煌的科學成果。

十二平均律是為解決旋宮轉調問題而創立的。要實現旋宮轉調，就必須以一個完全的八度為基礎，用某種數學的方法將八度音程平均地劃分為十二分，使其中每個律與相鄰的律之間的音程完全相等。這樣，不論以哪個律作為主音，其聲

---

23 朱載堉：《進曆書奏疏》。
24 《明史·鄭王傳》。

音效果都相同，因此它可以隨意旋宮轉調。朱載堉經過艱苦的努力，從隆慶元年（1567 年）到萬曆九年（1581 年）花費整整十四年的時間，完成了十二平均律的理論概括和數學計算工作。他首先以弦線長度的比例確定八度音高的比值。弦長，發音頻率就低，音調也低；弦短，發音頻率就高，音調也高，弦長與發音頻率成反比。他通過計算，得出兩個相距為八度的律弦長比值為 2：1，其音高數值是 2。接著，他又經過周密的思考和運算，找到相鄰兩個律之間的音程值為 2 的 12 次方根即，也即 1.059463……這個值就是通常所說的半音，我國傳統的說法稱為應鐘律數。然後，朱載堉將八度值 2，連續除以應鐘值，累除十二次，就得到了相應的平均律中八度內十二個音的音高，從而建立了十二平均律。他將這種律制稱為「新法密律」，並用簡練的文字對此作了高度的概括：「創立新法：置一尺為實，以密律除之，凡十二遍。」[25]

十二平均律的創立，解決了近千年來音樂理論上的難題，實現了旋宮轉調的願望，特別是在琴鍵樂器中，人們可以根據需要自由使用所有的鍵了。這是朱載堉對世界文化史的傑出貢獻。

朱載堉創建十二平均律後，將闡述它的原理和計算方法的著作刊刻成書，進呈明神宗。明神宗未予重視，把這些著作通通「宣付史館，以備稽考，未及施行」[26]。清代高宗弘曆組織人編寫的《御製律呂正義後編》，還為十二平均律羅織「十大罪狀」，斥之為「臆說」。但是它一傳到西方，便引起歐洲音樂界的強烈反響。德國的赫爾姆霍茨讚歎說：「在中國人中，據說有一個王子叫載堉的，他在舊派音樂家的大反對中，倡導七聲音階。把八度分成十二個半音以及複調的方法，也是這個有天才和技巧的國家發明的。」[27]歐洲最早提出十二平均律的數學計算公式的，是荷蘭的斯特芬和法國的默森，時間都比朱載堉晚，而真正對歐洲音樂界產生影響的默森公式，則比朱載堉晚了五十五年。英國的科技史專家李約瑟指出：「朱載堉對人類的貢獻是發現了將音階級調諧為相等音程的數學方

25　朱載堉：《律學新說‧密律律度相求第三》。
26　《明史‧樂志一》。
27　轉引自戴念祖：《朱載堉──明代的科學和藝術巨匠》，5 頁，北京，人民出版社，1986。

法。……第一個使平均律數學上公式化的榮譽確實應當歸之中國。」[28]

　　朱載堉生前曾將他的大部分著作編成《樂律全書》，包括《律曆融通》四卷附《音義》一卷、《聖壽萬年曆》二卷、《萬年曆備考》三卷（以上十卷統稱《曆書》或《曆學新說》）；《律學新說》四卷；《算學新說》不分卷；《樂學新說》不分卷；《律呂精義》內篇十卷、外篇十卷（內外篇又統稱為《律書》）；《操縵古樂譜》不分卷；《旋宮合樂譜》不分卷；《鄉飲詩樂譜》六卷；《小舞鄉樂譜》不分卷；《六代小舞譜》不分卷；《靈星小舞譜》不分卷；《二佾綴兆圖》不分卷。合計共十四部四十八卷（不分卷之書一部算作一卷）。此外，未收入《樂律全書》的著作還有：《琴譜》十卷、《律呂正論》四卷、《律呂質疑辨惑》一卷、《嘉量算經》三卷、《圜方勾股圖解》不分卷以及文學著作《醒世詞》。

28 同上書，6頁。

第十三章

科學技術
的成就

　　明代中國科學技術的發展進入了總結階段，取得了不少的成就，使得這時期科學技術在許多方面繼續領先於世界。明代科學技術的發展，具有以下主要特點：

　　首先，對傳統科學技術既有繼承，又有創新。如建築與造園技術、造船與航海技術、機械工程技術、醫學、農學等都在繼承古代傳統科學技術基礎上有了進一步的發展，從而達到中國古代科學技術的最高水準。

　　其次，明中葉以後，湧現出一批獻身科學技術考察與研究工作的科學家，如李時珍、朱載堉、徐弘祖、宋應星等。他們或拋棄當時一般知識分子追求科舉入仕的時

尚，或主動讓出王爵，轉而潛心鑽研科學技術，成為中國古代科技群星中耀眼流芳的一批傑出人物。

最後，對外來科學技術進行積極的研究與吸收。明中葉以後，一批歐洲天主教耶穌會傳教士來到中國，如利瑪竇、熊三拔等，他們把所掌握的西方數學、天文、曆法等知識及科技儀器，作為在華傳播天主教的敲門磚。這引起了如徐光啟、李之藻等一批關心國家社稷又虛心向學的學者們的注意。他們積極敦促與努力，以這些傳教士為媒介，翻譯整理了一批西方科技著作，如《幾何原本》、《同文算指》、《測量法文》等。由於傳教士們維護的是神學世界觀，他們在譯介過程中回避了許多與天主教義相左的西方近代先進科技成果，如哥白尼的《天體運行論》等，使徐光啟等人未能接觸到當時西方最新的科技成果。然而徐光啟等人堅持會通中西及超勝西方科學的崇高追求，仍在科技界取得了相當成就。這對明代科學技術的發展，產生了積極的作用。

第一節．

建築與園林

　　明代建築在繼承古代傳統技藝的基礎上，繼續向前發展。在建築技術上，這時期已有了千斤頂、多刃的鉋子及手搖捲揚機等有助於提高效率的施工機械。在建築材料上，磚的使用相當普及，大部分城市的城牆和長城部分牆段都用磚包砌，民居也大量使用磚瓦。特別是琉璃磚瓦的製作，已在坯中加入陶土，在釉料中加入各類金屬氧化物，不僅提高了琉璃磚瓦的硬度，而且使色彩變得更加豐富絢爛，有黃、綠、藍等顏色，使用起來具有更強烈的裝飾效果。楠木大柱、臨清磚在一些重要建築物上得到廣泛運用，品質明顯提高。此外，各種建築也趨於標準化和定型化，其估土算料更簡便易行，這是明代建築技術發展的又一成果。

一、北京及其他城市的建築

　　北京作為明朝帝都之一，無論是建築規模還是技術水準皆名列當時眾城市之首，堪稱明代建築技藝的傑出代表。

　　北京城的營繕工程在明代主要有兩次。一次是永樂年間。明成祖朱棣通過「靖難之役」奪取帝位後，於永樂元年（1403 年）將自己的原封地北平升為北京，意欲遷都於此。永樂四年（1406 年）下詔，宣布於次年開始營建北京。由於大規模建築準備不易，特別是由於對北方蒙古貴族殘餘勢力連年作戰，營繕工

程到永樂十五年（1417 年）才全面展開，於十八年（1420 年）基本完工。據《明成祖實錄》載：「營建北京，凡廟社、郊祀、壇場、宮殿、門闕，規制悉如南京，而高敞壯麗過之。」[1]永樂年間對北京的營建是中國歷史上都城建設繼往開來的一次，它奠定並深深影響了此後北京城的基本面貌。另一次是明中葉嘉靖年間的增建和重修，主要是增建外城及重修三大殿等建築。

明代北京城分為外城、內城、皇城和紫禁城四重，占地面積六十點二〇平方公里。明朝滅亡後，清朝繼續以北京為都，亦有一些重修和增建。明清北京城是中國現存最大、最完整的古建築群。

外城：磚築，呈長方形，修築於嘉靖三十二年（1553 年）。此前北方蒙古騎兵數度南下，甚至迫近京師，為加強京師城防，故增築外城牆以衛內城。外城只築了城南部分，便因財力所困停止了，使得北京的外城與內城在外觀上呈「凸」字形。外城東西長七千九百五十米，南北長三千一百米。南面三座門，從東到西依次為左安門、永定門、右安門；東面一座廣渠門；西面一座廣安門；北面兩座門，東北角門曰東便門，西北角門曰西便門；北面中部通過內城南面三座城門與內城相通。天壇、先農壇等建築被圍在外城區。

天壇的位置在外城南正門永定門內大街東側，元朝在此築壇祭天。明成祖遷都後，在這裡建成天地合祭的大祀殿。大祀殿的平面為正圓形，坐落在三層漢白玉砌成的石臺上，殿頂為三重攢尖頂，分飾三種色彩，上簷藍色琉璃瓦表示天，中簷黃色琉璃瓦表示地，下簷綠色表示萬物，外簷立柱十二根。大祀殿所依託的三層漢白玉石臺基高五米多，但因其周圍環境非常空曠，只有一些低矮的建築物與樹木，故登上臺基後，便仿佛與天接觸，大殿上部的三重攢尖頂也較好地體現了直達藍天的美妙境地。天壇建築的這些優點，直到清代仍被很好地保留。

嘉靖時改大祀殿為祈穀壇，降為雩祭（求雨、求豐年）之所，另在其南設圜丘為祭天之壇，在城北設地壇。

1　《明太宗實錄》卷一一八。

天壇面貌在清朝有較大變化。乾隆時將祈穀壇更名為祈年殿，其三重簷一律換成藍色琉璃瓦，又加大圓丘尺寸。現存圓丘為乾隆時改建，祈年殿為光緒時重建。明代遺存建築物為位於祈年殿之南的祈年門，位於祈年殿之北的皇乾殿等。

內城：形狀近方形，是在元代大都城基礎上改建的，但其位置有所南移。明初，鑒於蒙古貴族聚兵漠北伺機反撲，為縮緊防守，將城北部約五里較荒涼地帶放棄。明成祖營建京城時，又將城牆向城南展拓約二里。城東西長六千六百五十米，南北長五千三百五十米，城周四十餘里，城牆皆係用磚包砌。中間正門為正陽門，左為崇文門，右為宣武門；東面兩座門，南為朝陽門，北為東直門；西面兩座門，南為阜成門，北為西直門；北面兩座門，東為安定門，西為德勝門。這些城門皆築有甕城，建有城樓和箭樓。城東南和西南兩個城角各建有角樓。

皇城：形狀為不規則方形，東西長二千五百米，南北長二千七百五十米，位於全城南北中軸線上，圍以高大的磚垣（毀於民國初年），四向開門，南面正門為承天門（清代改稱為天安門）。承天門前一個寬長的承天門廣場（亦稱千步廊），廣場南端聳立著皇城的前門——大明門（清代改稱大清門），明代中央官署就設置在大明門以北、廣場兩側宮牆的外面。城內建築龐雜，有大片宮殿、苑囿、寺觀、廟壇等，其中承天門東側建有祭祀皇帝祖先的太廟（今為勞動人民文化宮），西側為祭祀土地和五穀神的社稷壇（今為中山公園），在城東南角處有皇史宬。

太廟占地約十六萬五千平方米，今存整個建築群基本上保持了明嘉靖年間重建規模，是研究明代建築群整體組合造型處理的良好典例。

社稷壇占地二十三萬平方米，它的享殿是明初永樂遷都北京時所建，為現存壇廟建築最古老的一座。所用楠木整料，榫卯精確嚴密，整個殿身木構尺度合宜，所有梁架、斗拱全部外露，極具明代建築物的特色。

皇史宬是明代國家檔案庫，建於嘉靖十五年（1536 年）。正殿全用磚石砌成，不用一根木料，建築設施充分考慮了防火及通風防潮等實際需要，可謂中國古建築中匠心獨具的佳作。

紫禁城：即宮城（今故宮所在），永樂十五年（1417 年）至十八年於元大都宮城（明初被朱元璋下令拆毀）廢址重建，為皇城的核心部分，也是全城建築的重點區域。四面圍以高大磚牆，牆上四角建有華麗的角樓，城周邊以護城河。宮城平面呈矩形，南北長九百六十米，東西長七百六十米，四面開門，南曰午門，北曰神武門，東曰東華門，西曰西華門。

宮城是皇帝日常處理政務及生活的所在，故建材品質要求嚴格。立柱為西南諸省出產的高質楠木，殿內鋪地用蘇州方磚，製瓦陶土取自安徽太平，彩畫顏料來自西南諸省。城內地面鋪五至七層磚，排水陰溝使用銅管。

宮城內建築布局分前後兩區。前區由午門始至乾清門止為外朝區，聳立著奉天、華蓋、謹身（嘉靖重修時分別改名為皇極、中極、建極，至清順治時又改稱太和、中和、保和）三大殿及其附屬建築如奉天門、文華殿、武英殿等。三大殿為宮城建築的主體和核心，均雄踞於漢白玉雕琢的三重須彌座臺基之上，威重萬千。

奉天殿是外朝中最高大、最重要的殿宇，其形制為重簷廡殿九間，面闊 63.93 米，進深 37.17 米，高 26.92 米，臺基高 8.13 米。奉天殿一切構件均屬最高規格，上簷 11 踩斗拱，下簷 9 踩斗拱，二樣琉璃（頭樣從未使用），3.4 米高正吻。殿前有寬闊的月臺，上置銅龜、日晷等。由月臺往前至奉天門之間，是面積達三萬八千四百多平方米的奉天廣場。奉天殿為皇帝登基、慶壽、頒詔及元旦、冬至朝會等舉行最高級隆重儀式之地。

華蓋殿為三開間方形殿，單簷攢尖頂，體量頗小。

謹身殿次於奉天殿一級，為重簷歇山九間殿，是殿試進士的場所。

奉天門前距午門一百六十米，門前形成開闊的廣場，金水河縈繞其前，五龍橋跨河之上。奉天門曾為常朝聽政處，為一座重簷歇山七間殿。

從奉天門起，有廊廡包繞奉天、華蓋、謹身三殿，兩側廡間插入文樓（位東，清稱體仁閣）、武樓（位西，清稱弘義閣）等。奉天、謹身兩殿左右有斜廊

通向兩側廊廡。如此，廊廡與三殿一門和諧而為一體，極富藝術效果。

文華殿和武英殿是兩組小宮殿，二者各由殿門、廊廡、殿身（用工字殿形制）組成，單簷歇山頂。文華殿原為太子讀書處，嘉靖十五年（1536 年）改為召見翰林學士、舉行經筵講學典禮之所，其建築風格清幽雅致。武英殿用於召見大臣，商談政務。崇禎十七年（1644 年）李自成入京後於此處視政。今武英殿前之南薰殿，為明代遺構，小而精美，內簷彩畫絢麗無比，為太和殿清代彩畫所難企及。

宮城後區由乾清門始至神武門止，為內廷區（後宮區），是皇帝及后妃、皇子、公主生活之所在，包括乾清宮、交泰殿、坤寧宮及東六宮、西六宮等建築，建築尺度遠小於前朝建築群。乾清宮為皇帝寢宮，坤寧宮為皇后寢宮。明初二宮以長廊相連，呈工字殿形。嘉靖時，乾清宮與坤寧宮中間增建交泰殿，遂使格局變得局促逼仄，破壞了原有建築景致。

明北京城的建築既是歷代古都建設精華的濃縮，又是時代精神的體現，在古都建設中極具特色。

第一，強烈的中軸線和對稱布局。中國古代建築群本有沿中軸線南北縱深發展、對稱布局的傳統。明代築北京城時，將這些傳統發揮得淋漓盡致。北京城中軸線南起外城的正門永定門，向北過內城南正門正陽門，再過大明門至承天門間長五百四十五米、寬六十二米的千步廊、五龍橋、承天門、端門、宮城正門午門、宮城內的奉天門、奉天殿、華蓋殿、謹身殿、乾清門、乾清宮、交泰殿、坤寧宮、宮城北門神武門，穿萬歲山（亦稱煤山，今稱景山）直到距北城牆不遠的鼓樓、鐘樓，幾乎貫穿全城。其中，紫禁城的中軸線正與城市中軸線重合，從而使紫禁城的地位更顯突出。中軸線兩側的建築對稱分布，如太廟和社稷壇、文華殿與武英殿、東六宮與西六宮等，皆在中軸線兩側左右對稱。這些左右對稱建築的存在及其與中軸線同時縱深地發展，很好地烘托了中軸線上建築物的不凡氣勢，充分顯示了明代建築布局設計的日臻完善和測量技藝的精確獨到。

第二，空間格局對比的巧妙運用。明北京城的建築體現了我國古代專制皇權

統治下維護帝王至尊的設計思想，但它形成巧妙的空間格局對比，卻又猶如用形象的建築語言書寫了一部古典建築美學的巨著。

從皇城的建築布局看，承天門、午門、奉天殿這三大建築物皆在空間格局對比上給予了精心的襯托。在由大明門往北，布置了一個狹長逼仄的千步廊空間，出千步廊後，則豁然而現橫向展開的廣場，迎面矗立著高大雄偉的承天門。承天門以其高大暗紅色的門樓基座、挺拔的樓身、金黃色的琉璃瓦頂與其前面漢白玉琢成的金水橋及華表、石獅等共同組成一幅鮮明而莊嚴的立體景觀，這一景觀與東西展開的廣場和廣場南狹長的千步廊對比之後，便顯得尤為威武而神采不凡。從承天門往北到端門，兩者之間形成一個頓然收斂的空間。過端門後，則是另外一個縱深而封閉的空間，空間的盡頭便是翼闕巨大的紫禁城正門──午門。兩個與外界隔絕的空間布局營造出了午門的肅殺與威重，亦仿佛在暗喻著宮門之內的深邃與神秘。進午門後則洞天別現，在午門與奉天門之間，是一片舒坦而開闊的橫向廣庭，而奉天門內更有一個漫然巨大的廣場，這便是著名的占地面積達三萬八千四百平方米的奉天廣場（今太和廣場），它的廣大正是為了配合其北端巍峨高聳、凌駕一切的奉天殿，巨大的空間與巨大的建築物在對比中顯示出了各自不凡的氣概，從而將皇城建築空間的強烈對比推向了第三個高潮。

北京皇城的空間格局對比，不僅單純體現在建築物與空地之間，還表現在建築物之間的高低錯落、大小呼應上。這些建築物由於用途、規格及方位、環境等因素的不同，體量往往大小不一，在彼此的對比中，便顯示出了錯落有致的變化風貌。以總體對比環境而言，在紫禁城之北有高七十米的萬歲山，之西有狹長的西苑三海。萬歲山是全城的制高點，共有五座大小山峰，乃是以廢棄的磚石及挖掘紫禁城護城河的泥土堆築而成。西苑三海中北海、中海原是元朝宮城的西苑太液池，明代在太液池以南又開鑿出一個新的人工湖，因地處南端故稱南海。如是，明代紫禁城又具備靠山傍水的優美格局。特別是萬歲山的聳立為占地面積甚廣的皇城建築增加了穩定感和安全感，可謂是明代都城整體設計中的一個絕好的創造。

第三，鮮明強烈的色彩裝飾。在紫禁城的宮殿群中，色彩裝飾是造就這些建

築輝煌壯麗的重要手段。金色在所有的裝飾色彩中是最高貴的，宮殿的屋頂用黃色琉璃瓦覆蓋，而牆與支柱飾以紅色，基座、廊柱則通為漢白玉石雕琢而成，簷下部的陰暗部以青、綠等冷色為主，如是各部分色彩在極大反差的對比下，呈現出鮮明的層次效果。同樣，金碧輝煌的宮殿建築群與周圍灰牆、灰瓦的灰色調民居亦形成極大反差，襯托出宮殿建築的耀眼與華貴，這也是封建社會中體現皇權至尊的建築思想的又一充分流露。

明代其他城市建築也有較大發展。南京是明朝初年的國都，由外城、內城、皇城、宮城（紫禁城）四部分組成。內城城牆長 33 676 米，至今仍完好的有 19 802 米。城牆的平均高度約 12 米，寬 7 米多，下部以花崗岩石作城基，上砌磚牆，磚縫中灌充桐油、糯米、漿和石灰汁，十分堅固。南京的皇城和宮城的建築布局是明北京皇城和紫禁城建築布局的範本。明成祖遷都北京後，南京作為留都，仍是江南的政治、經濟、文化中心。除了南京，揚州、蘇州、杭州、成都、西安等城市建設亦較有成就，它們一般都有城牆和護城河，有的城門建有城樓和甕城，城中心建有鼓樓、鐘樓，布局及建築風格上南北方城市各有不同的地方特色。明代城市中除官府及民居外，各種公共建築如書院、會館、戲院等比前代明顯增多，主要交通幹道及碼頭、橋梁附近，往往店鋪、作坊林立，體現出明代工商業興盛的局面。

二、陵墓建築

明代陵墓建築共四處：南京孝陵、泗州祖陵、鳳陽皇陵及昌平天壽山十三陵。

孝陵位於南京城東鍾山主峰下，為明太祖朱元璋及其皇后馬氏合葬之處，陵區周圍約四十五里。陵區前部為引導部分，包括大金門、神功聖德碑、石獸像（獅、獬豸、駱駝、象、麒麟、馬各兩對，一立一臥，共十二對）、擎天柱、武臣四軀、文臣四軀、欞星門。後部為陵寢部分，其建築有大紅門、棱恩門、棱恩殿、方城明樓（寶城，圓形），地宮在寶城下。孝陵以整個鍾山（神烈山）為兆

域，範圍甚大，域內遍植松、楸，放養長生鹿千頭。明太祖所創孝陵制度為明清陵制所沿襲。

十三陵分布在距北京約四十五公里的昌平天壽山中，包括成祖朱棣（葬長陵）及其後世十二位明帝的陵墓。陵區北、東、西三面山巒環抱，長陵雄踞天壽山主峰之南，其餘諸陵各據崗巒，面向長陵。陵區南北長約九公里，東西約六公里，各陵結合地形，彼此呼應，成為氣象宏廓而肅穆的整體。整個陵區的入口處起於石牌坊。牌坊格局五間，在長陵南約七公里處，正遙對天壽山主峰，建於嘉靖年間，是石牌坊中的上乘佳品。石牌坊北約一公里處，築有大紅門，門東西有崛起對峙的小山兩座，宛如陵區的天然門戶。此天然門戶與陵區東、北、西三面環繞的山巒相呼應，為陵區營造出內斂的完整環境。十三陵神道由石牌坊至龍鳳門約二點六公里，初為長陵而設，但隨後成為十三陵共同的神道，各陵不再單設神道，此制為清陵所仿效。神道走向與兩側山巒地形相呼應，偏向體量小的山巒而距體量大者稍遠，故其雖略有彎折，但觀感頗妙。

明長陵二柱門與方城明樓

長陵建於永樂二十二年（1424 年），是十三陵中最宏偉的一座，規模超過孝陵，堪稱明清各陵的代表。陵園由牆垣包繞，主要建築有稜恩門、稜恩殿、宮城

等。棱恩門為五間歇山殿。棱恩殿是最高等級殿宇——九間重簷廡殿，面闊66.75 米，進深五間，寬 29.31 米，是中國現存最大的古代木構建築之一。殿內有十二根金絲楠柱，最大直徑 1.17 米，高約 23 米，其品質之高，形體之大，為歷史上所罕見。棱恩殿殿身造型舒展莊重，雖曾經受過雷擊、地震等，迄今無閃失傾斜，堪稱古代殿宇建築中的上乘佳作。寶城是地宮之上的圓形陵體，直徑三百米，極為宏偉，為明清陵墓之冠。地宮深埋地下，封土深厚，石券堅密，迄今尚未遭到破壞。

一九五六年，十三陵中定陵（明神宗朱翊鈞墓）被發掘，整個明陵地宮情況於是有所揭秘。定陵規模在十三陵中次於長陵、永陵居第三位。墓室以一個主室和兩個配室為主體，主室前甬道中有三重石門和三重連續的大券道，這是地上庭院式布局的反映，主室和配室就是正殿和側殿，三段連續的大券道則表示三進院落。地宮結構通為石砌拱券，石券最大跨度達 9.1 米，淨高達 9.5 米，施工技術極為高超。

三、萬里長城

明代修建的長城是中國古代長城修築史上的總結性工程，無論是建築品質、設計施工水準，還是浩大的規模，都堪稱中國古代長城之最。

明代長城東起鴨綠江畔，西迄祁連山麓。因為遼東邊牆簡陋，所以長期以來誤以為明長城東端起點是山海關。明代長城從洪武二年（1369 年）開始陸續修建，直到萬曆十三年（1585 年）停止修建，在長達二百餘年的時間裡，有史可查的修建計有十八次。長城長度約為一萬二千七百餘里，橫跨今遼寧、河北、北京、山西、內蒙古、陝西、寧夏、甘肅等省市自治區。

明代長城的建築工程主要有城牆、關隘、烽火臺三部分。城牆是長城建築工程中的基本和主體部分，其位置多選在蜿蜒曲折的山脈上。牆體的結構類型有條石或塊石包砌牆（內包夯土或三合土）、石磚混合包砌牆（石為牆基）、磚包砌

牆、夯土牆、土坯牆、木板牆及柳條牆等數種，這顯示了長城修築中就地取材的建築傳統。

明代在長城沿線防區設置九鎮，即遼東鎮、薊州鎮、宣府鎮、大同鎮、山西鎮、延綏鎮、寧夏鎮、固原鎮、甘肅鎮。延綏、大同兩鎮及其以西諸鎮長城，多為夯土或土坯砌就。山西鎮境內長城，多為夯土單麵包磚石牆。宣府、薊州鎮的長城則多為三合土雙面包條石或磚牆。遼東鎮境內的長城多為木板牆和柳條牆。夯土城牆是以木板作模，內填黏土夯實，黏土中亦有加紅柳、蘆葦或石灰、碎石等物料的，隋以前長城多用此法築成。土坯牆係先以黏土做成坯並曬乾，再以黏土泥為黏結劑，層層壘砌而成，城牆外再抹一層黃泥作保護層。磚石包面城牆的築法，是依山勢地形或平行或水準跌落砌築磚石夾牆，內層夯填泥土、碎石等，磚石間則以糯米汁拌石灰漿為其黏結劑，這類城牆堅固耐風雨，至今仍大部保存完好。此外，在黃河突口處，冬季還築過冰牆。

城牆的高度視地形起伏和防禦需求而定，一般在三至八米間，厚度視材料和構造亦有不同，頂寬一般在四至六米間，可容五馬並騎或數人並行。城牆頂面以方磚或條石循著牆體的起伏砌成一定坡度或階梯形的路面，以便於行走。

城牆頂部外側迎敵方向修築有兩米高的齒形垜口，是戰鬥人員望敵情、射擊敵人時掩護自己的工事。垜口下端起點約與人胸腹部平齊，垜口的寬度約一點五米至一點六米，上部有一個外八字形的小望洞，下部砌有向下傾斜的射孔。在城牆頂的內側，築有一道與垜口並行的矮牆，高約一米，叫宇牆，又叫女兒牆，它起著欄杆的作用。

城牆上根據需要每隔幾十米至二三百米即構築一座外側突出於牆身以外的城臺，為望敵情和擊退敵人攻擊的據點，有實心、空心兩種。實心城臺只能在頂部望射擊，一般稱為牆臺。空心城臺是明中葉的新創造，裡面可以住人及存放較多的糧秣、武器，構造上高可二層或三層，一般稱二層者為敵臺，三層者為戰臺，中有樓梯可供上下，多為拱券結構。此外，也有用磚石砌外牆而內部用木樓層的敵臺或戰臺。

在城牆內側，每隔不遠就建有一個供士兵上下城牆的階梯通道，設在券門之內。

長城沿線凡軍事要衝地帶都設有關隘，防禦設施極為嚴密。一般在關口置設關城並加建一道或數道城牆形成縱深防禦系統。如雁門關是由大同通往山西腹地的重要關口，明代將關隘設在兩山夾峙的山坳中，關周圍山嶺以重城圍繞，據記載原有大石牆三道、小石牆二十五道之多，關北約十公里處的山口，又築廣武營一座以為前哨。山海關身當薊遼咽喉要道，自古以來為兵家必爭之地，故在建築布局上力求其軍事防禦體系的全面堅固。山海關關城高十三米多，厚六米多，磚砌牆面，外有護城河圍繞，關城東西兩邊分別築有東羅城和西羅城，羅城南北與長城連接。在南北長城內側分別建有南翼城和北翼城，兩翼城與關城南北呼應，有助於加強關城的正面防禦。關城東門是通向關外的門戶，尤為防禦體系的重點所在，設有三道防線，第一道是東羅城；第二道是甕城，呈「門」形，護衛城門，側翼關門；第三道為關城的東大門──鎮東門。鎮東門門洞為磚砌拱券結構，城門上方城臺上建有一座高十三米的兩層城樓，樓面上層寬十七米，下層寬二十米，歇山重簷頂，上層房檐下懸掛的「天下第一關」巨匾為明人蕭顯所書，城樓東、南、北三面計有六十八個箭窗。居庸關是京師北部的孔道，因而在兩山夾峙長約二十五公里的山道中設立城堡四座。其中岔道城為前哨，北部建城牆一段，山上建墩臺以為掩護；往南為居庸關外鎮，建在八達嶺山坳，東西連接城牆，形勢極為險要；再往南是居庸關，為屯重兵之所在；最後為南口堡，為內部接應之所，並起著防守敵兵迂迴襲關的作用。其他如娘子關、嘉峪關等防守重地，亦皆築有堅固雄壯的關城。

烽火臺都建在山嶺最高處，彼此相距約一點五公里，一般為夯土築成。臺上設施有望室、火池、火種、柴草、牛馬糞、木梆及銃炮等。當發現敵情需要報警時，則白晝發煙、夜晚舉火，同時輔以敲梆、放炮等，如是各烽火臺次相傳遞，可將消息很快傳到營堡，以便迅速採取相應對策。

除上述外，在長城沿線附近還建有一些駐有士兵的墩臺，作為掩護和策應附近城堡營寨的據點。

從長城的修建中可以看出，我國古代卓越的建築工程技術在明代已發展到很高水準。

四、園林、住宅

明初，久承戰亂，經濟凋敝，不論皇室苑囿還是私人園林的修造都較少。如北京的苑囿主要是利用元代的太液池、萬歲山等擴建成包括有北海、中海、南海在內的西苑。至明中葉，由於農業、手工業及商業的發展，剝削階級掠奪聚斂了大批財富，達官顯貴們興起競相造園之風。北京、南京、蘇州、杭州、松江、嘉興等城市，成為天下園林的薈萃之地。

在北京積水潭、海子一帶及城東南泡子河周圍，地近湖邊，便於借景及引水成池，故成為私人園林密集之地，其著名者見於明人筆記的就有十餘處。西郊的海澱勺園及李園（清華園）、西南郊的梁園等，皆曾名盛一時。

陪都南京園林之盛，侔於北京，僅中山王徐達的後人在南京就擁有私園十餘處（現存南京瞻園為中山王府之遺跡）。明末王世貞《游金陵諸園記》共記錄了南京的三十六處園林。

今蘇州留園的前身，為明嘉靖時徐泰石的東園。東園在清朝時又曾易名寒碧山莊。在幾百年的歷史變遷中，東園園容有了極大的改觀，但其假山卻仍留有不少舊日的風采。假山為當時疊山名手周秉忠所築，山體為土築，疊石為池岸蹬道，多用黃石，氣勢渾厚，整體看去，山石嶙峋，意境甚佳，名揚江南。蘇州的另一名園拙政園，最早為明正德年間御史王獻臣所建。此地原本為一積水窪地，經疏浚整理成池，環以林木，便煥然而成一個以水為主的風景園。據文徵明所作《拙政園記》和《拙政園圖》記載，明中葉建園之始，園內建築稀疏，而茂樹曲池，水林明瑟曠遠，極富自然情趣。

無錫的寄暢園亦始創於明代，原名為鳳谷行窩，是兵部尚書秦金的別墅，隆慶年間改為現名。今存建築已多非舊物，但其池沼假山、回廊亭榭的布置多存舊

時遺意。此園選址甚佳，西靠惠山，東南有錫山，自然環境優美，因而在當時便有借景之長，如透過樹木空隙便隱約可見錫山上的龍光塔，從水池東面北望可見聳立在園內假山後面的惠山，很好地增加了園林的景深。就園內整個景物來看，以山水林木為主，建築物為輔，自然風光濃郁，視覺上頗為開朗、親切，堪稱園林佳作。

明代園林的建築成就是多方面的。在疊石造山技藝上，追求宛自天開，大塊寫意，反對矯揉造作，煩瑣庸俗，故其時園林中無論峰巒洞壑，還是峭壁危徑，多有巧奪天工之作。今存蘇州留園周秉忠所造假山及上海豫園中張南陽所疊假山，皆是概括性很強和藝術水準很高的傑作。園林中亭臺、樓閣、廳堂等的修造，皆較為精緻。各方面造景技術達到成熟階段，造景時力求再現山水自然之美。景點的設置既注意與周圍景觀的和諧，又注意富於變化、生動。造景的手法有分景、隔景及借景等，尤其是借景可使園林縱深大為增加。例如寄暢園選址在錫山與惠山之間，站在園中四望，東南錫山上的龍光塔仿佛迎面撲來，西北的惠山挺拔，似乎立於園內，近在咫尺，一園借景兩山，其深邃之感，自不待言。《園冶》論及當時的借景原則時說：「借者園雖別內外，得景則無拘遠近，晴巒聳秀，紺宇凌空，極目所至，俗則屏之，嘉則收之……斯所謂巧而得體者也。」即通過取捨達到所借之景巧而得體。在明代的造園活動中還湧現出一批專業造園家，如計成、張漣、周秉忠等，他們原是文人，擅長繪畫且熱衷於造園設計與施工，因此能在實踐與理論兩方面總結和發展中國古典造園技術，特別是計成在崇禎年間寫出《園冶》一書，書中系統地闡述了他的造園理論和明末江南一帶的造園技術，是中國古代最完整的一部造園著作，此書傳入日本後，被命名為《奪天工》。此外，明代造園工人技術也提高了，有專門疊山種花木的「花園子」，有的還承擔從設計到施工的全部工作。

私人園林往往是住宅的一部分。明代民宅建築有一個發展、變化的過程。明朝初年重申住宅建築的封建等級制原則，規定：「一品二品廳堂五間九架……三品五品廳堂五間七架……六品至九品廳堂三間七架……不許在宅前後左右多占

地，構亭館，開池塘」，「庶民廬舍不過三間五架，不許用斗拱，飾彩色」[2]。但這些規定不久便成了一紙空文，官僚豪紳、富商大賈紛紛營造廣宅巨院。如現存的浙江東陽明代官僚地主盧氏住宅，便是一個規模巨集闊、雕飾豪華的巨大建築群。安徽徽州也有不少至今保存完好的明代住宅。徽州的明代住宅多為富商所建，木、磚、石雕飾富麗，尤以木雕最為精美，其刀法流暢、豐滿結麗而不瑣碎，裝飾色彩則力求淡雅清新；格局多分為上下兩層，樓層表面鋪以方磚，利於防火和隔音，各間布局比較自由、開朗，不同於北京四合院那樣處處體現尊卑有序、內外隔絕的布局安排。

明代住宅，南方與北方及不同民族間的結構、形式並不一樣，這是中國住宅建築上古今共同的特點。這取決於各地氣候、環境條件及就地取材等因素，同時又受到各地歷史文化傳統的影響。

五、塔、寺

中國磚塔建築在明代取得較大發展。琉璃磚被用為建塔材料。塔的內部結構採取外壁、樓梯、樓層三者相結合形式，按層建造塔室，樓梯為壁內轉折上伸式，塔高有至八十餘米者。

位於南京中華門外的報恩寺琉璃塔，是明代諸塔中的佼佼者。它建於明初，平面呈八角形，塔室呈方形，高九層，八十餘米，底層有回廊。塔身全部用琉璃磚砌成，外壁白色，塔簷、斗拱、底座、欄杆用五色琉璃。此塔曾被譽為世界建築七大奇跡之一，惜毀於十九世紀中葉。山西洪洞縣廣勝寺飛虹塔是現在明塔裝飾工藝較高的一個，建於正德十年至嘉靖六年（1515-1527 年）之間。此塔為樓閣式磚塔，位於寺的軸線前方，平面呈八角形，外觀十三層，高四十七點六三米。外壁用各色琉璃裝飾，其琉璃製的欄杆、天神、動物、斗拱等都極為細緻華麗。明塔中值得一提的，還有北京大正覺寺的金剛寶座塔。此塔建於成化九年

---

2 《明史·輿服志四》。

（1473 年），是中國金剛寶座塔最早的實例。金剛寶座塔與其他眾塔的最大不同之處，是五座塔身並立於由須彌座和五層佛龕組成的矩形平面高臺上。這種塔的形制肇源於印度，但其細部結構和裝飾都已中國化了。五塔中位於中央的一座密簷方塔較高，共十三層，立於四角的四座密簷方塔較小，都是十一層。臺座南面開一高大圓拱門，由此可循梯登臺。臺座和塔上的雕刻圖案有四大天王、金剛杵、羅漢、獅子、孔雀、梵文等，華麗而不零亂，具有很高的藝術價值。另外，蕪湖的東江塔、延安寶塔山寶塔、陝西高陵磚塔，也都是這一時期的建築。

在明代寺院中，山西太原崇善寺是較著名的一座。它建於洪武十四年（1381年），是明太祖之子晉恭王朱棡為紀念其母而建造的，成後屢有修葺，十九世紀中葉遭火焚毀，僅餘大悲殿及部分建築。現存成化十八年（1482 年）的一幅寺院總圖，反映了它的全貌。陝西西安華覺巷清真寺，是現存明代寺廟年代較早的一座，建於明初。

明代建築多姿多彩。山東蓬萊市北的備倭城、河北省遵化縣高達一丈二尺的煉鐵爐、山西大同的九龍壁等，也都是現存的可以反映明代高超的建築技術的建築物。

第二節 ·
天文、曆法與數學

在封建社會「天人合一」思想的支配下，天文、曆法是顯學之一，加上由於「使民以時」發展農業生產的需要，中國古代的天文、曆法學很早就達到很高水準。明代為中西天學接觸之重要時期，亦是古今曆法演變的關鍵時期。

按照政權建立後須重新修訂和頒行曆法的歷史傳統，明太祖朱元璋稱帝前即令劉基等人修訂曆法，不久劉基呈進《戊申大統曆》。洪武元年（1368 年）設司天監，又置回曆司天監，召元太史院掌管天文曆法的官員到南京進一步修訂曆法。洪武三年，改司天監為欽天監，置天文、漏刻、大統曆、回曆四科。洪武十五年（1382 年），詔李翀、吳伯宗譯回族曆書。洪武十七年（1384 年），漏刻博士元統上書建議改曆，於是去郭守敬《授時曆》歲實消長之說，以洪武十七年甲子為曆元，名曰《大統曆法通軌》。由是可知，《大統曆》實際上便是稍加改動的《授時曆》。《大統曆》作為明朝的曆法前後使用近二百七十年，其間回曆亦一直作為《大統曆》的參照曆法。回曆即阿拉伯曆，為「西域默狄納（麥迪那）國王馬哈麻（穆罕默德）所作」[3]。回曆在明初獨立城書，明神宗時將它纂入《大統曆》以相參照。回曆的設立，在當時滿足了國內伊斯蘭教徒的需要。

《大統曆》所承的《授時曆》，雖在制定之時為世界上最先進的曆法，但從元初至明中葉已過去百餘年，一些過去極小的誤差便積累成為大的失誤。景泰元年（1450 年）用《大統曆》預測月食失准，到「成化以後，交食往往不驗」[4]。因此，朝議中時有主張改曆者，但多被欽天監官以「祖制不可變」、「古法未可輕變」[5]駁回，長期維持不變。

明朝曆法長期失准，與欽天監官僚不學無術，既不會推算也不願意觀測天象有直接的關係。當時之觀象臺形同虛設，嘉靖二年（1523 年）光祿寺卿管監事華湘在建議改曆的奏摺中痛言：「欲正曆而不登臺測景（影），竊以為皆空言臆見也。望許臣暫罷朝參，督中官正周濂等，及冬至前，詣觀象臺，晝夜推測，日記月書」[6]，結果仍未被採納。萬曆四十一年（1613 年），南京太僕寺少卿李之藻上西洋曆法奏章中亦談道：「現在臺諫諸臣，刻漏塵封，星臺跡斷。」[7]欽天監官僚久不登臺觀測，實已成眾人皆知的事實。

3　《明史・曆志一》。
4　同上。
5　同上。
6　《明史・曆志一》。
7　谷應泰：《明史紀事本末・修明曆法》。

在皇帝昏聵、官僚坐食俸祿的腐敗環境下，仍有一批欲挽天文曆法之衰頹命運的勤政官吏和科學家在努力。他們或屢疏請求觀測天象，重修曆法，或投身於天文曆法的研究和改進。後者如萬曆年間身為皇室宗親的朱載堉在疏請改曆不果後，先創製出《聖壽萬年曆》和《律曆融通》二書，後又將《聖壽曆》改進成《黃鐘曆》。《聖壽》、《黃鐘》二曆雖非盡善，但亦係朱載堉研究心血之作，惜朝廷並不理睬。與朱載堉同時的邢雲路亦極關注曆法的研究與改革，他在任河南僉事時曾上書請求改曆，被欽天監官僚誣為「惑世」[8]，他又將郭守敬所定長四丈的圭表加長至六丈，測得回歸年數值為 365.24190 日，這個數值比郭氏測定的 365.2425 日更為精確，距推算的當時理論值只小 0.00027 日，遠遠超越於當時歐洲的天文學水準。在明末新曆的制定中，邢雲路還做出了其他的貢獻。

　　李之藻、徐光啟是明末為修曆而殫心竭慮的官吏兼科學家。李、徐二人都有深厚的中國算學基礎，極為關注本朝的曆法改革。當西方耶穌會傳教士來華後，他們在與傳教士的接觸中學習到西洋的數學、天文、曆法等方面的知識，這為他們後來會通中西，制定出在某些方面超勝西方的新曆法奠定了基礎。

　　萬曆三十八年（1610 年）十二月十五日發生日食，欽天監推算日食分秒及虧圓時刻皆不準確。在朝野要求改曆的一片呼聲中，禮部只好奏請皇帝選任邢雲路、范守己參預曆事，同時命徐光啟、李之藻會同傳教士龐迪我、熊三拔譯西洋曆書，並修治測驗儀器，為修曆作準備。但明神宗已有三十年不上朝理政，禮部的建議被「留中」未發。李、徐二人遂在任官餘暇翻譯、整理曆法書籍，並奔走呼籲儘快開局修曆，如徐光啟在萬曆三十九年（1611 年）整理出版了熊三拔舊手稿《簡平儀說》，李之藻在萬曆四十一年（1613 年）奏上西洋曆法並「乞敕禮部開局，取其曆法，譯出成書」[9]，但明神宗皆置若罔聞。

　　崇禎二年（1629 年），大統曆、回曆推算日食均不驗，而徐光啟以西洋曆法推算的順天（北京）食分時刻獨驗。在主張修曆人士的一再懇求下，明思宗下令禮部開局譯書，以徐光啟督領修曆。於是傳教士龍華民、鄧玉函、羅雅谷、湯若

8　《明史‧曆志一》。
9　《明史‧曆志一》。

望陸續被徵至曆局譯書。一直為修曆多方奔走的李之藻也於次年來到北京，輔助徐光啟主持修曆，不久卒於任上。

徐光啟為這次修曆制定了一個很高的追求目標，那就是所造新曆能夠「上推遠古，下驗將來，必期一一無爽；日月交食，五星凌犯，必期事事密合。又須窮原極本，著為明白簡易之說，使一覽了然，百世之後，人人可以從事；遇有稍差，因可隨時隨事，依法修改。」[10]為了達到這個目標，徐光啟確定了修曆工作的兩項基本任務：一是大量翻譯、整理西洋曆法文獻。歐洲在儒略曆（Julian Calendar）誤差日重的情況下，於十六世紀末開始修訂工作，一五八二年教皇格里高利公布新曆，即格里高利曆（Gregorian Calendar）。它汲取了西方國家（包括非洲和西亞）長期積累的經驗和研究成果，精密度較高，超過了《大統曆》。徐光啟等人不遺餘力地翻譯、整理西洋曆書的目的，便是要「彼方之材質，入大統之模型」[11]，洋為中用。二是加強天象觀測，因為曆法是否準確，取決於它是否能正確反映天體的運行規律，並依據天體運行規律確立各類時間標識，所以徐光啟提出治曆「必准於天行，用表、用儀、用晷，晝測日，夜測星」[12]。在制訂譯書計畫時，徐光啟本著「以前開後，以後承前」[13]的原則確定了譯書的節次六目：（1）日躔曆；（2）恆星曆；（3）月離曆；（4）日月交食曆；（5）緯星曆；（6）交會曆。同時，徐光啟還提出了每一部天文曆法著作的翻譯必須注意的「基本五目」即五個要點：一是要有「法原」，即天文學的基礎理論和球面天文學原理；二是要有「法數」，即各種天文資料，包括天文基本常數；三是「法算」，即天文計算所需的數學知識，主要是幾何學和三角學；四是「法器」，即各類天文儀器，如望遠鏡等；五是「會通」，即把中國傳統的天文、曆法學與西洋的天文、曆法學加以融會貫通。

崇禎五年（1632 年），徐光啟開始進呈曆書。次年，徐光啟因老病辭去曆務，推薦山東參政李天經繼其任。不久，徐光啟病卒。

---

10 《徐光啟集·條議曆法修正歲差疏》。
11 《徐光啟集·曆書總目表》。
12 《徐光啟集·測候月食奉旨回奏疏》。
13 《徐光啟集·曆書總目表》。

李天經蹈從李之藻、徐光啟等人遺志，嘔心瀝血，終使新曆於崇禎八年（1635 年）修成。徐光啟、李之藻先後呈進曆書共一百三十七卷，此即所謂《崇禎曆書》。

《崇禎曆書》的天文曆法成就是：

第一，在曆法計算體系中，摒棄了《大統曆》及以前諸曆在計算天體運動軌道資料時採用整齊分秒的做法，使資料一本自然，保證了計算的精確。

第二，依據的是第穀（Jycho Brahe，1546-1601 年）創立的天體運動體系和幾何學的計算系統。第穀體系是介於哥白尼日心體系和中世紀托勒密地心體系之間的一種調和性的宇宙體系，它認為地球位於宇宙的中心，月、日、恒星等都繞地球旋轉，其他五星則繞太陽運動。第谷的天體運動理論仍有謬誤之處，但比中國古代的渾天說宇宙模型有進步之處。

第三，引入地球和經緯度的概念，從而在日、月食計算及其他計算中較舊法進步。

第四，區分了冬至點和日行最速點的不同。

第五，引入球面三角法進行天體運行軌跡的計算，保證了計算的精確。

第六，引入蒙氣差校正並提出晨昏蒙影的新概念，前者有助於觀測精密度的提高，後者則根據一年中太陽赤緯的變化規定以太陽到達地平線下十八度的時刻為晨昏時刻，比舊法以日出前三刻半為晨、日入後二刻半為昏的規定科學。

第七，採用以黃道圈為基本大圓的黃道坐標系統，並且引入黃極和黃經圈的概念，從而避免了舊法中以赤經圈為量度黃道度數標誌造成所得月和五星度數的誤差。

第八，在赤道坐標系方面採用十二宮的制度，即從春分點起，把赤道均勻地分為十二等分，量度天體的赤經時就從各個分點起量。這種量法，比古代以二十八宿距星為標誌的相對量法進步。

第九，採用歐洲通行的度量單位，即周天分為三百六十度，一日分為九十六刻（24 小時），並採用了六十進位制。[14]

《崇禎曆書》對中國舊曆法的研究與繼承有所不足，它本身也仍然有不完善之處，如引進了錯誤的歲差認識，所定的日地距離、太陽半徑等資料並不精確。但這並不能掩蓋《崇禎曆書》所具有的科學性，史載「是時新法書器俱完，屢測交食凌犯俱密合」[15]，可謂把中國古代的天文曆法推進到一個更新、更高的發展水準。但明末政局的腐敗已積重難返，新曆雖屢驗不爽，卻在內宦及東局魏文魁等守舊人物的阻撓下不得頒行，直到崇禎十六年（1643 年）的一次日食中新法「測又獨驗」[16]，明思宗才下決心頒行，然未幾國滅政亡。故新曆雖誕生於明代，卻並未行之於明代。

清朝建立後，湯若望帶著曆局裡的曆書和天文儀器轉而為清朝服務，依新法編制了《時憲曆書》。清朝這部《時憲曆書》，實際上乃是《崇禎曆書》的翻版。

明代數學的成就，主要表現在商業數學的發展、珠算的普及和明末會通中西的數學研究。

十五世紀中葉，在商業空前發展的促動下，明代的商業數學有著長足的進步，出現了一些商業數學著作，如吳敬的《九章演算法比類大全》。吳敬，字信民，浙江仁和（今杭州）人，他積二十年之功於景泰元年（1450 年）著成《九章演算法比類大全》。全書共分十卷，在卷一之前又有「乘除開方起例」一卷，列舉了大數、小數的記法、度量衡的單位、乘除演算法、整數及分數四則運算的規則等，並給出一百九十四種應用題的解法。第一至九卷按方田、粟米、衰分、少廣、商功、均輸、盈朒、方程和勾股九類分卷，各卷內容皆是對該類應用題的解法。全書共計解出一千三百二十九個應用題，其中有不少是與商業活動有關的新例題，如計算利息、合夥經營、就物抽分（以貨物作價抵補運費或加工費）、

---

14 摘引自薄樹人：《徐光啟的天文工作》，中國科學院中國自然科學史研究室編：《徐光啟紀念論文集》，110-142 頁，北京，中華書局，1963。
15 《明史·曆志一》。
16 《明史·曆志一》。

互換乘除（關於商品交換時貨物的定價）等類應用題。最後一卷專論開方，包括開平方、開立方、開高次冪、開帶從平方和開帶從立方。

明代珠算術的普及，也與商業的發展有關。我國的珠算術至遲在元朝已經形成了。明代珠算盤的樣式在《魯班木經》及《數學通軌》中都有記載。《魯班木經》約成書於十五世紀，其言：「算盤式：一尺二寸長，四寸二分大。框六分厚，九分大，起碗底。線上二子，一寸一分；線下五子，三寸一分。」這種算盤還是用線分隔開上二珠與下五珠的。柯尚遷的《數學通軌》（1578 年）書上繪有一個十三檔的珠算盤圖，稱為「初定算盤圖式」，其上二珠與下五珠間用木橫梁隔開，與今日通行的算盤相同。

明代的珠算著作已失傳很多，今傳尚有徐心魯的《盤珠算經》（1573 年）、柯尚遷的《數學通軌》、朱載堉的《算學新說》（1584 年）、程大位的《直指算法統宗》（1592 年）、黃龍吟的《演算法指南》（1604 年）等。其中以程大位的《直指算法統宗》十七卷影響最廣，為明清兩代習計算者必藏之書。《直指算法統宗》在體例和內容上與《九章演算法比類大全》相類，它的特點和貢獻在於：（1）全書五百九十五個應用題全用算盤演算；（2）首次使用珠算方法開平方和開立方；（3）記有他自己創製的測量田地用的「丈量步車」並繪有圖，「丈量步車」係竹篾製成，可以盤卷，頗像現在測量用的卷尺；（4）附錄了北宋元豐七年（1084 年）以來的刻本數學著作五十一種，今存者僅剩十五種。《直指算法統宗》有啟後之功，明末李之藻編譯《同文算指》時從此書中摘錄了不少應用題以補西洋演算法的不足。

明代前中期在傳統數學的研究方面比較委靡，無法達到宋元時期的高深水準。徐光啟認為個中原因是：「其一為名理之儒，土苴天下之實事；其一為妖妄之術，謬言數有神理」[17]，即一是科舉制度下，士大夫鄙視實用科學，二是數學研究已陷入神秘主義泥坑。明代末期，湧現徐光啟、李之藻、孫元化等熱心翻譯西方數學書籍並借鑒西方的某些數學原理展開中西數學會通研究的學者，他們的

---

17 《徐光啟集・刻同文算指序》。

努力使落後的明代數學重又煥發出一些新的生機。

徐光啟於萬曆二十八年（1600 年）在南京認識耶穌會傳教士利瑪竇，後來在北京多次敦請利瑪竇翻譯西方科學書籍。萬曆三十五年（1607 年），徐光啟與利瑪竇譯的《幾何原本》前六卷雕版印行。《幾何原本》為西元前四世紀至前三世紀亞歷山大城著名數學家歐幾里得（Euclid）所著，共十五卷，未能全譯之因在於利瑪竇專務傳教只勉強同意譯完六卷。雖然如此，《幾何原本》的傳入對中國數學界仍有一定的影響，它的邏輯推理思想為以後中國的數學研究開闢出一個新境界，清代許多數學工作者都學習過此書。萬曆三十五年譯本是《幾何原本》中文的第一次譯本，徐光啟在書中首次使用的一套名詞術語如點、線、面、直角、四邊形、平行線、相似、外切等，直到今天仍被用為現代數學的名詞術語。

李之藻與利瑪竇合譯的《同文算指》，是中國歷史上介紹歐洲筆算的第一部著作。李之藻、徐光啟為此書的整理與完善花費了很多心血，為之補充了《直指算法統宗》及我國其他古代數學書籍中的應用例題，如多元一次方程組、開方、帶從開平方等方面的例題。此書對中國後來筆算的發展，有一定的示範之功。

另外，李之藻與利瑪竇還合譯了《圜容較義》，它屬於比較圖形關係的幾何學著作。徐光啟與利瑪竇合譯了《測量法義》，它是關於陸地測量方面的數學著作。兩書在整理中亦融入了徐、李二人運用幾何學原理和方法取得的許多研究成果。

在汲取、借鑒歐洲中世紀及中國傳統數學成果的基礎上，徐光啟寫出了《測量異同》與《勾股義》兩部數學專著。前者是比較中西測量數學的異同並以中法之長補西法之短，後者是運用《幾何原本》和《測量法義》的基本原理來解釋並補充中國傳統勾股測量法的「義」，從而把應用數學提高到系統理論的高度。孫元化是徐光啟的學生，他著有《幾何體論》一卷、《幾何用法》一卷、《泰西算要》一卷，這些書今皆已失傳。

第三節 ·

手工業技術、
造船與航海

　　明代手工業生產技術在前代基礎上有新的創造，並孕育出一部總結社會各方面生產技術的百科全書式著作《天工開物》（1637 年）。《天工開物》的作者宋應星，字長庚，江西奉新縣人。《天工開物》共十八卷，包括作物栽培、養蠶、紡織、染色、糧食加工、製鹽、製糖、釀酒、燒瓷、冶鑄、錘鍛、舟車製造、燒製石灰、榨油、造紙、採礦、兵器、顏料、珠玉採集等，幾乎涉及所有重要的農業和手工業部門的生產技術和過程。該書在十七世紀末傳入日本，後來又傳入歐洲，在世界科技發展史上產生了重要影響。《天工開物》亦是我們探究明代農業、手工業成就的指南性著作之一。明代的造船與航海技術居於世界的先進地位，鄭和下西洋的壯舉充分體現了這一點。

一、冶金技術

　　直到明末以前，中國的冶金技術，在冶鐵、灌鋼、煉鋅、金屬加工工藝等方面一直處於世界先進行列。

　　冶鐵業是明代金屬冶煉業中最為發達，而且最具生產規模的產業。煉鐵規模

很大，如遵化鐵場的鐵鑒爐高一丈二尺，一爐可容礦沙二千多斤，正德四年（1509 年）投入生產的煉鐵爐十座，年產生鐵四十九萬斤，炒鐵爐二十座，年產熟鐵二十一萬斤，鋼六萬斤。河北武安縣發掘的明代煉鐵爐更是高達一丈九尺，內徑七尺，外徑十尺。

明代在冶鐵技術上已出現生熟鐵連續生產的技術，據《天工開物》描述是：在冶鐵爐旁設一低於冶鐵爐的方塘，趁熱將鐵水放入方塘內，有數人立於塘牆上，一人疾手揚撒泥灰，餘者手持柳木棍猛攪，即時炒成熟鐵。泥灰的製作是先將汙潮泥曬乾，然後將其舂篩細羅如面；它含有矽酸鐵和氧化鐵等成分，撒入熱鐵水之中，能使生鐵中的碳氧化成二氧化碳，生鐵就變成熟鐵了。柳木棍的攪拌作用是擴大生鐵與空氣的接觸面積，使生鐵中碳等成分的氧化作用完成。[18]明代生熟鐵連續生產的優點是十分明顯的，它免去過去習慣上的生鐵再熔化過程，既降低了消耗，又提高了生產效率。

在灌鋼技術上，明代出現了新的灌鋼法。這種新方法是將闊如指頭、長寸半許的熟鐵薄片捆緊入爐，其上放一生鐵塊，再以塗泥草鞋蓋頂。爐溫升高後，生鐵首先熔化成鐵水並自上而下均勻地滲到熟鐵薄片中，將之取出鍛打，然後再煉再鍛，即成好鋼。[19]明代的灌鋼法比宋代的將生鐵塊嵌在盤繞的熟鐵條中並以泥封爐的灌鋼法進步，它將含碳高、熔點低的生鐵放置於薄片狀的熟鐵之上，可使生鐵液均勻地灌注於熟鐵片夾縫中，增加了生熟鐵接觸面，利於均勻滲碳；而以塗泥草鞋封蓋的做法，又可使生鐵在還原氣氛下逐漸熔化。

灌鋼法的技術應用在明代頗為廣泛。當時流行的「生鐵淋口」法鍛製工具和兵器，即依據於灌鋼技術的原理。這種方法見於《天工開物·錘鍛》，其言：「治地生物用鋤、之屬，熟鐵鍛成，熔化生鐵淋口，入水淬健即成剛勁。每鍬、鋤重一斤者，淋生鐵三錢為率。少則不堅，多則過剛而折。」將適量的生鐵熔化作為熟鐵的滲碳劑，使熟鐵的刃口煉成鋼鐵，耐磨又堅韌。明代的生鐵淋口技術對後

---

18 宋應星：《天工開物·五金》。
19 宋應星：《天工開物·五金》。

世金屬冶煉和加工有極大影響，幾百年來，這項技術已遍及中國各地，至近代還用此法製造小農具。

金屬鋅的提煉，是冶金技術中較難解決的一項工程。中國是世界上最早製成含鋅合金並提煉出金屬鋅的國家。過去我國把金屬鋅稱為水錫、白錫或倭鉛。明代完善了宋元以來鋅提煉技術，其法是：「每爐甘石（即菱鋅礦，化學成分為 $ZnCO_3$）十斤，裝入一泥罐內，封裹泥固」，徐徐碾壓封泥以待其乾，勿使任何裂縫出現。因為鋅的熔點為 419.5°C、沸點為 907°C，其在高溫下易揮發，「入火即成煙飛去」，故封罐須嚴。「然後逐層用煤炭餅墊盛，其底鋪薪，發火鍛紅。罐中爐甘石熔化成團，冷定毀罐取出，每十耗去其二，即倭鉛也。」[20] 明代的煉鋅法是基於對鋅特性有正確認識而取得的技術成就。

明代金屬冶煉中已使用了當時世界上最先進的燃料——焦炭。方以智《物理小識》（1643 年）記載說：「……煤則各處產之，臭者燒熔而閉之成石，再鑿而入爐曰礁（焦），可五日不滅火，煎礦煮石，殊為省力。」這種新型燃料的發現和使用，是中國勞動人民在長期生產實踐中的一個重要發現。

在鼓風器方面，明代亦有了重要的改進。根據北宋曾公亮《武經總要》和元王禎《農書》等記載看，宋元時期的風箱是利用箱蓋板的開閉來鼓風的。明代的風箱是活塞式風箱。這種風箱結構巧妙，它是利用活塞和活門的裝置來推動和壓縮空氣而鼓風的，在結構與功能上比箱蓋板開閉式鼓風箱優越。

中國焦炭和活塞式木風箱的出現比歐洲早一個世紀，標誌著明代手工業生產技術達到的先進水準。

明代的金屬加工工藝亦達到較高水準，今北京大鐘寺所存明朝永樂年間鑄造的華嚴鐘，就是這時期金屬加工技藝高超水準的代表作。

在《天工開物》中記錄了明代許多工藝要求十分嚴格的金屬加工技術，如澆

---

20 同上。

鑄鐵鍋、錘鍛千斤鐵錨等。鑄鐵鍋之法是先塑內外兩層模，內模塑成乾燥後，「合釜（鍋）形分寸於上，然後塑外層蓋膜」，待外層蓋模乾燥後，可取「一勺約一釜之料（即鐵水），傾注模底孔內，不俟冷定即揭開蓋模，看視罅綻未周之處。此時釜身尚通紅未黑，有不到處即澆少許於上補完，打濕草片按平，若無痕跡。」[21]當時用此法鑄出的鐵鍋，最大的可煮米二石。明代的這種鑄鍋法至今仍沿用並略加改進，發展到用來鑄造重達幾十噸的鋼件和鐵件，應用十

宋應星《天工開物》書影

分廣泛。錘鍛製錨的方法是：「錘法先成四爪，依次逐節接身。其三百斤以內者，用徑尺闊砧安頓爐旁，當其兩端皆紅，掀去爐炭，鐵包木棍夾持上砧。若千斤內外者，則架木為棚，多人立其上共持鐵鏈，兩接錨身，其末皆帶巨鐵圈鏈套，提起捩轉，咸力錘合。」[22]在鍛製中，既須「逐節接身」，又要求鍛接牢固，技術要求是很高的。永樂、宣德之際，鄭和下西洋，其巨舶所用大鐵錨能身歷西洋行程數萬里，可見其錘鍛及鍛接工藝之精妙。此外如錘煉針，用失蠟法鑄造萬斤以上的大鐘、分段鑄造仙佛像、精工冶鑄的宣德爐、掐絲琺瑯（俗名景泰藍）器皿的製作等，都顯示了明代高超的金屬加工工藝。

二、採煤技術

從《天工開物》記載看，明代在採煤中已經解決了排除瓦斯和巷道支護這兩個保證井下安全的難題。瓦斯是煤炭生成過程中伴生的氣體混合物，無色易燃且對人體有毒害作用，其主要成分有甲烷（CH_4）和一氧化碳（CO）、二氧化碳（CO_2）及硫化氫（H_2S）等。明代排除瓦斯的方法，是用中空的巨竹管插入地

---

21 宋應星：《天工開物·冶鑄》。
22 宋應星：《天工開物·錘鍛》。

下，使地下瓦斯順竹管飄出地面。這種方法簡便有效，且十分經濟。歐洲直到十八世紀，還沒有找到妥善解決瓦斯通風的辦法。過去採煤，還由於巷道沒有支護，常常出現塌方，危及採煤工人的安全。明代開始在井下架設「支板」（即巷道支護），防止了井塌的發生。排除瓦斯和巷道支護問題的解決，使井下採煤面的擴大和巷道的加深成為可能。據載明中期安陽縣龍山煤礦的巷道，已深入數百丈。[23]明代的煤炭生產，因而得到很大的發展。

鄭和鑄大銅鐘

三、紡織技術

明代紡織業中無論是機器的改進還是技術的進步，都已達到一個新的高峰階段。

明代紡織機械上的突出成就，是花樓機的普遍應用和木棉軋車的改進。花樓機是一種將束綜提花與多綜多攝相結合的提花機，至遲在宋代已經發展得相當完備。明代花樓機的結構又有新的發展，並被廣泛應用於各地的紡織業中。據《天工開物‧乃服》的記載看，這種機子由前後兩部分組成，前一部分從的杠（經軸）到花樓木架前的導經棍，為水準放置；後一部分從導經棍到織口，傾斜一尺多。這樣就使經線具有一定的張力，可用疊助木（打緯的擺杆）的重力慣性打緊緯線。對不同的緯密要求，還可通過改變疊助木上所綁石塊的重量來進行調節。這種調整打緯力的方法，可以使一機多用，擴大了織物的製織範圍。

軋車亦稱攪車，是棉紡織業中用來去除棉籽的工具。宋元時軋車多為手搖式，用三人操作。明代則發展為腳踏軋車，一人即可操作。軋棉者橫坐在車前，

---

23 顧炎武：《日知錄‧石炭》。

右手搖動曲柄，左腳踏動車底的踏條，於是上千兩個輾軸便向相反的方向互軋，與此同時，左手將棉花填入二輾軸之間，隨著二軸不斷旋轉輾軋，棉花便被帶出車前，棉籽則被擠落於車後。其操作簡便而效率很高，據徐光啟《農政全書》介紹，當時句容、太倉一帶的軋車一人可當手搖軋車四人的工效。

在棉紡織技術上，北方地區已出現了在地窖中紡線織布的方法。因北方地區風高氣燥，棉花紡紗往往容易斷線，雖已植棉多年，棉紡織業卻發展緩慢。明代肅寧（今河北肅寧）一帶的織工用挖地窖之法，為北方棉紡織業探索出了發展之路。徐光啟在《農政全書》中介紹說：「今肅寧人乃多穿地窖，深數尺，作屋其上，簷高於平地僅二尺許，作窗櫺以通日光。人居其中，就濕氣紡織，便得緊密，與南土不異。」[24]從明至清，肅甯一直成為北方的棉織業中心之一。

四、吸鹵、製鹽

明代四川井鹽的生產，對取鹵機械做了新的改進，比宋代發明的竹管吸鹵器更便捷。《天工開物·作鹹》介紹了它的結構和功能：「擇美竹長丈者，鑿淨其中節，留底不去。其喉下安消息，吸水入筒，用長絚（粗繩）繫竹沉下，其中水滿。井上懸桔橰、轆轤諸具，製盤駕牛。牛拽盤轉，轆轤絞絚，汲水而上。」其所言「消息」者，實際上便是一種皮製的閥門，當竹筒沿井入下時，下端的閥門受鹵水的壓力而張開，鹵水進入筒中；竹筒提起時，閥門又受筒內鹵水重力下壓而封閉。這種設計是符合大氣壓力原理的。

在煎鹽技術上，明代總結出皂角結鹽的新技術。《天工開物·作鹹》言：「凡煎鹵未即凝結，將皂角椎碎和粟米糠二味，鹵沸之時投入其中攪和，鹽即頃刻結成。」這是宋元技術中所沒有的新發明。

明代閩、粵、魯等沿海產鹽區逐漸探索出引海水入池曬鹽的新方法，《天工

---

24 徐光啟：《農政全書·蠶桑廣類》。

開物・作鹹》中對此亦有記載。

五、造船

明代木船製造技術在當時世界上位居首位，鄭和七下西洋所用的優良船隻即能雄辯地證明這點。

鄭和七下西洋的歷史事件發生於永樂三年（1405 年）至宣德八年（1433 年）之間。在此期間，鄭和率領當時世界上獨一無二的龐大船隊遠航至印尼諸島、印度洋、波斯灣、紅海及赤道以南的非洲東海岸等地，每一往返，航程約計十萬里。鄭和之所以能順利完成使命，就是由於明代已掌握先進的造船和航海技術。

鄭和下西洋所率人數眾多，最多的一次為二萬七千八百餘人；所用船隻達一二百艘，其中第一次下西洋動用船隻二百〇八艘。當時他的船隊從江蘇太倉劉家港起航，「維絹掛席，際天而行」[25]，場面十分壯觀。

據有關專家研究，鄭和船隊的船隻構成包括下列幾類：第一類是長四十四丈四尺、闊十八丈[26]的大型寶船，用於載乘鄭和、王景弘等使團重要成員和珍貴禮品及外國使節。明代 1 尺約當今日 0.317 米[27]，故這類大型寶船的實際長度應為 140.74 米，寬度為 57 米。此船地位相當後世艦隊中的「旗艦」，故形體特別巨大，有桅杆十二道，上面建築也特別豐滿，有雕梁畫棟的頭門、儀門、官廳、書房等，時人讚歎它：「體勢巍然，巨無與敵，篷帆錨舵，非二三百人莫能舉動。」[28]此船雖巨大龐然，但由於是集中並發展了中國以往先進的造船工藝，故並不笨拙，而是牢固靈巧，適宜遠洋航行。這樣的巨型寶船因其造價很高，故只有少數幾艘。第二類是長三十七丈、闊十五丈，有八道桅杆的中型寶船。中型寶

25 黃省曾：《西洋朝貢典錄・自序》。
26 參見《鄭和家譜》。
27 參見楊寬：《中國歷代尺度考》，北京，商務印書館，1955。
28 鞏珍：《西洋番國志》。

船中有些被用作為一般行政官員、技術人員等非軍事人員乘坐的座船，有的被用作為裝載大宗物資如生活用品、修船器材、各國進貢的各類動物等的運輸船，當時這種運輸船又被稱為「馬快船」或「馬船」。中型寶船的數目大致在五六十艘。第三類為戰座船，用於載乘廣大下西洋官兵及軍事武器，是下西洋船隊的「護衛艦」。據《三寶太監西洋記通俗演義》[29]的描述看，可將這類軍事性船隻分為兩種：一種是長二十四丈、闊九丈四尺，配六只桅杆的「座船」，一種是長十八丈、闊六丈八尺，配五只桅杆的「戰船」。戰座船每船可載二三百人。戰座船按其載重量的不同又被稱為「二千料」船和「一千五百料」船，這類船是船隊中數目最多者，百艘左右。第四類是長二十八丈、闊十二丈，配七只桅杆的糧船，專載供下西洋途中兩萬餘人所需的各類糧食，其數目約十艘。鄭和船隊中的糧船是古代糧船中體積最大的。第五類是專為積貯淡水的水船，鞏珍《西洋番國志》言船隊為解決「海水鹵鹹，不可入口」的難題，「皆於附近川澤及濱海港汊，汲取淡水。水船載運，積貯倉儲，以備用度」。鄭和船隊於海上往往航行數月，兩萬多人及馬匹動物等所需淡水相當之多，估計其運水之船亦在十艘上下。

根據鄭和下西洋所用船隻情況看，明代大型海船的長寬比值是比較小的，在5：2左右。此比值的確定有其科學性，在海上狂風巨浪的衝擊下，唯有這種長寬比較接近的船體才能具有較強的抗禦能力。

鄭和下西洋諸類海船，形體普遍較大。在製船中為將眾多的板材拼接在一起成為一個堅固的船體，當時主要採用平接、搭接和榫接等法。在連接處往往用參釘、吊釘等各種不同形狀和不同用處的鐵釘加固，在需重點加固的部位則使用長五十多釐米、寬五釐米左右的寬鐵鉤釘勾連。對於船板之間的縫隙是以麻絲、竹茹和桐油灰等搗成的黏合物填塞，此黏合物的凝結黏合之力不亞於膠。船體的長度與其所受的縱向彎曲力矩是成正比的，為此，那些長一百四十米、寬五十七米的大寶船的甲板厚度在二百二十八毫米以上，船底的厚度在二百七十五毫米以上[30]，這樣的厚度，使船體完全能夠承受它的縱向總彎曲力矩。船體的寬度大，

---

29 作者羅懋登，成書於萬曆年間。此書雖係演義體裁，但所取材料頗多史實，故可取做參考。
30 席龍飛、何國衛：《試論鄭和寶船》，《鄭和下西洋論文集》第 1 集，北京，人民交通出版社，1985。

要求橫向強度的保證也大，為此便設置數目眾多的橫艙壁（多為水密艙型），艙壁板的厚度在十釐米以上，每道艙壁用三四塊木板榫接而成，並和肋骨緊密結合在一起。這種橫艙壁還能增加船隻的抗沉性。

明代南北各地的船型較多，有福船、蒼船、廣船、沙船等船型，鄭和船隊中型船主要有福船、沙船兩種。沙船是我國獨有的一種分布極廣、有千餘年歷史的江海兩用的優良木帆船型。它的特點是底平和方首方梢，有出梢和虛梢（又稱假尾），甲板面寬大平坦，吃水較淺，在淺水中亦有極好的操縱性能而不致擱淺。沙船的舵可以升降，故有「船淺舵不淺」之說。在沙船的大桅面梁兩側設置披水板（俗稱撬頭）以改善船的逆風調戧性能，減少橫漂，並用它來助舵，故披水板又稱腰舵。沙船桅長帆高，能充分利用風力行船，一般小型沙船用三帆，較大沙船有九至十二帆，當風向不順時可轉動帆角以助航。沙船的「行沙涉淺」性能利於海船的保養。木船久航海上，便難免海蛆的蛀蝕和海洋生物的附著，所以要定期進入淡水區以保護木結構。一般中小船可以拖至岸上，利用修船消滅海蛆或燂船防蛀。為了克服沙船吃水淺而致穩定性差的弱點，中國勞動人民創設了梗水木、太平籃等裝置。梗水木設在船底的兩側，類似今日的舭龍筋。太平籃為竹製，平時掛在船尾，遇風浪則裝石塊置於水中。

福船產於福建沿海地區，「底尖上闊，首昂尾高」[31]，船底部有龍骨，舷頂部有大桅，二者皆用優質巨木製成。船體長寬比值小但較瘦削，船速較快，適宜遠洋航行。鄭和船隊中戰座船多選用此類船型。

鄭和下西洋的船隻反映了明代官營造船廠的造船技術水準和生產能力。其實明代私人船廠的造船技術和生產能力也較高，就在鄭和下西洋活動的後期，已有不少官員軍民人等，自籌資金、原料，招募工匠，選設船場，製造大型海船，冒充明政府的使節，私下西洋。宣德八年，明宣宗說：私通外夷，已有禁例，「近歲官員軍民不知遵守，往往私造海舟，假朝廷幹辦為名，擅自下番」[32]。這些私

---

31 《明史‧兵志四》。
32 《明宣宗實錄》卷一〇三。

人船隊能冒充朝廷船隊進行對外貿易，說明當時私人船場的造船技術水準已接近官營船廠的技術水準。

六、航海

　　明代永樂、宣德年間鄭和下西洋所應用的航海技術，代表了明朝以至於當時世界範圍內的最高水準。鄭和船隊的航海術包括天文和地文航海術兩大類。

　　天文航海術至遲在西漢時就已經形成了，當時稱為海上占星術。明代已突破了漢代以來單純的海上占星術，而將之完善為一整套行之有效的「過洋牽星」術。過洋牽星的主要儀器是牽星板。明人李詡在《戒庵老人漫筆》中介紹了牽星板的結構與形制：「蘇州馬懷德牽星板一副十二片，烏木為之，自小漸大。大者長七寸餘，標為一指、二指以至十二指，俱有細刻，若分寸然。」烏木製成的牽星板呈正方形，最大的一塊邊長約明尺七寸七分強，合今尺二十四釐米，叫十二指，次一塊邊長約二十二釐米，叫十一指，依此類推，最小一塊每邊長只有二釐米，叫一指。此外，「又有象牙一塊，長二寸，四角皆缺，上有半指、半形、一角、三角等字，顛倒相向」[33]。這個象牙小方塊四角缺邊的長度，分別是一指牽星板邊長的 1/2（1 釐米）、1/8（0.25 釐米）、1/4（0.5 釐米）、3/4（1.5 釐米）。使用時，左手拿牽星板一端的中心，手臂伸直，使牽星板和海平面垂直，眼看天空，使木板的上邊緣對準所測星體，下邊緣對準海平線，這樣便能量出星體離海平面的高度。在測量時，可隨星體高低的不同，以十二塊牽星板和象牙塊替換、調整使用，直到所選牽星板上邊緣和所測星體相切、下邊緣同海平線相吻合為止。此時使用的牽星板是幾指，這個星體的高度就是這個指數。如不能相切，就從略大的那塊板上細分割處觀測，以象牙塊測角的度數，可以得到所測星體地平高度之指與角的讀數。牽星板加上象牙塊，測角精度可達 1/2 以內。在進行觀測時，為使牽星板和人目之間的距離保持固定，可以用不持板的右手，從板的下端

33　李詡：《戒庵老人漫筆‧周髀算尺》。

和中心，引出一根長度固定的繩子，拉直牽引到人目。將所測量體的指數換成度數後，便可以得到測點的地理緯度，明代一指約當今日 1°54』。

鄭和下西洋時依據過洋牽星術導航，並留下了「過洋牽星圖」。「過洋牽星圖」已散失多幅，明茅元儀《武備志》卷二四〇載有《鄭和航海圖》一幅及所附的「過洋牽星圖」四幅，由此我們可以進一步了解明代的過洋牽星術。

《武備志》中所載的「過洋牽星圖」為方形，圖式設計上北下南左西右東，同今日地圖一致。圖中心方框內繪十三桅帆船，框外標畫有航行時所觀測某星的高度及其方位，星座旁有簡要的文字說明，圖右上角寫明某地至某地過洋牽星圖。從四幅牽星圖看，在鄭和船隊航行中常被觀測的星辰主要是北辰星、華蓋星、燈籠骨星、織女星等。北辰星為小熊座 α 星，古名勾陳一，今人又稱之為北極星。此星距北極 1°13'，因它移動很小，所以被取為定向的準星。北辰星在北緯 6° 以南地區便觀測不到了，所以鄭和船隊在橫渡印度洋時往往通過觀測北辰星以定南北。華蓋星指小熊星座的 β 和 γ，是船行低緯度地區時觀測北方天空所取的星座。燈籠骨星為南十字座 α、β、γ 和 δ，是南天中的四顆亮星，在赤道附近及其以南地區觀測甚便。織女星即指天琴座 α，被取作為東方觀測之星。

地文航海術是指以航海圖、針路簿及其他各種航海資料為依據，使用航海羅盤、計程儀、測深儀等航海儀器，沿途驗測針路、里程、海深等示向導航的方法。

在地文航海術中指南針的作用非常重要。指南針是中國人民對世界文明進程做出殊絕貢獻的偉大發明之一，它至遲在十一世紀末被應用於航海事業中。指南針在航海中的優異之處在於它能彌補古代天文航海術易受制於陰雲濃霧的欠缺，使航海者獲得了全天候航海能力。

明代航海所用指南針在萬曆以前多為水浮型，以後則旱針、水針並用。水浮型指南針的構成特點有二：一是貫穿燈芯草的針浮在水中，二是下附標刻二十四個「針位」的木盤，針位以天干、地支、八卦等命名，各自代表不同的方位和度數。具體而言便是：子位正北 0°，丑位東北偏北 30°，寅位東北偏東 60°，

卯位正東 90°，辰位東南偏東 120°，巳位東南偏南 150°，午位正南 180°，未位西南偏南 210°，申位西南偏西 240°，酉位正西 270°，戌位西北偏西 300°，亥位西北偏北 330°；除十二地支方位外，還有甲位東偏北 75°，乙位東偏南 105°，丙位南偏東 165°，丁位南偏西 195°，庚位西偏南 255°，辛位西偏北 285°，壬位北偏西 345°，癸位北偏東 15°，乾位西北 315°，艮位東北 45°，巽位東南 135°，坤位西南 225°。從上面看，一個針位相當 15°，但在實際運用中亦可將一個針位再中分為二，各為 7.5°，所以羅盤測定針路時可指示出四十八個方位。

鄭和下西洋所用指南針為水浮型，當時專用以測定針路，即行船路線。在船上針房裏負責使用羅盤測定針路、按針路簿指揮行船的技師被稱為火長，火長皆選擇有豐富航海經驗的舟師擔任。從《鄭和航海圖》及《東西洋考》中記載的情況看，鄭和航隊測定針路時採用的是單針與縫針（兩個針位合用）配合使用的方法來保證航線的準確，這比從前僅用單針的航海術是一個大進步。

海上導航，還須測算船程、航速。中國古時習慣上以一晝夜為十更，則一更合今二時二十四分。鄭和航海中則以船在順風條件下行駛一晝夜的路程為十更；另外，明黃省曾《西洋朝貢典錄》云：「海行之法，六十里為一更」[34]，故航海時往往以船在順風情況下一更前進六十里為標準的一「更」。當時測「更」的方法是「以木片於船首投海中，人從船首速行至船尾而木片未至，則為不上更，或木片反先人至船尾，則為過更，皆不合更也」[35]。這就是說，如果人與木片同時到達船尾，說明船正順水流前進，一更（二時二十四分）可駛六十里，是標準航速，叫做上更；如果人至船尾而木片未至，說明船舶在逆水而行，船速一更達不到六十里，叫做不上更；如果木片比人先至船尾，說明水順且急，船速一更超過六十里，叫做過更。根據測得的情況，經過計算便可知船行至何處，使牽星或羅盤導航能更好地發揮作用。

---

34 黃省曾：《西洋朝貢典錄·占城國》原注。
35 黃叔璥：《臺灣使槎錄》。

明代航海中測水深及海底狀況的方法是：在選定地點把一端繫有鉛錘的繩子（一般長八十丈）放入水中，鉛錘的底部塗以牛油或蠟油，鉛錘沉到海底後，提上來，從繩子進入水中的長度，可以知道水深。計量水深的單位是「托」，時方言謂長如兩臂伸開者為一托，當今日五尺多。從鉛錘上黏的泥沙可以判斷海底底質。《指南正法》記載：鄭和船隊測得七洲洋（今海南島東北七洲列島一帶洋面）「一百二十托水」，這是我們目前所知鄭和船隊所測最深的數字，該書在「各處州府山形水勢深淺泥沙地礁石之圖」的文字部分記述了鄭和船隊至忽魯謨斯（今伊朗東南部）等地途中所經太平洋、印度洋各地的水深，對哪裡「有淺」，哪裡「過深」，哪裡「有高下泥地」，哪裡是「老古石地」或「沙泥地」，哪裡「流水緊」，哪裡有「礁石出水」、「沉礁打浪」，哪裡「往回可近西，東恐犯石欄」，如此等都搞得清清楚楚，說明鄭和船隊真正做到了「以托避礁淺」[36]。

　　鄭和率船隊七下西洋，也是我國歷史上成功地利用季風助航的範例。每年十一月至次年三月，亞洲南部、北印度洋包括阿拉伯海及孟加拉灣盛刮穩定的東北季風，而從五月到九月，北印度洋及我國沿海先後出現西南季風。鄭和船隊因此將國內起程的時間定在十月至翌年正月，而自印度洋、南洋等地返回的時間定在四月至六月，往來順風，得以「雲帆高漲，晝夜星馳，涉彼狂瀾，若履通衢」[37]。實現了以最短的時間、最快的航速，省力而安全地駛完預定航程。

36 佚名：《順風相送‧定潮水消長時候》。
37 鄭和等：《天妃之神靈應記》，鄭鶴聲、鄭一鈞：《鄭和下西洋資料彙編》上冊，42 頁，濟南，齊魯書社，1980。

第四節·

農學與
水利工程

　　明代中國農業科學及水利工程技術在宋元基礎上繼續有所發展，主要表現在誕生了我國古典農業科學史上最完備的一部總結性傑作——《農政全書》以及明代經濟作物種類的增多、水利工程的興建和水利技術著作的翻譯等。

　　明代出現的農書有一百三十多種，其中以徐光啟的《農政全書》最負盛名。

　　徐光啟極其重視數學、水利、農業等方面的科學研究，取得了許多成果，《農政全書》是其中之一。該書在徐光啟生前尚未整理編排完畢，徐光啟死後由當時著名學者陳子龍於崇禎十二年（1639年）整理刻印刊行。《農政全書》分為十二目，六十卷，共六十多萬字，其中約有五十萬字採自眾家農著，約六萬字得自徐光啟的科學研究和實驗新成果，故陳子龍稱它是一部「雜采眾家，兼出獨見」[38]的科學巨著。

徐光啟像

---

38 陳子龍：《農政全書凡例》。

《農政全書》中徐光啟「兼出獨見」的部分，反映了農業科學技術在明代末期所達到的先進水準。在墾田與水利方面，徐光啟主張治水與治田相結合，以改變東南產糧、西北（黃淮地區）漕運的生產格局。為此，他認為應將黃淮之水用以發展北方農業，所以在《農政全書》及當時的一些奏摺裡提出了發展北方水利、開墾北方荒地的建議。為了證實北方生產糧作物的潛力，徐光啟在天津屯田時製造水具，試種水稻，都獲得了成功。而在此之前，宋人認為在北方種稻是不可能的。在棉花栽培技術方面，徐光啟總結出植棉的要領是：「精揀核，早下種，深根短幹，稀科肥壅。」他解釋在上海一帶植棉提前播種的道理：「吾吳濱海，多患風潮（夏秋的颱風帶漲潮），若比常時先種十許日，到八月潮信，有旁根成實數顆，即小收矣。」[39]早種雖可防風潮之災，但卻易受害於春寒，徐光啟探索出的避免春寒傷苗的辦法是：「於舊冬或新春初耕後，畝下大麥種數升。臨種棉，轉耕，並麥苗掩覆之。麥根在土，棉根遇之即不畏寒。麥兼四氣之和，故性能（耐）寒也。用此法可先他半月、十日種。」[40]在備荒一事上，徐光啟認為「預弭為上，有備為中，賑濟為下」。所謂「預弭者，漕河築堤，寬民力，袪民害也；有備者，尚蓄積，禁奢侈，設常平，通商賈也」[41]。徐光啟還積極提倡普及高產作物以備荒，他在提及蠶豆時說：「蠶豆，百穀最為先登，極救農家之急，蒸煮代飯，炸炒供茶，無所不宜。且蝗所不食，藏之數年，蟲亦不蛀，誠備荒佳種也。」[42]當時甘薯剛剛傳入閩廣一帶，徐光啟千方百計將它引種到上海，試種於田中，獲得成功。為了推廣甘薯這種高產備荒作物的種植，他編寫《甘（薯）疏》刻印出版，介紹甘薯的優點和引種辦法。在南種北移、北種南移的探索上，人們普遍相信蕪菁南移兩年後其根變小成為菘菜的舊說，徐光啟通過在上海試種蕪菁三四年後也未變種的事實告誡人們不可相信傳聞，並指出產生這種傳聞的原因：「北人種菜，大都用乾糞壅之，故根大；南人用水糞，十不當一。又因在新傳得蕪菁不肯加意糞壅；二三年後，又不知擇種，其種安得不小？」[43]說

---

39 徐光啟：《農政全書·蠶桑廣類》。
40 徐光啟：《農政全書·蠶桑廣類》。
41 徐光啟：《農政全書·荒政》。
42 徐光啟：《農政全書·樹藝》。
43 同上。

明蕪菁南傳後其根變小在於人為，並非在於風土不利。在植桑養蠶上，徐光啟的實驗結論是養蠶必須要葉乾勤替，為此南方養蠶須多種早桑，勤施肥，保證桑葉在梅雨之前收穫；北方無梅雨，也適宜種桑養蠶。在種植選種上，《農政全書》強調「擇種為第一義，種一不佳，即天時、地利、人力俱大半棄擲矣」[44]。指出選種之法是：「宜簸揚，或淘汰，或導擇，取其最粗而圓滿者種之。」[45]徐光啟提倡發展經濟作物如烏桕、女貞樹等，他指出：烏桕子外白穰壓取桕油，可造蠟燭；子中仁壓取青油，可以燃燈，塗髮變黑，又可入漆，可造紙用，用油之外，其渣仍可壅田，可代柴用：其葉可染黑色；其木可削板刻書及雕造器物。他指出：女貞樹寄生白蠟蟲（蚧科），取之可製成白蠟，亦有很高的經濟價值。所以烏桕、女貞樹等「其利濟人，百倍他樹」[46]，應廣為種植。

《農政全書》中還記述了徐光啟對白蠟蟲和蝗蟲的研究。他是中國歷史上詳細記述白蠟蟲生活習性和蝗蟲生活史的第一人。

明代農書中除《農政全書》外，值得一提的還有俞宗本（字貞木，1331-1401 年）的《種樹書》，內容主要輯自前朝農書。《便民圖纂》，署名鄺璠（廷瑞）撰，但可能另有其人，鄺璠刻印過此書倒是真的。該書圖文並茂，計有農圖十五幅，女紅圖十六幅，每幅題一首吳歌形式的「竹枝詞」，主要流行於太湖周圍地區，內容有的輯自其他農書，也有對江南群眾生產經驗的總結。袁黃的《寶坻勸農書》為輯錄前人有關資料而成。《沈氏農書》，是明末居於湖州的沈氏總結農事經驗而寫就的。另外，明代還誕生了一部著眼於救荒植物研究的農書——《救荒本草》（1406 年，朱著），該書主要記載了分布於河南省境內的野生植物四百一十四種（其中見於前代本草的 138 種），對每種植物的產地、名稱、性狀、性味及烹調方法等記載尤為詳細，而且附有各種植物的根、莖、葉、花、果實等性狀特徵的插圖，相當準確逼真，被中外學者稱譽為中國十五世紀初期具有科學性的植物學著作。素有中國古代技術百科全書之稱的《天工開物》在其《乃

---

44 同上。
45 同上。
46 徐光啟：《農政全書·種植》。

粒》、《乃服》、《燔石》等卷中，也介紹了明代在糧食作物生產、養蠶、砒霜拌種等方面的農業技術經驗。

由於商品經濟的發展，明代經濟作物的產區、種類都有增加，技術得到進一步提高。中國古代經濟作物中與紡織業密切相關的棉花、桑、麻等在明代發展較為迅速。棉花種植已「遍布於天下，地無南北皆宜之，人無貧富皆賴之」[47]。主要產棉區長江三角洲、東南沿海及黃河中下游地區，很多農民都改以植棉為主業。在棉花浸種、播種、施肥以及間苗、掐尖等生產技術上，也已總結出不少經驗。

在桑麻的種植方面，江蘇、浙江一帶及四川的閬中等地，都是這時期桑麻發展較興旺的地區。為了增加桑葉的產量，一些地區採用桑樹密植法，徐光啟《農政全書》還提到過南方與天爭時的桑樹速成栽培技術：「多種早桑，壅得肥，養得早，葉便可早成，脫了梅天也。」[48]在養蠶技術上，一些地區總結出了培育優良蠶種和防治蠶病的經驗，如宋應星的《天工開物·乃服》介紹說：「今寒家有將早雄配晚雌者，幻出嘉種」，又言「若將白雄配黃雌，則其嗣變成褐繭」。早雄配晚雌即是將一化性蠶的雄蛾和二化性蠶的雌蛾雜交，使蠶種變異，育出合乎需要的新蠶種。同樣，將黃繭蠶蛾和白繭蠶蛾雜交後，育出的下一代是褐繭蠶蛾。關於病蠶的發現，《天工開物·乃服》「病症」條指出：「凡蠶將病，則腦上放光，通身黃色，頭漸大而尾漸小。並及眠之時，遊走不眠，食葉又不多者，皆病作也。」必須「急擇而去之，勿使敗群」。這種根據蠶體變態、行為反常和食欲不振來判斷病蠶，並及時將它淘汰以免傳染蔓延的做法，是符合科學原理的。

中國是世界上最大的生產柞蠶絲的國家。明代山東蠶農已有了一套比較成熟的放養柞蠶的方法，無論是椒樹、桑樹、柘樹還是椿樹、樗樹，皆可放養柞蠶。

明代新引進的經濟作物有煙草、落花生等。煙草在十六世紀時經由呂宋傳入中國，當時被稱作「淡巴菰」，初在閩廣一帶種植，明末已流傳到北方及雲貴地

---

47 邱濬：《大學衍義補》。
48 徐光啟：《農政全書·蠶桑》。

區。落花生原產南美洲巴西地區，約在十五世紀晚期或十六世紀早期傳入我國東南沿海一帶後又逐漸北傳，從此在中國又增加了一種新的油料作物。

在糧食生產方面，除了前面提到的北方試驗種稻、引進高產作物甘薯等外，中國在十六世紀初還引進了玉米。玉米的原產地在美洲，因其產量較高，又適宜旱地種植，故傳播甚速，至明末，河北、山東、河南、陝西、甘肅、江蘇、浙江、安徽、福建、廣東、廣西、雲南等省都有種植。

明代在水利工程技術方面，較有成就的是治理黃河、疏浚大運河及改造鹽鹼窪地為水田幾個方面。

黃河自古泥沙較多，至明清愈甚，故多生水患。明中葉，潘季馴受命治理黃河，取得了不小成就。潘季馴（1521-1595 年），字時良，號印川，浙江吳縣人。潘季馴在治河工作中通過對黃河水文情況的研究認為：「水分則勢緩，勢緩則沙停，沙停則河飽」，「水合則勢猛，勢猛則沙刷，沙刷則河深。」[49] 因此，他一反傳統的治河當分流的理論，提出「築堤束水，以水攻沙」的治河新策，並圍繞此策制定了「塞決口」、「築堤防」、「復閘壩以防外河」、「創滾水壩以固堤岸」、「止浚海工程以省靡費」[50] 等具體治河措施。從萬曆六年（1578 年）夏季到次年十月，指揮數十萬民工在黃河中下游地區修築了縷堤、遙堤及各類堤堰共數千里，使下游河段得到了較好的治理。

元代在山東境內開鑿的大運河會通河河段由於地勢較高，水源不足，給航運帶來很大困難。明永樂年間，工部尚書宋禮在整修會通河河道時採納了一位老船工白英的建議，在運河附近地勢較高的汶河修築一座橫亙五里的攔水壩，並開新渠把汶河水引到大運河地勢最高的南旺，又把一些水泉疏浚引到南旺，然後由南旺向南北分流，六分北注，流經一百五十公里到達臨清，為調節地形坡度造成的水位差，又在這一段設置了十七座水閘；四分南流，流經二百公里到達徐州，在這一段設置了二十一座水庫水閘；在南旺的南北兩頭與運河交界處也各設一座水

49 潘季馴：《河防一覽·河議辨惑》。
50 同上。

閘。這樣，「閉諸北閘則南流，閉諸南閘則北流」[51]，便利了運河的通航。此外，明代還在魯橋（今濟寧東南）以南至淮南地區，陸續開鑿了一些新河段，以避免黃河水患的威脅。

明代地方性水利工程建設比較多，如萬曆年間汪應蛟在天津附近引水灌溉濱海鹽鹼荒地，整治出大片水田，每畝可收水稻四五石。又有海瑞等人先後主持疏浚淞江及附近其他河道，使蘇淞一帶土地皆成沃壤。

在水利學的研究方面，明代傑出的水利專家沈啟（1490-1568 年，字子由，號江村，江蘇吳江人）在考察太湖水系和收集前人治理太湖水系的主張、措施的基礎上，於一五六四年寫成《吳江水考》。《吳江水考》共分五卷，第一卷為水圖考、水道考、水原考，介紹了吳江的流域地理和水情特點。第二卷為水官考、水測考、水年考，堤水岸式水蝕考、水治考、水柵考，講述了治水的重要性和有效措施。第三至第五卷為水議考，介紹前人有關治理太湖流域的學說主張和治水經過。書中繪有《吳江水利全圖》、《太湖全圖》、《蘇州府全圖》、《東南水利七府總圖》、《吳淞江圖》、《婁江全圖》、《白茆全圖》等。《吳江水考》收集了大量的太湖地區水利資料，其見解具有較高的科學價值。

徐光啟在研究農業科學的同時，也關注著水利事業的發展。他早年曾寫過《量算河工及測驗地勢法》、《漕河議》等文，主張以科學的大地測量作為治河及興建水利工程的依據。後來，徐光啟與義大利傳教士熊三拔合譯出《泰西水法》六卷，介紹西洋水利技術。《泰西水法》內容，《四庫全書總目提要》將其概括為：「一卷曰龍尾車，用挈江河之水；二卷曰玉衡車，附以專車，曰恆升車，附以雙升車，用挈井泉之水；三卷曰水庫記，用蓄雨雪之水；四卷曰水法附餘，皆尋泉、作井之法，而附以療病之水；五卷曰水法或問，備言水性；六卷則諸器之圖式也。」該書的中譯，對明末及清代農田水利事業的發展有一定貢獻，它的主要內容已被錄入《農政全書》的《水利》一目之中。另外，在《農政全書》的《水利》目中，還有《西北水利》、《東南水利》、《浙江水利》、《灌溉圖譜》、《利用

---

51 傅澤洪：《行水金鑒》卷一二一。

圖譜》等專門討論水利問題的內容。

第五節 ·
醫學與藥物學

　　明代醫學在中國古代傳統醫學的基礎上繼續發展，湧現了李時珍、王肯堂、陳實功等一批有突出貢獻的醫學名家。他們的名字也和他們留傳給後人的著作如《本草綱目》、《六科診治準繩》、《外科正宗》等一樣千古不朽。

　　李時珍（1518-1593 年），字東璧，晚年號瀕湖山人，湖北蘄州（今湖北蘄春）人。李時珍祖上幾代行醫，他從小就深受醫藥知識的薰染。十四歲時，李時珍考取了秀才，但此後三次鄉試均未中舉。從嘉靖十九年（1540 年）第三次落第起，他立志棄絕科舉，一意鑽研醫學。李時珍在民間行醫多年，還在楚王府和太醫院擔任過醫官。在長期行醫過程中，他廣泛地接觸了從漢至明代諸家本草文獻，並將書本知識與行醫實踐和調查所得加以對

李時珍《本草綱目》書影

照，發現了舊本草的許多不完善處，從而萌生編撰一部新的本草著作的想法。當時，隨著宋元以來海外交通的發展，阿拉伯等國的醫藥書籍及海外諸國藥材品種陸續傳入中國，這一情況的出現也要求產生一部新的全面總結祖國本草學的典籍。嘉靖三十一年（1552 年），李時珍毅然獨自動筆編寫《本草綱目》。經二十六年的艱辛努力，三易其稿，終在萬曆六年（1578 年）完成。

《本草綱目》共五十二卷，一百九十萬字。全書可分三個部分。第一部分為序言、凡例、目錄及附圖，其中附圖計一千一百六十幅，為李時珍、李建元父子所畫。第二部分為《序更》（卷一、二）、《百病主治藥》（卷三、四）。《序更》包括四十一部歷代本草的簡介、引據的醫書和經史百家文獻、摘錄的祖國醫藥學的經典理論和經驗常識。《百病主治藥》則介紹了一百二十七種疾病的治療藥物。第三部分是正文內容。這裡，李時珍把所收錄的一千八百九十二種藥物分成水、火、土、金、石、草、穀、菜、果、木、服器、蟲、鱗、介、禽、獸、人十六部；每部又細分成若干類，共六十類；各類之下分列所屬藥物，每一藥物則按「釋名」、「集解」、「修治」、「氣味」、「主治」、「發明」、「正誤」、「附方」八個方面加以詳細解說，舉凡藥物的名稱來由、別名、產地、形狀、採集、加工炮製、藥味、藥性、適應病症、一些藥物功用的新發現、舊本草所述藥物的訛誤、以該種藥物為主劑的一萬一千〇九十六個驗方等無不涉及。

　　《本草綱目》是一部既帶有總結性又富於創造性的著作。它的創造性主要體現在：

　　第一，對舊書訛誤的訂正。如宋唐慎微的《證類本草》誤將葳蕤（滋補強壯藥）與女萎（止痢消食藥）混為一談，李時珍在「葳蕤」條「正誤」欄特別指出：「其治泄痢女萎，乃蔓草也。」五倍子能收斂止血，可治久痢脫肛、水火燙傷，還可解毒，舊本草或將之收入草部，或將之收入木部，李時珍考察後認為，五倍子是「蟲窠也」。此蟲即蚜蟲，五倍子是蚜蟲寄生於鹽膚木而形成的蟲癭。其他如天南星和虎掌原是一種植物，舊書卻誤為兩種藥。旋花能益氣續筋，屬旋花科，山薑屬薑科；黃精是一種補藥，無毒，鉤吻卻有劇毒，但有的本草誤言「旋花即山薑」、「黃精即鉤吻」。蘭花是蘭科植物，可作觀賞用，蘭草是菊科植物，可治感冒，宋藥物學家寇宗奭卻言「蘭花為蘭草」。天花粉為栝樓根，栝樓則是栝樓的果實，宋名醫蘇頌竟認為天花粉和栝樓是兩種植物。硝石也稱火硝（主要成分是硝酸鉀），芒硝又名水硝（主要成分是含水硫酸鈉），歷代本草皆不清楚二者的成分差別，錯加解釋。對上述這些錯誤，李時珍皆一一加以訂正，防止了謬種流傳。

第二，補充舊本草語焉不詳或論述不周之處。黃連性能瀉火解毒，是治療目疾、痢疾等許多病的重要藥物。古法處理黃連，僅以布擦去鬚根，加水浸泡一下，取出切片、焙乾，便作藥用了。李時珍認為病情不同，應採取不同的加工方法，可以不加任何炮製而生用，也可以按照需要分別用酒炒（治上焦）、用薑汁炒（治中焦）、用鹽水和樸硝炒（治下焦）、用黃土炒（治積食）後再入藥。芸薹在舊本草中所敘不清，只說它是一種菜，李時珍請教農民後弄清了「芸薹」即油菜，並詳細記錄了油菜的性能、形態特點。舊書言蘄蛇（產於蘄州，故名）即白花蛇，李時珍經研究後發現蘄蛇雖亦名白花蛇，但與兩湖、四川一帶的白花蛇形態及藥效並不相同，蘄蛇炕乾後仍睜目，其祛風濕、治半身不遂、關節痛等療效高，別處白花蛇乾後閉眼，藥效不及蘄蛇。

第三，廣錄舊本草所不載，但實有功效的新藥種。李時珍在行醫中發現三七對跌打損傷的療效很高，便將它收入《本草綱目》，並詳細記載了其名稱由來、藥用價值及療效。曼陀羅又名山茄子，有麻醉作用，東漢名醫華佗曾創製「麻沸散」，但後來此藥失傳，無人知其如何製取。李時珍根據民間傳說曼陀羅花釀酒可致人笑、舞的說法，通過實驗證實了曼陀羅花的麻醉功能，因而將它記入《本草綱目》。如今，曼陀羅的麻醉作用已通過大量臨床實驗得到證實。巴豆長期以來被作為瀉藥使用，獨元朝王海藏言其亦可止瀉，但並未加以論證。李時珍仔細研究後確認巴豆是熱性藥物，可以祛寒，用以治療因胃寒而致腹瀉類疾患。依此藥理，他為近百名此類患者解除了痛苦，從而在《本草綱目》中為後人留下了巴豆用量大可以致瀉，用量小又有止瀉功能的寶貴論斷。朱砂對咽喉腫痛有良好療效，當時只有武當山人採之；半邊蓮，田邊濕地多有生長，可治毒蛇咬傷，但這些藥在舊本草中皆無記載，賴李時珍將其收入《本草綱目》。在《本草綱目》中，李時珍自己發現、收集的藥物有三百七十四種，親手收集的驗方有八千一百六十個，約占全部驗方的四分之三。

第四，用科學的態度駁斥煉丹家們的迷信妄言。古代煉丹家們鼓吹服食黃金能成仙，服用以水銀、鉛、錫、雄黃、硫黃等煉成的丹芭能長生不老或成仙。對此，李時珍陳言人的血肉之軀並不能承受「金石重墜之物久在腸胃」，並舉古今食丹藥致死者的悲劇事例告誡人們不可相信方士們的謊言。但同時，李時珍也客

觀辯證地指出水銀、丹砂、黑鉛、雄黃等百餘種金屬礦物類藥材的藥用價值，並言明其毒性，指出用時必須十分慎重。

《本草綱目》所創製的十六部大分類及六十類小分類的藥物分類法，是當時世界上最先進的藥物分類法。《本草綱目》不僅是一部空前的本草學著作，而且在化學、礦物學等方面也有較大的貢獻。該書在萬曆三十四年（1606 年）傳入日本，後又陸續傳入朝鮮及歐洲各國，對此後各國的藥物學、植物學、化學、礦物學的發展都產生了一定影響。如達爾文在《人類的起源》（The Descent of Man）一書中，曾經引用《本草綱目》中關於金魚顏色形成的史料來說明動物的人工選擇。

李時珍一生除了鑽研本草，著有《本草綱目》外，在脈學、診斷學以及一些中醫理論方面，都有較高的造詣。今存其醫著尚有《瀕湖脈學》、《奇經八脈考》、《脈訣考證》，已佚的還有《醫案》、《五臟圖論》、《三焦客難》、《命門考》、《白花蛇傳》等。

王肯堂（1549-1613 年），江蘇金壇人，生於官宦之家，青少年時期博覽群書，尤留意於醫學，故很早就精於醫道，於內科、兒科、針灸及外科手術等方面達到很高的造詣。他曾醫活過因難產致死的孕婦，為落耳者成功地實施過再植手術，以高超的外科技術為一病人割除了眼窩邊的毒瘤。王肯堂還擅長情緒療法，他認為喜、怒、憂、思、悲、恐、驚七情，會直接導致許多疾病的發生和轉化，從病因入手，運用情緒療法可治好一些針藥不能奏其效的患者。有一位數考方中的舉人，因喜悅過度，導致坐立不安、飲食難進之疾，王肯堂以猛推患者落水的辦法，使之受驚猛醒，疾患頓去。

在廣泛收集眾家醫學文獻的基礎上，王肯堂總結自己多年行醫的經驗，費時十年，於萬曆三十年（1602 年）編著成《六科診治準繩》。該書共四十四卷，二百二十萬字，分雜病、類方、傷寒、瘍醫、幼科、婦科六科。全書內容極為豐富，參驗脈症，辨析透徹，涉及多種疾病的診治，後人曾以「博而不雜」、「詳而有要」之語讚譽之。王肯堂的其他醫著還有《古今醫統正脈全書》二十五卷、《醫鏡》四卷、《醫論》四卷。

陳實功（1555-1636 年），字毓仁，又字若虛，江蘇南通人。他少年立志攻醫，一生行醫，濟人無數。陳實功的醫術，尤以外科見長。曾成功地完成難度極大的截肢、斷喉一類的吻合手術。在探索摘除鼻息肉的方法上，他於萬曆四十五年（1617 年）設計了一個精巧的手術器械，即用兩根細銅筋，筋頭各鑽一個小孔，以絲線繫孔使兩筋相連，連線長約五分。手術前，陳實功將麻醉藥滴入患者鼻孔，然後將兩根筋頭伸入鼻內，用兩筋頭的絲線把息肉從根部絞緊，然後向下一拔，息肉即可摘除，只需再止血消毒，便圓滿地完成了治療。對於吞咽釘、針患者的救治，陳實功的方法是用亂麻筋一團搓成龍眼大小，再用線穿繫好並留線頭在外，將亂麻筋團浸濕後，讓患者急速吞下，針頭必會刺入麻團，只要抓住線頭立即從喉中扯出，針亦相隨而出。此外，關於下頜骨脫臼整復法、痔瘺的各類療法、皮膚病的治療等，他都有獨到的技術。陳實功雖長於外科，但他特別推崇中國中醫學的整體觀點，既重視體表疾患的局部治療，也重視患者機體的內在改善，堅持外治內治相結合的原則，從而達到了標、本並治的效果。

　　晚年，陳實功總結其四十餘年行醫救人的經驗，著成《外科正宗》（1617 年）四卷。該書共計二十一萬字，有插圖三十餘幀，論述外科常見病一百多種。第一卷總論痛癰的病源、診斷及治療。第二卷至第四卷對外科其他常見病分別介紹各家提出的病因病理觀、臨床症狀、診斷要領、用藥和手術的適應症、禁忌症。其中多數附有治療病案，如前文所述斷喉吻合、摘除鼻息肉等病例皆收錄其中。書的最後列舉了自唐至明以來常用的內服外敷有效方劑的藥物組成。在這部書中，尤其可貴的是陳實功對各類腫瘤病，包括癌症在內的診斷和治療，都進行過有意義的探索，並作了十分真實的記載，為後人留下頗多的啟示。《外科正宗》在我國古代外科類書籍中有「列症最詳，論治最精」之譽，是中國古代外科學著作中不可多得的一部佳作。

　　中國古代在免疫學上最突出的貢獻，是關於天花的防治，發明了人痘接種法。該法是取天花患者的襯衣給被接種的人穿用或將少許天花患者的痘漿或痘痂植入健康人的鼻孔中，使其感染輕度天花，而獲得免疫力。我國種痘術發明於何時，尚未能定論，但至遲在十六世紀中葉，這項技術已使部分人受惠。至清代，人工接痘法又有所改進，並傳入俄國及歐亞各地。一七九六年英國人琴納

（Edward Jenner，1749-1823 年）發明牛痘接種法後，人痘接種法才漸被取代。

在溫病即傳染性熱性疾病的研究上，明代亦有突破性進展。洪武元年（1368年），王履（字安道，江蘇昆山人）著成《醫經溯洄集》，從病理學上明確指出了溫病與傷寒不可混稱，從而為後人突破張仲景《傷寒論》的舊框架，重新認識和研究傳染病開拓了新途徑。明末著名醫學家吳有性（1582-1652 年，字又可，江蘇吳縣人）在總結親身考察經驗的基礎上，寫成《溫疫論》二卷、補遺一卷。在該書中，吳有性正確指出，溫疫病與傷寒病的根本不同點在於傷寒病因是「外感風寒」，病邪從毫毛孔竅侵入，而溫疫病則是由口鼻傳入人身的某種「戾氣」（細菌、病毒之類的病原體）生成的，兩者病因不同，治療方法也有所不同，並介紹了分清疫毒、對症下藥的治療方案及有效方劑。《溫疫論》豐富於溫疫病治療學的內容，為明清時期溫病學說的形成奠定了基礎。

第六節 ·
地理學

明代是中國古代地理學發展的高峰階段，不論海外地理知識的豐富還是地圖的製作等，都達到了一個新的高度，特別是十七世紀三十年代我國還誕生了一部領世界近代地理學研究之先的科學巨著——《徐霞客遊記》。

從永樂三年（1405 年）至宣德八年（1433 年），鄭和船隊七下西洋，到達南亞及印度洋沿岸的許多國家，擴大了人們的地理知識。繪製於鄭和下西洋期間的《鄭和航海圖》，是今日可以見到的十五世紀以前中國記載亞、非兩洲地理圖籍中內容最豐富的文獻。《鄭和航海圖》保存於明末茅元儀的《武備志》第

二百四十卷中，原名為「自寶船廠（在南京）開船，從龍江關出水，直抵外國諸番圖」，以標示航線（針路）為主，其航線始於南京寶船廠，止於非洲東岸慢巴薩（今肯雅的蒙巴薩）。航海圖中凡航線沿途各地，上至國家、地區，下至島嶼、沙洲、礁石、淺灘、港口、人家等，皆依其前後順序及視遠近大小收錄於航線兩側，共記有地名五百五十個，屬於外國的占二百九十四個。在海岸地形的劃分上，該圖已分出島、嶼、沙、淺、石壩、港、礁、硤、石、門、洲十一種。海岸地形中，對麻六甲海峽的記載尤詳，其門有龍牙、甘巴、吉利門等，淺有沙糖、棉花淺等，礁有仁義、馬船、白礁等，嶼有官嶼、三佛、鬼嶼等，山有打歪、馬安、帽山等，港在南岸有舊港、東港、西港等，在北岸有彭坑、吉令、吉達港等，還有急水灣、洲等。海圖的一些特殊航段注有海深、海底底質等。《鄭和航海圖》的繪製精度相當高，若將圖中的東南亞部分重新繪製於現代平面海圖上，其形體恰與亞洲東南部海岸線相符，這說明製作人員對於航線所達之處的地形、地貌已相當熟悉，且多經過認真的測量。

中國與亞非一些國家的往來很早就開始了，但長期以來中國對亞非一些國家地理情況的了解還相當有限，這個問題只有在鄭和下西洋後才得到較好的解決。鄭和的船隊在太平洋和印度洋上馳騁二十多年，不僅開闢了從中國往返於東非沿岸包括橫渡印度洋的新航線，而且在各個局部區域和內海，又分別開闢了多條新航線，從而使船隊遍歷東西洋各國，開始能夠對所至之處進行實地勘測和調查，弄清了許多過去未知的海外各地的地理狀況。

在隨鄭和下西洋的成員中，馬歡著有《瀛涯勝覽》、費信著有《星槎勝覽》、鞏珍著有《西洋番國志》。這些書都以相當數量的文字記錄了船隊所及國家的地理概況及海洋地理中的一些寶貴的地理資料。如馬歡《瀛涯勝覽》言柯枝國（印度西南岸喀拉拉邦柯欽一帶）氣候：「常暖如夏，無霜雪，每至二、三月，日夜間則下陣雨一、二次……至五、六月，日夜間下滂沱大雨。……七月才晴。到八月半後晴起到冬，點雨皆無，直至次年二、三月間又下雨。常言，半年下雨半年晴。」[52]費信《星槎勝覽》記述：「龍涎嶼望之獨峙南巫裡洋之中，離蘇門答剌西

---

52 馬歡：《瀛涯勝覽·柯枝國》。

去一晝夜程。此嶼浮灩海面，波激雲騰，每至春間，群龍（抹香鯨）來集，於是交戲而遺涎沫（龍涎香）。……其龍涎初若脂膠，黑黃色，頗有魚腥氣，久則成大塊。或大魚腹中刺出，若斗大，亦覺魚腥，焚之清香可愛。」[53] 此外如成書於明末的《順風相送》、清初的《指南正當》等也向時人展示了豐富的海洋地理及亞非印度洋沿岸諸國地理的有關知識。

在元代地理學家朱思本（1273-1333 年，字本初）製成的《輿地圖》的基礎上，羅洪先（1504-1564 年，字達夫）繪製了《廣輿圖》。此圖補充增廣了邊遠地區及國外部分，並將原來不便保存的大幅圖轉繪成十六幅兩直隸、十三布政使司圖，十一幅九邊圖，五幅諸邊圖，三幅黃河圖，三幅漕河圖，二幅海運圖，九幅外國圖，成為當時地理視野所及的一部綜合性大地圖集。它體現了明代地理知識在十六世紀時所達到的水準。

為開創中國近代地理學事業立下豐碑的第一人，是明代傑出地理學家徐霞客。徐霞客（1586-1641 年），名弘祖，字振之，霞客是他通用的別號，江蘇江陰人。徐霞客一生矢志於地理考察事業，從二十二歲起，到五十六歲逝世，三十多年裏，他五下華南諸省，四上華北名山，足跡遍布江蘇、浙江、山東、安徽、福建、河南、河北、山西、陝西、江西、湖南、湖北、廣東、廣西、雲南、貴州十六個省、區，特別是他晚年歷時三年深入西南諸省、區考察，行程遠至中緬交界的騰越。徐霞客積累的考察手稿「高可隱幾」[54]，生前未及整理刊印，死後在輾轉傳抄及兵災戰亂之中有所散失，但仍有六十多萬字得以輯成《徐霞客遊記》。徐霞客撰寫的《盤江考》、《溯江紀源》（一作《江源考》）的摘要也保留至今，成為十七世紀寶貴的地理學文獻之一。

徐霞客在中國近代地理學發展史上，首開有系統地實地考察自然、探索自然的新型研究之路，其貢獻相當卓著。他旅遊考察湖南、廣西、貴州、雲南地區三年，記下遊記達五十六萬字，其中對石灰岩岩溶地貌涉及極多，是世界上最早最

---

53 費信：《星槎勝覽·龍涎嶼》。
54 錢謙益：《徐霞客傳》，《徐霞客遊記》（褚紹唐、吳應壽整理），1195 頁，上海，上海古籍出版社，1980。

豐富的石灰岩岩溶地貌學文獻，他因此成為世界上系統考察和研究石灰岩岩溶地貌的先驅。在考察中，徐霞客注意到石灰岩地貌的分布範圍和岩溶地形發育的地區性差異。如從湖南道州至雲南的羅平一帶，存在厚層石灰岩的分布，峰林地貌發育尤為明顯，他指出：在羅平「遙望東界遙峰下，峭峰離立，分行競穎，復見粵西面目；蓋此叢立之峰，西南始於此，東北盡於道州，磅礡數千里，為西南奇勝」[55]。廣西境內岩溶地貌多彩萬象，他敏銳地發現柳江地區、灕江（桂林、陽朔一帶）地區、桂西北、桂西南地區的地貌特徵各不相同，「自柳州府西北，兩岸山土石間出，土山迤邐間，忽石峰數十，挺立成隊，峭削森羅，或隱或現，所異於陽朔、桂林者，彼則四顧皆石峰，無一土山相雜，此則如錐處囊中，猶覺有脫穎之異耳」[56]。準確地抓住了柳江孤峰谷地和灕江峰林谷地形態迥異的特點，前者土山石峰雜處，後者則「四顧皆石峰」。至於山嶺上石峰嵯峨分立的桂西北峰叢谷地，他通過比較後指出其南界起於賓州公村，而桂西南峰叢谷地的東北界為隆安，灕江峰林石山區南端止於佛力司：「佛力司之南，山益開拓……（石峰）碧簪玉筍之森羅，北自桂林，南盡於此。」[57]分布在廣西、貴州、雲南三省境內的岩溶地貌彼此間亦存有相當大的差異，徐霞客將其高度概括為：「粵西之山有純石者，有間石者，各自分行獨挺，不相混雜。滇南之山，皆土峰繚繞，間有綴石，亦十不一二，故環窪為多。黔南之山，則介於二者之間，猶以逼簇見奇。滇山惟多土，故多壅流成海，而流多渾濁，惟托仙湖最清。粵山惟石，故多穿穴之法，而水悉澄清。而黔流亦界於二者之間。」[58]上述徐霞客對於西南石灰岩地區

《徐霞客遊記》

55 《徐霞客遊記‧滇遊日記二》。
56 《徐霞客遊記‧粵西遊日記二》。
57 《徐霞客遊記‧粵西遊日記一》。
58 《徐霞客遊記‧滇遊日記二》。

岩溶地貌差異的評述，和現代地質學對西南岩溶地貌的考察分類完全符合。

　　水在岩溶地貌的形成中是不可缺少的外部力量，徐霞客在考察中已明確認識到這一點。他在記述岩溶漏陷窪地及伏流時言道：「嶺頭多漩渦成潭，如釜之仰，釜底俱有穴直下為井，或深或淺，或不見其底……始知是山下皆石骨玲瓏，上透一竅，輒水搗成井。」[59]「（進穴）皆平地下陷，或長如峽，或圓如井，中皆叢石，玲瓏攢嵌，下則淵水澄澈；蓋其地中二三丈之下，皆伏流潛通，其上皆石骨嘘結，偶骨裂土進，則石出而穴陷焉。」[60]這便揭示了石灰岩漏陷地形是由流水的機械侵蝕或地下水溶蝕成洞及洞頂崩塌而成，從而解開了岩溶地貌成因之謎。

　　對於石灰岩地區為數眾多的地下暗河與伏流，徐霞客盡可能地對其走向、進水口、出水口進行踏勘，給予合乎實際的結論，如他查明廣西的龍江是在永順司、永泰裡之間入穴成暗流，而其下游則流入都泥江。[61]

　　石灰岩岩溶地形由於大自然的造化，往往形態萬千，古人為其命名頗不一致，徐霞客在遊記中對之進行了較全面的釐定。他將由水沖壅而成漏陷窪地地貌中體積較小的稱為「眢井」（今稱落水洞或斗淋），較大的稱為「盤窪」（今稱圓窪地）[62]，並指出兩者都有消水性，水可透泄而出，若將底部透泄孔堵實，則可貯成「天池」[63]。對於特大型的溶濁窪地，徐霞客呼之為「塢」，並記錄了「夾環為塢」（圓形塢）[64]、「南北石山排闥成塢」（長形塢，今稱機理谷地形）[65]等各類「塢」的結構。除漏陷窪地地貌之外，徐霞客對於石灰岩地區廣泛出露的石林、石芽地貌特別注意把握其特徵，並為之命名，稱之為「石萼」、「石齒」、「石

---

59 《徐霞客遊記‧楚遊日記》。
60 《徐霞客遊記‧粵西遊日記二》。
61 《徐霞客遊記‧粵西遊日記四》。
62 《徐霞客遊記‧滇遊日記二》。
63 《徐霞客遊記‧滇遊日記三》。
64 《徐霞客遊記‧粵西遊日記三》。
65 同上。

鍔」等，以「出水青蓮，萼叢瓣裂」[66]，「利若劍鋒，簇若林筍」[67]，「石齒如鋸、橫鋒豎鍔」、「薄若裂綃，聳若伸掌」[68]等形象的語言描述其面貌。石芽、石林是由雨水沿地表石灰岩裂隙沖蝕或溶蝕而成的，其特徵是石色青潤，石態玲瓏，往往叢聚成林。徐霞客的描述，準確地把握了石芽、石林地貌的實質性特徵。

在岩溶地貌中，還有大量各類溶洞及洞內姿態迥異的鐘乳石存在。因石灰岩有溶解於水的特性，而中國西南地區恰恰濕熱多雨，充足的水流沿石灰岩原始孔隙和裂隙溶蝕，形成地下伏流，這種伏流的通道即是溶洞。隨著地層抬升，一些溶洞高出河流水位而為各種形態的平洞；平洞之外還有豎洞，是由山上流水下滲匯流溶蝕石灰岩而成的。在溶洞內，其滴瀝水流中的岩酸鈣能夠析出凝結，天長日久形成了造型各異的鐘乳石。明代以前文獻對石灰岩溶洞的記載比較簡陋，唯有宋代范成大在《桂海虞衡志》中推測過鐘乳的成因是「石液融結所為」，其說頗具科學見地。徐霞客深入一百多個石灰岩溶洞，細緻考察了這些洞穴的地理位置、結構和成因。如他查清了桂林七星岩洞穴系統是由二大洞府、六個洞天、十五個岩洞組成。一九五三年九月，中國科學院地理研究所對七星岩實地勘測，發現十五個岩洞大部分還可以找到，說明三百多年前徐霞客的記述是正確而切實的。徐霞客解釋廣西三裏城佛子嶺前岩溶洞及其對面的石潤光滑若磨礪的原因是水大時溶洞水滿之際反溢逆流，「激湧勢壯，故洞與澗皆若磨礪以成雲」[69]，說明他已認識到水流增壓溶蝕力亦隨之增大的科學原理。

對於溶洞裡各種形態的鐘乳石，徐霞客都作了比較科學的命名，如他稱洞底聳立的鐘乳石為「石筍」、「乳筍」，懸垂在洞頂的為「玉乳」、「石乳」，上下相連如柱者為「石柱」、「乳柱」、「瓊柱」，而「石幢」、「石床」、「石蕊」、「石龍」等則是他對一些特殊形態的鐘乳石給予的形象稱呼，這些命名和稱呼在今日介紹鐘乳石時仍常被使用。徐霞客並未略過探討鐘乳石的成因，他指出：「蓋石膏日

66 《徐霞客遊記·楚遊日記》。
67 《徐霞客遊記·粵西遊日記一》。
68 同上。
69 《徐霞客遊記·粵西遊日記四》。

久凝胎而成」[70]，「皆玉乳之所融結」[71]，「皆石髓所凝」[72]。雖然當時他還無法知道這些從水中結晶析出的物質是碳酸鈣而稱之石膏、玉乳等，但其意已清楚表示水中夾帶有形成鐘乳的物質，這種見解是符合科學的。

徐霞客對石灰岩岩溶地貌的系統考察和科學記述從時間上看比歐洲最早研究喀斯特地貌（即石灰岩地貌）的學者愛士倍爾（Esper）早一百多年，比歐洲最早對喀斯特地貌進行系統分類的瑙曼（C.Fr.Naumann）早二百多年。由此可見，《徐霞客遊記》是無可爭議的世界上最早的石灰岩岩溶地貌學文獻，它的科學價值至今仍有待進一步認識。

徐霞客的科學考察並非只有石灰岩地貌一項，而是多角度地探索各類自然奧秘。在中國許多地區，尤其長江以南地區存有豐富的砂岩峰林地貌（丹霞地形），這種地貌是由裸露於地表的厚層砂岩地層經重力崩裂、風化、流水切割等作用而形成的。徐霞客經考察後認為砂岩岩石具有如下的特點，一是有層理，即「石脈」；二是質地較粗，可以分辨出顆粒狀結構，有的含有卵石（指礫岩）；三是顏色或赭或黑或赭黑相雜，其中以赭紅色最為普遍。徐霞客對砂岩岩石這些特點的概括，也是符合科學實際的。

砂岩地貌形態有方山群、峰林、槽形谷、岩洞、殘丘、崖壁等。這些形態的砂岩地貌，在《徐霞客遊記》中都有描述。如他描述鼓子岩「高亙亦如城，岩下深坳，一帶如廊」（屬方山類）[73]；武夷山石峰「岩壁峭立」（屬崖壁類）[74]、「危崖千仞，上突下嵌」（屬崖壁類中的額狀崖）[75]；廣西白石山會仙岩「其峽兩峰中剖……相距不及丈，而懸亙千餘尺，俱不即不離，若引繩墨而裁削之者，即俗所誇為『一線天』」[76]，「一線天」式的崖壁在砂岩地貌中較為常見。此外，徐

---

70 《徐霞客遊記·滇遊日記十一》。
71 《徐霞客遊記·粵西遊日記二》。
72 《徐霞客遊記·粵西遊日記三》。
73 《徐霞客遊記·遊武夷山日記》。
74 同上。
75 同上。
76 《徐霞客遊記·粵西遊日記二》。

霞客描述江西弋陽疊龜峰西南的槽形谷:「其處三面環崖,回互白天,而北與龜、劍二峰為對」[77];江西貴溪一帶的岩洞:「皆上穹下遜,裂成平竅,可廬而息。」[78]砂岩岩洞一般深體不深,結構簡單,雖然有些岩洞成群排列,或平行數洞,或上下層疊,如同蜂房一般,但不像石灰岩溶洞洞內多有複雜的曲室旁竇及形象紛繁的鐘乳。這點,從徐霞客的描述中亦可看出,如他述及廣西白石山會仙崖岩洞「上下開窟,而內漸湊合,旁無氤氳之竅,上無滴瀝之乳」[79];江西香爐峰之西的拳岩「石粗竅直,無宛轉玲瓏之致」[80];廣西都嶠山一帶的岩洞「一岩甫斷,復開一岩,層穴之巔,復環層穴,外有多門,中無旁竇」[81]。砂岩地形發育到老齡階段,則為殘丘面貌,徐霞客亦多次描述過這種地形,如他指出江西上饒至貴溪之間的殘丘「俱如覆釜伏牛,或斷或續,不特形絕嵂峒,並無波皺紋,至纖土寸莖,亦不能受」[82],當地人稱此類殘丘石塊為「牛牯石」。對砂岩地貌的研究,《徐霞客遊記》可謂是歷史上的第一部典籍。

《徐霞客遊記》的地理考察成果特別豐富,除前文所述外,還有對流速之差極大的閩北建溪和閩南寧洋溪(即九龍江)的考察。他發現了寧洋溪之所以「懸溜迅急,十倍建溪」[83]是因為寧洋溪流程才三百餘里,建溪流程長達八百餘里,而兩者的上游高度卻相等,所以「程愈迫,則流愈急」[84],從而得出流程短且河床比降大其流必速的結論。他對雲南騰衝等地地熱現象也進行了分析,認為這是由於「有爐橐鼓風扇焰於地下」[85],即有某種致熱物質在地下發揮作用。徐霞客還對於雲南打鷹山火山噴發盡毀山上大竹巨木、填龍潭成陸及噴口附近多浮岩堆積的狀況,作了記載:「山頂之石,色赭赤而質輕浮,狀如蜂房,為浮沫結成

---

77 《徐霞客遊記‧江右遊日記》。

78 同上。

79 《徐霞客遊記‧粵西遊日記二》。

80 《徐霞客遊記‧江右遊日記》。

81 《徐霞客遊記‧粵西遊日記二》。

82 《徐霞客遊記‧江右遊日記》。

83 《徐霞客遊記‧閩遊日記》。

84 《徐霞客遊記‧閩遊日記》。

85 《徐霞客遊記‧滇遊日記》。

者，雖大至合抱，而兩指可攜，然其質仍堅，真劫灰之餘也。」[86]他對於山區植物生長與地理高度、溫度、風速等關係，也有深刻認識，如言浙江天臺山絕頂「荒草靡靡，山高風冽」，而「嶺角山花盛開」[87]；雲南棋盤山「頂間無高松巨木，即叢草亦不甚深茂，蓋高寒之故也」[88]；黃山天都峰峰頂「其松猶有曲挺縱橫者，柏雖大幹如臂，無不平貼石山如苔蘚然。山高風巨，霧氣來去無定」[89]等。此外，書中對河曲發育的規律，河岸峭壁如岬角形成的機制（「水齧」），動植物分布與環境，地理緯度和高度對溫度變化的影響，三分石為瀟水、舂水、　水三條水系的分水嶺、一些水道的源流、去向等，都有獨特的、前人所不及的發現。

明代地理學在長江江源的考察與研究上，也取得了突破性進展。徐霞客在其地理學論文《溯江紀源》中，以無可辯駁的材料，批駁了前人以岷江為長江正源的舊說，提出了「推江源者，必當以金沙為首」[90]的關鍵性結論。長期以來，人們曾拘泥於儒家經典《尚書‧禹貢》所謂「岷山導江」之語，認為岷江即是長江江源。雖然《漢書‧地理志》已介紹過在長江的上游還有金沙江，但人們鮮加理會。徐霞客在廣泛的地理考察基礎上，比較了黃河、長江的流量、流域面積及全國山脈大勢，認為黃河「闊不及江三之一」、「計其吐納，江既倍於河，其大固宜也」[91]，絕不會「江源短而河源長」[92]，人們已經屢次尋討河源，知其源自昆侖之北，則長江必當源自昆侖之南。同時，徐霞客又發現岷江與金沙江於敘州（四川宜賓）會合，「岷江經成都至敘，不及千里，金沙江經麗江、雲南、烏蒙至敘，共二千餘里」[93]，豈能「舍遠而宗近」以岷江為長江正源呢？徐霞客指出，如同渭水是黃河的一條支流一樣，岷江亦是長江的一大支流，而作為長江的正

86 《徐霞客遊記‧滇遊日記九》。
87 《徐霞客遊記‧遊天臺山日記》。
88 《徐霞客遊記‧滇遊日記四》。
89 《徐霞客遊記‧游黃山日記》。
90 《徐霞客遊記》附編《溯江紀源》。
91 同上。
92 同上。
93 同上。

源，只有金沙江堪當。

應該指出的是：在金沙江之上有通天河，在通天河之上又有沱沱河，沱沱河才是長江真正的正源。然而，在當時，無論陸路、水路，還都不能遠溯通天河及沱沱河，徐霞客的推論自然無法達到最完整的程度。即使這樣，徐霞客這方面的探索仍是江源認識史上的一大飛躍，它為以後江源的進一步探索指明了方向。特別是徐霞客在《溯江紀源》中明確指出不可「舍遠而宗近」[94]以及所流露的取同一水系中最大、最長的一條河流作為主源的見解，是非常科學的。

十七世紀時，世界上科學的地理學還處在萌芽狀態，徐霞客首先打破了舊地理學研究所因循的徵引纂輯現成材料的舊傳統，開闢了一條系統的和定量描述自然的新途徑。在徐霞客去世一百多年後，西方的近代自然地理學才在德國地理學家洪堡、李特爾的努力下建立起來。而中國清朝時期，由於社會條件的制約，徐霞客的事業後繼無人，導致了我國近代地理學落後於西方的局面。

---

94 《徐霞客遊記》附編《溯江紀源》。

第十四章

豐富多彩的
社會風俗

　　明代社會生活的內容極為豐富，發生巨變也最烈。正德以前，社會風俗崇尚儉樸淳厚，貴賤有等。正德以後，渾厚之風少衰，風尚頹靡，華侈相高，僭越違式，出現了一股追求豔麗、慕尚新異的風潮。此風從士大夫、士子、市民等階層開始，影響及於下層百姓、娼妓，始於城市，輻射遠近鄉村，使整個社會生活呈現異於明初的現象。

第一節·

社會生活的
發展與變化

一、風格迥異的漢族與少數民族服飾

　　服飾是人類對自身外在美的一種創造，是人類獨有的一種生活技能。它具有保護身體和裝飾自身的雙重功能，擁有使用價值和審美價值。它既同人們的物質生活水平密切相關，又同人們的文化傳統、審美情趣緊緊相連。因而不同歷史時期，不同的民族，其服飾都深深地烙印上了那個時代的印記。

　　明朝建立後，明太祖朱元璋自比於漢唐的後續者，在服飾上提倡恢復大漢的傳統，將唐宋襆頭、圓領袍衫、玉帶、皂靴加以承襲，確定了明代官服的基本風貌，並且按照「禮制」嚴格劃分高下，進而恢復和完善了服飾之制，使明代服飾成為中國歷史上「漢官威儀」的集大成者。

　　為了恢復漢家的正統，明太祖將明代君臣士庶各階層的服飾，均嚴格遵循周、秦、漢、唐、宋各代的規定。如皇帝的袞冕，就是來自周制王冕中的袞冕，通天冠之名雖源於秦漢，但明代通天冠實承襲唐制。皮弁亦係改造唐代皮弁而成，唐代皮弁無縫，明代皮弁前後各有若干縫，並以縫數分等第；又改唐白玉珠

為五彩珠，珠數同縫數。烏紗折上巾襲自唐太宗所製翼善冠，故永樂三年（1405年）以後也直稱為翼善冠，文武官員朝服與祭服的梁冠承自唐宋進賢冠，公服所用展腳襆頭，其形制始自唐中期，經五代到宋，成為普遍使用的一種服飾，明代則專為品官公服。明代文武官員的補服，據明人沈德符在《萬曆野獲編》中記載，它係「本朝獨創」。上自公侯伯，下至最末一等的品官常服皆用補服，這在歷史上是第一次。但品官衣服上繡的紋樣，明代承襲了唐代紋飾袍的式樣。再如明代生員所服之衫有襴，故稱襴衫。其實唐宋時期亦有襴衫，只是在衫的下部設橫襴，而明代生員襴衫則四面青邊攢襴，即領、褾（袖端）、襈（衣緣）均有襴，可見明代生員的服飾是損益漢、唐、宋儒士的服飾而制定的。總之，明代服飾承襲了歷史上的漢族服飾的古制，但稽古而不復古，有斟酌，有損益，成為集中歷史上漢族各王朝服飾制度中最有特色的部分，並具有新的時代發展特點。從這個意義上講，明代服飾確是中國歷史上漢官威儀的集大成者，是明太祖朱元璋恢復大漢正統的具體表現。

恢復漢家正統，確定「禮制」，就需要在服飾上嚴格劃分，確認君臣士庶的界限。這成為明代服飾的一大特點。明代君臣士庶的服飾規制，較之歷史上任何朝代都更加嚴格。如冕，按《說文解字》的釋義，為「士夫以上冠也」。並不是君王的專用品。照遵《周禮》規定。公可服用袞冕、公侯伯可服鷩冕、公侯伯子男可服毳冕，公侯伯子男孤均可服希冕，至於玄冕也是如此，只是旒數和每旒玉數不同。這種規定，歷經漢、唐、宋代，其基本內容沒有變化，只將爵位等級改為官員等級而已。明太祖以五冕太繁而廢其四，僅僅保留袞冕，並將之作為皇帝和皇族中郡王以上的專用品。除冕外，皮弁和烏紗折上巾亦為上述範圍人們的專用品，臣子貴至王公不許用。明代君臣服飾的界限還體現在女服中。洪武四年（1371年）明太祖「以古者諸侯服袞冕，故後與夫人亦服偉翟，今群臣既從梁冠絳衣為朝服，而不敢用冕，則外命婦亦不當服翟衣以朝」[1]。於是，只有皇后、妃、嬪及貴人等三品以上內命婦才許准服用翟衣，而外命婦貴至一品夫人亦不准服用。這種服飾制度上的極為嚴格的君臣士庶界限，正是明代封建專制中央集權

---

1 《明太祖實錄》卷六十五。

高度發展的突出表現。

明太祖著手制定的服飾制度，到永樂年間趨於完善。此後的八十年間，這套服飾制度基本上得到了執行。但從成化後期開始，隨著工商業的發展和商品經濟的活躍，社會上拜金主義之風的盛行和價值觀、倫理道德觀念的轉變，人們開始不斷地違反禁令。雖然朝廷連頒禁令，但仍然無法加以遏制。追求美成為一種時尚，「美」開始進入尋常百姓家。如織金妝花，本是王府、仕官人家品服之專用物，「今（明後期）商賈工農之家一概穿著已為僭分。又有混戴珠冠及金銀 髻四圍花，通袖刻絲捺紗，排繡袖口入領，緣等服。而娼優妝飾金珠滿頭，至於床門幃帳，渾身衣服，俱用金銷。一套銷金工價，可買一套衣裳。」衙棍市遊也是「綾緞手帕濫作裙褲雜色，寬頻直與衣齊」[2]。明代服飾中最為高貴的圖案是龍紋，它素來是人君至尊的象徵，到了明末團龍、立龍已成為普通百姓常用的服裝花紋。[3]明制規定只有官宦之家的貴婦人才能用金珠翠玉作為頭飾，明末的娼優卻滿頭珠翠，招搖過市。明初規定士庶服裝不准用黃色，民婦限用紫色、綠、桃紅和各種淺淡顏色，更嚴禁服用大紅色和金繡閃光的錦羅絲緞，到了明末，小康之家「非繡衣大紅不服」，大戶婢女「非大紅衣不華」[4]，而胥隸之徒更是「日用服飾擬於市宦」[5]。時人哀歎說：「今男子服錦綺，女子飾金珠，是皆僭擬無涯」，「人皆志於尊崇富侈，不復知有明禁，群相蹈之」[6]。這表明，明中晚期現實生活的發展，早已衝破了呆滯不變的單調程式，服飾呈現出絢麗多姿的風采。

晚明服飾變化不是一夜之間就形成的，它經歷了一個相當長的漸變過程。最有影響的要數成化年間的「馬尾裙事件」。這種據說來自朝鮮的服裝，由內閣大學士萬安帶頭穿用，接著六卿張悅輩起而效法，連以理學自命、掌管風化的禮部尚書周洪謨也「服之不衷」[7]。下僚於是群起仿效。「馬尾裙」的流行，泯滅了尊

2　呂坤：《實政錄》卷一。
3　龔煒：《巢林筆談》卷五。
4　葉夢珠：《閱世編》卷八。
5　《郟城縣志》卷七。
6　張瀚：《松窗夢語‧風俗紀》。
7　沈德符：《萬曆野獲編補遺‧大臣異服》。

卑貴賤的等級差別，使明代服飾制度首次遇到了真正有力的挑戰。這引起了封建統治者及其衛道士們的極度恐慌。弘治初年，遂有人上書要求朝廷明令禁止：「京中士人如著馬尾襯裙，因此官馬被人偷拔鬃毛，有誤軍國大計，乞要禁革。」[8]明孝宗遂命禁止。在禁穿馬尾裙的同時，在弘治元年（1488 年）、弘治十三年及弘治十七年，明孝宗又三次頒令禁止內官穿蟒衣，否則「科道糾劾，治以重罪」[9]。但是這些禁令效果甚微。官場上的服飾僭越現象愈演愈烈，並開始感染了民間。明武宗不得不再次頒布命令「禁商販、僕役、娼優、下賤不許用貂裘」，「令軍民婦女不許用銷金衣服、帳幔、寶石首飾、鐲釧」[10]。然而就在他眼皮底下的京城，「忽焉以巾易帽，四方效之」，「販夫走卒，亦有戴之者，以其價廉易辦耳」[11]。面對這種局面，明世宗在登基詔中規定：「近來冒濫玉帶、蟒龍、飛魚、鬥牛服色，皆庶官雜流並各處將領夤緣奏乞，今俱不許。武職卑官僭用公、侯服色者，亦禁絕之。」[12]嘉靖六年（1527 年）「復禁中外官，不許濫服五彩裝花織造違禁顏色」[13]。但效果還是不大。於是他又在嘉靖七年親自設計出燕居服的圖樣，名曰「忠靜冠服」，讓禮部頒行於天下，供縣級以上的所有官員穿用，以使他們能夠「進思盡忠，退思補過」[14]。「忠靜冠服」與明初一品至九品官員服飾有嚴格區別，讓所有官員都穿「忠靜冠服」這是明世宗對官場上僭越之風的不得已的讓步。但他仍堅持官民有別的界限，不久便頒布了禁止平民穿戴「忠靜冠服」之令。「馬尾裙事件」與「忠靜冠服」的制定，揭開了服飾變革的序幕。從嘉靖朝後期至明亡的一個世紀裡，朝廷基本上未再頒布有關服飾的禁令，說明它已無力再阻擋服飾變革的潮流。此後，僭越與追求奢華的風氣就像雪崩似的在全國上下擴散開來。[15]服飾的質地由低廉樸素轉向高貴華麗，顏色由淺淡單調轉向鮮豔紛繁，式樣由規整刻板轉向新奇複雜，而且變換週期也越來越短

8　馮夢龍：《古今譚概·成弘嘉三朝建言》。

9　《明史·輿服志三》。

10　同上。

11　郎瑛：《七修類稿·巾詩》。

12　《明史·輿服志三》。

13　同上。

14　郎瑛：《七修類稿·巾詩》。

15　陳大康：《明代商賈與世風》第 8 章，上海，上海文藝出版社，1996。

促。人們競相極力追求時髦，日新月異，令人目不暇接。

自明中後期以來，服飾上的標新立異，富商大賈們憑藉財勢恣意享樂的習氣，帶動了整個明代中後期社會風氣的轉變，形成了一股「不絲帛不衣，不金線不巾，不雲頭不履」[16]的社會風尚。那些具有特殊身分的士大夫階層也相互攀比，對社會風氣的轉變又起到了推波助瀾的作用。「豪門貴室，導奢導淫。」[17]就連在政治上銳意革新的內閣首輔張居正，生活上也是極盡奢靡，「性喜華楚，衣必鮮美耀目，膏澤脂香，早暮遞進……一時化其習，多以侈飾相尚」。更有甚者，工部侍郎徐漁浦「每客至，必先偵其服何抒何色，然後披衣出對，兩人宛然合璧，無少差錯」[18]。他們這種華侈的習尚，不能不對整個社會產生重大的影響。它「大抵始於城市，而後及於郊外，始於衣冠之家，而後及於城市」[19]。奢侈成為了一種時尚，使得服飾上極濃的政治意味漸趨淡化乃至於最終消失。

在晚明服飾的變化中，有四種比較鮮明的發展趨勢：第一，地域效應。以蘇州為代表的吳中地區，由於商品經濟最為發達，服飾最為新潮，引起周圍地區乃至全國各地的關注，遂成為時代風尚變遷與流播的策源地。時人謂蘇州「善操海內上下進退之權，蘇人以為雅者，則四方隨而雅之，俗者，則隨而俗之」[20]。「吳俗習奢華，樂奇異，人情皆觀赴焉。吳制服而華，以為非是弗文也……四方重吳服，而吳益工於服。」[21]以至於有「吳俗奢靡為天下之最」的說法。這種地域擴散性對於明代中後期服飾的變遷起到了潛移默化的導向作用，促使全社會熱衷穿著，刻意打扮，把中國古代服飾文化推進到了一個嶄新的階段。第二，名人效應。古代名人多是一些風流雅致的士大夫，知識淵博，而且擁有特殊的身分和地位，生活上比較考究，往往想方設法追求較多的物質和精神享受，所以很容易引起一般市民的崇尚。這種對名人的仿效也促使明朝中後期的服飾不斷翻新，精

---

16 何喬遠：《名山藏・貨殖記》。
17 范濂：《雲間據目抄・記風俗》。
18 沈德符：《萬曆野獲編・士大夫華整》。
19 歸有光：《震川先生集・莊氏二子字說》。
20 王士性：《廣志繹・兩都》。
21 張瀚：《松窗夢語・百工紀》。

益求精。第三，婦女優勢。古代婦女由於社交活動相對較少，頭露面的機會一般不多，封建政府的清規戒律對她們的約束往往不易奏效，這就使得婦女服飾的爭奇鬥妍具有一種天然的優勢，而且往往不顧經濟實力，競尚虛榮。服裝程式也很難墨守成規，時間稍長就被淘汰，萬曆初年猶十餘年一變，萬曆中葉就縮短為兩三年一變。因此，她們往往成為服飾變革的先行者。第四，男女服飾存在漫無區別的社會現象。明中後期，很多地方出現了男性服裝女性化，嘉靖末年以至「隆、萬兩朝……富貴小子衣色大類女妝，巾式詭異難辨」[22]。「東南郡邑凡生員、讀書人家有力者，盡為婦人紅紫之服。」難怪有人譏笑道：「昨日到城郭，歸來淚滿襟，遍身女衣者，儘是讀書人。」[23]

明代服飾的變化中，最有代表性的要數蘇州、松江一帶。因為六朝以後，隨著中國政治中心的逐漸南移，江南的經濟地位日益提高，到了明代中後期該地區成了整個明王朝中經濟最發達的地區，其農業、手工業乃至商業支撐著整個明王朝的經濟命脈。江南成為明代的絲織和棉織中心。據《吳江縣志》記載：「俱以蠶桑為業，男女勤謹，俗緯機杼之聲，通宵徹夜。」另據《湖州府志》記載：「隆萬以來，機杼之家，相沿此業，巧變百出。」杭州盛產絹，「民織者甚眾」[24]。在絲織業發展的同時，這一帶也成為棉紡業最發達的地區，時人有諺：「買不盡松江布，收不盡魏塘紗。」正是因為絲、棉織業的發達，這就為該地區的服裝發展提供了有利的條件。因此，該地區的服飾也就引起全國各地的格外關注，人們競相效仿，成為一種時尚。下面我們就據范濂《雲間據目抄》看一下當時松江之人的服飾變化及特色。首先，是頭巾、帽子。這是士大夫文人居家外出時的必備用品，在短短四五十年中，它們便已幾經變化。嘉靖初年，書生冬天戴「橋梁絨線巾」，春天戴「金線巾」；士大夫戴「中靖巾」。此後，因嫌煩瑣而改戴「高士巾」、「素方巾」，又變為「唐巾」、「晉巾」、「褊巾」。嘉靖二十五年（1546年）後，用「不晉不唐之巾」，兩邊插玉屏花一對。年少美貌者，再加「犀玉奇簪」以貫髮髻。夏天，從隆慶初年起流行用「鬃巾」，巾的高度逐年增加，至萬曆中

---

22 李樂：《見聞雜記》卷二。
23 李樂：《續見聞雜記》卷十。
24 乾隆《杭州府志》卷五十三，引萬曆《臨安縣志》。

期，改用松江本地出產的「盈沙巾」，或用「馬尾羅巾」、「高淳羅巾」，像鬃巾一樣涼爽透氣。童生用「方包巾」，自松江華亭諸生陳繼儒採用兩根飄帶束髮的辦法後，人多仿效，到萬曆中才逐漸不用，而改用蘇州一帶的「直羅頭法」，未成年的男兒作此裝束，更添童趣。嘉靖初，秀才又有戴「瓦欄鬃貌」的，後來富人也用，使這種帽子的價格逐漸昂貴起來。萬曆以後，不論貧富，都用鬃巾，其價格在銀四五錢或七八錢之間。[25]其次，男子服裝。從范濂《雲間據目抄·記風俗》的記載，嘉靖初，老人著裝上長下短，小孩則為上短下長，衣服上均打有細褶。此後稍有變化，上下裝無明顯長短，再後有穿「陽明衣」、「十八學士衣」、「二十四氣衣」等。萬曆以後，穿道袍的人越來越多，並非因為「好古」，而是為了「好異」。衣服的材料，起初崇尚宋錦，後好漢、晉、唐錦，至萬曆中，已將漢唐錦視為「厭物」，而崇尚千鍾粟、倭錦、芙蓉錦，用大花頭各四朵。羅是江南人主要的日常衣料之一，起初多用普通的湖羅、馬尾羅、綺羅等，水圍羅則很少有人用了。布袍是儒生的常服，但在萬曆中期，已經被人視為「寒酸」之物，貧者必用綢絹色衣，此謂「薄華麗」。新春時節，文士必穿「大紅履」，讀書少年必穿「淺紅道袍」。上海的生員秀才，冬天必穿絨布道袍，夏天必用鬃巾綠傘，即使家境貧寒者，也是如此。[26]複次，婦女服飾。先看髮型及頭上飾物，「婦人頭髻，在隆慶初年，皆尚員褊，頂用寶花，謂之挑心，兩邊用捧鬢，後用滿冠倒插，兩耳用寶嵌大釴，年少者用頭鐶，綴以團花方塊，身穿裙襖，襖用大袖圓領，裙銷金拖。自後翻出排尖頂髻、鵝膽心髻、漸見長圓，並去前飾，皆尚雅裝。梳頭如男人直羅，不用分髮，蝶鬐髻皆後垂，又名墜馬髻，旁插金玉梅花一二支，前用金絞絲燈籠簪，兩邊西番蓮俏簪，插二三對，髮股中用犀玉大簪，橫貫一二支，後用點翠卷荷一朵，旁加翠花一朵，大如手掌，裝綴明珠數顆，謂之鬐邊花，插兩鬐邊，又謂之飄枝花。」[27]服裝為「衣用三領窄袖，長三尺餘，如男人穿褶，僅露裙二三寸。梅條裙拖，膝褲拖，初尚刻絲，又尚本色，尚畫、尚插繡、尚推紗，近又尚大紅綠繡，如藕蓮裙之類，而披風、便服，並其梅條去

25 錢杭、承載：《十七世紀江南社會生活》，杭州，浙江人民出版社，1996。
26 錢杭、承載：《十七世紀江南社會生活》。
27 范濂：《雲間據目抄·記風俗》。

之矣。包頭不問老幼皆用，萬曆十年內，暑天猶尚騌頭箍，今皆易紗包頭，春秋用熟湖羅，初尚闊，今又漸窄。……以包頭不能束髮，內加細黑綜網巾，此又梳裝一議，而聞風效尤者皆稱便矣。」[28] 再次，鞋襪。松江原本沒有鞋店，人們所著之鞋，均流行南京轎夫營鞋店的式樣。萬曆以後，開始有人製鞋，式樣也漸趨「輕巧精美」。不久便在縣城東市出現了許多鞋店，南京轎夫營鞋便非常少見了。當時富家大戶的奴僕都穿三鑲官履，與文人士夫官員幾乎沒有區別，其主人也大都喜歡家奴穿這樣的鞋，以此炫耀。松江人喜著蒲鞋，產自陳橋的蒲鞋尤為「珍異」。後有宜興史姓者寓居松江，所製蒲鞋工藝甚精，「貴公子爭以重價購之」，數量達「幾百家餘」，鞋價因此而賤。襪，松江本來也沒有專門製作夏天所著襪子的店鋪，萬曆後，有用當地所產的布製成單襪，「極輕美，遠方爭來購之」。一時在西郊廣開專做這種襪子的店鋪多達「百餘家」，「合郡男婦皆以做襪為生，從店中給酬取值」，成為松江普通百姓的一大副業。冬天，過去松江人所穿的多是產於鎮江的氈襪，萬曆中所改穿絨襪，輕巧保暖，家境貧窮的則穿山羊絨襪，價格不高，稍粗笨，但品質好的也能與絨布襪相比，這也是屬於前述「薄華麗」陋習中的一種現象。[29]

除上述較有代表的松江之外，在全國其他地區服飾也皆有各自的特色。如河南太康縣：「國初時衣衫褶前七後八，弘治間上長下短褶多；正德初上短下長三分之一，士夫多中停，冠則平頂，高尺餘，士夫不減八九寸；嘉靖初服上下短似弘治間時，市井少年帽尖長，俗云邊鼓帽，織金彩通袖，裙用金彩膝襴，髻高寸餘，正德間衣衫漸大，裙褶漸多，衫唯用金彩補子，髻漸高，嘉靖初衣衫大至膝，裙短褶多、髻高如官帽，皆鐵絲胎，高六七寸、口周尺二三寸餘。」[30] 江西永豐縣的服飾，「男子衣惟綢布土縑，富者間衣文綺，必襲以布，謂之襯衣，士非達官，員領不得輒用紵絲，女子服飾視貧富以為豔樸」[31]。南直隸六合縣也是

28 同上。
29 錢杭、承載：《十七世紀江南社會生活》。
30 嘉靖《太康縣志・服舍》。
31 嘉靖《永豐縣志・風俗》。

「皆高帽大袖，履烏無等，婦女高髻長衣短裳，珠綺之飾頗侈僭」[32]。同在南直隸的南通州，服飾變化更快，「衣長，裙闊，領寬，腰細，倏忽變異，號為時樣」。南通州的服飾在弘治、正德年間，「士大夫家居素練衣、緇布冠，即諸生以文學名者，亦白袍青履遊行市中，庶氓之家則用羊腸葛及太倉本色布，此二物價廉而質素，故人人用之，其風俗儉薄如此」。到了萬曆年間，「里中子弟謂羅綺不足珍，及求遠方吳綢、宋錦、雲縑、駝褐價高而美麗者以為衣，下逮綺襪，亦皆純采」[33]。福建建寧縣「男飾皆瓦籠帽，衣履皆紵絲，時改新樣；女飾衣錦綺，被珠翠，黃金橫帶，動如命婦夫人」[34]。南京婦女的服飾「在首者翟冠，七品命婦服之，古謂之副，又曰『步搖』。其常服，戴於髮者，或以金銀絲，或（以）馬尾，或以紗；帽之有冠，有丫髻，有雲髻，俗或曰『假髻』。」[35]就連偏遠地區四川洪雅縣，服飾也有自己的特色，「婦女好為豔妝，髻尚挺心，兩袖廣長，衫幾曳地；男子則士冠方巾，餘為瓦棱帽，市井之人多以麻布為之，謂之涼帽，與有喪者同」[36]。山東小城博平的服飾，據《博平縣志》記載，「至正德、嘉靖間而古風漸渺……市井販鬻廝隸走卒，亦多纓帽湘鞋紗裙細綺」。就連遁入空門的尼姑們也不甘寂寞。據顧起元《客座贅語》載，南京的尼姑服飾受世俗的影響，「衣服綺羅，且盛飾香纓麝帶之屬」。總之，明中後期的服飾以江南、吳越地區為先導，其他各地在追隨吳、越之中其服飾又有著自己的特點。加上地域性的差距，南北服飾有一定的差別，但是只在於服裝的功能上，如南方的涼帽、北方的「蘭州絨」。就服飾總的趨勢而言，則都在求豔、求新、求變、求異、求個性。

　　明代的少數民族多散居於邊陲地區，各民族都有著自己的傳統服飾。由於南方與北方氣候的差異，山區和草原地貌的區別，各民族間的服飾表現出不同的風格和特點。

---

32 嘉靖《六合縣志‧人事志‧風俗》。
33 萬曆《通州志‧風俗》。
34 嘉靖《建寧縣志‧地理‧風俗》。
35 顧起元：《客座贅語‧女飾》。
36 嘉靖《洪雅縣志‧疆域志‧風俗》。

蒙古族的服飾，主要有袍、褲、無袖短衣、氈斗篷、布襯衫、靴、長襪、帽、圍腰等。其衣服式樣「凡衣無論貴賤，皆窄其袖。袖束於手，不能容一指。」[37]袍子因質地不同，種類很多，除以羊皮、羔皮製作以外，還有絲綢錦緞袍，夏布長袍，各式獸皮製作的袍子。由於互市的開展，其服飾的花樣也漸趨豐富多彩，一般平民也「有衣錦服繡者」。蒙古族男女都穿靴子，靴底薄，便於騎乘。帽子較小，婦女（主要是上層）也戴傳統的固始帽（又稱顧姑、姑姑、故故等）。凡衣服冠履，多出自婦女之手，而且不少人「工於刺繡」[38]。男女裝束和打扮都不同，男人「皆視髮而右衽」，自幼至老，頭髮都剃去，獨在腦後留一小辮，其餘頭髮稍長即剃剪，只是在冬天不剪，以保冬暖。女孩子出生時即蓄髮，編為十數辮，披於前後左右，直到出嫁之日才將頭髮分為兩辮，婚後結為兩椎，垂於兩耳。耳朵上穿有小孔，依貧富戴各種質地不同的耳環作為裝飾，以朱粉施面，也戴項圈、戒指等飾物，具有典型的草原遊牧民族的風俗。[39]生活在西北的維吾爾族，其服飾據明代陳誠《西域番國志》記載：「國中男子髡首，以素帛纏頭，婦女亦蒙以素帛，略露雙眸，如有喪制反以青黑布易之。帷幔皆用青黑，居喪不過百日即釋服。」

　　世居海南島的黎族，在明代時有生黎和熟黎之分。由於生活在亞熱帶地區，故而男子著短衫，名為「黎補」，婦女亦著黎補，下圍花幔，「髻垂後，刺涅口腮為紋」[40]。《瓊州府志》卷二十也記述，瓊州黎族無論生熟，男子衣用布縫如單被，或織吉貝為之，前後下垂，無袖，穴其中央，以頭貫之，下體為裙，長不掩膝。「椎髻跣足，插銀銅釵，花幔纏頭，戴藤六角帽。」婦女的衣飾裝束是「高髻，釵上加銅環，耳環垂肩，衣裙皆以五色吉貝製作，裙曰黎補，不著褲」。女子將嫁時，「夫家頒至涅面之式，女家大會親屬，以針筆涅女面，為極細蟲蛾花卉，謂之繡面女，婢則否」。

　　明代西南各地的少數民族服飾，也很豐富多彩。藏族的服飾主要有藏袍（長

37　參見蕭大亨：《夷俗記·帽衣》。
38　蕭大亨：《夷俗記·習尚》。
39　參見《蒙古族簡史》，呼和浩特，內蒙古人民出版社，1986。
40　參見《古今圖書集成》卷一三九一。

袍）、襯衫、褲子、帽子、鞋、頭飾、頸飾、腰飾等，表現了藏民的實用觀點、審美情趣、宗教信仰以及經濟生產特點等，並具有不同的地區特點。[41]四川羌族以白色代表善，象徵純潔、吉祥，「其俗以白為善，以黑為惡也」[42]。哈尼族的服飾特點是：「男子肩髮齊眉，頭戴筍簪笠，跣足。以布為行纏，衣不掩脛。……婦人頭纏布，或黑或白，長五尺，以紅氈索的一尺餘纏之，而綴海貝，或青藥綠玉珠於其末，又以索綴青黃藥玉珠垂於胸前以為飾，衣桶裙，無褻裞。女子則以紅黑紗縷相間為布，綴於裙之左右。既適人則以藤絲圈束於膝下以為飾。」[43]

　　明代雲南各地的彝族，因生產、生活方式及自然環境的不同，彼此之間服飾也不相同。曲靖府的彝族男子椎髻披氈，「摘去鬚髯，以白布裹頭，或裹氈縵，竹笠戴之，名曰『茨工帽』」。他們遇見官長貴人，有脫帽懸於背、「以為禮之敬」的習尚。他們還脛纏雜氈，經月不解，穿烏衣皮漆履，帶刀背籠。霑益州彝族婦女的裝束是「蟠頭，或披髮，衣黑，貴者以錦緣飾，賤者披羊皮，耳大環，胸覆金脈匍」[44]。生活在山林高阜處的彝族，以牧業為主，他們的服飾是「男子髻束高頂，戴高深笠，狀如小傘。披氈衫衣，穿袖開，腰繫細皮，辮長索，或紅或黑。是穿皮履氈為行纏」。婦人裝束特點是「方領黑衣，長裙，下綠縷文，披髮跣足」[45]。雲南其他少數民族，如白族的衣著是男子披氈椎髻，婦女不施脂粉，「酥澤其髮，以青紗分編，繞首盤繫，裹以攢，頂黑巾，耳金環，象牙纏臂。衣繡方幅，以半身細氈為上服。」男女頭戴「次工，製如中原漁人之蒲笠差大，編竹為之，覆以黑氈」。親朋故舊之間，久別相見，無有拜跪之禮，但卻有「取次工以為饋」的習尚。[46]麗江納西族婦女的衣著習尚是「披氈，皂衣，跣足，耳環高髻。女子剪髮齊眉，以毛繩為裙」，「既嫁則易之，刀不離身」[47]。散居在雲南

41 參見佟錦華：《藏族傳統文化概述》，北京，中國藏學出版社，1990。
42 《明武宗正德實錄》卷三十。
43 景泰《雲南圖經志書》卷四。
44 景泰《雲南圖經志書》卷二、三。
45 同上。
46 景泰《雲南圖經志書》卷一、四、六。
47 同上。

灣甸州的傣族婦女服飾是「衣白布、窄袖短衫，黑布桶裙，不穿耳，不施脂粉」。富貴之家的婦女則有以象牙「作筒，長三寸，許貫於髻，插金鳳蛾。其項絡以金索，手戴牙鐲，以紅氈束背纏頭」[48]。聚居於孟定府的傣族男子，在衣著方面則是光頭赤腳，黑齒，身穿白布衣，頭戴竹絲帽，以金藤寶飾其項，遍插翠花翎毛之類，後垂紅纓。婦女外出戴玉漆大笠，「狀類團牌而頂光，身衣文繡而飾以河貝」[49]。

明代少數民族服飾是豐富多彩的，不同民族的服飾反映出不同的生活習俗，也蘊涵著不同的審美觀念。明代少數民族的服飾是明代服飾的一個重要組成部分。

二、傳統飲食的創新與地方飲食特色

明人高濂講「飲食，活人之本也」。明代的農業高度發達，為飲食文化的進步與創新提供了物質前提。中原漢族的膳食是以糧食、菜蔬為主，肉食為輔，其中北方主食以麵食為主，南方以米食為主；而分布於廣大邊陲的少數民族則主要以肉食為主，菜蔬為輔，有的就沒有菜蔬，這構成了明代飲食的兩大核心。若按照禮制的要求，明代宮廷帝后、王公貴胄、縉紳階層以及地方士庶等的飲食規格、規模與飲食器具的使用，又各有自己的等級限制，以區分各自的尊卑貴賤及在社會中所處的地位。但是，隨著商品經濟的發展，這種飲食方面的禮制很快便被突破。這個變化，大約以嘉靖為界。

嘉靖以前，社會各階層的日常飲食及飲宴都嚴格遵循封建王朝禮制的嚴格規定，很少出現違禮僭越之事。嘉靖以後，飲食習俗發生了很大的變化，飲宴生活中的違禮逾制行為便成為一種普遍的現象了。同時，由於各個社會階層社會地位、經濟條件的不同，他們的飲食生活也存在很大的差別。這一切，使得明代的

---

48 同上。
49 景泰《雲南圖經志書》卷一、四、六。

飲食變得異常豐富多彩。

奢靡無度的明代宮廷飲食　明代宮廷的飲食活動是極盡豪華奢侈的，它主要包括兩個方面的內容：一是帝后及其家族的節令飲食文化活動；二是統治階級為了特殊的政治需要和目的而舉行的筵宴活動。二者既互有聯繫，又互有區別，前者是帝后家族本身為了滿足生存需求而進行的飲食活動；而後者則主要是為了滿足其政治需求，並以此為主要目的而進行的飲食文化活動，其參加者不但是帝后及其家族成員，而且還包括統治集團內的諸多官員，其筵宴的規模大小、參加的成員，均有嚴格的等級限定。值得注意的是，明代宮廷的筵宴與帝后的年節飲膳，既因宮中政治、經濟條件無比優越，皇權的至高無上，皇家的富貴顯赫，從而使得這些宮中筵宴華貴、典雅、莊重、等級森嚴，且禮儀繁縟；更因其政治色彩濃烈，故宮筵參加者們的政治「食欲」，遠遠大於其生理食欲的需求。

明代帝后及其家族是明朝統治階級中的最高階層，享有各種特權。他們對社會的物質財富有著「合理」、「合法」的占有權和支配權，奢靡無度，竭盡享用。自明成祖朱棣遷都北京後，北京成為明朝的政治、經濟、文化和軍事中心。每年來自全國四面八方的各種時令鮮果食品薈萃京城，進貢皇宮。宮中從全國各地徵召來的名廚高手，又將這些節令時鮮物品加工成美味佳餚，隨時供皇室盡情享用。在伴隨著各種節令時鮮食品享用的同時，宮中還在各種節日舉行慶祝娛樂活動，使得吃、喝、玩、享樂融為一體。由於宮中的娛樂活動是最高統治階層舉辦的，有著特殊的文化氛圍和特定的用意及目的，因而對民間節日的慶典及飲食起著引導作用。

農曆正月是一年的開始，也是一年之中節日最多的月分，有元旦、立春、上元、填倉四個節日。元旦是歲時節日中一個重要的年節活動，節令食品有椒柏酒、餛飩（水點心）等。宮中所食的食品，如叫「百事大吉盒兒」的，主要由柿餅、圓眼、栗子、熟棗等組成。還要吃驢頭肉，用小盒盛裝，名曰「嚼鬼」，這是由於俗稱驢為鬼的緣故。立春的前一天，在順天府東直門外要舉行「迎春」儀式，勳戚、內臣、達官、武士都要前去春場進行跑馬活動，一比優劣。立春日，宮中無論貴賤都要嚼吃蘿蔔，名為「咬春」，彼此互相宴請，並吃春餅和菜。初

七日是「人日」，宮內也吃春餅和菜。自初九日以後，則有耍燈市買燈、吃元宵的習俗。正月十五日是元宵節，宮內帝后勳貴通過吃元宵、賞燈等活動，使元宵節的慶祝活動達到高潮。十六日，宮中賞燈活動更盛，據《明宮史》載「天下繁華，咸萃於此」。而宮內的時鮮食品豐富多樣，它們有來自全國各地的名特產品和滋養食品，市俗的風味小吃也都彙集在宮中的御宴上，成為明代帝王后妃的節令美味與佳餚。正月十九日是「燕九」節，屆時勳戚內臣，凡好黃白之術者，也都要到白雲觀遊覽，企求訪得「丹訣」。到了正月十七日或十九日，御前安設的各種彩燈，要收撤，表示喧鬧熱鬧的元宵節日活動接近尾聲。正月二十五日為「填倉節」，宮中也有相應的祭祀和飲食活動，據《明宮史》稱，它是一個「醉飽酒肉之期」的節日。

宮廷中的飲食，節令性很強，月月有鮮食，節節有變化。譬如二月吃河豚；三月吃涼糕、糍粑、燒筍鵝。四月分是一年中花卉和時令飲食開始上市的季節，新鮮蘆筍、櫻桃與玫瑰花、芍藥花等鮮菜果品的上市，使京都的時令飲食活動內容變得更加豐富多彩。此時宮中的宮眷內臣要換紗衣。牡丹花盛開後，宮中要設宴品嘗芍藥花。四月初八日，帝后及其家族成員，要專門進食一種名叫「不落夾」的時令食品。這種食品是用葦葉包糯米製作的，長三四寸，闊一寸，其味道與粽子相同。還要品嘗櫻桃，「以為此歲諸果新味之始」。此後帝后食用的其他美味佳餚，更是花樣品種繁多，營養豐富，極盡全國之物力，其遠非常人所及。五月的端午節，宮中帝后除有鬥龍舟、划船，駕幸萬壽山前插柳，看御馬監勇士跑馬等節日活動外，還要飲用朱砂、雄黃、菖蒲酒，吃粽子和加蒜過水的溫麵。六月時值盛夏，烈日酷暑，此時的飲食主要以製作品嘗解暑避熱的食品為主。六月六日「天貺節」，帝后家族成員要吃過水麵。初伏、中伏與末伏日，帝后要同家人吃過水麵和「銀苗菜」。立夏日，帝后則有戴楸葉，吃蓮蓬、藕等時鮮菜品和喝蓮子湯的習尚。農曆七月中元節，主要是品嘗鮮美的鰣魚。八月宮中要進行賞月、拜月活動，聚吃月餅、瓜果等節日飲食。八月十五日，中秋月圓，桂花飄香，是北京「金色之秋」的大好季節，各類食品很多。十月皇宮中享用的時令性食品主要有羊肉、爆炒羊肚、麻辣兔以及虎眼等各樣細糖；還有牛乳、乳餅、奶皮、奶窩、酥糕、鮑螺等。十一月「冬至節」以後，則進入一年之中最為

寒冷的「數九」寒天。這一季節皇室的食品除求美味外，主要是進行冬季滋補，強身健體，禦寒養生。十二月是年終歲尾，由於臨近元旦，故宮中充滿了節日的喜慶氣氛。十二月初一日，宮中要吃灌腸，吃油渣鹵煮豬頭、燴羊頭、爆炒羊肚、煠鐵腳小雀加雞子、清蒸牛乳白、酒糟蚶、糟蟹、煠銀魚等魚和醋溜鮮鯽魚、鯉魚等各種風味食品和保健食品。初八日為「臘八節」，皇室要吃用紅棗槌破泡湯，加粳米、白果、核桃仁、栗子、菱米煮成的粥，同時要用此粥供奉在聖佛前。二十四日，要「祭灶」，蒸點心，辦年貨。三十日為歲暮，要「守歲」。

明代皇宮除了平日的飲食和節令食品外，每逢除夕、元旦、立春、端午、重陽、臘八日、皇太后聖誕、東宮千秋節等節日時，都要舉行各種不同規格、規模的筵宴活動。此外，凡遇祭祀圜丘、方澤、祈穀、朝日夕月、耕，經筵日講、東宮講讀、親蠶、纂修校勘書籍開館暨書成、閣臣九年考滿、新錄取進士等，都要賜大臣進士及內外命婦筵宴。按照明代禮儀規定，宮中筵宴規格為大宴、中宴、常宴和小宴四種。這些筵宴都有十分明顯的政治目的和等級區分。

民間日常飲食的變化　明代民間飲食文化的發展表現在兩個方面，一是各地的地方名特食品、風味小吃，較之前代不僅花樣品種繁多，而且形式更豐富多彩，不同區域因其物產的不同又各自形成具有地方色彩的食品；二是明代較之前代而言，出現了許多專門記述，總結地方飲食文化發展情況的專著，並湧現出眾多的烹飪專家，令人注目。

明朝的民間日常飲食，南北方之間由於地域不同，物產各異，加上在長期歷史發展過程中形成的經濟、文化、社會風習的不同，民間的日常飲食存在著明顯的不同。除南北差異外，明代的飲食還存在著民族間的差別、農村與城市的差別、貧富之間的差別、官員與百姓的差別，等等。大體說來，明代民間的飲食可分為「雅」、「俗」、「民族」三個方面。

所謂的「雅」，是指王公貴胄的日常飲食活動。他們既不同於宮廷的飲食活動，又高於社會其他階層的民間飲食活動。因為他們在政治上享有一定的特權，在經濟上有一定實力，平日的飲食活動，無論從菜肴的品種、製作、營養方面而言，都是十分奢侈和考究的，甚至可以同宮廷帝王飲饌活動相媲美。就是一般官

宦人家，平日對飲食的要求也很奢靡。特別是到了明代中晚期，宴請鋪張奢侈之勢漸猛，在官員之中此風也很盛行。不僅對菜肴的品質要求越來越高，而且對飲食的器皿的要求也極高。「縉紳之家，或宴官長，一度之間，水陸珍饈，多至數十品。……然品必用木漆果山如浮屠樣，蔬用小磁碟添案，小品用攢盒，俱以木漆架架高，取其適觀而已。」[50]

「俗」，指的是民間庶民的飲食。明代的百姓平日的飲食就主食來講，北方主要是麵食。有饅頭、蒸餅、包子、燒賣、麵條等，品種繁多，花樣較前朝也有所變化。另外據《金瓶梅詞話》中的描述，北方城市民人還有各種各樣的麵點，如火燒、波波（餑餑）、燒賣、艾窩窩、黃米麵棗糕、玉米麵果餡蒸餅、鵝油蒸餅、蒸角兒（蒸餃）、水角兒、桃花燒賣、荷花餅、乳餅、肉兜子（油煎餡餅）、燒餶飿（似即煎餛飩）、元宵圓子、糖薄脆、板搭饊子等。南方主食是大米，處在長江下游地區的吳越地方，民間種稻有粳、糯之分。粳米宜做米飯，煮粥，吃之十分爽口；糯米則因其有黏性，主要是用於製各色點心、糕、團、餅、湯圓、粽子等，入口細膩。由於長期以米為主食，故煮米飯是十分講究的，做好的米飯，雖是鍋裡煮的，但要有蒸的效果，顆粒分明。對糯米食品則更有研究，往往是先將糯米加工成粉，然後再做成糕、團子、湯圓等可口的點心。總的來說吳人對稻米食品的加工製作，在明代已達到相當精細的程度。民間百姓日常的菜肴肉、魚蝦、雞鴨、蔬菜、豆腐等，則南北大致相同。

明朝邊疆各地的少數民族，宗教、文化、生產方式上差異較大，其飲食習俗與中原風格迥異。明代蒙古族是以肉（包括牲畜肉和獸肉）和奶食品為主的。他們善於用牛、綿羊、山羊的奶汁製作油、奶乾、奶豆腐等食品。飲料是奶茶和用馬奶釀製的馬奶酒。蕭大亨《北虜風俗·牧羊》云：「牛羊之乳，凡為酥，為酪，為餅，皆取給焉」，「酒之名甚多，大抵以乳為之，厚者飲數杯即酩酊矣。盛以皮囊，名曰殼殼。」西北的回族、維吾爾族、哈薩克族、烏孜別克族、撒拉族、東鄉族、保安族等信仰伊斯蘭教的民族，形成了自成體系的清真菜。如扒羊

---

50 葉夢珠：《閱世編》卷八。

肉條、蔥爆羊（牛）肉、燜燒羊肉、五香牛肉乾等，都是清真菜中極有特色的美味佳餚。

南方的許多少數民族特別好客、嗜飲。如雲南納西族「飲食簡單、唯嗜酒」，喜食粥、「古宗蘇油茶」及羊牛肉糌粑等。[51]哈尼族「性嗜酒、食犬肉」，「男女俱善飲，無不好酒者」。苦聰族「性喜豬，嗜酒」，男女皆負柴、薪、野蔬入市，必易一醉而歸。[52]苗族人民每逢節日遇見遠客，必接至家中款以美食好酒，各以客多為榮。散居阿米州的彝族則有「餌致饋」的禮俗，「凡遇時節，往來以糯米為口飯，杵之為餅，折而撚之，若半月然，盛以瓦盤致饋親，厚以為禮之至重」[53]。白族的飲食習慣是「貴生食」，「土人凡家嫁娶燕會，必用諸品生肉細剁，名曰剁生，和蒜泥食之，以此為貴」[54]。

菜系的形成與地方飲食特色　早在晉代，張華就講過「東南之人食水產，西北之人食陸畜」[55]。明代中國的飲食文化地域性的差異，因受到其物產、氣候、飲食習俗的長期影響，顯得更為突出。據《清稗類鈔》載：「各地食性之不同食品之有專嗜者。食性不同，由於習尚也。則北人嗜蔥蒜，滇黔湘蜀嗜辛辣品，粵人嗜淡食，蘇人嗜糕。」正是各地民人的這種食品嗜好，才形成了有地方特色的美味佳餚。這些美味佳餚按照傳統的劃分法，可分為地域型和飲食物件型。前者的劃分是以地域為基礎的，將黃河流域及其以北的廣大地區的菜肴均稱為魯菜，它因源於山東而得名；再者就是將長江上游地區的菜肴稱之為川菜，因源於四川而得名；其三是長江中下游的淮揚菜，因源於古揚州而得名；其四是珠江流域的粵菜，發源於廣東地區。這種分法的影響面較大，並被人們廣泛地接受。後者的劃分是以飲食對象為標準的，專門為皇宮後院準備的為宮廷御膳；王公貴胄享用的菜肴叫官府菜或公館菜；僧侶專門食用的為齋菜，亦稱為素菜；餐館菜亦叫市肆菜；供信奉伊斯蘭教徒享用的清真菜等。這種劃分比之前者來講，飲食的物件

---

51 《維西縣志》卷二。
52 景泰《雲南圖經志書》卷一。
53 景泰《雲南圖經志書》卷三。
54 景泰《雲南圖經志書》卷一。
55 張華：《博物志・五方人民》。

就顯得過於單一，流傳地區也相對較少。以地域為基礎劃分的魯、川、淮揚、粵四大菜系，在明代都已形成，並得到了世人的認可。

魯菜源於山東地區。該地區在春秋戰國時期被稱為「齊魯之邦」，是中國古代文明最發達的地區之一。由於該地地處黃河下游，瀕臨渤海、黃海，東部沿海地區盛產海鮮品，內陸多河湖魚，氣候適宜，蔬菜水果種類十分豐富，為烹飪美食技術的發展提供了豐富的物質基礎。孔子早就對飲食的要求做了概述：「食不厭精，膾不厭細。」據《山東通志》載：唐代文昌為相時，精飲食。自編食經（菜譜）五十卷，時稱《鄒平公食經》（已佚），這說明從唐代開始山東地區的菜肴就已經相當豐富。到了宋代，以山東菜為代表的「北食」店已在東京汴梁出現。及至明代，山東菜已基本上形成了以「鹹鮮」為主的特色，其烹飪技術也達到了純熟的程度，成為京城內人人皆知的美食。上至宮廷貴族，下至庶民百姓都喜食山東菜。難怪有人稱明代的山東菜：「大方高貴而不小家氣，堂堂正正而不走偏鋒，它是普遍的水準高，而不是以一兩樣式偏頗之味來號召」，又說山東菜「實際是歷代官員文人培植出來的」。山東菜源於濟南的福山，其味道純正濃厚，鹹甜分明，較少複合口味，以「清湯」取其鮮味，用「烹醋」以取醋香，以辣味取自蔥蒜，「拔絲」「掛霜」是甜味的淵源。[56]

川菜起源於「天府之國」的四川。由於四川境內江河縱橫，物產豐富，禽畜興旺，蔬圃常青，烹飪原料樣多而廣泛，特別是其品質優良的調味品，使得川菜的味道怪異且變化多端。故人們稱巴蜀之人「尚滋味」、「好辛香」[57]。宋代蘇東坡是著名的美食家，以其命名的「東坡肉」、「東坡豆腐」、「東坡墨鯉」等名菜流傳至今。早在北宋時期，東京汴梁就有了專營川菜的「川飯店」。那時川菜就已走出蜀境步入了中原。但是真正為川菜注入活力的是明代。明朝中期從海外引進了新的蔬菜——辣椒。原本就以「好辛香」著稱的川菜，加上了辣味，並以「辣」而貫穿於整個川菜，使川菜變得豐富而完善，並以「麻辣」這一特有的味道而聞名全國。除了辣，川菜中還有香辣味、椒麻味、酸辣味、魚香味、荔枝

---

56 參見張廉明：《中國烹飪文化》，濟南，山東教育出版社，1989。
57 常璩：《華陽國志·蜀志》。

味、紅油味、怪味等，具有「百菜百味」的風格。

淮揚菜，亦稱維揚菜。維揚是指以揚州為中心的長江下游地區。揚州自隋煬帝開通運河後逐漸成為南北東西商運船舶彙聚之地，經濟繁榮，其飲食在品質和花樣上都很有特點。明代中後期，該地興起了一股講究奢侈的飲食風氣，揚州漸漸成為南人享受的中心。加之揚州處在河流縱橫的長江三角洲地帶，是著名的魚米之鄉，豐富的農產品為烹飪技術提供了用武之地。據明代《揚州府志》記載：「揚州飲食華侈，市肆百品，誇視江表。」維揚菜的主要烹飪技法是燉、燜、煨、焐的慢火長時間燒煨的烹調，最具有代表性的是「揚州三頭」。其中以遊太湖、揚州瘦西湖而聞名的「船宴」，使維揚菜影響擴大到江南、江北、運河沿線，從而流傳至今。

粵菜，源於廣東。因廣東地處亞熱帶，終年氣溫在 0℃以上，四季常青，動植物資源都十分豐富。此外廣東地處沿海，也有著得天獨厚的物質基礎。廣東人歷來善食蛇、鼠、狗、貓等雜物。廣東菜除了食雜物外，也頗受中原遷移粵省之人的飲食影響，形成了粵菜的特殊風味。廣東菜因用料廣博奇異，烹飪的技法也是多種多樣，有「煲」、「焗」、「焗」等特殊烹調技藝，味道講求清鮮，火候不宜過猛，力求原味原色。廣東人因飲食十分講究，故有「食在廣州」之說。[58]

除上述四大菜系之外，明代各地方的菜也都具有自己的特點。明朝王士性撰寫的《廣志繹》中記載：「海南人食魚蝦，北人厭其腥；塞北人食乳酪，南人惡其膻。河北人食胡蔥、蒜、韭，江南畏其辛辣，而身自不覺。此皆水土積習，不能強同。」可見各地百姓在飲食上的習俗是不同的。如江西很多地方菜裡都要加辣椒；湖南菜也有「無辣不成席」的俗語；蘇州菜講究配色鮮麗，味道偏甜；徽州菜在色味方面均有獨到之處；杭州菜則將西湖的景色入菜，主清淡；山西的菜離不開醋；陝西人做菜喜用酸辣，等等。

節令食品與風味小吃 節令飲食是明代飲食文化生活的一個重要組成部分。

---

58 參見張廉明：《中國烹飪文化》。

由於社會生產力發展水準和物質生活條件的限制，當時的普通百姓不可能經常享用較好的美食。平時人們總是注意節儉，將最好的美味佳餚、飲料留待年節時使用，這既可以用以充實節日人們的飲食文化活動內容，又可以調節和改善人們日常較為單調、貧乏的飲食生活。明代民人的節令食品是豐富多彩的，由於各種節令的含義不同，故每個節令的食品都具有其特定的意義。有些節令食品隨著人們的喜好，逐漸發展成某一地區特有的風味小吃。

元旦春節：農曆正月初一日，主要是吃年糕、年夜飯、更歲餃子等。飲料則用傳統的椒柏酒。元宵節，吃元宵是這一節日的主要標誌。元宵俗名湯圓或湯糰，傳說此物起源於春秋末期。唐代稱之為「麵繭」、「圓不落泥」，宋代稱為「圓子」或「團子」。其種類很多，南方稱湯圓，北方謂元宵。浙江《嚴州府志》稱，元宵節民間要張燈結綵、放花炮，「和麵圓薦先，更相賀食」。還有一些地方在元宵節還要猜燈謎，除吃元宵外，還要吃特色食品。

中和節：農曆二月二日又名龍抬頭，除祭祀太陽神和土地神外，還有吃供太陽神的糕和煎餅。

清明節：這個節日中的許多食品都與祭祀、宗教有關。如春餅、麥芽糖、冷粥等。在《新昌縣志》中記載：「清明節家家門戶插柳取菁，作糍獻先人並自食。」雲南民間清明節時，「男女備酒肴，各詣墳所致祭」[59]。寧波府民清明節時，則有各家做青糍黑飯，並以「牲醴祭墓」的習俗。農曆的四月初八是浴佛節，除了要喝浴佛水外，還吃許多富有特色的食品，如青米飯、烏米飯等。

端午節：此節令飲食特點是吃粽子，喝雄黃酒。據明代浙江《寧波府志》載，端午日要用角黍、駱駝蹄糕祀祭祖先，然後親戚各相饋遺享用。

七夕節：又稱「七夕乞巧」。在這個節令中主要都是吃巧食，有餃子、麵條、油果子、餛飩等食物。

---

59 嘉靖《尋甸府志》卷上。

中秋節：也稱團圓節。這個節日食品均與「祭月」、「拜月」有關，主要是以瓜果、月餅為主。

九月九：也稱為重陽節。江西民間有「用百果及肉雜米粉蒸菊花糕」[60]的習俗。廣東人有「重陽士夫相攜酒登高」[61]之習。

冬至節：又名亞歲、小年，有吃餛飩、米團、米圓、餃，飲「冬至酒」的習慣。湖南民間有「每作米麵食相饋」[62]。河南人民要「吃餛飩」，相互拜會。[63]

臘八節：農曆十二月初八，是一個特殊的節日，特色食品是喝臘八粥。臘月二十三日或二十四日為灶神節，又名祭灶、小年、送灶等。在《帝京景物略》中記載，臘月二十四日灶神節，明人要以糖劑餅、黍糕、棗栗、胡桃、炒豆祭祀灶君，以糟草秣供灶君馬。南方各地也大多如此。

「除夕」：是每年中最後一個節日。除夕夜各家都需吃「年夜飯」。但由於地域上的差異，各地的飲食習尚也有不同，明代有關史籍中對此記載頗多。如嘉靖河南《尉氏縣志》記載：「蒸饅頭相饋遺」，「爆竹守歲，飲分歲酒」[64]。蘇州地區，在除夕夜家家長幼盛集，戶戶舉宴，說吉利話，謂之「闔家歡」。宴席之菜較往日更為豐盛，「皆用冰盆，或八，或十二，或十六，中央則置以銅錫之鍋，雜投食物於中，爐而烹之，謂之『暖鍋』」。蔬菜中有名為「安樂菜者」，以風乾茄蒂雜果蔬為之，闔家吃飯時必先嘗此菜。[65]

明代的酒文化與民間飲酒　明代飲食文化中，酒文化又是其重要的一個分支。「酒」成為人們省親會友、紅白喜事中一種不可缺少的必備飲料，所謂「無酒不成席」也。當時北方多嗜燒酒，南人則好黃酒。馮時化所著《酒史》中記錄南方所產的黃酒有十餘種，而紹興的女兒紅最為有名。明代的士大夫多有豪飲之

---

60 正德《建昌府志》卷三。
61 正德《瓊臺志》卷七。
62 嘉靖《常德府志》卷一。
63 嘉靖《尉氏縣志》卷一。
64 參見嘉靖《許州志‧典禮七》。
65 參見錢杭、承載：《十七世紀江南社會生活》。

習，他們多喜歡雅情逸致的酒會。到了明代中晚期，隨著飲食上奢靡之風的興起，士大夫們便以豪飲為榮。為了使飲酒更富情趣，往往要有一些助興的遊戲。以伎樂侑酒更是明代中後期士大夫飲食生活的特色之一，不僅江南才子風流雅致，即使西北士大夫亦是「飲酒皆有伎樂」[66]。南京在萬曆以前「凡有宴會，小集多用散樂，或三四人，或多人，唱大套北曲……後乃變而盡用南唱……大會則用南戲」[67]。最初只有弋陽腔，後來又增加了太平腔和昆山腔。除助興遊戲外，還要行酒令和勸酒。喝酒行令是明人承接傳統藝術的一種形式，從表面上看雖旨在助興取樂，實際上卻是在發展和延伸著傳統的酒禮。

明代士大夫們，還喜好去酒樓聚會。他們往往選擇高級的酒樓去聚會，如福祿樓、會仙樓、泰和樓、豐樂樓等。酒樓門口有衣冠鮮麗的侍者招呼客人，酒樓內有美酒佳餚、歌妓舞女，還有專供文人墨客飲酒時題詩的詩牌。

除了省親會友，明代逢年過節也要飲酒。如湖南人在立春之日要「親友會飲」，端午節要「菖蒲杵、雄黃泛酒飲」，中秋節要「設酒果對月飲」，重陽節要「飲茱萸酒」，臘月二十四日則「以酒果之類互相饋遺，作米麵食具肴酒以為迎新聚飲之儲至」。除夕夜要飲「分歲酒」[68]。河南光山縣人民在元旦之日也是「各家具酒食」，端午節「飲雄黃酒浦酒」，重陽節「飲茱萸酒」，臘月二十四「食酒果相饋遺」，除夕夜「飲坐以守歲」。

明代人們在祭祖時，也要擺酒供果以示對祖先的懷念。元旦之日，湖北黃州地區的人們要「陳茶酒果焚楮幣，拜諸神祖先」，在中元節（鬼節）時要「具酒饌祭享祖先，仍以紙衣焚獻，俗稱盂蘭會」[69]。河南光山地區的人們，「元旦，男女夙興盛服，具香蝕茶果，焚楮錢，拜天地神，拜祖先」，清明時「詣祖先墓所，設酒肴，焚楮錢祭掃」，「中元日亦設酒肴，祭祖先於其家」，「除歲，食酒果以祀祖先」[70]。

---

66 何良俊：《四友齋叢說·雜記》。
67 顧起元：《客座贅語·戲劇》。
68 嘉靖《常德府志》卷一。
69 弘治《黃州府志》。
70 參見嘉靖《光山縣志》。

明人在婚喪嫁娶之日也要大擺酒宴。特別是晚明吃喝風大起之時，受到士大夫們狂飲濫喝風氣的影響，一般平民也經常借親朋好友來家做客之際飲酒，並要請樂隊伴奏助興。此外，人們還有行酒令、勸酒的習俗。

明代的茶文化與明人品茶　茶在明代已成為人們普遍飲用的飲料。當時人們對茶葉、水質、容器、飲茶環境都很有研究。明人許次紓在《茶疏》中說：「江南之茶，唐人首稱陽羨（今江蘇宜興），宋最重建川（又名北苑，在今福建建甌），於今貢茶兩地獨多。陽羨僅有其名，建茶亦非最上，唯有武夷雨前最勝。近日所尚者為長興之羅岕，疑即古人顧渚紫筍也。介於山中謂之岕，羅氏隱焉，故名羅岕。故有數處，今唯洞山最佳。若歙之松蘿、吳之虎丘、錢唐之龍井，香氣濃郁，並可與岕雁行。浙江之產又曰天臺之雁宕、括蒼之大盤、東陽之金華、紹興之日鑄，皆與武夷相伯仲。武夷之外，有泉州之清源，倘以好手製之，亦與武夷亞匹。楚之產曰寶慶，滇之產曰五華，此皆表表有名，猶在雁茶之上。」可見明人心目中對當時名茶的崇尚，且對江南好茶、名茶特別推崇。明人高濂對煎茶也提出了自己的見解。第一是要擇水，「山水上，江水次，井水下」。「若杭湖心水、吳山第一泉、郭璞井、虎跑泉、龍井、葛仙翁井俱佳。」第二是要洗茶，「凡烹茶先以熱湯洗茶葉，去其塵垢冷氣，烹之則美」。第三是候湯，「凡茶須緩火炙、活火煎」，「當使湯無妄沸，庶可養茶」。第四是擇品，「凡瓶要小者易候湯」，「茶銚茶瓶磁砂為上，銅錫次之。磁壺注茶，砂銚煮水為上。《清異錄》云富貴湯當以銀銚煮湯佳甚。銅銚煮水、錫壺注茶次之」。「茶盞惟宜窯壇盞為最，質厚白瑩，樣式古雅。」[71]可見明人對品茶的要求是很高的。對品茶的這種要求，在明代逐漸形成一套系統的理論。馮正卿的《岕茶箋》提出了品茶的「十三宜」和「七禁忌」，使中國傳統的品茶藝術在理論與實踐中深化了一步。明人的「十三宜」、「七禁忌」，核心在於「品」字，是品茶而非飲茶，飲茶意在解渴，品茶意在情趣。陳繼儒在《岩棲幽事》一書中，就特別強調「品」字的重要性。他說：「一人得神，二人得趣，三人得味，七八人是名施茶」，意為一人自煎自品，最能體會出茶的神理，二人尚得品茶之趣，三人只得茶味，七八人共飲，就

---

71 高濂：《飲饌服食箋・茶泉類》。

成了僅供解渴的施茶所，「趣」、「味」尚不能得，更不要說得其「神韻」了。名茶須得好品家才能得茶的神理，善烹茶的人須得好品家才能得茶的神韻。正因為如此，品茶成為了一門藝術。

品茶成為明代文人士大夫日常生活中的一項重要內容。特別是到了明代中晚期，在江南地區，以蘇州府地區為主體，附帶常州、松江、嘉興等府的文人集團成員，當時皆以詩、文、書、畫擅名一世，同時又以茶人身分主導了一代的飲茶風尚。這些嗜茶文人，分別以隱逸茶人、寄懷茶人的面貌，酬游於文人集團之間，也獲得了集團核心人物的認同和讚譽。他們因具有共同的嗜好、性情、品位、志趣，遂由小集團意識，呈現漣漪效應而影響一代的風尚，並逐漸從文人集團中明顯分衍出來，成為著名於世且具有時代格調的茶人集團。這些茶人集團成員之間具有較強的集體意識，有其穩定而明顯的社會組織。他們通過茶會從事文化活動。茶會的形式多樣，茶會有園庭、社集、山水、茶寮四種類型。明代茶人的茶會，逐漸取代宋代普及一時的茶館，成為文化人生活文化的一個組成部分。[72]

明代在人際交往之中，以茶待客已成為一種禮節。馮夢龍在《醒世恆言‧赫大卿遺恨鴛鴦絛》敘赫大卿入尼庵情形說：「女童點茶到來。空照雙手捧過一盞，遞與大卿，自取一盞相陪」，「大卿接過，啜在口中，真個好茶」。可見茶對當時已成為各階層人士必不可少的日常生活飲品。

由於人們對茶的喜好，明代城鄉湧現了大量茶肆、茶坊、茶屋、茶攤、茶鋪、茶館。據明人張岱《陶庵夢憶》記載，明代茶館極其清潔講究，「崇禎癸酉（1633 年），有好事者開茶館。泉實玉帶，茶實蘭雪；湯以旋煮，無老湯；器以時滌，無穢器。其火候、湯候，有天合之者。余喜之，名其館曰『露兄』。」張岱這裡講的「露兄」，多是一些大都會中較為雅致的茶館。至於城鎮鄉村，大量存在的是一般的茶攤、茶棚。明代在鄉間村社、水埠碼頭、小街店市，總之是有人群的地方，無論是高雅奢侈的茶肆，還是庸俗簡陋的茶棚，都為人們提供了休

---

72 吳智和：《明代茶人集團的社會組織——以茶會類型為例》，《明史研究》第 3 輯。

息和提神的場所。同時茶館和茶鋪，也為那些閒暇無事的人們，洽談生意的商人，炫富耀貴的豪紳，好風雅的士大夫們，提供了聚會的地方。總之，無論是居家、作客或是旅行，茶已同明代人民緊緊結合起來了。

三、等級身分與起居行止

明初統治者從維護封建統治的長治久安考慮，對帝王、宗室、貴戚、品官及庶民百姓的居住、行止禮儀作了明確而詳嚴的規定。但是隨著明中期社會經濟的發展，商品經濟的繁榮，科學技術的進步，明人在居住、行止習俗方面都有了很大的改觀。就明代的宮苑來看，不僅建築群體規模宏大，氣勢雄偉，而且在數量上、品質上超過了前朝歷代。往昔諸多古舊城市也因人口的繁盛，商賈雲集面貌一新，宮苑、寺觀與各色各式的建築群的興起，使明人在居住、行止條件上都得到了改善。

明初起居的等級規定及其變化　明太祖朱元璋開國後，便酌古通今，遵循封建禮制，制定了全國官民百姓必須遵循的房舍制度：「職官自一品至九品，房舍、車輿、器用、衣服，各有等差。」[73]就連造屋該用什麼瓦，門窗柱子需要漆什麼顏色，室內傢俱應雕刻什麼圖案，都作了明確的規定。並在《大明律》中對違式僭用者，特設了專門的律條，規定「有官者，杖一百，罷職不敘。無官者，笞五十，罪坐家長。工匠並笞五十。」[74]

在高度集權的專制統治下，這套房舍制度在明前期尚能得到貫徹，房屋廬舍基本保持著樸實無華、恪守禮制的風貌。可是到了明朝中後期，明朝的房舍制度便逐漸遭到破壞。大約從明朝成化年間開始，全國各地都出現了一種異動傾向，紛紛由草房改為瓦舍，由無廳改為有廳，由低矮改為高廣，由三間五架改為多間多架，由樸實無華而金碧輝煌。到了隆慶年間，「擁資則富屋宅，買爵則勝輿

73　《明太祖實錄》卷五十五。
74　《明律集解附例・服舍違式》。

服」[75]，而樸素無華者反被譏為窮措大。房舍的越禮逾制已成為一股無法阻擋的潮流。

王府與官邸的變化 洪武二年（1369 年），明太祖編制《祖訓錄》，定封諸王國邑及官屬之制，並規定：「凡諸王宮室並依已定格式起蓋，不許犯分……若王子、王孫繁盛，小院宮室，任從起蓋。」這為明代各王府和官邸的規模定了規格。洪武四年時，命工部尚書張允等議各王府、官邸的制度，定制為「凡王城高二丈九尺五寸，下闊六丈，上闊二丈，女牆高五尺五寸；城河闊十五丈，深三丈。正殿基高六尺九寸五分，月臺高五尺九寸五分。正門、前後殿、四門城樓飾以青綠點金，廊房飾以青黑。四城正門以紅漆金塗銅釘，宮殿窠拱攢頂中畫蟠螭，飾以金邊，畫八吉祥花，前後殿座用紅漆金蟠螭，帳用紅銷金蟠螭，座後壁則畫蟠螭、彩雲。立社稷山川壇於王城內之西南，宗廟於王城內之東南，其彩畫蟠螭改為龍。」同時，又令中書省定藩王宗廟及社稷的壇階。以後各王府基本上便按照這些規定建造，極為雄偉氣派。

除了各王府的營建外，各級官員也在為自己營造官邸。如蔣以葵在《長安客語》中記載：「北澱有園一區，水曹郎米仲詔萬鐘新築也。取海澱一勺之意，署之曰勺，又署之曰風煙里。中所市景曰色空滅，曰太乙葉，曰松坨，曰翠葆榭，曰林於噬。種種會心，品題不盡。都人嘖嘖稱米家園，從而遊者趾相錯。仲詔復念園在郊關，不便日涉，因繪園景為燈，丘壑亭臺，纖悉具備。都人士又詫為奇，嘖嘖稱米家燈。」[76]可見官宦人家自建官邸園林之豪華。另據記載，嘉靖四十四年（1565 年）八月，在抄嚴嵩江西與北京的兩處家產時，僅北京的房屋就有「一千七百餘間所，內有雕刻香（楠）十間」，還有大量的金銀財寶、字畫古玩，而「傳聞二處所抄不及十四五，蓋行賄於權要者十二三，寄頓於親戚者十三四」[77]。從以上我們不難看到，不僅朝廷不惜耗費鉅資為諸王蓋造王府，而且各級官員也都極力為自己營建豪華的住宅。特別是到明朝中後期，高官重臣及

---

75 參見乾隆《湖州府志》。
76 葉夢珠：《閱世編》卷十。
77 田藝蘅：《留青日札・嚴嵩》。

豪商富賈們僭禮越制，自造府邸園林，侈靡之風更盛。

城鎮民居　明代的城鎮民居以秦嶺與淮河流域為界，大體上形成了南北兩種不同的建築風格。在北方，有黃河中游少數地區採用窯洞式住宅，而多數地區是用木構架結構系統的院落式住宅。在南方住宅中，有長江下游的院落式住宅，浙江、四川等地的山區住宅及嶺南的客家住宅。

北方的城鎮民居是以北京的四合院住宅為代表。這種民居在其布局上，充分體現出了封建禮教、宗法觀念、等級制度對人們起居生活起著支配作用，從而按照南北縱向對稱地布置房屋與院落。民居住宅大門多位於東南角上，門內迎面建影壁，以使外人和過往行人難以窺知宅內的活動。由此轉西至前院。南側的倒座通常作為客房、書塾、雜用間或男僕的住所。自前院經縱軸線上的二門（有時為裝飾華麗的垂花門），進入面積較大的後院。院北的正房都是供長輩們居住的，東西廂房則是晚輩的住處，周圍走廊聯繫，成為全宅的核心部分。此外，在正房的左右，附以耳房與小跨院，置廚房、雜屋和廁所。有的則在正房後面，再建後罩房一排。住宅的四周，由各座房屋的後牆及圍牆所封閉，一般對外不開窗，而是在院內栽植花木或陳設盆景，從而構成安靜舒適的生活環境。大型民居住宅則在二門內，以兩個或兩個以上的四合院向縱深方向排列，有的還在左右建別院。至於更大的民居住宅則在左右或後部營建花園。此種民居住宅，不僅有著整齊劃一的特徵，而且也給民人的起居生活習俗帶來封閉性、保守性的印痕。與之相伴隨的，則是起居生活習俗中濃厚的封建禮制、家規人倫的色調。

江南地區的城鎮居民，多是封閉式院落。沿縱軸線布局，但方向不限於正南正北。其中，大型民居住宅多在中央縱軸線上建門廳、轎廳、大廳及住房，再在左右縱軸線上布置客廳、書房、次要住房和廚房、雜屋等，從而成為中、左、右三組縱列的院落組群。後部住房則常為二層建築，樓上婉轉相通，且在各組之間，設置通連前後的交通線「備弄」（即夾道），兼有巡邏和防火的作用。為了減少太陽輻射，院子採用東西橫長的平面，圍以高牆，同時在院牆上開漏窗，房屋也前後開窗，以利通風。客廳和書房前則每鑿池疊石，廣植花木，以構成幽靜的庭院。有的住宅還在宅的左右或後部建造花園。

南方民居中較有代表性的是徽派民居和江浙水鄉的民居。徽派民居在布局上的最大特點是房屋常沿地勢的高低而靈活地排列組合，依山傍水，靠山近，順河流或山溪展開，形成了一個具有多變的曲線與完整形體的建築群。徽派民居，四周均圍有高牆，不少房屋都築有防火牆。在白色的外牆上，一般很少開設窗戶，即使有也只是小窗。窗戶通常是用水磨磚或黑色青石雕砌成各種形式的漏窗。這種形式主要是為了阻擋山風和秋冬時的霧氣。階梯式的山牆，高出屋面，牆頭多用青磚或青石雕成卷草、如意等圖案，與裝飾講究的大門相映襯，反映出屋主的身分、地位。明代徽派民居的結構，一般為「五間式」。天井是連接各部分建築的有機組成部分。就單幢建築而言，徽派民居屬於方整緊湊的那種，占地較少而使用面積較大。徽派民居在建築上的特色，體現了丘陵地區的自然環境的需要，在浙江、江西類似地區也能找到徽派民居的痕跡。[78]

長江下游地區的杭、嘉、湖一帶，地處太湖流域，靠近東海，氣候濕潤，四季分明，特別是每年初夏的梅雨季節，多雨而悶熱，有無數的河道港汊，形成一張巨大的水網。這一地區經濟發達，人口眾多，土地十分珍貴。城鎮居民常常兼營商業、手工業、工廠，小鋪與住宅往往相連，前門臨街，後門沿河是建築。從整體上看，江浙水鄉民居善於利用有限的空間，營造合理而適用的住宅。人們採用借街用河，前後極屋，搭建閣樓或吊腳樓，儘量少設大井等方法，以開拓空間，擴大房屋的使用面積。房屋的朝向基本上以坐北朝南為標準，萬不得已時，也有偏東或偏西的。一般情況下，房子的屋脊較高，進深較大，牆身較薄，出簷較長，外簷往往使用落地長窗，以達到隔熱通風的目的。屋面的坡度一般較陡，以利於及時排除雨水。沿海地區的民居大都較低矮，屋頂採用四面落水的「歇山式」或「廡殿式」，這樣可以防止颱風的侵襲。浙江水鄉的民居基本上都沿河而築，流水縈繞，屋宇櫛比。其類型有：兩街夾一河，一街一步行廊夾一河，兩條步行廊夾一河，一街與一河平行，建築物橫跨兩岸，河與街平行而中間的建築物作條形狀，建築物與河、街垂直布置，等等。

---

78 參見錢杭、承載：《十七世紀江南社會生活》。

明代的民居，即使民人起居生活習俗保持傳統的格調，又使得易於與社會交往，人際關係較為和諧。

地方特殊民居與少數民族居室　明代散居在邊遠地區的少數民族，居室也都有自己的特點。

先說黃河流域的民居。我國古人穴居。早在氏族公社時期，人們就挖地為穴居或半穴居，《易·繫辭》載：「上古穴居而野處，後世聖人易之以宮室，上棟下宇，以待風雨，蓋取諸大壯。」明代河南、山西、陝西、甘肅等省的民居，多建造窰洞式或拱券式住宅。如山西晉中窰洞，是指晉中地區各縣人民挖築不同形式的土窰洞作為住宅。「豫西窰洞」，是指河南西部的民人沿著陡峭的崖面開挖窰洞，作為房屋。「隴東窰洞」，分布在平涼、慶陽地區，有三種形式，地上橫洞式、半地坑式、平地挖下去的地坑莊子式。此外還有土坯式窰洞，雖然都是土築窰洞，但各有特殊構造方法，產生不同式樣，具有獨特風格。「陝北窰洞」分為土窰與石窰兩種：土窰券口砌石邊，內部為土，冬日居住非常溫暖，故人們喜歡住土窰；石窰洞全部用石坯砌築，雖然堅固整齊，但居住其中比土窰寒冷，多半作儲藏室、學堂等用。「察北窰洞」實際上是土房，特點全部是土洞，不用磚石鑲邊，窗子開口小，門框安在正中心，高度不大，一般在二點八米左右。選擇在平溝或半崖的側面，洞頂距離崖面很高，由於土質堅硬，從不塌崖。[79]

此外，各地民人還根據自然條件的制約，建造出各具地方特色的民居。如陝西地區民人用土坯築牆，局部用磚或混合砌體，混合砌體使牆面堅固而耐久，防雨防裂。外牆用黃泥漿或白灰塗抹，更加美觀。

有固定式蒙古包之稱的內蒙古圓形土房，實際上是圓形的土房。這種建築有兩大好處：其一，草原地區流沙太大，沙丘不固定，牧民多在背風、流沙氾濫較少的地區建造這種房子。其二，這種居室多建在蒙漢雜居的地區，因蒙古牧民習慣於住蒙古包，故建房也採用圓形的房子。

---

79 參見中科院自然科學史研究所主編：《中國古代建築技術史》，北京，科學出版社，1985。

察哈爾的大窯房全部用土做成，它以山室側壁豎向挖出來的洞窯作為房屋，極似陝西窯洞的直洞式。大窯房是用固定的木架支撐，用土坯砌出的券洞。當地習慣夏日住大窯，冬日住窯洞。「集寧土房」也較有代表性。

在江西贛南地區，房屋的建築也多用土牆，每牆厚為二十至四十釐米，個別人家為使房屋堅固，牆厚達七十釐米左右。

新疆地區由於雨量較少，當地民人利用夯土技術建築圓形的土屋，成為各族下層民人的居舍。凡在土層深厚地帶，都建設此種房屋。外觀是圓形，大致如蒙古包式樣，但沒有蒙古包那樣圓潤（在中亞一帶亦有此種做法）。這種建築形式在新疆全境十分普遍，除門扇外，全部建築材料都用土。[80]

明代分居在福建西南部、兩廣（廣東廣西）北部的客家人土樓也很有特色。自唐宋以來，客家人皆聚族而居住，因而導致了形體巨大的民居住宅群體的產生。從建築布局上看，它有兩種形式。一種是大型院落式住宅，平面前方後圓，內部由中、左、右三部分組成，院落重疊，屋宇參差。另一種為平面方形，矩形或圓形的磚樓與土樓，其中最大的土樓，直徑達七十餘米，用三屋環形房屋相套，房間可達三百餘間之多。外環房屋則高四層，底層作廚房及雜用間，二層儲藏糧食，三層以上住人。其他兩環房層僅高一層。中央建堂，以供族人議事、婚喪典禮及其他活動之用。在結構上，外牆用厚達一米以上的夯土承重牆，與內部木構架相結合，並加若干與外牆垂直相交的隔牆。同時，由於安全的緣故，外牆下部不開窗，故外觀堅實雄偉，頗似堡寨式建築。這種堅實耐用、攻防兼具，集多種生產、生活社會功能於一體的建築群體，無疑是對明代客家人聚族而居、封閉保守、自立自衛、遇事共議共決的起居生活習尚的延續傳承，起著巨大的物質保障作用。

明代浙江、四川山區一帶的民居住宅，多利用地形靈活而經濟地做成高低錯落的臺狀地基，在上面建造房屋。而民居的住宅朝向也往往取決於地形。在建築

---

80 同上。

的布局上，主要房屋仍具有中軸線，但左右次要房屋不一定採取對稱方式，院落的形狀大小也不拘一格。房屋結構通常用穿斗式木構架，高一至三層不等。牆壁材料每因材致用，用磚、石、夯土、木板、竹笆等。屋頂形式一般用懸山式，前坡短，後坡長，出簷與兩山挑出很大，但也偶用一部分歇山式屋頂。房屋外牆用白色；木構部分多為木料本色，或柱塗黑色，門窗塗淺褐色或棗紅色，與高低起伏的灰色屋頂相配合，樸素而富於生活性。[81] 這些風格迥異、構建不同的民居建築群落，反映出明時這些地區民人隨境而居，就地建屋，以家族或個體家庭為生產、生活、交際基本單位的起居生活習俗。

車轎的等級規定及其變化 明初，明太祖朱元璋制定了社會各階層的車輿規制，到明成祖朱棣時這種車輿規制逐漸完善。不僅對帝后、嬪妃的車輿儀制、鹵簿之製作了詳盡的規定，而且也對百官、民人的車轎行止規範作了明確的規定。僅各級官員所乘的轎子一項，就在轎子的質料、裝飾、大小和轎夫人數上均作了詳細的規定，且嚴禁僭越違制。到了明末，法定的封建等級車輿制度的根基發生動搖，於是不少地區的人們乘坐車轎出現了違制現象。

明代對帝后的車輿規制經歷了一個從簡到繁、從不健全到完備的過程。如洪武元年（1368 年）八月，有司奏造乘輿服御之制，明太祖詔令應用金者，「皆以銅」。洪武六年八月，又命令禮部考定古代的五輅制製作木輅二乘：一為丹漆為之，供祭祀時乘用；一為皮挽，供行幸時使用。洪武二十六年，朝廷開始制定鹵簿大駕之制，設置玉輅一乘，大輅一乘，九龍車一乘，步輦一乘。永樂三年（1405 年），又更定鹵簿之制，帝王增設大小馬輦、步輦、大涼步輦各一乘。[82] 皇帝的大輅，極盡高貴華麗，描金紋飾和蓮座、寶蓋、天輪、輦亭形制和紋飾的設計、工藝之精巧，尤為絕倫。玉輅則較大輅簡易。大、小馬輦均由輪馬所拉。步輦和大涼步輦為由夥役推拉而行的輦車。明代皇帝的座轎因其頂髹紅漆，故又稱紅板轎。如嘉靖十三年（1534 年）謁廟時，皇帝與后妃等就是乘肩輿（轎子）出宮，到奉天門後降輿乘坐輅輦的。

---

81 參見劉敦楨主編：《中國古代建築史》，北京，中國建築工業出版社，1987。
82 萬曆《大明會典》卷二十三。

明代對王公貴戚及各級官宦的舟車行止儀禮，也作了明確的法律規定。據《明史》記載，皇太子有金輅，帳房形制頗為豪華壯觀；東宮妃可乘坐鳳轎、小轎，制同皇妃；親王可乘坐象輅，形制較金輅略小，帳房用綠色螭頭；親王妃例定要乘坐鳳轎、小轎、儀制、裝猊、行障、坐障，制同東宮妃，但也有不同之處；皇孫可乘坐象輅；郡王無輅，只有帳房，制同親王；郡王妃及郡王俱乘坐翟轎，制與皇妃鳳轎同，唯改易鳳為翟。對百官的車轎行止儀仗，明政府也有嚴格的規定。明初，百官皆可乘車，因為太祖和成祖都是馬上得天下的，所以嚴禁武官乘轎，只有文官三品以上方准乘轎。正德以後，轎制稍弛。各品文官皆可乘轎，而武官也有乘轎者。洪武元年，明政府便規定，凡官員乘坐的車駕不得雕飾龍鳳紋。根據職官品第可裝飾其他飾物。洪武六年（1373 年）重申，凡百官車轎禁用丹漆，但准雜色漆飾。景泰四年（1453 年），又規定在京文官三品以上准許乘轎，其餘各級官吏不許違制乘轎，在外各衛官員也必須遵守這一限定。以後明政府又作了些補充規定。

明代對普通百姓出行所用的工具，又皆逐一都作了規定。洪武元年（1368 年），明太祖朱元璋諭令，凡庶民百姓乘坐的車與轎，並用黑油，齊頭平頂、皂幔，禁止用雲頭裝飾，只能用皂青色或深藍色。洪武六年（1373 年）規定，庶民騎馬時使用的鞍轡不得使用描金，只能用銅鐵裝飾。洪武二十五年（1392 年）又重申，官民人等的馬頷下纓並靴轡都必須用黑色，不能使用紅纓、描金、嵌金、天青、朱紅等色裝飾。這些禁令只適用於中原地區民人，而不包括邊疆的騎民。

明初規定，文武百官都不得坐轎，故有「雖上公，出必乘馬」[83]之說。然而坐轎子到底是又舒適又氣派的事情，於是在宣德年間，就有官員開始違背朝廷對車輿的規定，擅自坐轎。弘治七年（1494 年），明孝宗重申：「文武官例應乘轎者，以四人舁之。其五城管事，內外鎮守，守備及公、侯、伯、都督等，不問老少，皆不得乘轎，違例乘轎及擅用八人者，奏聞。」[84]然而過了二十多年，便有

83　《明史·輿服志一》。
84　《明史·輿服志一》。

王化坐轎說帽子的趣聞了。到明世宗執政的後期，京城中往來的官員們都已棄馬乘轎。王世貞在《觚不觚錄》中記載：嘉靖中若有中級官員乘坐二人肩輿，就會被認為是駭異之事，可是在萬曆元年，這些官員即使各乘四人大轎，結夥外出玩樂，也被視為是很正常的現象。顧起元在《客座贅語・輿馬》中記載道：萬曆二十七年，他在京城所見的官員們皆騎馬，可是僅過了三年後，再到京城，發現已是「人人皆小輿，無一騎馬者矣」。即使官員們告老還鄉，也要「出入必乘大轎，有門下皂隸跟隨，轎傘夫五名俱穿紅背心，首戴紅氈笠，一如現任官體統」[85]。

不僅官吏，萬曆初年的舉人、貢生、監生也不甘落後，都學著坐轎子，就連秀才出門也乘轎。商賈富豪們自恃有錢，自然在這場行止變革中少不了他們。甚至有些優伶，也公然坐上華麗的轎輿招搖過市。至此，轎子已成為人們普遍的交通工具。

以車船為主的長途交通運輸工具　明代隨著社會經濟的發展和繁榮，城鄉的出行條件已有很大的改善。但因各地經濟發展的不平衡、地理條件的限制，人們出行的工具又表現出巨大的差異。如長江流域，由於河道縱橫，人們出行主要的交通工具是船和轎子；在中原，人們外出旅行時，多乘坐轎子、騾車和馬、驢等；在邊疆遊牧地區，許多遊牧民族則以馬和駱駝為主要的交通工具；西南地區，由於高山峻嶺的阻隔限制，交通十分不發達，人們只能徒步而行；而在黃河流域，為橫渡江河激流，還使用皮筏子等許多特殊的渡河工具。但就整個明朝看，車和船已成為明代人們的主要交通和運輸工具。

車子，在明代的種類很多。主要有兩大類，一類是載物的貨車。據宋應星在《天工開物・舟車》中記載：「凡騾車之制有四輪者，有雙輪者，其上承載支架，皆從軸上穿斗而起。」除四輪車、雙輪車外，在北方還有獨轅車，在南方亦有獨輪推車等。車在明代是主要的運輸和交通工具。「文皇（明成祖）北征，用工部所造武剛車三萬輛，運糧二十餘萬，是每車止運七石。壬寅之役（永樂二十年，

1422 年），共用驢三十四萬，車十一萬七千五百，民挽者二十三萬有奇。內分驢、車為兩運，共運糧三十七萬石，則所運更少矣。」[86]另一類是乘人的轎車。乘人的車都較小，它有棚子、圍子、形狀類同轎子，故也稱為「轎車」。轎車都是木製的，普通百姓坐的用柳木、榆木、槐木、樺木等製作。每輛轎車都由轅、身、梢、篷、軸、輪幾大部件組成。

明代船舶的種類很多，水上交通非常發達。即以運河的漕運為例，據查慎行的《人海記》記載：「景泰以前，漕船無定數。天順後，定船一萬一千七百七十五隻，官軍十二萬一千五百餘員名。至崇禎中，額船一萬二千一百四十三隻。」而民間「明朝民運白糧，惟蘇州、松江、常州、嘉興、湖州五府有之，共船五百六十七隻」。可見船運規模之大。

由於船運業十分發達，為明人出行帶來了方便，坐船出門旅行已成為很普通的事情。交通工具的發展，使明朝出了不少旅行家。其中最有影響的是大旅行家徐霞客。他多採取的方法是「定方而往，如期而還」。如在明崇禎六年（1633年），他先北上京師，遊盤山，再往西至山西，遊五臺、恆山，然後折向東入閩，歷時三月餘。可想而知，如果沒有驛車和船的幫助，僅靠旅行家本人的雙足，在三個月內遊歷數省是很難辦到的。在外國人的眼中，明代也是水上交通十分發達的國家，如利瑪竇神甫記載：「這個國家到處河渠縱橫，以致走水路幾乎可以旅行到任何地方去，因此到處都有幾乎無從置信的大量各種各樣的船隻在航行。船隻確實非常之多，以致我們今天有一位作者毫不猶疑地斷言，生活在水上的人和陸上的居民一樣多。……據我看，如果不必擔心誇張而又更近實情的話，那麼可以說，這個國家的船隻之多可以等於世界上其餘的全部加在一起。」[87]

驛站與旅舍 明朝建立後，就在全國各地設立了驛站、急遞鋪、遞運所。驛站的主要任務是迎送招待來往官員、外國貢使，飛報軍務。急遞鋪傳送日常公文。遞運所轉運軍需物資等。但到了明朝中期，急遞鋪逐漸廢棄不用，「郵傳」

---

86 茅元儀：《掌記》卷四。
87 《利瑪竇中國札記》。

的任務也多改為驛站承擔。「驛遞者，國之脈絡，不容壅滯者也。」[88]於是有明一代，驛站擔負的任務愈來愈重。

明代驛站配置和驛路的分布，與當時的交通路線有著密切的關係。在洪武年間，驛站是以南京為中心向全國輻射。當時一般的驛站距離是六十至八十里設一驛，分為水驛（乘船）和陸驛（乘馬）。到永樂遷都北京後，北京和南京成為明代的兩大政治中心，同時也是國內交通的兩大樞紐。兩京之間至十三布政司的水陸交通都有驛站，各布政司至所屬府州的主要水陸交通也有驛站。明初北京至開平衛、大寧衛、興州中屯衛、遼東都司、奴兒干都司、交地區的道路，以及九邊沿線的主要道路皆是驛路。這些驛路是明代國內水陸路交通的大動脈，它們與各種幹線、支線、間路、便道一起，織成了全國性的交通網絡。

明代特別是明朝中後期商品經濟的發展與繁榮，加上陸路交通和水路交通的發達，為人們的旅行提供了物質條件，同時也促進了旅店業的發展，旅店業顯現出一派繁榮的景象。見於明代文獻的歇家、旅店和在重要市鎮設立的會館，均是供明人起居與傳遞文移的居停之所。如京師，各地在那裡「各有會館，為初至居停，相沿甚便」，「凡奏事將吏及部曲貿易都下者，俱得居之」[89]。「會館之設於都中，古無有也。始嘉、隆間。」「京師之有會館也，貢成均詣公車者居停之所也。無觀光過夏之客，則大小七卿，科道部曹、翰林、中行、評博、候補、候選者，以次讓。無宦遊之人，則過往流寓者亦得店。非土著則不可，儌於人亦不可，例也。」[90]隨著經濟的發達，許多地方也紛紛開設旅店，如泰安州就有為進香泰山的香客所設的客店。

88 王夫之：《噩夢‧驛遞》。
89 沈德符：《萬曆野獲編‧會館》。
90 李家瑞：《北平風俗類徵‧會館》。

第二節·

婚喪與敬老養老習俗

一、婚姻禮儀與婚姻風俗

明朝建立後，朝廷雖然按照封建禮制的要求，對天子的納后、皇太子的納妃、親王的婚禮、公主的婚禮、官員的婚禮、庶民百姓的婚禮都作了詳盡的規定。然而就明代實際存在的婚姻制度來看，僅有宗室和諸王遵奉，而其他各個階層的婚嫁行為並沒有受到它的嚴格控制，法令規定形同虛設。特別是明朝中後期，在商品經濟的衝擊下，人們的價值觀念受到了挑戰，開始追求婚姻的自由、性生活的美滿和個性解放，傳統的婚姻倫理觀念為人們所淡忘。收婢、納妾、重婚、嫖娼、男寵等盛為時尚。在少數民族地區，其婚嫁習俗，亦未受到明朝廷的禮制限定，仍然保留著自己的習俗。

等級制度與婚禮　明代的等級婚制主要分為帝后的婚姻及婚禮、宗室的婚姻及婚禮、品官的婚姻及婚禮和庶民百姓的婚制。

帝后的婚姻禮儀：明代皇帝的婚姻，禮儀之繁縟、規模與聲勢之宏大，備辦禮品之豐厚，動用人力之浩大，都是其他階層無法相比的。帝后婚禮的最大特色是華貴、典雅及隆重。明代天子納后，基本上是依照古代六禮的程式進行的，要行納采、問名、納吉、納徵、告期和發冊奉迎之禮，但天子無親迎之禮。相親階

段包括納采和問名，定親階段是納吉和納徵，成親階段是告期，發冊奉迎。完婚之後，要拜見皇太后，還要接受百官、親王及內命婦和外命婦的慶賀。最後，帝后要行盥饋禮儀，婚禮方告結束。

天子在行納采、問名禮前，要擇吉日遣官祭告天地宗廟。至期，陳設御坐、制案、節案、鹵簿、彩輿，中和大樂如儀。禮部陳禮物於丹陛上和文樓下。皇帝冕服升座，百官和正副使朝服行禮，執事官舉制案、節案由中門出來，禮物隨後，均放置丹陛中道。這時傳制官宣制曰：「茲選某官某女為皇后，命卿等持節行納采問名禮。」正副使奉命行禮，皇帝起駕回宮，正副使取節及制書放置彩輿中，由儀仗大樂前導，出大明門，釋朝服，乘馬前往皇后府第相親。皇后府第也設相應禮儀恭候正副使者到來。使者到來時，引禮導入幕次，執事官陳禮物於正堂，使者奉制書於案。禮官先入，主婚人朝服出迎，禮官曰：「奉制建后，遣使行納采問名禮。」主婚者、使者捧制書及節到正堂，置於案上，主婚者行禮，跪於案前，正使取納採制，宣後授主婚者；副使取問名制，宣讀授主婚者。主婚者接制置於案上左右。執事舉表案授主婚者。主婚者將表授正使，並將它置彩輿中。儀式完畢，主婚者酒饌款待使者。使者返回時，主婚者要送至大門外。使者隨彩輿由大明門左門，到奉天門外，以表節授司禮監，覆命。

天子在納采、問名後，還要進行納吉、納徵、告期、傳制遣使禮儀。所謂納吉就是男女雙方交換生辰及卜吉兆；納徵是在卜吉後，宣布婚姻可成；告期便是男方家派媒人向女方家講明結婚的日期。而天子的納吉、納征是執事先設皇后冠服諸物於正堂，禮官入，主婚者出迎，執事舉玉帛案，正使捧納吉、納徵制書，副使捧告期制書，執節者捧節，以次進入，在案上陳列。主婚者行婚跪在案前，正使宣制，然後來使將圭及玄授給主婚者，禮儀之制如前儀。副使宣讀成婚的黃道吉日，主婚者拜謝，使者持節出，主婚者禮遇使者，使者返回覆命如初。

明代天子是無奉迎之禮的，奉迎皇后的差事都是派使節去完成的。到時禮部陳雁及禮物於丹陛上，內官監陳皇后鹵簿車輅於奉天門外。正副使將冊寶置彩輿中，隨即到達皇后府第。禮定官宣讀冊寶，說明奉迎。然後女官以九龍四鳳冠棉衣進皇后，內官陳儀仗於中堂前，設女樂於堂下。皇后具服出閣，諸香案前，向

闕立，行四拜禮。接著是宣冊、宣寶禮儀；正使宣奉迎制，副使進雁及禮物，主婚者跪受，使者行禮拜出。其餘如初儀。女官奏請皇后出閣，向父母告別，升輿而出。其儀仗是大樂前行，次為彩輿，正副使隨之，由大明門中門入宮。百官朝服班迎於承天門外，皇后至午門時，鳴鐘鼓，停鹵簿。正副使覆命。儀仗女樂前導，皇后進奉天門，至內庭幕次，皇后出輿，由西階進，皇帝由東階降迎於庭，揖皇后入內殿。帝后詣更服處更衣，皇帝具袞冕，皇后更禮服，同到奉先殿行謁廟禮。還宮，行合巹禮，帝更皮弁升內殿，后更衣從之，東西相向。接著是煩瑣的進酒、進飯禮儀，女官以兩巹酌酒，帝后合和以進。還宮帝后易常服。次日早，帝后行四拜禮，謁見皇太后。第三天早晨，帝服冕服，皇后穿禮服，同到皇太后宮，行八拜禮。接下來是帝后接受內親屬及六尚等女官的八拜禮；各監局內宮內使也行八拜禮。並頒詔告知天下。第四天清晨，皇帝服袞冕升華蓋殿，接受親王、執事官及百官的進賀禮；皇太后及皇后各禮服升座，接受親王及內外命婦的賀禮表箋。第五天帝后行盥饋禮，還有些繁雜的禮儀。帝后的整個婚姻禮儀至此方告最終完成。

宗室的婚姻：宗室的婚姻禮制，大體可分為前後兩個時期：前期是洪武到宣德，後期是正統以後。明代前期的皇帝通過宗室的婚姻，聯姻文武勳貴，試圖以血緣和裙帶的關係來達到屏藩室的目的。其特點是：第一，太子、親王、郡王納妃，公主、郡主選駙馬、儀賓，大都由皇帝決定與功勳重臣的子女結親聯姻。這反映出明太祖利用姻親關係維護皇權的思想。第二，宗室聯姻對象，多係武臣之家，文臣僅一兩位，這表明聯姻的出發點主要是從軍事上著眼的，它同明初的軍政大局緊密相關。因為當時的主要任務是掃清北元的殘餘勢力和撫定西南各地，其最突出的問題就是軍事上的，故此宗室聯姻多以武臣為主。第三，嚴禁大臣私自進女與宗室結親。按《明會典》規定：「凡親王妃、宮人等，必須選良家女，以禮聘娶，不拘處所。勿受大臣進送，恐有奸計。」為的是防範其中有可利用的空隙。第四，太子、親王及其世子納妃，公主選駙馬，應選之家，大體以江北為限。但是「靖難之役」後，皇帝已明顯感到了諸王聯姻對國家政權的威脅。為防止宗室再以婚姻為手段發展自己的勢力，對宗室的婚姻作了嚴格的限制。其特點是：第一，親王納妃，仍然同明初一樣，必須由朝廷選擇。郡王以下可自行選

配，但仍須奉准。第二，凡與王府結親者，不許除授京職；京官已與王府結親者，改調外任。第三，王府親屬不得任要職，已任要職者，令其「閑住」。第四，王府婚姻，須在封地內選擇軍民之家，不得聯姻封外。第五，宗室所婚配對象，不得參與政事。

明朝統治者對宗室的婚姻禮儀程式，亦照六禮的程式，作了詳盡的規定，充分體現了宗室在國家社會政治生活中的特權地位。如《明史·親王婚禮》條款中寫明：親王納妃，要皇帝「臨軒本醮戒」。凡行婚姻之禮，均派遣使者持節前往。使者持節前去行納采、問名前，要宣制，講「冊某氏為某王妃」。然後奉制攜帶禮品行聘娶之禮。對親王的納采禮，明代有嚴格規定。整個婚姻的程式，均要按照「六禮」的程式進行，以表明他們在國家中的特殊地位。

品官婚姻及婚禮：明代統治者依據當時的情形，對不同品級品官的婚姻作了很多的限制與規定，並且對品官的婚禮程式作了相應的調整及完善。如洪武五年（1372 年）定制，凡品官婚娶，或為子聘婦，必須要有媒人通書，經女方家長同意後，才可依禮聘娶。規定婚娶除了要具備父母之命、媒妁之言、聘約的條件外，婚姻過程還必須依照六禮（納采、問名、納吉、納徵、請期、迎親）的程式而行，「六禮」需齊備，婚姻關係才能成立。婚後次日，還有拜見「宗廟」、「見舅姑」、「見舅姑醴婦」、「盥饋禮」等繁縟的行禮、回拜、進饌諸禮儀活動，之後方才成婚。

庶民百姓的婚姻及婚禮：明代對庶民百姓的婚禮儀式主要依據《朱子家禮》而定，只用納采、納幣、請期的儀禮。凡庶人娶婦，男子年在十六歲，女子年在十四歲以上者，均可聽任婚娶。在結婚迎娶時，新郎可服常服，或借用九品官服，新娘准穿花釵大袖。其納采、納幣、請期之禮，略仿品官諸禮儀，但僅有媒人而無儐相。在娶親的前一天，新娘家可派人到男方家陳設新房，俗稱為鋪房。其餘的告詞、醮戒、奠雁、合巹諸禮儀，均如官制。此外拜見祖禰舅姑、舅姑醴婦之禮，也大體與品官諸禮相同。雖然明代的統治階級對庶民百姓的婚姻作了明確的規定，但各地民間的婚嫁之禮均有其各自的特點，並不完全接受《朱子家禮》的約束。

由此可見，在明代的婚姻禮儀中，明代皇帝的婚儀規模最為盛大，禮儀繁瑣隆重，耗資巨大，處處體現了封建的禮儀、等級，是政治色彩極濃重的婚姻。其次，明代婚姻層次很多，分為禮（帝后）、雅（王公貴族、官員）、俗（庶民百姓）三個層次，前兩者顯示出高貴、雅尚的特點，而後者則以入俗、趨時為其風尚。其三，從明朝的有關規限中，可以看出，明朝統治者是要將此納入封建禮制的軌道，使人們做到非禮勿言、非禮勿視、非禮勿聽、非禮勿行；從而各安其業，各遵其禮，最終達到長治久安的目的。其四，明代統治者對品官、庶民婚姻禮儀的嚴格規定，處處體現了「官貴民輕」、「官尊民卑」、「官上民下」的封建等級制度、禮制的深刻印記。

包辦婚姻與門當戶對的婚姻觀　中國古代的傳統婚姻程式中，「父母之命，媒妁之言」是首要的。在明代也不例外，婚姻的前提是父母之命。因為根據《禮記・昏義》中所講述的是：「昏禮者，將合二姓之好，上以事宗廟，而下以繼後世也。」當時人們對婚姻的認識不是男女之間因有了愛情才產生婚姻，婚姻的首要目的是為了繁衍子嗣，繼承家族的香火。即所謂「不孝有三，無後為大」。這就使得婚姻的當事人失去了自主擇偶的權利，而作為家族的代言人——父母就必然責無旁貸地、名正言順地成了兒女婚姻的決策人和包辦者。對當事的男女青年來講，婚姻幾乎成了外在的東西，婚姻被無情地淡化了。萬曆《大明會典・戶口・婚姻》中對此有詳嚴的規定：「凡嫁娶，皆由祖父母、父母主婚，祖父母、父母俱無者，從餘親主婚。」總之無論如何，婚姻的當事人是無權對自己的婚姻做主的，一定要有人包辦方行，而婚姻當事者本人同意與否，倒不是必要的條件。僅有極少數開明的父母，有時在形式上徵求一下已成年子女的意見，但絕大多數的父母是不徵求子女的意見的，甚至將在襁褓中的孩子指腹為婚。子女只能順從父母的意志，不能反抗，因為法律和社會輿論都承認和支援父母的這種權利，而不承認子女本人對婚姻可以有自主權，子女的反抗倒成了違法的，要受到法律的懲罰並遭到社會輿論的譴責，反抗父母包辦婚姻常常以失敗告終。就是婚姻當事人的祖父母、父母都故去了，成年的婚姻當事人仍沒有婚姻的自主權。主婚權操在當事者的親人伯、叔、姑、兄、姊、外祖父母手中。上述排列順序只有前一順序人不在時，後一順序的人才能遞補獲得主婚權。明統治者認為只有如

此，通過父母的「命婚」直接控制兒女的婚姻，才能防止門戶不當和枉亂失節等玷辱門楣的事發生。

明代從理論上講仍是「男女授受不親」的，女性和男性在婚前是不可能自由接觸的，按照禮規，就是某些大家庭中的男女成員，似乎都不能隨便見面。在封建的禮教下面，青年男女缺乏正常的聯繫和交往，特別是女子長期被禁錮在閨門之內，根本不可能也無法選擇自己的配偶，這樣也就只能依賴於父母，順從於父母。使父母很習慣地操縱兒女的婚姻，拋開兒女的意志為他們議婚、約婚，並成為婚姻締結的主持人和包辦者。這種由父母包辦的形式，是封建家族制度下婚姻必然的結果。

明代前期，社會上無論是仕宦舊族還是普通百姓，在婚姻觀念上，除了父母包辦外，大家看重的就是門當戶對。當時的人們婚嫁必求門當戶對，而且市井編氓及暴發的商賈富豪之輩，嫁女娶婦，皆以攀援內族大戶為榮。明李昌祺《剪燈餘話》中云：「齊仲和……嘗往來武平項子堅家為館客。子堅故微，驟然發跡，欲光飾其門戶，故婚姻皆攀援閥閱，炫耀於人。名家右族之貧窮朱振者，輒與締姻，此則慕其華腴，彼則貪其富貴。」可見當時追求門第、攀富族的情況。婚嫁擇求，講究門第等級是明代人們婚姻觀念中最為突出的特點。如袁桷《清容居士集》所收海鹽儒學教授袁府君墓表云：「唯袁氏四明大姓……甲族鼎貴，莫盛吾裏，薨棟接耀，郡守丞監，官議婚對，未肯齒擬。」

但是到明中後期，在商品經濟發展的影響下，人們擇婚的標準發生了很大的變化。謝肇淛《五雜俎》中載：「今世流品，可謂混淆之極。婚嫁之家，惟論財勢耳，有起自奴隸，驟得富貴，無不結姻高門，締眷華冑者。」這種情況說明，當時的婚姻關係已突破了門第觀念，不論出身如何低賤，一旦「驟得富貴」，就可與名門大姓結親聯姻，名門大姓看中這些新暴發戶的財富，也就不再死抱著門當戶對的陳腐觀念，「惟論財勢」了。更有甚者，「以爭聘財而涉諸」。締結婚姻索取財禮的現象也越來越多，婚姻中的買賣關係進一步發展。傳統的門第觀受到了商品經濟的衝擊。

地方婚姻風俗　明代庶民百姓仍以一夫一妻的聘娶婚制為主。《明史·太祖

紀二》中記載洪武五年，太祖詔曰：「天下大定，禮儀風俗，不可不正……婚姻
毋論財。」萬曆《大明會典》中也記載，洪武五年詔「古之婚禮，結兩姓之好，
以重人倫」。但各地在實際的婚嫁之中卻有「專論聘財，習染奢侈」的不良風
氣，因此為了達到婚嫁「節儉」的目的，明代統治階級對庶民百姓的婚姻也有具
體的規定：「凡男女訂婚之初……務兩家明知通知，各從所願，寫立婚書，依禮
聘嫁。」雖是如此，因為各地各民族的歷來習俗迥異，經濟發展程度不同，所以
婚姻風俗也是各不相同的。

　　明代的婚姻風俗，在各地的方志中均有記載。如《新昌縣志》中寫浙江新昌
縣的婚俗是：「故家巨族為婚，必擇門地相埒者之山家，雖富不與焉。其婚娶不
行六禮，婚通媒討年帖，婿家父兄盛衣冠，詣女家拜謝，或用銀牌寫允許二字，
為定其禮。最簡續後，具豬鵝茶餅之類饋送，繼行納幣禮，不論財賄。娶之日，
用樂婦伴送，行禮以樂婦扶掖，成婚雜用踏槁、牽紅、傳席、交杯諸儀，拜公姑
而以次及其家眾賓客。翌日獻鞋被於公姑。三日廟見仍拜茶於族長焉。邑封君呂
世良命其子呂光洵始行親迎禮，而尚書潘晟為諸生時亦行之，庠生俞邦時聘娶諸
弟男婦，一遵家禮，公諸姓亦多有繼之者。」湖南衡州府的婚禮是：「婚親迎禮
士夫家皆行。惟女子行嫁，率內外親屬送至其家，竟日筵宴，以飲食相尚、裝奩
富家近奢婚禮。」[91]廣東瓊臺地區有用檳榔來定親的。河南真陽縣的婚俗是：「凡
男年十六，女十四以上，並所婚娶，先遣媒氏通言，女氏許之，次命媒氏納采，
納幣，至期婿盛服親迎，主婚者禮賓。明日婦見祖禰畢，次見舅姑婿，往見婦父
母。」[92]另據《松江府志》載「婚前一日，送奩於男家。今為迎妝，以奩飾幃帳、
臥具枕席，迎於通衢，鼓樂擁導，婦女乘輿雜遝，曰送嫁妝，金珠璀璨。士大夫
家亦然，以誇奩具之盛。又新婦將合髻首戴花鬏，剪綵紙為之，男家所預送者，
用親人以竹籠覆而挑去之。為挑方巾，始飲酒三行。此俗禮，不知始於何日，沿
不可廢。」福建建寧地區「婚禮亦多行親迎者，初建俗婚姻重閥閱，近則稍異於
昔矣」[93]。到了明代末年，各地的婚姻習俗都開始發生變化，如江西德化縣「士

91　嘉靖《衡州府志》卷一。
92　嘉靖《真陽縣志》卷七。
93　嘉靖《建寧府志》卷四。

夫家婚姻不論材」，但德安縣「婚姻論財」，瑞昌縣「婚葬略與德安同」，彭澤縣「婚姻論材」[94]。重財禮的習俗還在其他很多地區流行。據《浙江通志》載：「嫁女尚妝資，高者至破產不計，卑者或勒索聘財。」各地婚俗皆受到商品經濟的衝擊，重財禮的現象日益嚴重。

明代，在各少數民族中都有著自己奇特的婚俗。少數民族的婚姻習俗，構成了明代婚姻習俗的一個重要部分。

蒙古族的婚姻制度仍是一夫一妻制，可是貴族、領主、富戶往往是一夫多妻。「其有夫妻反目另娶有妾者，婦家廉知之，即竊入其幕，殺其所娶之妾，盡驅其馬駝以歸。」[95]不同領主間有「世為婚姻」的習俗。聘禮按女方的階級地位而定高低，有嚴格的等級，女方也有相應的嫁妝。平民間的婚姻有互相援助的習慣和義務，即所謂「義務婚」。按《蒙古—衛拉特法典》規定，「四十戶中有四戶每年須使其兒子完婚，十人必須為一人的婚事給予援助」。否則科以重罰。結婚時，要舉行「交拜天地」等儀式。

明代壯族的婚姻習俗有不落夫家、女子步行出家、男女不拜堂及入寮，等等。明人王濟曾說：壯族有女子之家，初不計財禮，惟檳榔數顆為聘，「結婚時男家有媒氏至女家，立門外不敢輒入，伺候主人出去，以期告予主人，不諾即辭去，不敢言語」。「明日複往，伺如初，主人諾，則延媒氏入飲。及期，婿偕媒氏攜果盒往，將及女家，婿止近舍，媒氏及門，女躡新草履，負補挾傘上，仍繫雙草履，隨媒氏往婿所，解履授婿，婿空履引之而去。媒與女父母送畢返不顧，有子方偕婿歸寧。」[96]

明代黎族婚姻的主要形式是一夫一妻制。史書云：黎族男女「未配者隨意所適，交唱黎歌，即為婚姻」[97]。

---

94 嘉靖《九江府志》卷四。
95 蕭大亨：《夷俗記・匹配》。
96 王濟：《君子堂日詢手境・風俗》。
97 《古今圖書集成》卷一三九一。

明代雲南彝族的婚姻，「羅羅以黑白分貴賤，其婚娶論門第，則禮以牛馬多者為貴。……至女環極大，謂之納采，許嫁則易之。……聞吹蘆笙則悅，遂之既嫁，雖貴無華飾，以氈一席自奉，松毛布地而已，夫婦雞鳴則分，晝不相見」[98]。而雲南苗族的婚俗是，不用媒妁，每於歲正，擇地樹芭蕉一株，聚集群少，吹蘆笙，「月下婆娑起舞，各擇所配，名曰紮山。兩意諧和，男女歸告父母，始通媒焉。以牛馬布匹為聘，嫁娶迎親亦以人多為榮。」[99]婚前有一段自由戀愛的時間，這是明代漢族所不允許的。

二、葬禮與喪葬習俗

明代帝后、宗室諸王、妃子、公主、品官及庶民在葬法、葬儀上均不同，等級分明是其顯著的特點。此外，明英宗之前宮廷、諸王大臣及民間還盛行人殉和變相人殉（即殉節）等喪葬方面的陋習，對社會的危害極大，影響也很深遠。

身分等級與葬禮 明政府對每個階層的葬儀都作了較為明確的規定，大體可分為下列幾個等級：

帝后的喪制及喪禮。明代帝后的喪禮、喪服制度和陵寢（埋葬）制度及其禮儀規制，均明確地寫在《大明會典》和《大明集禮》中，具有法律效力。在喪禮、喪服方面，帝后死後，國內在一段時間內禁止婚娶和一切娛樂活動，舉國哀悼，全體臣民均要服喪戴孝，稱為國喪。帝后的墳墓規模極為宏大，稱為「陵」或「山陵」。這其中有兩層含義：第一，因占地廣，封土高像山陵；第二，以山陵的高喻至高無上的帝王意思。其墓室及墓地的修建，均不惜耗費巨大的人力和物力，以顯示帝王在國家社會政治生活中的特殊地位和重要性。隨葬的器皿則按照其生前的鹵簿之制來陪葬，極其豪華奢侈。

---

98 景泰《雲南圖經志書》卷二。
99 《雲南通志》卷一八五。

宗室王妃及公主的喪葬規制。洪武二十八年（1395 年）規定：凡有親王喪，要輟理朝政三日。禮部奏遣掌管行使喪葬之禮，翰林院撰寫祭文、諡冊文、壙志文，工部製造銘旌，派遣官員造墳，欽天監官占卜葬期，國子監監生八名訃各王府。聖上御祭一次，皇太后、皇后、東宮太子以及京文武官員各祭一次。自初喪至服喪期滿釋服，御祭凡十三壇，封地內的文武官員各祭一次。王妃、世子、眾子及郡王、郡主、官員，要服斬衰三年。其封內的文武官員服齊衰三日，哭靈五日而後釋服。城內的軍民要素服五日哀悼，郡王、眾子、郡君為兄及伯叔父服齊衰要期滿一年，郡王妃服小功服，喪期五月。

品官葬禮及葬儀。在埋葬制度方面，明政府對品官墓地的大小、墳高及墓碑的形制，碑身、碑首的高度、寬度以及趺坐的高度都按官品的高低作了嚴格規定，對於棺槨、隨葬所用陶質、木質明器亦有明確規定。在喪禮制度方面，規定也很複雜，名目繁多，等級分明。《明史·禮志十四》對品官的初終之禮、立喪主、立婦、治棺訃告、設屍床、帷堂、掘坎、設沐具、飯含、置虛座、結魂帛、立銘旌、小斂、大斂、蓋棺、設靈床、成服、朝夕奠、擇地、葡日、發引、下葬、反哭、虞祭、家廟、改題神主、後除服等儀節及其關規限，均有詳細記載。至於服喪期間的喪服、居喪服飾、居喪時間和行為，也按封建禮制的要求詳加說明。

庶民百姓的喪禮。明代漢族地區的喪葬禮儀，基本上是有一定格式的。葬法上主要是土葬和火葬兩種。葬禮在南方與北方大致相同，只是局部的細節上有些差異。過去的喪服制度，是子為父斬衰三年，為母齊衰三年，明代改為子為父母、庶子為所生母，皆斬衰三年，於是齊衰三年之服遂絕。父在為母，出妻之子為母，父卒繼母嫁從而已從之者，及夫為妻子均服齊衰杖期之服，十五月始除。在居喪禮儀方面，明代，取消了「凡有喪葬，設宴會親友，作樂娛屍，惟較酒肴厚薄，無哀戚之情」的元代舊俗。《大明律》還刪除了「居喪生子」的規定。

特殊的喪葬習俗　明代在宮中、民間及邊遠的少數民族地區都有許多很特殊的喪葬習俗。其中有很多的陋習對社會生活構成了危害。

殉葬：殉葬是要求活著的人為死去的有特權的人物從死，殉節就是變相的人

殉，見於明代記載的「烈女」、「節婦」、「義僕」即是。明代的殉葬，在宮廷中最為盛行。從明太祖朱元璋到英宗朱祁鎮死前的近一百年間，明代的皇帝及外藩諸王死後，都要用大批的嬪妃殉葬。萬曆《大明會典》記載在孝陵為朱元璋殉葬的嬪妃有「四十妃嬪，惟二妃葬陵之東西，餘俱從葬」。《萬曆野獲編‧英宗敬妃喪禮》卷三也載：「按太祖孝陵，凡妃嬪四十人，俱身殉從葬，僅二人葬陵之東西，蓋洪武中先歿者。」明成祖的長陵亦有十六位妃子殉葬，萬曆《大明會典》卷九十載：「長陵十六妃俱從葬。」明仁宗（獻陵）有五妃殉葬。明宣宗（景陵）有十妃殉葬。關於明初宮廷的殉葬制度，《明史‧后妃傳一》記載：「正統元年（1436 年）八月追贈皇庶母惠妃何氏為貴妃，諡端靜……冊文曰：『茲委身而蹈義，隨龍馭以上賓，宜存徽稱，用彰節行』。蓋宣宗殉葬宮妃也。初，太祖崩，宮人多從死者。建文、永樂時，相繼優恤。若張鳳、李衡、趙福、張璧、汪賓諸家，皆自錦衣衛所試百戶、散騎帶刀舍人進千百戶，帶俸世襲，人謂之『太祖朝天女戶』。歷成祖、仁、宣二宗亦皆用殉。景帝以王薨，猶用其制，蓋當時王府皆然。至英宗遺詔，始罷之。」

上行下效，帝王大行妃嬪殉葬的禮節之後，諸王大臣勳戚大臣亦循此風。在明各朝實錄及《國榷》等書中詳述了明前期諸王府實行的人殉情況。細觀明代初期的人殉，主要是妻妾為丈夫殉死的變相人殉，這就是中國歷史上的「殉節」。到了天順八年（1464 年），英宗臨終前言之：「召憲廟謂之曰：『用人殉葬，吾不忍也；此事宜自我止，後世勿復為』。遂為定制。」[100]廢除人殉是明朝宮廷、王府間的一件大好事。雖然明英宗廢除了人殉制度，但殉葬之風仍未禁止。明憲宗就再次下詔，嚴令禁止貴族用人殉葬。《明憲宗寶訓》卷二載：「成化十年（1474 年）七月甲戌，遼王豪壏奏：『嫡長子思鑡病故，其繼妃馮氏、妾曹氏俱無所出，宜令殉葬』。上曰『先帝上賓，顧命毋令后宮殉葬，可以為萬世法。況王府前此未嘗有用殉者，今遼王葬其子，乃欲以其婦殉之，何其戾耶！禮部宜移文所司，啟王勿用，遷其婦別室，毋令失所。」可見朝廷雖下了禁令，但執行得不嚴格，所以屢禁不止。

---

100 參見《雙槐歲抄》。

在民間，人殉和變相的人殉（即殉節），更是沒有絕跡過。如葉夢珠的《閱世編》中，就有「名節」一編專門記載所謂的「烈女」、「節婦」。據《泉州府志》載，自明嘉靖至清乾隆的二百多年間，泉州婦女從夫死者（多數是在丈夫死後自縊）的就有一百八十四人之多。僅泉州一地便有如此之多的「烈女」殉節陪葬，可想而知，當時民間的殉節喪俗還是較為盛行的。

明代中原漢族最為普遍的埋葬方法：一是土葬，意為「入土為安」；二是火葬。明朝初年，承宋元遺習，各地仍盛火葬。洪武三年（1370 年）明太祖「令天下郡縣設義塚，禁止浙西等處火葬、水葬。凡民貧無地以葬者，所在官司擇近城寬閑地立為義塚。敢有徇習元人焚棄屍骸者，坐以重罪，命部著以律」。但在經濟發達地區，因土地較為緊張，火葬的習俗並未被禁止。據明代茅瑞征在《義阡記》說：「火葬非制也。……惟是三吳之民，生憚其奉，死安其燼，無論寠人貧子，即家累千百金，而親死委之烈炬以為常。……或謂吳俗地狹人稠與江北異。」張萱在《疑耀》卷五中也說：「姑蘇火葬，屢經禁戒，恬不為止，蓋其俗自古已然矣。元中，范純仁嘗帥太原，河東地狹，民惜地不葬其親，純仁收無主燼骨，別男女異穴以葬，又檄諸郡仿此，仍自作記數百言，曲折委致，以規變薄俗，而俗始稍變。」

明代的喪葬禮儀，在地域上有很大的差異。就《金瓶梅》所描述的北方喪葬禮儀就有十六種之多。（一）初終，招魂。（二）點隨身燈。隨身燈又叫長命燈，引魂燈，點在死者腳旁，直到下葬為止。迷信以為此舉可助赴陰間照明，這是各地極普遍的舊俗。（三）請陰陽看批書。（四）寫殃榜。（五）搭彩棚。（六）念倒頭經。（七）三日做齋誦經。（八）挑錢。（九）放七星。（十）題銘旌。（十一）伴宿。（十二）柩前摔盆。（十三）仵作人敲響板，指撥抬材人上肩。（十四）燎火而入。（十五）謝孝。（十六）暖墓。

明代少數民族喪葬習俗的葬法與葬儀，是自成一體的。其喪葬的方式也是多種多樣，有土葬、火葬、天葬、野葬、樹葬、水葬及塔葬等。蒙古族有死後請薩滿跳神或請喇嘛超度亡靈的習俗。一般實行土葬。貴族、領主死後，以棺木裝殮，並將其生平衣服甲冑，其所愛僕、妾、良馬殉葬。平民死後，只將平日的衣

物同葬。貴族、領主死後，召喇嘛誦經四十九日，一般平民誦經七日。明代的藏族人死後，葬送儀式可分為墓葬（或稱土葬）、水葬、火葬和塔葬等五種形式。塔葬，只限於達賴、班禪及地位崇高的大活佛。他們死後用藥物和香料將屍體塗抹後，放入特製的靈塔中，供信徒瞻仰禮拜。火葬多用於一般活佛和大喇嘛，大貴族及某些林區平民百姓也多施行之。火化後，將骨灰撒在江河裡、大地上，或者帶到高山上隨風揚撒，也有將骨灰裝入塔內供奉的。天葬即鳥葬，在西藏地區普遍實行。明代的彝族，據景泰《雲南圖經志書》卷二載，彝族習俗是葬不用棺，人死後，貴者用虎豹皮裹屍，賤者用羊皮裹其屍，以竹簀舁於野焚之。會親友殺生祭享，棄其骨而不收。酋長及富者，則令奴婢看守，長者二三月，幼者月餘而止，藏其骨，非親人莫知其藏處。明代的白族、納西族都盛行火葬。雲南傣族則有「死則刳木為棺，殯之，墳上植樹為識」的喪俗。[101]另據《雲南通志》載，苗族的葬禮「有棺無斂，祭宰羊，擊高顙鼓以為哭尊之節，三年內不食鹽，不蒔蒜」。不難看出，上述少數民族的葬式，除地域上的差異外，其葬禮的儀式是同各民族的宗教信仰和迷信思想密不可分的。

葬禮的簡繁對明人社會生活的影響　明代民間的喪葬習俗有其自身的發展規律。明初統治者按照舊制，對庶民百姓的喪儀制度、服喪制度、居喪儀制、葬法都作了詳嚴的限制，但是各地的民間葬禮又都沿襲各自的傳統而施行，並沒有完全受到法令制度的約束。特別是明代中晚期，隨著社會侈靡之風的興起，葬禮也由簡單向著繁縟發展，由薄葬走向厚葬，把葬禮變成了一個炫耀富貴的場所，給社會帶來了很大的負面影響。喪事不以死別為悲傷，僅以論財顯富為娛樂，有的人甚至把葬禮變成了一種娛樂活動。

明初統治者在制定喪禮條律時，鑒於「元代舊俗，凡有喪葬，設宴會親友，作樂娛屍，惟較酒肴厚薄，無哀戚之情」，下令禁止作樂娛屍。明太祖還認為過去規定服內不許生子是「不合人情」，「實非萬古不易之法」[102]，在《大明律》中刪除了這條禁令。以往民間喪事盛行請和尚、道士做佛事、道場，儒家士大夫認

---

101 劉文徵：《滇志》卷三十。
102 朱元璋：《高皇帝御製文集・孝慈錄序》。

為這同先賢歷來提倡的喪事主哀、居喪廢樂的精神直接相抵觸，因此《大明律》也禁止喪事設齋。由此可見，明初葬禮是比較簡樸的。

明朝中葉起，倫理道德觀念發生很大變化，追求侈靡之風也蔓延到葬禮中來了。據《明代律例彙編》中載，明初民間出殯，經常有「扮戲唱詞，名為伴喪，修齋設醮，鼓樂前導，及設葷酤飲」的現象。朝廷「雖經禁約」，而民間「全不遵行」，「喪事之家，盡耗資財，以供焚毀，齋僧念懺，婆婆跳神，不厭數回，創寺建塔，聚眾號呼」。喪葬的費用也是極為驚人的。據崇禎《松江府志·風俗》記載，「吊者俱用降香，喪家設木架，架香其中，香值日踴。婦女聚號不哀，銘旌用緋帛，長幅大書，有以銀箔飾之者……羅列陳設，榮者百案，曰九煎。剪綵作人物、花果、紙俑、輿從，亦以百數。優人演故事，鼓樂駢闐。」天啟《淮安府志》載：「出殯日冥器分列，鼓吹道擁，且執緯延款，演劇縱飲，抵暮而返。」張瀚的《松窗夢語》中也記載，杭州富室王某「舉父喪，喪儀繁盛，至倩優侏絢裝前導，識者歎之」。就是在浙江桐鄉縣青鎮這樣的小鎮，喪葬的奢侈之風也是越來越猛。李樂在《續見聞雜記》中說：「余生長青鎮，獨恨其俗尚奢，日用會社婚葬，皆以儉省為恥。」山東鄒平縣「喪葬頗崇外飾」；福建泉州「喪祭以儉薄為恥」；漳州「親舊之葬，或設祖祭，數月營辦，各求珍異，不計財費。喪家則盛筵席以侍之，競為豐侈」；陝西喪家「稍有力則用槨，名曰套材。扯布散衣，名曰破孝。又以各色紙，結金銀山、斗層樓、駝、獅、馬、象及幢幡帛聯，廣作佛事齋醮，名曰同壇。富貴家更侈張戲樂，走馬上竿，親執掛幛，豬羊油盤食桌動輒數十。喪家破產，往往有之」；廣東「葬禮，盛肴饌以待送客」。

人們把殯喪儀式的地點變成了一種標榜奢侈的場合，某些驚人的揮財壯舉，被世人羨慕不已。還有人發明了出「生殯」的怪事，即人還健在，便治殯喪，以親眼目睹自己死後豪華熱鬧的場面為快事。此種可笑的荒唐之舉，竟引來很多人的仿效。喪葬在明代晚期逐漸成為誇耀財富、遊藝聲色的場所，悲痛、悼念之意反而倒被人們淡忘了。

這種厚葬奢侈之風，給社會帶來了很多負面的影響。其一，厚葬將人間有用的資財埋於地下，有的化為灰燼，使有用的東西變成腐朽的，從而失去了它的實

用價值。大量使用明器,浪費掉很多的人力和物力,卻毫無實用價值。這種糟蹋社會財富的行為是極不利於人們生活的,也不利於社會物質財富的再生產。厚葬奢侈之風是一種毀壞物質文明的社會群體行為。其二,厚葬奢侈之風,促使一些人不從事任何生產性的活動,成為遊手好閒之徒,危害著社會。這些人不讀書,不生產,更不問天下興亡,國家盛衰,只知羨聲色之娛,慕貨賄之聚,成為社會垃圾。在這種社會風氣的影響下,人的素質日益降低。其三,這股奢侈的厚葬之風,使得貧富分化日益嚴重,而且已有人因此「喪家破產」,危害社會的穩定。有鑒於此,後來很多學者文人提出了「薄葬」的理論。

三、養老與敬老習俗

官方對敬老的提倡　明初沿襲歷代王朝制定的諸多優待老年人及養老的政策,提倡敬老和養老,以此來維持封建統治秩序與等級制度。這對老年人外部生活環境的改善,減少社會力量的干擾具有積極的意義。

明代沿用了唐宋以來的做法,規定男子十六歲以上為成丁,必須為官府服徭役,滿六十歲方能免除徭役。[103]尊老敬老,歷來是中華民族的優良傳統。明太祖深知這一點,在洪武年間頒行了許多照顧老年人的政策,歸納起來有三個方面:生活上的照顧政策;提高老年人社會地位的政策;對老人在進學、仕宦方面的優禮政策。[104]

對老年人生活照顧,體現在下面幾個方面:其一,對老年人及其親屬免除徭役。《明史·食貨志二》記載,男子十六歲以上為成丁,必須為官府服徭役,滿六十歲方能免除徭役。作為對這一規定的補充,明太祖下詔:「民年七十以上者,許一丁侍養,免雜泛差役。」[105]洪武十九年(1386年)又下令:「有司存問

---

103 《明史·食貨志二》。
104 參見王躍生《中國人口盛衰與對策》(北京,社會科學文獻出版社,1995)一書的有關研究分析。
105 萬曆《大明會典》卷二十。

高年，凡八十以上者皆復其家。」[106]因為此條並沒有普遍推行，所以明代又有了這樣的政策：「凡民年八十之上，止有一子，若繫有田產，應當差役者，許令雇人代替出官，無田差者，許存侍丁，與免雜役。」[107]並且將對老年人的優待政策擴大到軍戶，據《明宣宗寶訓》載：宣德年間下令：「應充軍之人，而父母年七十之上及篤廢殘疾者，許於附近衛所充軍。」這些規定使高年年長者的家庭，通過正當途徑可以豁免一人或數人的徭役，確保有成丁的兒子在家照顧並供養老人。其二，對老年人在物質上的賞賜與救濟。物質賞賜主要是指生活用品的賞賜，其目的是為了改善老年人的日常生活，同時也表明政府對老年人的重視。物質救濟主要限於貧窮家庭的老年人及鰥寡孤獨的老人。除此之外，明朝皇帝還遣使者禮問高年，並致賞賜之物。明政府還對那些貧窮無助、孤苦伶仃、生活困寒的老年人給以救濟。其三，對退休官員的優待。明代沿襲歷代王朝官吏七十歲致仕的制度，但對退休官員有特殊的優待：（1）退休後仍可繼續保持官員的身分，可以穿戴原有的品官服和官帽，即「冠帶致仕」。（2）可加官進秩，規定凡致仕官員均可以在原來的品級上，加升散官品級。（3）官員致仕後，可按原級或晉級享受原有俸祿的一半，即半俸待遇。其四，對老年人的刑律優免。明朝的上述措施，體現了對老年人的重視，賦予尊老、敬老的習俗十分具體的內容。

為提高老年人的社會地位，明政府主要採取了下列政策：其一，舉行鄉飲酒禮，明確規定：「鄉飲之設，所以尊高年，尚有德，興禮讓。」儀式是很隆重的，若「敢有喧嘩失禮者，許揚觶者以禮責之」。洪武十六年（1383年），明太祖在全國頒行《鄉飲酒禮圖式》，規定鄉飲酒禮於每年正月十五日、十月初一日在各地儒學舉行。洪武十八年（1385年），明政府又重申鄉飲酒禮，明確要「敘長幼，論賢良，別奸頑，異罪人」，「其坐席間，高年有德者居於上，高年淳篤者並之，以次序齒而列」[108]。其二，敬老養老終身制詔令。在洪武十九年（1386年）和洪武二十年（1387年），連續兩次頒發詔令，宣布實行孤貧殘疾老人終身養老制度。因為明太祖認為只有施行這樣的養老制度，百姓才會趨於孝悌，風俗

---

106 乾隆敕修《續文獻通考·職役三》。
107 萬曆《大明會典》卷二十。
108 參見萬曆《大明會典·鄉飲酒禮》。

才能淳厚，天下才會太平興盛。其三，給予八十歲以上老人一般爵位及其他禮遇。一般爵位是指非品官之爵。洪武十九年（1386 年）命應天、鳳陽二府，富民年八十以上者賜爵社士，九十以上者賜爵鄉士；其他地方民八十以上賜爵裏士，九十以上賜爵社士。凡是取得爵位的老人，「皆於縣官平禮，復其家，冠帶服色，別議頒行」[109]。「皆與縣官平禮，並免雜差，正官歲一存問，著為令。」天順二年（1458 年）又補充「男子百歲者，加予冠帶，以榮其身」[110]。從明代政府所採取的措施看，其旨意在於讓整個社會形成一種敬老養老的風尚。

民間敬老習俗　明代除了政府大力提倡敬老和救濟老人外，在民間也有敬老、養老的風俗。如每年九月九日的重陽節，一般百姓都要登高賞菊，飲宴會友。這時要特別向老年人敬獻菊花酒，傳說飲了菊花酒就能使人健康長壽。

明人基本上保留了唐宋以來尊老、敬老的習俗。《真陽縣志‧禮儀志》中載：「養老民年七十以上及篤廢殘疾者，許一丁養，免其雜泛差役；八十以上者，給酒肉、絮帛，素有德行為鄰里稱服者，別有隆禮。」可見民間對老年人的尊敬和禮遇。當時民間的習慣，每天清晨雞鳴之後，子女和兒媳就要起床，侍候老年的父母梳洗，並為長輩準備好衣物和鞋帽，請安問候，然後再侍奉老人用膳。

長輩的居室，如沒得到長輩的同意，幼輩是不能隨便進去的。如果父母有事呼叫，應該立即答應，並且很恭敬地回答長輩的問題。舉止行動要謹慎得體，不得在父母長輩面前嬉笑、打噴嚏和咳嗽，打哈欠、伸懶腰也被視為對長輩的不敬。此外，就是發現父母做錯了事或有過錯，子女也應該態度和悅、謹慎地加以勸諫，或乾脆視而不見。如果父母心情不好，發怒鞭打子女，即使打得皮開肉綻也不能有怨言。在處理家庭大事時，必須要聽從祖父母、父母的意見。除了侍奉自己家的老人外，明代還有普遍尊敬老人的習俗，如有不尊重老人的行為，就要遭世人唾棄，並受到懲罰。

109　《明太祖實錄》卷一七八。
110　《明英宗實錄》卷二八六。

明代這種敬老、養老的風俗，是同中華民族敬老、養老的傳統分不開的。究其原因有四點：首先是因為這些年老長者曾經對社會進步、生產發展、撫養子女等方面做出了一定的貢獻，理應受到後生子女社會的尊重。其次，老年人的精力和體力雖不如青壯年，但他們的才能和智慧並沒有由於年老體衰而失去意義，因為在中國古代的農業生產中，老年人經驗豐富、生產技術嫻熟，完全可以為後來者提供必要的指導。再次，中國傳統的宗法制度，對老年人在家族的權威也起到了強化的作用。最後，是由於儒家敬老、養老思想的強大影響。

四、官民結合的社會福利與公益事業

對於各種災害給予百姓生活帶來的困難，明王朝一方面設立必要的社會保障福利機構幫助解決，另一方面又鼓勵民間互救互濟。政府同民間一起辦社會公益事業，以此來穩定明朝的封建統治。

官辦福利機構及其職能　明代官辦的社會福利機構有官倉、養濟院、漏澤園、常平倉、預備倉、惠民藥局等。

官辦的社會福利機構，首先是對在自然災害中受災最厲害的地區提供食物、銀兩及醫療的救濟。具體的辦法就是打開「官倉」，向災民發放糧食及衣物。《明英宗實錄》卷三十一記載，正統二年（1437 年）六月，直隸鳳陽、淮安、揚州諸府，徐、和、滁諸州及河南開封府分別上奏：「自四月至五月陰雨連綿，河淮泛漲，民居、禾稼多致漂沒，人不聊生，勢將流徙。」明英宗即命行在都察院右副都御史賈諒和工部侍郎鄭辰等前往賑濟。賈諒陛辭時，英宗告諭說：「民困已甚，卿等速往發廩賑之，撫恤得宜，毋令失所。河堤沖決，相機築塞，毋興大役，重困吾民。」其二，除開官倉賑濟糧食外，貨幣救濟也是常用的方法之一，讓受災者用錢去購置必需的生活用品。其三，實行醫療救濟。因為自然災害的到來，常常伴隨著疾病和瘟疫，給本來已受到重創的災民帶來新的威脅。而民間在此時又往往缺醫少藥，自己無力抵禦疫病。為此，明政府一是派遣醫療特使前往災區巡診。二是輸送藥物。張瀚的《松窗夢語》載，明世宗曾親自為災民配製藥

方，名曰「如意飲」，「每藥一劑，盛飲錦囊，蓋以嘉靖錢文，為煎之費」。三是建立醫療機構，救治災民和無錢治病者，於洪武四年設置了國家性的醫療福利機構惠民藥局。[111]

其次是對特殊人口群體的救濟。特殊人口群體是由鰥寡孤獨者、殘疾者和窮困者組成。對鰥寡孤獨者，明政府制定有專門的救濟政策。洪武五年（1372 年）頒詔：孤寡者「官養之，毋失所」[112]。並在京城和地方州縣一級普遍設立養濟院，專門收養鰥寡孤獨者。對執行不力者，明政府還制定了很嚴的處罰性條令，規定「所有官司應收養而不收養者，杖六十。若應給衣糧而官克減者，以監守自盜論。」[113] 這種官辦的養老院，在一定程度上減少了鰥寡孤獨者的困難，避免一部分人因貧困而可能造成的死亡。

明政府的養濟院還收留殘疾者。洪武初年，明太祖詔令天下，設置養濟院安置孤貧殘疾者。[114] 另據《典故紀聞》載，成化時，京師街頭「多有疲癃殘疾之人，扶老攜幼，呻吟悲號」，明憲宗下令：「無問老幼男女，有無家及外來者，順天府尹盡數收入養濟院記名，設法養贍，毋令失所。」

明代的養濟院也對窮困者實行救助，如天順元年（1457 年）「收養貧民於大興、宛平二縣，每縣設養濟院一所於順便寺觀，從京倉支米煮飯，日給二餐。器皿、柴薪、蔬菜之屬，從府縣設法措辦。有疾者撥醫調治，死者給棺木。」[115]

明政府為了防禦和應付可能發生的自然災害，還設立了常平倉和預備倉。如萬曆二十九年（1601 年），福建有人倡議設常平倉，明神宗詔命予以嘉獎。三十九年（1611 年），又命於邊鎮設常平倉，並且強調常平倉「有裨邊鎮」[116]。這些防禦性的倉儲設施，積米穀於米豐之時，而糶糧於災成之日，對緩解百姓的

---

111 談遷：《國榷》卷五。
112 乾隆敕修《續文獻通考·國用三》。
113 萬曆《大明會典》卷一三四。
114 萬曆《大明會典》卷八十。
115 同上。
116 乾隆敕修《續文獻通考·市糴三》。

生活壓力、減少百姓的流徙、恢復社會經濟起到了積極的作用。[117]

民間的福利機構與社會公益事業　明政府除建立一些官辦的社會福利機構，還提倡和鼓勵民間建立福利機構。在宗族勢力較為發達的地區，宗族內部的福利與公益自成一體，成為明代社會福利和公益事業的一個組成部分。

明政府鼓勵和獎勵私人對受災百姓的救濟，以此來彌補政府財力和物力的不足。其做法是：第一，以官職相勸。據《明史‧食貨志二》載，明憲宗時「軍民納二百五十石，為正九品散官；加五十石，增二級，至七品止」。勸賑是明政府對做公益事業人的一種獎勵。如萬曆二十二年（1594 年）五月，原任副使郭東藩因為輸「賑粟千石」，所以被朝廷賜「建坊，特加三品服」，以示獎勵。[118]第二，以功名相勸。獲取功名是當時人們提高社會地位、聲望的手段之一，因此明政府常用賜給功名的方式來勸賑。如明憲宗時規定，「生員納米百石以上，入國子監」[119]。第三，是以名譽相勸。明代名分與社會地位相連，所以以名譽來勸賑也能激發一些人的賑濟熱情。《明神宗實錄》中載：萬曆十四年（1586 年）七月，戶部遵奉敕諭，題稱：「第各省勘至災傷，已據分數議蠲、議賑」，「再照饑民眾多，錢糧有限，賑濟之費，誠恐難繼。查得萬曆十年題有義民輸粟事例，千石以上者，建坊旌獎，百石以上者，給予冠帶，合照例舉行，以為救荒之助。」神宗依奏恩准施行。

在宗族勢力發達的地區，民間的福利與公益事業往往由宗族來承擔。對此，錢杭和承載先生在他們的著述中，通過剖析江蘇無錫安氏宗族的《贍族錄》，作了生動的描述。他們說：「宗族對族人的救濟及其規則」，實際上也就是班固的「會聚之道」。宗族的「救濟」事業，是通過對同姓同宗者之間財產上的貧富差距進行調節，來維護一個特殊的血緣團體的穩定。在富裕的江南農村，凡是較大型的村落，總有一些頗具實力的宗族。如江蘇金匱（今江蘇無錫）的安氏宗族，是一個雄踞地方長達三百多年的望族。僅明代就出了安如山、安國、安希范等仕

---

117 參見王躍生：《中國人口的盛衰與對策》。
118 《明神宗實錄》卷二七三。
119 《明史‧食貨志二》。

宦名流，在地方上有極好的名聲。《常州府志》載，「安國，字民泰，無錫人。居積諸貨，人棄我取。贍宗黨，惠鄉里，乃至平海島、浚白茅河，皆有力焉。」安氏宗族「贍宗黨」，對救濟族人有一整套的規則。在清咸豐元年（1851 年）所印《膠山安氏家乘》（膠山為金匱安氏祖墳所在地）中有《贍族錄》一卷，保存了訂於明萬曆二十三年（1595 年）的《贍族條件》，共十條，起草人是安國之孫安希范。從十條贍族條款看，涉及面是很廣泛的，包括老、弱、孤、寡、貧、病、婚、喪、學十個方面，所需錢糧，均由安希範出。正是由於安氏對地方公益事業如此的熱心，才會出現「父喪，會葬五千人」的盛況。[120]

民間公益性機構——社倉，是一種社區性的倉儲，在政府的倡導下創辦，帶有官督民辦的性質。據《明史·食貨志三》記載：嘉靖八年（1529 年）明世宗詔令各地撫按設社倉，「令民二三十家為一社，擇家殷實而有行義者一人為社首，處事公平者一人為社正，能書算者一人為社福」。然後「每朔望會集，別戶上中下，出米四斗至一斗有差，斗加耗五合」。如發生饑荒，「上戶不足者量貸，稔歲還倉。中下戶酌量賑給，不還倉。有司造冊送撫、按，歲一察核。」如果社倉發生虧空，「罰社首出一歲之米」。這種民間性的福利設施所起的救災救貧作用，往往是政府救濟所無法替代的。

120 錢杭、承載：《十七世紀江南社會生活》，98～99 頁。

第三節·

歲時節日
與文體娛樂

　　明代傳統歲時節日與文體娛樂活動，宗教迷信色彩較前代減少，禮儀性、娛樂性的文化成分增多。如元旦的爆竹，原本是一種驅鬼巫術，此時已演變為節日歡樂的象徵；大儺原來是打鬼巫術，此時已演變成為一種民間節日小戲；中秋節的祭月，此時已變成為賞月活動；元宵節的祭神燈火，此時已演變成為民間節日的燈火藝術；等等。這不僅使明代的年節活動內容日益豐富多彩，展示了新的時代發展風貌，而且使傳統節日的時尚性、群體性、地域性、民族性等諸多文化特色，更加充分地展現出來，表明中國古代相續綿延的年節文化活動已發展到一個新的高峰。在宗教節日時，無論是宮廷還是民間，則仍然保持其特殊的宗教禮儀和信仰習俗。

一、官方節日與民間節日

　　明代官方在傳統歲時節日時，有一系列的慶賀活動，其與民間所不同的是，對官員的慶賀禮儀有特殊的規定和限制，以體現尊卑貴賤有別，維護封建統治者的特殊地位。而在民間，每逢傳統的歲時節日，庶民百姓都按自己的意願進行慶賀娛樂，從而使節日的氣氛更加熱烈，娛樂的內容更加豐富多彩。

明代法定官方節日及其禮儀　明王朝對官員的節假以及帝王、皇后、太子等的朝賀禮儀都作了詳嚴的規定，這是官方法定節日與民間節日的不同之處。據萬曆《大明會典》記載，朝廷規定每歲正月節，自初一日為始，文武百官放假五日。冬至節本日為始，放假三日。永樂七年（1409 年）明成祖頒發詔令：「元宵節自正月十一日為始，賜百官節假十日。」[121]

明代統治者為了維護自身的特殊等級身分，以別尊貴卑賤，上下有別，對正旦、冬至百官的朝賀禮儀，冬至大祀的慶成禮儀，中宮正旦，冬至命婦的朝賀禮儀，中宮千秋節命婦的朝賀禮儀，太皇太后聖旦、正旦、冬至命婦的朝賀禮儀，皇太后聖旦、正旦、冬至命婦的朝賀禮儀，東宮親王並妃正旦、冬至宮中的朝賀禮儀，東宮親王並妃正旦、冬至朝賀太后的禮儀，東宮千秋節百官的朝賀禮儀，東宮妃正旦、冬至命婦的朝賀禮儀，聖節、正旦、冬至王府的慶祝禮儀，聖節、正旦、冬至天下司府州縣的慶祝禮儀等，均不厭其繁，作出詳盡的規定，要求各級官員恪遵，不得稍有紊亂，否則將以違禮亂法、敗壞綱紀的罪名予以嚴懲。此外，為了保證百官在朝賀時不致出現亂班的情況，每逢正旦、冬至、聖節的前三天或前兩天，百官事先要進行「習儀」排練。這些都是官方節日法定的禮儀程式和文武百官必須遵守的基本規則，也是與民間歲時節日不同的最大區別。

名目繁多的傳統民間節日　明代是中國傳統時令年節的豐滿發展期。其主要特點是時令年節習俗已開始從宗教迷信的籠罩中解脫出來，發展成為禮儀性、娛樂性的文化活動，並為其注入了新的生命活力，形成別具一格的社會風尚。

元旦，又稱元日，是歲時節日中一個重要的年節，也是明代年節中活動最為隆重豐富的節日，在宮廷民間均有特定的禮儀活動。據劉若愚撰《明宮史》記載，自年前臘月二十四日祭灶之後，宮眷內臣就穿葫蘆景補子和蟒衣，各家都忙於年前的緊張準備活動，蒸製點心，儲備生肉，充滿節日氣氛。除夕之夜，宮內就互相拜祝，名曰「辭舊歲」，吃年飯，喝分歲酒，鼓樂喧闐，以示喜慶。據《大明一統賦》載，元旦文武百官有前往宮中朝賀天子的禮儀活動。在民間通行

---

121 萬曆《大明會典》卷八十。

元旦晨起啖黍糕，曰年糕；設奠於祠堂祭祀祖先，次拜家長，親友投箋互相拜節；為椒柏之酒，以結親戚鄰里。屋內還有「旺柏」、「行春」、「節節高」、「百事吉」等喜慶裝飾。由於東西南北中情況不同，各地也有顯著的地方風俗特色。

元宵節，又名正月十五、上元節、元夕節、燈節。明代無論宮廷還是民間，除了以各自的方式方法如祭祀太一神、觀燈賞火等習俗外，還要舉行各種文體活動，如百戲、舞龍、舞獅、踩高蹺、踢球、跑旱船、跳火、剪紙及其他百戲活動的內容，娛樂宴享是其主要風尚。

《元宵行樂圖》

立春又名打春、正月節，是古代的二十四節氣之一。由於它標誌著一年之中春天的開始，因此朝廷官府民間都把立春作為節日來過，並有競技（跑馬）、歡宴（咬春）、應景（戴鬧蛾）等一系列風俗。

龍頭節，又名中和節。節日期間，宮廷民間除要祭祀太陽神和土地神外，還有吃太陽糕、煎餅和熏蟲的習尚。

清明節，又名鬼節、冥節、死人節、聰明節。它與七月十五、十月十五合稱「三冥節」，均與祭祀鬼神有關。它本為二十四節氣之一，但因在一年的季節轉換變化中占有特殊的地位，再加上寒食節併入其中，因此清明節便成為一個重要

的民間年節節日。節日的主要活動是祭祖掃墓。從大量文獻記載看，明人祭墓主要有兩項活動內容：一是為死者燒香、上供。其中必「燒紙」，這種紙是特製的，又稱「光明」、「往生錢」，是送給鬼神或死人在冥世間使用的。除焚燒紙錢外，還流行一種「壓錢」，即把紙錢壓在墳堆的四角、墳頂而故名。《帝京景物略》卷二就云：「三月清明日，男女掃墓，擔提尊榼，轎馬後掛楮錠，粲粲然滿道也。拜者、酹者、哭者、為墓除草添土者，焚楮錠次，以紙錢置墳頭。」清明節還有踏青、插柳、戴柳以及盪秋千、放風箏、鬥雞、鬥鵪鶉等娛樂習尚。節日期間食用的食品，也多與宗教活動和信仰有關。

浴佛節又名四月八、佛誕節、龍華會。它本是佛教傳入中國後興起的一個宗教節日，但在節日活動中卻有諸多中國傳統文化的特點。其中的浴佛、齋會、結緣、放生和求子的風尚在民間廣為流行。

端午節，其起源雖有多種說法，但它卻是一個祭祀諸神的節日。其中，則有屈原、曹娥、蠶神、農神、張天師和鍾馗等諸神之祭。明代端午節又稱女兒節和天中節。舊俗端午少女須佩靈符，簪榴花，娘家還要接女兒歸寧「躲端午」，故稱「女兒節」。

天貺節，又稱六月六、蟲王節等。天貺節是道家的稱呼，起源較晚。六月六是一個小節，節日活動較少，主要有藏水、曬衣、曬書、人畜洗浴、祭祀神先、祈求晴天的習俗。

乞巧節，又稱七夕節、少女節、雙七節等，是我國傳統節日之一。它來源於人們對天體星辰的崇拜，其節日文化屬萬物有靈和自然崇拜的文化範疇。在乞巧節的各種節日文化活動中，不僅帶有祭祀牛郎織女的拜禮之意，同時婦女們還乞求智巧諸事，並預卜自己未來的命運。

中秋節，又名月節、月夕、端正月、八月半、仲秋節、團圓節。屆時家家戶戶賞月、拜月、祭月、彼此餽贈瓜果月餅，這是明代中秋節的主要風俗。拜月的方式很多，或者向月亮跪拜，或供月光神，還有以木雕月姑為偶像者，但均將神像供或掛在月出的方向，設供案，擺供品。祭月多由婦女主祭，諺語：「男不拜

月，女不祭灶。」但有的地方男子也拜月神。一般拜月後，燒月光神，撤供，與祭者可分食供品。

重陽節，又名九月九、重九、茱萸節等。明代重陽節有插茱萸、飲重陽酒、吃重陽糕（又名花糕），並以花糕供祭家堂、祖先的習尚。此外還有登高、賞菊、圍獵、射柳、放風箏等娛樂活動。

冬至節，又名冬節、大冬、亞歲、小歲。明代冬至節的主要活動內容是祭天、送寒衣、繪製九九消寒圖等。綜合各種記載來看，在冬至節，皇帝祭天，一般百姓則祭祀祖先，祈求祖先保佑闔家安康，生活富裕美滿，同時有上墳燒紙、送寒衣等風俗。

臘八節，原是民人祭祀祖先的節日。自從佛教傳入中國後，傳說釋迦牟尼在此日成道，故又名成道節。臘八節因而佛教化，且影響日深。而民間則將十二月八日的臘八節，視為一個重要的節日。宮廷民間有吃臘八粥、冬藏醃製食物（臘八蒜、醃酸菜等）、驅疫（跳灶王、擊年鼓）等風俗。

臘月二十三或二十四日，為灶王節，又名祭灶、小年、小年節、送灶、辭灶等。祭灶為古五祭之一。明代灶王節有送灶神（祭灶）、迎玉皇大帝、大掃除等風俗習尚。

除夕是一年之中最末的一天，又稱年三十、除夜、歲除。它是我國古代民間傳統節日中最為隆重的節日之一。吃年夜飯、換門神、貼春聯、掛年畫、掛簽、貼窗花、驅疫、祥年（向諸神、祖先及健在長輩、親友拜年）、守歲熬夜是其主要社會風俗。《帝京景物略》載：「三十日，五更又焚香楮送迎。送玉皇上界矣，迎新灶君下界矣。插芝麻秸於門簷窗臺，曰『藏鬼秸中，不令出也』。門窗貼紅紙葫蘆，曰『收瘟鬼』。夜以松柏枝雜柴燎院中，曰『燒松盆』，媼歲也。懸先亡影像，祀以獅仙斗糖、麻花饊枝，染五色葦架竹罩陳之，家長幼畢拜，已各自拜，曰『辭歲』。已聚坐食飲，曰『守歲』。」此外，還有飲宴遊戲娛樂活動。

綜觀明代的節令，較之以往有下面三大特點：其一，承襲古代而有發展創新，充分展示了時代精神風貌；其二，全國各地經濟、文化發展不平衡，在節令

中得以證實；其三，表現求生存、求發展的宴享、娛樂，是節日的主旋律。至此，中國的節日風俗已趨完善。

二、宮廷、民間的宗教節日與習俗

明代的宗教節日，主要由宮廷的祀神、祭祖禮儀和民間的祭祀神靈與祖先的活動組成。

宮廷的祀神與祭祖禮儀　明代由帝王或遣官進行的祀神活動，主要有祭天、祭社稷、祭先農、祭日月星辰、祭山川等。這些祭祀，其制度與禮儀各異。

祭天禮儀。明代祭天有郊祭、明堂祭等形式。其中，郊祭是歷代君王祭天活動的基本方式。據《明史·禮志二》記載，明太祖確立其郊外祭天制度，並親自分祭天地於京都（今南京）南北郊。冬至祀昊天上帝於圜丘，以大明、夜明、星辰、太歲從祀；夏至祀皇地於方丘，以五嶽、五鎮、四海、四瀆從祀。凡天皇、太乙、六天、五帝之類，悉為革除。後來，受京房災異說的影響，又在南郊建大祀殿，合祀天地於其中。永樂時，遷都今北京，其建制仍如南京。

祭社稷禮儀。社是土神，稷是穀神。祭社稷之神，以祈求農業五穀豐登，這是一種國之大祀的活動，禮儀甚隆。明代京師及分封諸藩王王國府州縣均有社稷之祀。太社稷在宮城西南。明初建太社在東，太稷在西，壇皆北向，每年春秋二仲月上戊日祭祀。

祭先農禮儀。先農是代表整個農業的大神，祭先農與祭社稷大體相似，同時輔之以天子耕田之禮，以示勸農之意。

祭日月星辰禮儀。對日月星辰的祭祀活動，既是對天祭祀的具體化，也是其重要補充。明初，洪武中築朝日壇於京都（南京）城東門外，夕月壇於城西門外，朝日以春分行祭，夕月則以秋分行祭。星辰則祭於月壇。其具體祭祀禮儀與社稷祭祀相同。遷都北京後，仍行此制。

祭山川禮儀。古人認為，雲雨興於山川河谷，出於高山，影響四季氣候變化，同時山川也蘊藏著森林、果實、礦藏、動物、藥材等民生之源，所以要對山川神靈（萬物有靈之一）祭祀，以祈求好年景與好收成。但因山川之神，天子不能遍祭，只能祭祀名山大川，後來更集中為五嶽四瀆之祭。明代宮廷的祀神活動，據明人沈榜《宛署雜記》一書記載，皇帝遣官敕祭的，還有都城隍廟、漢壽亭侯（關羽）廟、靈明顯佑宮、靈濟宮等神廟。

明代宮廷的祭祖活動，對古制既有承襲，又有變革，而且禮儀繁縟。明初曾立四親廟於南京皇宮宮城東南，各為一廟，共為四廟。洪武八年（1375 年）改建太廟，前為正殿，後為寢殿，寢殿九間，間一室，奉藏神主牌位，此為同堂異室之制。同時，又因皇室始祖所自出者未能考訂，於是不行禮，只行祫祭。明成祖遷都北京後，建廟如南京之制，祭祀禮儀亦如舊制。嘉靖十五年（1536 年）時，新廟落成，太祖廟寢後有祧廟，奉祧主神位藏之。同時，又創皇考廟以祭祀明睿宗皇帝神位。到嘉靖二十四年（1545 年）時，新廟又恢復同堂異室之制，舉行祭祀。這既無昭穆，亦無世次，只序倫理。又立奉先殿於皇宮宮門內之東，與宮外太廟相配合，稱為內殿之祭，設有神位，經常祭告祖先。此外，明代還有帝后陵寢之祭的祭祖活動。祭祖日期歷朝雖屢有因革變更，但大體上仍循年祭（年節祭祀）、月祭（每月朔望日）、日祭（祖先誕辰、忌日）等祭祀禮儀。如洪武二年（1369 年）正月，明太祖「更定太廟時享，春以清明，夏以端午，秋以七月望日，冬以冬至」[122]。洪武八年（1375 年）十月，又定「陵寢朔望節序祭祀禮」，每歲元旦、清明、七月望、十月朔、冬夏二至日祭祀時「用大牢」，「伏臘社，每月朔望日」祭祀則用特羊祠祭。[123]進行祭祖活動時，有時皇帝親臨太廟主祭，有時遣官祭祀歷代帝后陵寢。祭祖禮儀極為繁冗，而且每次供奉的供品都極豐盛。

民間信仰與祀神話動　在明代民人的民間信仰中，除對祖先神靈的信仰與崇拜以外，尚包括有對萬物有神靈的信仰與崇拜、對宗教神靈的信仰與崇拜、對民

---

122 《明太祖實錄》卷三十八。
123 《明太祖實錄》卷一〇一。

間諸神靈的信仰與崇拜、對守護神靈的信仰與崇拜等內容，且由此派生出一系列的祭祀活動風俗與習尚。

萬物神靈信仰與祭祀。在中國古代和明代的民人心目中，皆視萬物為有神靈，且加以崇奉、信仰與祭祀，以期求達「天人相感應」，驅禍免災。在此類祭祀活動中，民人普遍多以自然界的天神、地神、日神、月神、雷神、電神（或稱雷公電母）、火神、水神、山神、河神、風神、雨神（或稱風伯雨師）、穀神、灶神等為供祭與祈祝對象。每當有災異（如旱災、水災、澇災、雹災、蝗災、蟲災、火災、震災）發生時，民人多普遍敬奉這些神靈，以求消除災患。明代民人對萬物神靈的祭祀活動，多在年節和節日時進行，尤以年節時最為集中、規模最大。如每年六月初，盛夏時節，為感戴天神、日神給人間的造化和對萬物的哺育，民間六月六日要過「天貺節」，且有祀神的節尚。

宗教神信仰與祭祀。明代在廣大漢族地區聚居的民間，民人對宗教神的信仰與祭祀，主要有對佛教寺院和道教宮觀諸神的祭祀活動。此外，每逢年節時，也要對宗教諸神進行專門的祭祀活動。在民間年節活動中，與祭佛拜神有關的年節則為「浴佛節」。雲南尋甸府每年四月初八日，「男婦入寺為浴佛會」[124]。該地另一個與佛教祭禮有關的年節是「蘭盆會」。每年的七月十五日，民人之家凡「有新喪者，皆赴各寺供獻，以技巧相尚，此好奢之極者也」[125]。在少數民族聚居地區，也有對其他宗教神靈（如伊斯蘭教、薩滿教等）的信仰與祭祀活動。

民間諸神、守護神信仰與祭祀。明代民人在民間年節和節日的活動中，對民間諸神（如財神、送子娘娘等）、守護神（如灶神、門神、四方神、城隍神）亦行祭祀，以祈求神佑，家國安泰。地處中原的河南許州民間，民人每屆正月初一，家家皆「具酒肴、寫桃符、繪門神，駕新年」；三月二十八日，「俗傳東嶽神誕，皆詣廟祭祝」；臘月二十三日，民間家家戶戶更有「祀灶」之習。[126]在少數民族聚居的地區，民人則用本民族的方式，祭祀諸神與保護神。例如，海南黎

---

124 嘉靖《尋甸府志》卷上。
125 嘉靖《尋甸府志》卷上。
126 嘉靖《許州志·典禮·風俗》。

人便有祭「灶鬼」的活動。由於火在明代黎人生活中占據極重要的地位，因此對火便由敬畏發展到崇拜，這種崇拜就集中、生動地體現在祭祀「灶鬼」的活動中，即認為任何跨過、敲擊或亂動用三塊石頭砌成的「品」字形的爐灶，都被認為是對「灶鬼」的冒犯，將會受到「灶鬼」的制裁，使人生病，後果將是不堪設想的。所以，每逢年節，對「灶鬼」均有一番隆重而虔敬的祭祀。[127]

三、傳統節日活動與地方風俗

每逢傳統的歲時令節，無論是宮中還是民間，都以自身特有的方式舉行慶賀活動，歡度節日。社會各階層是這一文化活動的主體，而帝后、官員等各級統治者的積極參與，「與民同樂同慶」，則賦予傳統的歲時節令以新的內容和生命活動。

明代宮中帝后與仕宦貴戚的年節娛樂文化活動，雖沒有民間年節娛樂文化活動豐富多彩，但因為他們是統治階級，是特權階層，所以他們的娛樂遊藝活動，除繼承傳統活動外，還融進了許多宗教、迷信色彩，在競技方面更帶有不少為政治服務的強權特色。當然，在這些活動的內容和形式方面，也吸收了民間年節遊藝娛樂活動的不少東西，但卻不及民間年節活動多樣、活潑。

據《明宮史》記載，元旦期間，宮內有燒香、放紙炮與「跌千金」的娛樂活動。所謂「跌千金」，就是將門檻或木杠在院裡拋擲三下。立春的前一日，順天府要在東直門上舉行「迎春」儀式，凡屬勳戚、內臣、達官、武士，都要赴春比賽跑馬，比較優劣。元宵節時，帝后勳戚內眷還要進行登樓賞燈玩看的娛樂活動，屆時宮中有精彩的雜技表演，即興時嬪妃們也做踢球的表演和遊戲。《明宮史》載稱，元宵節時，內臣宮眷都要穿燈景補子蟒衣。對元宵節宮中表演雜技的情景，現保存於中國歷史博物館的《明憲宗行樂圖》，有形象、生動與藝術的再

---

127 邢玉英：《黎族》，北京，民族出版社，1990。

現。據考證，這是明成化二十一年（1485 年）的一次宮廷演出，表演項目是雜技。臺階前，有一童子站在另一人肩上，二人彎著腰，面向大殿，似係打躬作揖。左面不遠處有張桌子，上面放著類似罩子一類的東西，有一人正在表演「戲法」。此外，在明代宮內，有時暑天白畫，也表演水傀儡戲，供帝后及王公等觀賞娛樂，以烘托出宮中歡快氣氛。

明代民間的年節活動內容豐富，形式多樣，生動活潑而富有旺盛的生命力。

正月初一日「元旦」，明代民間既是祭神、慶豐收、迎來歲的節日，又是一個娛樂文化活動最為豐富多彩的年節。屆時，全國各地民間都有相應的娛樂文化活動，其中以放鞭炮、舞獅子、耍龍燈、逛花市以及各項雜技舞蹈、室內外遊藝等傳統專案為其主要內容。元宵節的民間遊藝娛樂活動主要有鬧花燈、猜燈謎和其他各種文化活動，如百戲、舞龍、舞獅、踩高蹺、踢球、跑旱船、跳火、打陀螺、剪紙及其他百戲活動。三月清明節時，民間更有它獨具特色的遊藝娛樂活動，如有作為豐富民人生活的郊外春遊踏青；有作為表示吉祥的折柳插門；有作為體育鍛煉強身健體的打球、蹴鞠、蕩秋千、放風箏、鬥禽等活動。在這些遊藝娛樂活動中，踏青春遊，古時叫探春、尋春等。龍舟競渡與鬥草是端午節的主要遊藝娛樂活動。每逢七月十五日中元節，又可看到北京人放河燈的夜色景象。重陽節正是秋高氣爽之時，也是進行秋季娛樂活動的大好時光。明代民人重陽節的主要娛樂活動就是登高、賞菊、放風箏。冬至節民間的娛樂活動以冰上遊戲為主。而每年除夕之夜，民間民人闔家點燈熬夜，辭舊歲，迎新年。「守歲」時，也要舉行許多節日慶祝活動與娛樂活動。一方面是有豐富的飲食，如吃年糕、水餃、吃瓜果、飲酒等；另一方面進行各種遊戲，由於是夜晚，除夕時的遊戲多在室內，主要有擲骰子、玩梭哈、小兒謠、打麻將、推牌九、升官圖、玩陀螺、小兒騎竹馬、老鷹抓小雞、打滑達，等等。這些遊戲因地因俗也有不同，融進了許多地方的特點。

可以看出，明代民間年節的遊藝娛樂活動，較之以往呈現出許多特點：一是各種文化遊藝娛樂活動既基本繼承古老的傳統，又有時代發展特色，融進了許多新的內容，使內容變得更加充實，更加豐富。二是與宮廷帝王的年節娛樂活動相

比，不僅內容更加豐富多彩，而且形式也更多樣，更加生動活潑，不拘一格，是真正名副其實的文化娛樂活動。

第四節 ·
明前後期
社會風尚的變化

明太祖朱元璋通過嚴刑峻法和重建統治秩序的諸措施，使其創建的明朝在某種程度上實現了「貴賤之別，望而知之」[128]的生活模式，臣民恪守禮制，遵守「畫一之法」。民安樂業，質樸無華是當時社會風俗的顯著特徵。但正德以後，在僭越禮制、尚奢侈靡、「不以分制，而以財制」風氣的沖決下，使明初那種循規蹈矩、敦本尚樸、重熙累洽的社會俗尚，變得蕩然無存。人們的衣、食、住、行、婚嫁喪葬、官場風尚、士人風尚無不隨之發生巨大的變化。

一、明初的尚樸風氣

明代直到成化、弘治年間，社會風俗還是淳樸敦本，遵制循規，安守本分，貴賤尊卑有別，這反映在社會生活的各個方面。王維楨《贈督學李大夫序》稱，弘治年間，「天子以醇樸為教」，「下化所及，士子無靡業」，社會上亦無贗儒。[129]

---

128 葉夢珠：《閱世編》卷八。
129 《王槐野先生存笥稿》卷二。

《博平縣志》卷四《人道·民風解》說嘉靖以前，「鄉社村保中無酒肆，亦無遊民。……畏刑罰，怯官府，竊鐵攘雞不訟，不見於公庭。」河南夏邑縣俗有忠義之風，重禮義，勤耕織，「民俗淳厚，勤而好禮，處家節儉」，「人尚齒序，禮先官長，婚姻略財，喪祭如制，重本而輕末，賤釋而貴儒士，絕市肆之飲，民樂賦役之輸」[130]。山東素以文化禮儀著稱，明初濟南府的社會風尚是「人尚忠勇，家業農桑，風俗淳厚」，「號為易治」，「誠謂無黨」。袞州府地方人務耕桑，朴而不華，有古之風趣；俗尚清虛，人無爭鬥。東昌府是「俗近敦厚，家知禮遜，習俗節儉，人多讀書，士風彬彬，賢良宏博」，「其民樸厚，好稼穡，務蠶織」。夏津縣「民務耕稼，士習詩書，節儉之風，自古而存，浮華之俗，逮今而革」，「士風龐厚」。

山西東處太行，西接黃河，北及大漠，素稱用武之地，距京師僅數百里，實其右臂。《詩·唐風》傳：山西「土瘠民貧，勤儉質樸，憂深思遠，有堯之遺風」。杜佑《通典》：「山西土瘠，其人勤儉。而河東魏晉以降，文學盛行，閭井之間，習於程法。並州近狄俗，尚武藝。」《隋志》：「人物殷阜，然不甚機巧，其於三聖遺風尚未盡漸滅。」至明代前期，依然是民風淳樸，勤儉不華，力田務實，男耕女織，因北臨邊塞，民尚習武。明代山西領五府三直隸州、十六府屬州七十八縣，明初五府三直隸州的民俗風尚的基本狀況，是「其風勤儉，不好詞訟」[131]。至於五府三直隸州所轄州縣的風尚，張正明先生在《明中葉以來山西民風的變化》一文中，據成化《山西通志》卷二所載，歸納為以下十六種類型，稱民風剛勁直魯之州縣有十三個，民風淳樸之州縣有五十二個，民風盡力耕織之州縣有七十四個，民風勤儉之縣有七十二個，崇尚文學之州縣有二十個，知禮講義之州縣有十六個，少文學之州縣十三個，不通商賈和少商之州縣十二個，不好詞訟之州縣七個，好詞訟之州縣四個，好狩獵之縣一個，通商賈或趨鹽利之縣四個，好蓄積之州縣五個，少織紝之州縣三個，好祀鬼神之州縣二個，尚豪侈之州縣一個。由此可見，明前期的山西仍是一個男耕女織、節儉淳樸的自然經濟結構

---

130 參見嘉靖《夏邑縣志·地理志·風俗》。
131 嘉靖《太原府志》卷九，引《大明一統志》。

較為穩固的社會區域。

　　湖南嶽州府地方，隆慶時「人性悍直，士尚義，居山野者，力耕桑；近水濱者，業網罟，俗尚淳樸，不事華靡」。府屬巴陵縣舊稱「衝要」，「土瘠，民勞苦，儉嗇，男子力耕，婦人蠶桑，不知商賈之業類，輸貲補胥吏，率克自樹，間為美官。若士夫裡居，則弗涉郡縣，弗廣置田園。惟湖鄉多北人，言語氣質，仍其本俗。其城陵逐末地邇，亦有儒風。《清異錄》巴陵陳氏累世孝謹，鄉里以慈鴉目之，謂鴉反哺也。」萬曆以前，慈利縣民「俗尚願樸，民以佃獵漁罟為生，而無外慕，衣服儉素，無絲紵文綺。至大家子弟，亦不敢服華衣以見人，賦性悍直，有小忿，則悻悻難忍，然類多為身家計，不至輕訟以蕩產。士亦知談理道，習攻文辭，恥奔競，彬彬可觀，而科目寥然無聞，豈非其風氣之未亨與！」婚娶不計資送，「雖饑寒，迄不敢萌盜心。女已出醮，猶服三年喪，於父母，非有賓祭大事，不特殺雞鵝，有三代願厚之風焉。」[132]湖北黃州府，明弘治時的民俗是「畋俗富庶」，「樂於為儒」，「獄訟稀少」，「其民寡求而不爭」，「其士樸而不陋」。江西建昌府，「天順景泰以前，男子窄簷高帽，衣腰中，裾幅周身，袖曲肱而已。婦女平髻，衫制古樸。婚後以長衣。」[133]四川洪雅縣的風俗，是家有禮法，戶有詩書；俗厚而人勤稼穡；俗尚儒雅，里多仁厚。洪雅縣雖「介蜀西南，號稱僻壤」，但「民業農桑，不嫻商販，往附夾江，地里曠逖，讀書者才什二三。成化壬寅（十八年，1482 年）復自為縣，文學始稍稍盛然。初其淳厚，少長有禮，周急恤病，惟恐弗及。村落之民，有白首不見官府者。」[134]在江蘇江陰地方，「國初時，民居尚儉樸，三間五架制甚狹小，服布素，老者穿紫花布長衫，戴平頭巾，少者出遊於市，見一華人，怪而嘩之。燕會八簋，四人合坐為一席，折簡不盈幅。」[135]震澤「邑在國初風尚誠樸，非世家不架高堂，衣飾器皿不敢奢侈，若小民咸以茅為屋，裙布荊釵而已。……其嫁娶止以銀為飾，外衣亦止

---

132 萬曆《慈利縣志・習尚》。
133 正德《建昌府志・風俗》。
134 嘉靖《洪雅縣志・風俗》。
135 嘉靖《江陰縣志・風俗記》。

用絹。」[136]福建永安縣，明初「值亂極思治之日，民則敦本而尚樸，士則篤行而重恥，婦女則勤紡織而為事」[137]。建陽縣「國初俗醇質茂，都人士斤斤自好，後進遇長者逡退讓，不敢以賢智自多。知恥少於諮，敬師而崇禮，不為刻薄之行。……民俗質厚，宗族比閭之間，由由於於，患難相維持，緩急相倚賴，居然古樸之風。」[138]其他地方也都大同小異。

二、明中後期的競奢風氣

在明代中葉以後，由於商品經濟的發展和貨幣的誘惑，人們價值觀念的轉變，社會各階層都程度不同地出現了「錙銖共競」、拜金主義的風氣。江南商品經濟繁榮的蘇州，「洞庭之民，鮮務農耕，多商於遠」，滸墅關一帶，「人競錐刀，逐驅儈仰機利而食」[139]。浙江寧紹民人，「競商販錐刀之利」[140]。福建福州「閭巷少年仰機利，泛溟渤危身取給，不避刀鋸之誅」[141]。山東博平縣「逐末遊食，相率成風」[142]。濟寧也是「多商賈，民競刀錐，趨末者眾」[143]。湖北的京山，「自後密邇郡邑，車馬繁會，五雜奇巧之選，遞相慕尚，加之商賈負販，坐食富厚，百工技藝，雜然並集，蓋在丙午（1546年）、丁未（1547年）之間，縣之風俗又一變也」[144]。河北南宮「多去本就末，以商賈負販為利」[145]，槁城「民酷經營，而逐末計利之風熾」[146]。山西汾州，「民率逐於末作，走利如鶩」[147]，臨

---

136 乾隆《震澤縣志‧風俗序》。
137 萬曆《永安縣志‧風俗》。
138 萬曆《建陽縣志‧風俗》。
139 申時行：《賜閒堂集‧滸墅關修堤記》。
140 顧炎武：《肇域志‧浙江》。
141 萬曆《福州府志‧土風》。
142 道光《博平縣志‧民風解》。
143 道光《濟寧府志‧風土》引明志。
144 《古今圖書集成‧職方典‧安陸府部》。
145 嘉靖《南宮縣志》卷一。
146 嘉靖《槁城縣志》卷一。
147 萬曆《汾州府志‧風俗》。

縣民「勤於商賈，勇於商賈」[148]。這種「本末倒置」、追逐錢貨的急功近利的社會風氣，促使大量商人、手工業者煞費心機、不擇手段地追求營利暴富，也導致農村出現棄農經商的傾向，本來就存在的城鄉、農工差距拉大，潛伏的社會問題日趨複雜顯露，時人林希元說：「今天下之民，從事於商賈技藝，遊手者十而五六。」[149]嘉靖時何良俊也頗有感慨地說：「余謂正德以前，百姓十一在官，十九在田，蓋因四民各有定業，百姓安於農田，無有他志。官府亦驅之就農，不加煩擾，故家家豐足，人樂於為農。自四五十年來，賦稅日增，徭役日重，民命不堪，遂皆遷業。昔鄉官家人，亦不甚多，今去農而為鄉官家人者已十倍於前矣。昔日官府之人有限，今去農而蠶食於官府者五倍於前矣。昔日逐末之人尚少，今去農而改業為工商者三倍於前矣。昔日原無遊手之人，今去農而遊手趁食者又十之二三矣。大抵以十分百姓言之，已六七分去農。」[150]時人咸謂：「弘治時，世臣富；正德時，內臣富；嘉靖時，南賈富；隆、萬時，遊俠富。然流寓盛，土著貧矣。」[151]

「土田不重，操貲交接，起落不常。」「末富居多，本富益少」[152]，已成為明代商品經濟較為發達地區共有的事象。如江南儀真縣，「地充貨集，商旅並集，故其民操贏算者販賣，握籌者駔儈，土曠而殖貨，罔事農業」[153]。陝西一帶，更是「民多商賈……勸令買地耕種，多以為累，思欲轉移令務本輕末，其道良難」[154]。徽州「田價日低，而本富日少也。商則即本鄉者少，而走外鄉者多，小者雄一集，大者甲兩河。」[155]至明末清初，浙江衢州的「富人無不起於商者，於是人爭馳騖奔走，競習為商。而商日益眾，亦日益饒，近則黨里之間，賓朋之際，街談巷議，無非權子母。」[156]正是由於商人在明中後期的商品流通領域和社

---

148 崇禎《山西通志》卷二十九。
149 林希元：《林次崖先生文集》卷二。
150 參見何良俊：《四友齋叢說摘抄》。
151 孫之騄：《二申野錄》卷四。
152 顧炎武：《天下郡國利病書》卷三十二。
153 光緒《儀真縣志・風俗》引嘉靖舊志。
154 《陝西通志・風俗》。
155 萬曆《歙志・風土》。
156 康熙《西安縣志・風俗》引舊志。

會生活中充當著重要角色，所以商人在時人眼中的形象大為改觀，其社會地位日趨上升，出現了為商人「扶正」的呼聲。傳統封建社會的倫理標準，在晚明世俗社會中已經開始傾斜。一些發跡的商人，成了部分人的理想形象。

社會從上到下皆相逐利，「熙熙攘攘為利來」，所以錢在人們觀念中成了崇拜的偶像，對金錢的欲望頃刻之間成了社會的強心劑。伴隨拜金主義思潮的騰空而起，人們的道德準則也突破了禮教綱常的限制，而有了新的社會道德標準。在人際交往關係中，錢也成了「萬能膠」，「年紀不論大與小，衣衫整齊便為尊」。即使是地主士紳，名望再高，無錢照樣受人冷落。地主官紳無不競相追逐金錢，營私枉法。許多官僚竟寡廉鮮恥，把仕途作為權錢交易的籌碼，公然漁利。

金錢的神奇魔力，也使傳統的道德觀念受到了猛烈的衝擊，正常的統治秩序被打亂，各種不法並作，使社會動盪不安，機械相爭，強凌弱，眾暴寡，爭訟、健訟、械鬥、賭博之風大盛，各種黑社會勢力活動頻繁。民不思安，綱常人倫，難辨曲直。本是長幼有序、尊卑分明的等級規定關係，如今是「比族忌嫉，富貴貧賤，上下欺虐」。過去「卑幼尊長，道傍拱讓先履，今冠人財主，駕車乘馬，揚揚過閭里；芻牧小奚，見仕官輒指呼姓名無忌憚，貴賤皆越矣」。甚至連父子兄弟之間也寡恩刻薄，缺乏情誼。尤其值得注意的是，許多以往社會地位十分低下的、被統治者視為三教九流賤籍的娼優僕隸子弟，不僅通過營利弄錢提高了自身的經濟地位，身價倍增，甚至混跡於士紳之列，不斷施加其影響。伴隨社會階級構成的分化和新的組合，「下凌上，少侮長」，使封建等級制度遇到了前所未有的挑戰。管志道在《從先維俗議》中指出：嘉靖萬曆之世，「少可以凌長，則賤亦可以凌貴，於是未婚未冠之弱子，稍有文名，便分先達之席，不士不農之俠客，一聯詩社，即躋大人之班，而異途亦且攘臂焉。以為下流既可混於上流，則雜流豈不可混於正流也」，因而「民間之卑脅尊，少凌長，後生侮前輩，奴婢叛家長之變態百出」。在福建的沙縣，「庚申、辛酉（1560-1561 年）之後，干戈倥傯，竟以機械為名高，吞噬搶攘，恣以漁獵為厚利。鑿齒之徒，傷鼓吻而爭之錐刀之微，狺狺相搏，民之無良不特但儈已也，而小民為甚。故賤至於妨貴，少至於凌長，小至於加大。……甚至強奴悍卒，得以劫其主君，不才子姓，得以挾其父老。訟獄煩滋，告訐剟起，異方逋逃之民，又從指木教猱而升之，而世胄保家

之主，惴惴然顧成業如捧盤水，尚敢出一息與之角哉？……嗚呼！至無等也，至迫上也，可勝言哉。」[157]這從一個側面透露，晚明確實是一個「天崩地裂」的時代，所有的一切都處在變動之中。

三、明中後期的官場風尚與士人風尚

明代官場風尚與士人風尚，隨著社會風尚的變化，前後期也呈現出迥然不同的演變軌跡，並給予政風、民風以巨大的影響。元朝末年，法度日弛，綱紀不振，追逐個人的經濟利益和眼前利益，貪贓枉法，苟且因循，是統治階層的社會心理特徵。內外諸官皆安於苟且，不修職事。明初「有司承風，上下賄賂，公行如市，蕩然無復紀綱」[158]，這是導致官場貪墨之風沉渣泛起的直接原因。有鑒於此，明太祖運用法外用刑手段嚴厲整肅，從而使這種不良的社會心理在一定程度上受到壓制和收斂。於是官場恐怖，為官如履薄冰，唯上是尊、謹慎政事、明哲保身成了統治階層的社會心理特徵。史料描述當時的情景時，曾云：「京官每旦入朝，必與妻子訣，及暮無事，則相慶以為又活一日。」[159]不但京官伴君如有「伴虎」之懼，而且外官也是如此，「郡縣之官雖居窮山絕塞之地，去京師萬餘里外，皆悚心震膽，為神明臨其庭，不敢少肆」[160]。絲毫未有「天高皇帝遠」的愜意遊閑，而是如臨深淵，高度緊張，不敢有大意懈怠。明初的矯枉過正，使統治階層出現了兩個極端的社會心理傾斜，潛伏著新的矛盾和危機，但客觀上卻孕育了封建官僚體系良性運轉的社會效果。官吏在高壓鉗制下，不得不注重政治利益和封建體制的整體利益，抑制私欲，約己謹慎，為政效率提高，務實求治，奮發向上，漸成官場的主導風尚。

明太祖自幼飽經滄桑，歷盡磨難，深知物力艱難，生活較為樸素，注重節

---

157 康熙《沙縣志・方輿・風俗》引舊志。
158 葉子奇：《草木子・雜俎篇》。
159 趙翼：《廿二史札記・明祖晚年去嚴刑》。
160 方孝孺：《遜志齋集・送祝彥芳致仕還家序》。

儉，並以此經常訓導臣下。洪武十年（1377 年）他曾對侍臣說：「人主嗜好所繫甚重，躬行節儉，足以養性，崇尚侈靡，必至喪德。朕常念昔居淮右，頻年饑饉，艱於衣食，鮮能如意。今富有四海，何求不遂？何欲不得？然檢制其心，惟恐驕盈，不可復制。」「故凡有興作，必量度再三，不獲已而復為之，為之未嘗過度。宮壼之間，皇后後變能儉以率下，躬服浣濯之衣，皆非故為矯飾，實恐暴殄天物，剝傷民財，不敢不謹。」侍臣對曰：「奢侈者常情同欲，節儉者富貴所難。陛下安行節儉，無所勉強，誠宜為萬事子孫之法。」上曰：「節儉二字，非徒治天下者當守，治家者亦宜守之。爾等歲祿有限，而日用無窮，費或過度，何從為集？侵牟剝削皆源於此，須體朕懷，共崇節儉，庶幾無悔。」[161]為君者如此，為臣者也大多能夠節儉保身，克制私欲，使物質享受保持一定的適度。六部尚書吳琳致仕回故里黃岡，「帝嘗遣使察之，使者潛到至旁，一農人坐小杌，起拔稻苗布田，貌甚端謹。使者前曰：『此有吳尚書者，在否？』農人斂手對曰：『琳是也。』使者見狀聞，帝為嘉歎。」[162]京官上朝辦公，多步行，地方官到任亦多無馬，或假借於人，或乘驢。明太祖認為這有失為官馭民的體統，才賜有司官馬，以備官用。在洪武二十二年（1389 年）的諭中稱：「布、按二司官，方面重臣，府、州、縣官，民之師帥，跨驢出入，非所以示民，或假馬部民，因被浸潤，不能舉職，甚乖治體。其官為市馬，司二十匹，府半之，州、縣又半之。」[163]交通狀況和待遇才有所改善，由此也可見當時地方官興從簡樸。明太祖對犯有貪賄的官吏殘酷鎮壓，絕不寬貸，一般的官吏大都不敢以逐利敲詐為常，士大夫亦多不置巨產，即使當了高官，家產也只如寒士。為官貪墨而又汲汲營私產者，往往為士論所不容，《閩小記》記明初福建的士紳風氣時說：「閩中鄉先生，素重清議。永樂乙未（1415 年）會元洪公英，以都御史還家，有十抬，士紳疑皆輜重也，相戒不與通。公後知之，微笑，令取幾案，盡開諸笥，乃圖籍耳。於是出圖籍案上，置十抬空杠於案下。時屋淺狹，門外人咸共窺探，士紳方往來如初。嗟夫！以此觀之，彼日不但洪公一人清公，閩郡風尚可知矣。」[164]這是明初政風

---

161 《明太祖實錄》卷一一六。
162 《明史·吳琳傳》。
163 鄭曉：《今言》卷一。
164 周亮工：《閩小記·洪都御史》。

與士風的大概情形。

　　但是到了明中後期，隨著商品經濟的發達，政治腐敗，宦官干政，政爭紛起，朋黨傾軋，法制日弛，官吏不為政務，唯以享樂縱欲、沽名釣譽為榮，政風大敗，江河日下。士人「好詐」、「好進」、「好亂」風氣的出現，揭開了士風突變的序幕。所以《明史》記載：「明太祖懲元季吏治縱弛，民生凋敝，重繩貪吏，置之嚴典。府州縣吏來朝，陛詞諭曰：『天下新定，百姓財力俱困，如鳥初飛，木初植，勿拔其羽，勿撼其根。然惟廉者能約己而愛人，貪者必胺人以肥己，爾等戒之。』洪武五年（1372年）下詔有司考課，首學校、農桑諸實政。日照知縣馬亮善督運，無課農興士效，立命黜之。一時守令畏法，潔己愛民，以當上指，吏治煥然丕變矣。下逮仁、宣，撫循休息，民人安樂，吏治澄清者百餘年。英、武之際，內外多故，而民心無土崩瓦解之虞者，亦由吏鮮貪殘，故禍亂易弭也。嘉、隆以後，資格既重甲科，縣令多以廉卓被征，梯取臺省，而龔、黃之治，或未之覯焉。神宗末年，徵發頻仍，礦稅四出，海內騷然煩費，郡縣不克修舉厥職。而廟堂考課，一切以虛文從事，不復加意循良之選，吏治既以日媮，民生由由之益蹙。仁、宣之盛，邈乎不可複追，而太祖之法蔑如矣。」[165]當時從朝中的內閣首輔到民間的縉紳士子，無不以貪墨、享樂為能事。如明代的夏言「久貴用事，家富厚，高甍雕題，廣囿曲池之勝，媵侍便辟及音聲八部，皆選服御，膳羞如王公」[166]。萬曆初年，張居正奉旨歸葬，「所經由藩臬守巡迓而跪者，十之五六。居正意未慊，檄使持庭參吏部尚書禮，至是無不長跪者。臺使越界趨迎畢，即身為前驅，約束吏卒，干阰飩廚。使居正所坐步輿，則真定守錢普所創，前重軒，後寢室，以便偃息，旁翼兩廡，各一童子立，而左右侍為揮箑炷香，凡用卒三十二昇之。始所過州邑郵，牙盤上食，水陸過百品，居正猶以為無下箸處。而普無錫人，獨能為吳饌，居正甘之，曰：『吾至此僅得一飽耳』。此語聞，於是吳中之善為庖者，招募殆盡，皆得善價以歸。」祭酒陳瓚，家東洞庭，資累巨萬。「造房，廳事擬於宮殿。闢在園，廣百畝，累石或山，極其巍

---

165 《明史‧循吏傳》。
166 焦竑：《玉堂叢語‧汰侈》。

峨。」[167] 此類情況，不勝枚舉。明代中後期政風，「不特地方有司私派橫徵，民不堪命，而縉紳居鄉者，亦多倚勢恃強，視細民為弱肉，上下相護，民無所控訴也」[168]。這與明前期的政風形成天壤之別，其弊其害可想而知。

由於政風日敗，明代中後期的士風亦如同江河日下，衰敗不堪，一改明初務實、向上奮進之勢。如嘉靖、萬曆時人于慎行描述當時士大夫的士風時說：「近世士大夫有四字寶訣，自謂救時良方，不知其乃膏肓之疾也；進退人才用『調停』二字，區畫政機用『作用』二字，此非聖賢之教也。夫賢則進，否則舍，何暇調停？政可則行，不可則止，何煩作用？君子以調停為名，而小人之朋比者托焉；君子以作用為才，而小人之彌縫者借焉。四字不除，太平不可興也。」[169]《明史‧文苑傳二》稱：吳中自祝允明、唐寅輩，「以放蕩不羈，為世所指目。而才情輕豔，傾動流輩，傳說增益而附麗之，往往出名教外。」「上下相慧，新與舊相悖，少年與長輩相持」[170]，更成為晚明士大夫普遍的風氣。他們對功名富貴的追逐，表現出了前所未有的狂熱。戲劇家孫鐘齡創作的《東郭記》，為世人描繪了名利熏心的儒林眾生相，堪稱當時士大夫的生動寫照。所以蘇州府的張漢儒在時政《奏疏》中，曾將當時的士習斥為一害。他說：「朝廷崇儒養士，豈欲俯首從人。今士習之壞於吳下也甚矣。如靜養好修者勿論；獨有一等輕狂惡少，如錢斗、邵霖、顧茂明、馮舒、朱鑣等，依恃（錢）謙益、（瞿）式耜，或門生，或親族，或門干，名借復社，勢倚東林，藉口可殺不可辱，一夫填膺，群呼爭赴；一事啟釁，眾怒強梁。或供私事洩憤，托各公呈，擁擠縣堂，號為義舉；或借同袍為名，指稱義憤，嚷鬧登門，吒為快事，即官府亦莫可誰何。儒問提舉每設三等簿，州縣止以奉行為故事。查行劣，止以病老曠學塞責；選德行，輒以平日鑽刺填報。即如瞿謙先年毀傷楊縣丞，縣丞泣訴縣官，而式耜則認為族弟；謙益則認為門生，把持而不敢問。橫行如是，真可為痛哭流涕者，此學宮之蠹，

167 潘永因：《續書堂明稗類鈔》卷十，引《涇林續記》。
168 趙翼：《廿二史札記‧明鄉官虐民之害》。
169 于慎行：《穀山筆塵‧璅言》。
170 葉向高：《蒼霞草‧應天府鄉試後序》。

可斬也。」[171]此論鞭辟入裡，誠為灼見。

四、明中後期的民間風尚

明代中後期，民間風尚的變化是較普遍的，表現出與初期相異的時代發展風貌。由於商品經濟發展水準不平衡以及各地自然地理條件的限制，各地民間衣食住行婚喪等社會風尚的變化，呈現出或快或緩，局部或全部鼎新的差異或特點。河南光山縣，嘉靖時期的風尚是「富勢者，易漁眾；吏皂之憑藉者，易漁弱」，「居市井者，多誇侈；居山野者，多粗鄙」。「近歲民漸澆漓，習尚之不美，亦間有之。」[172]歸德地區，嘉靖時民間「奢靡漸熾，遊惰間出。重名節，敦道義，君子所長。健訟半鬥，禮教細民之短。」[173]。嘉靖時期，許州地區民間風尚的變化結果是百姓「輕財縱奢，不知預防，百頃之家，無三年之蓄。一有旱荒，輕去其土」，流亡漂泊。[174]

山西地區，明中期以後，民間風尚的變化也是較為顯著的。據崇禎《山西通志》卷二十九記載，太原「省會男子不務蓄積，數金之家盡燴耀服飾之間，婦人盡白髻而妖服，不蠶不織……遇賽會則男婦並肩而駢集……而競裝賽會，而崇侈，物力耗矣」。太谷地區「尚金好訟，鬥麗誇多」。文水縣「士膏氣秀而豐於財，性悍情乖而喜於訟」。太平縣「男力畝，女務織紡，佶鬼神，喜祭賽，婚論財禮，喪用浮奢」。臨晉縣「近好訟，婚姻論財」。解州民人「遊惰好訟，婚娶論財」。絳州「好蓄積，近入於奢」。大同府「雖涉荒郊，商旅輻輳，此浮靡相炫耀」。總之，山西民間風尚的變遷，正如顧炎武所論：「國初，民無他嗜，崇尚簡質，中產之家，猶躬薪水之役。……後則靡然向奢，以儉為鄙。」「奢靡之

171 張漢儒：《疏稿》，轉引自謝國楨：《明代社會經濟史料選編》下冊，364 頁，福州，福建人民出版社，1981。
172 嘉靖《光山縣志·風俗》。
173 嘉靖《歸德志·風俗》
174 嘉靖《許州志·典禮·風俗》。

風，乃比於東南。」[175]

山東《萊蕪縣志》記載當地明初「土地廣厚，民性敦質，弘治、正德間風漸偷譎，剛愎，習訟者往往有之。先是任縣者，悉遏渠魁，邇來民頗服化，刁風漸息，重崇信禮，而俗稱長厚云」[176]。嘉靖四川《洪雅縣志》描述該地風尚時云：「後漸習侈靡，喜譎詐，少淩長，卑淩尊，富者挾貲射利，黠者持人短長，亦或造飛語以訐陰私，乃弱肉強食則往往而是，文初雖彬彬可觀，而古意泯矣。六鄉之習亦各不同，洪川則多貨木器，安寧則多造舟賃載，能操之以歷三峽之險；義和則多賣蔬，雖業儒者眾，而健訟者恆什九；保安則多鬻薪炭，樂輸賦稅；中保則多入林箐，取材木貨於營室者；中保之有花溪，則富庶甲於四境；而洪川保安間多椎剽為奸。其服飾舊多樸素，近則婦女為豔妝，髻尚挺心。兩袖廣長，形幾曳地，男子則士冠方巾，餘為瓦棱帽。其女工則緝麻紡綿繰絲以為布絹，然甚粗惡。正德以前，猶有自理機杼者；正德以後，皆用機匠矣。其子婿，則成化以前多入贅，分財產謂之承戶婿，亦云養老婿，故版籍中，一戶有至四五姓者。成化以後，此風始息。」江西永豐縣嘉靖時的風俗是「今不以分制，而以財制，侈富逾節奢，亦既多矣。先是燕會，果肴以四色至五色而止，果取諸土產，肴用家畜，所宜聊且具數而已。於是遇節慶，遠親、鄉鄰無弗會者。今一會或費數十金，為品至數十，剪綵日食之華，實效京師，恥弗稱者，率自擯焉。而婚族疏邈，如途人者有矣。噫！奢侈僭甚而犯禮多，渾樸消而股富替，豈惟信哉！觀俗者可以感矣。」[177]九江府德安縣的風尚，「婚姻論財，鄉市之民俱健訟。舉葬娛屍作佛事」。瑞昌縣「山險，俗訐，信巫，好祀」，「洪上洪下之民可以足兵，惟健鬥、殺人，不畏法律」[178]。建昌府「成化間男飾，或蓮子帽、桃尖帽、平頂帽，寬衣大袖，或腰及於膝，或近於胸，咸非中制。近時稍稍復古而侈，婦飾僭擬，妃嬪、娼優、隸卒之婦，亦有黃金橫帶者，俗之敝也，斯為甚。先時燕會，果肴用大器，多不過五品，謂之聚盤。後用小盤，至數十品，謂之簇盤。近時仿

175 顧炎武：《肇域志·山西》。
176 參見嘉靖《萊蕪縣志·政教第五·風俗》。
177 嘉靖《永豐縣志·風俗》。
178 嘉靖《九江府志·風俗》。

京師，雜陳奇品，亦既汰矣。噫！服食之變，可以觀俗也。」[179]

湖南衡州府屬各縣民間習尚的變遷亦令人注目。如衡陽地方「衛邑雜處，武弁之家，世享厚祿，以飲食、宮室、器用、僕馬相高，邑人化之，漸流於侈」。「鄉村地有遺利，民有餘力」，因為「惰蟲」不勤事稼穡，「衣食多窘」。衡山縣「近俗客戶漸多，主俗頗變，健訟之風，近年駸長」。耒陽縣「比年以來，登壟逐末，黜素崇華，雖僕隸賣傭亦軒然，以侈靡爭雄長，往往僭禮逾分，無所忌憚」。常寧縣「客戶間主軍民相雜，耳濡目染，以訟為能，環坐聚談，多及訟事」。酃縣的風尚是「文子兄弟，刁錐之利亦事競爭，童子發蒙遽習訟訟」[180]。在福建惠安縣地方，「弘治前，風雨時若，歲頻有秋，其時官吏亦奉法遵職，與民相安無事，故俗號稱近古。自正德初，某人以苛刻為政，剝膚敲骨者，六年加之，屢有水旱之災，民窮譎詐漸生，風俗方為之一變。」

從文獻記載看，在商品經濟最為發達的江浙地區，民間風尚的變化最烈最繁，涉及社會生活的各個方面。如浙江新昌縣，「舊族故家有祖遺田宅，至數百年不易主者，然兄弟好異財別籍，尚好鬥健訟，輕生吝財。而近時賭博、搶火之風，任俠濤張之習，抑尤盛焉。稍有仇怨，即相與出感言，或興謠，或造謗黏於牆，置於竹桶暗投官司者，不可禁也。」[181]崇禎《松江府志》專設「俗變」一節，分門別類對崇禎時期松江府的鄉飲、婚娶、喪祭、贈賄、賓宴、冠髻、服飾、履襪、織繡、布縷、染色、几案、輿蓋、舟楫、室廬、園林、迎送、緹帙、楮素、巫醫方外、優劇、聲妓、僮僕之變等各個方面所發生的巨變，作出了詳盡入微的描述和分析。

---

179 正德《建昌府志・風俗》。
180 嘉靖《衡州府志・風俗》。
181 萬曆《新昌縣志・風俗志》。

五、明人移風易俗的努力與實踐

　　對於明中後期社會風尚的突變，明朝君臣以及士大夫們都十分擔憂。他們從維護封建秩序和國家的長治久安考慮，力圖通過禁奢和移風易俗，使社會風尚重新恢復到過去的狀態。從文獻記載看，明朝的為政者不僅提出了他們的理論，在中原漢族地區有具體的實踐，而且也試圖在社會風俗較為落後的少數民族地區進行移風易俗的努力。如李樂在《見聞什記》中，曾對江南地區愈趨浮華、奢靡的風尚，憂心忡忡地說：「厭常喜新，去樸從豔，天下第一件不好事。此在富貴中人之家，且猶不可，況下此而賤役多年，分止衣布食蔬者乎？余鄉二三百里內，自丁酉至丁未年（1537-1547 年），若輩皆好穿絲綢、縐紗、湘羅，且色染大類婦人，余每見驚心駭目，必歎曰：此亂象也。」嘉靖河南《長垣縣志》說，該地民俗「好勇使氣，人多健訟，是固然矣。今每一放告詞狀，曾不多紙，而百姓日安於無訟者，何哉！良以杜侯塞告訐為之所也。夫民雖至愚，然示之以誠則誠，示之以偽則偽，孰謂斯民非三代之民哉！顧上之所以倡之者何如耳！然則有長民之責者，可不深長思乎！」「風俗治之大端也，儉而率，民政之大要也。邑之舊俗，乃稱喜豪奢而病儉嗇，吾恐其失淳雅也。是在有道者，操其機，而鼓之舞之，久必有沛然者矣。」崇禎《山西通志》稱：「山西厥土磽瘠，故民多貧厥，俗尚勤儉，故用僅足。今地理所出不逮曩者，而侈靡更熾，將何以為繼耶？」明人周永春說：「竊聞沃土之民淫淫則忘善，瘠土之民勞勞則思善，今民不知勞勞而淫淫，心舍力奢溢潛差，俗敝矣。」[182] 萬曆年間汾陽知府趙喬年，在《風俗利弊說》一文中稱：「志稱民性淳厚，俗尚勤儉，好義敦信，豈非陶唐氏之遺風猶未泯歟？惟是宗室繁衍，漸流怙移，民間效尤，競務奢靡，建淫祠，崇鬼事，媒蘖不經之費動千百計，財匱而俗亦敝矣。」為政者認為「侈心一開，漸就披靡，俗使然也。返薄還淳，標儉樸，是有望於維風者」。萬曆《汾州府志》稱：「挽奢歸檢，在司世教者，身先之而已。」萬曆時任陽曲知縣的周永春曾組織文人編撰《復古指南》，「取儀禮諸書互相參證……自冠禮以至交際凡十款，明白簡易，

---

182 崇禎《山西通志》卷二十九。

而又繪之以圖，俾便觀覽也」。周永春認為「風正俗善在此一舉矣」[183]。萬曆時，曾任山西巡撫的呂坤還專門編撰了《實政錄》，要求屬吏照此辦理，以正民風。為了使山西民風時尚退回到明初的狀態，呂坤等明政府官員可謂費盡心機。然而，歷史發展的規律，並不能以個人意志為轉移，山西一些地方民風時尚之變已經勢不可擋了。

明代的一些有識之士，不僅注意到了漢族地區社會風尚的改良，而且也認識到了邊疆少數民族地區習俗風尚改革的必要性和迫切性。有人對尋甸府白玀玀、乾玀玀等彝族的風俗進行描述後，發表議論說：「國家之治亂係風俗，風俗之盛衰係教化。教化行，則風俗美，而國家治；教化塞，則風俗惡而國家亂。此已然之明驗也。尋甸風俗，昔累於夷。邇者王化敷於朝，寧守臣來自中州，有典章文物，以為之倡導，有禮樂刑政，以為之提防，漸有可觀者矣。第恐承平日久，浮靡之習漸生，又安知他日之不轉而為薄俗耶？有移風易俗之責者，其於倡導之機、堤防之具，烏可不豫為之所乎！」[184]治理廣西欽州少數民族地區的漢族官員，對該地盛行的生產方式、社會生活的各個方面作了全面論述後，也對移風易俗的重要性發表灼見，以供為政者借鑒。史書記載：欽州少數民族是「古盤孤氏之遺種。邇來亦墾田，輸稅於官，願入編戶者，蓋王化之漸被也。論曰：余觀於欽，其僻處海涯，遠去中土，先王之政教有未洽乎！何其民之野，而俗之異也。余至郡，條其巨者十二事，請當路榜刻以禁，又立田正副、勸農老人，以教民耕織，建軍民藥局，以療疾病，建學擇師，立規條，作訓言，以教民間子弟，使知禮義，要於革故鼎新，移風易俗。使聖朝教化，洽於邊方，以補先王之所未及也。作郡三年，民雖稍知向方，其俗猶未能盡改於舊。昔夫子欲居九夷，或曰，『陋子曰：君子居之，何陋之有？』今予未能變欽之陋，亦予德之弗類焉耳。雖然，善人為邦百年，亦可以勝殘去殺，孔子又有是言也。解者謂善人相繼而興，至於百年，使後之君子繼元而守者，皆能相承不廢至於百年。欽之俗，其殆庶乎！靈山自開設以來，俱隸欽州，其民風土俗，要亦不甚相遠，特其民勤於稼

183 同上。
184 嘉靖《尋甸府志》卷上。

穡，奸女習於紡績，為獨異耳。西鄉三都，如接廣西，民惟雜夷，其俗尤甚於欽州。予初至郡，嚴為禁戒，今亦稍受矣。」[185]由此可見，該地夷俗經過改革，確然已漸有變化，漸有進步。

185 嘉靖《欽州志‧風俗》。

參考書目

明實錄

張廷玉等.明史

王鴻緒.明史稿

何喬遠.名山藏

談遷.國榷

查繼佐.罪惟錄

傅維鱗.明書

谷應泰.明史紀事本末

夏燮.明通鑒

申時行等.萬曆《大明會典》

王圻.續文獻通考

乾隆敕修.續文獻通考

陳子龍等編.明經世文編

錢伯城等主編.全明文.上海：上海古籍出版社

宋濂.宋文憲公全集

劉基.誠意伯集

楊士奇.東裏文集

楊榮.楊文敏公集

薛瑄.敬軒先生文集

吳與弼.康齋文集

陳獻章.陳獻章集.北京：中華書局，1987

湛若水.甘泉先生文集

李東陽.李東陽集.長沙：嶽麓書社，1984

李夢陽.空同集

何景明.大複集

徐禎卿.迪功集

楊慎.升庵全集

祝允明.祝枝山全集

王守仁.王文成公全書

何心隱.爨桐集

王艮.王心齋遺集

李攀龍.滄溟集

王世貞.弇州山人四部稿、弇州山人四部續稿、弇山堂別集、鳳洲雜識、藝苑卮言

汪道昆.太涵集

陳繼儒.陳眉公先生全集

唐順之.荊川先生文集

茅坤.茅鹿門先生文集

歸有光.震川先生集

徐渭.徐文長集、南曲敘錄

焦竑.澹園集、玉堂叢語

董其昌.容臺文集、畫禪室隨筆、畫旨、畫眼

袁宗道.白蘇齋類集

袁宏道.袁中郎全集

袁中道.珂雪齋集

鍾惺.隱秀軒集

譚元春.譚友夏合集

張居正.張文忠公全集

張岱.琅嬛文集、陶庵夢憶

湯顯祖.湯顯祖詩文集.上海：上海古籍出版社，1982

顧憲成.顧文端公全集

趙南星.味檗齋文集

高攀龍.高子遺書

陳子龍.陳忠裕公全集

徐光啟.徐光啟集.北京：中華書局，1963

方以智.浮山文集前編、物理小識、通雅

王徵.王端節公遺集

夏完淳.夏完淳集.北京：中華書局，1959

張煌言.張蒼水集.北京：中華書局，1959

顧炎武.昆山顧氏全書、天下郡國利病書、日知錄

黃宗羲.南雷文定、明儒學案

王夫之.王船山詩文集.北京：中華書局，1983

錢謙益.初學集、列朝詩集小傳

全明詩編纂委員會編.全明詩.上海：上海古籍出版社，1990

沈德潛、周准編.明詩別裁集

朱彝尊選.明詩綜

陳田輯.明詩紀事

歷代詩話、歷代詩話續編.北京：中華書局，1981、1983

黃佐.南廱志

黃儒炳.續南廱志

郭鎜.皇明太學志

大藏經

道藏

葛寅亮.金陵梵剎志

佚名.金陵玄觀志

李贄.藏書、續藏書、焚書、續焚書、明燈道古錄

陳鼎.東林列傳

陸世儀.復社紀略

吳偉業.復社紀事

李時珍.本草綱目

朱載堉.樂律全書、律呂正論、律呂質疑辨惑、醒世詞

徐弘祖.徐霞客遊記

黃成.髹飾錄

郎瑛.七修類稿

葉盛.水東日記

陸容.菽園雜記

張瀚.松窗夢語

王士性.廣志繹

謝肇淛.五雜組

沈德符.萬曆野獲編、敝帚軒剩語

顧起元.客座贅語

于慎行.穀山筆塵

張萱.西園聞見錄、西園畫評

朱國楨.湧幢小品

范濂.雲間據目抄

葉夢珠.閱世編

胡應麟.少室山房筆叢

田藝蘅.留青日札

何良俊.四友齋叢說

李詡.戒庵老人漫筆

伍袁萃.林居漫錄

黃省曾.吳風錄、西洋朝貢典錄

屈大均.廣東新語

孫承澤.春明夢餘錄

沈榜.苑署雜記

周暉.金陵瑣事、續金陵瑣事、二續金陵瑣事

羅貫中.三國演義

施耐庵.水滸傳

吳承恩.西遊記

蘭陵笑笑生.金瓶梅

馮夢龍.喻世明言、警世通言、醒世恆言

淩濛初.初刻拍案驚奇、二刻拍案驚奇

魏良輔.曲律、南詞引正

王驥德.曲律

祁彪佳.遠山堂曲品劇品

朱謀垔.畫史會要

姜紹書.無聲詩史

徐沁.明畫錄

李開先.中麓畫品

王稚登.吳郡丹青志

陶宗儀.書史會要

解縉.春雨雜述

趙宧光.寒山帚談

馬歡.瀛涯勝覽

費信.星槎勝覽

張燮.東西洋考

紀昀等.四庫全書總目提要

湯綱、南炳文.明史.上、下冊.上海：上海人民出版社，1985、1991

傅衣凌主編.明史新編.北京：人民出版社，1993

吳晗.讀史札記.北京：三聯書店，1956

陳梧桐.洪武皇帝大傳.鄭州：河南人民出版社，1993

楊紹猷、莫俊卿.明代民族史.成都：四川民族出版社，1996

張安奇、步近智總纂.中華文明史.第 8 卷.石家莊：河北教育出版社，1994

馮天瑜、何曉明、周積明.中華文化史.上海：上海人民出版社，1990

陳寶良.悄悄散去的幕紗——明代文化歷程新說.西安：陝西人民出版社，1988

侯外盧、邱漢生、張豈之主編.宋明理學史.下卷.北京：人民出版社，1987

趙吉惠、郭厚安主編.中國儒學史.鄭州：中州古籍出版社，1991

陳大康.明代商賈與世風.上海：上海文藝出版社，1996

任繼愈主編.中國佛教史.北京：中國社會科學出版社

郭朋.明清佛教.福州：福建人民出版社，1982

郭希卿.中國道教史.第 3 卷.成都：四川人民出版社，1993

吳志達.明代文學史.武漢：武漢大學出版社，1991

廖可斌.明代文學復古運動研究.上海：上海古籍出版社，1994

陳書錄.明代詩文的演變.南京：江蘇教育出版社，1996

張庚、郭漢城主編.中國戲曲通史.中冊.北京：中國戲劇出版社，1981

王遜.中國美術史.上海：上海人民美術出版社，1985

李浴.中國美術史綱.下卷.瀋陽：遼寧美術出版社，1988

楊仁愷主編.中國書畫.上海：上海古籍出版社，1990

沙孟海.中國書法簡史.石家莊：河北美術出版社，1981

王玉哲主編.中國古代物質文化.北京：高等教育出版社，1990

中國矽酸鹽學會編.中國陶瓷史.北京：文物出版社，1981

羅樹寶.中國古代印刷史.北京：印刷工業出版社，1993

周一良主編.中外文化交流史.鄭州：河南人民出版社，1987

沈福偉.中西文化交流史.上海：上海人民出版社，1985

陳炎.海上絲綢之路與中外文化交流.北京：北京大學出版社，1996

林金水.利瑪竇與中國.北京：中國社會科學出版社，1996

孫尚揚.基督教與明末儒學.北京：東方出版社，1994

〔法〕安田朴、謝和耐等.明清間入華耶穌會士和中西文化交流.成都：巴蜀書社，1993

〔日〕木宮泰彥.日中文化交流史.北京：商務印書館，1980

〔英〕李約瑟.中國科技史.北京：科學出版社，1990

除上列諸書，本卷還參考許多方志與家譜，不另逐一開列。

再版後記

　　本套叢書第一版出版於二〇〇〇年，若再上溯到一九九五年項目正式起動，則距今已有十五年之遙。十五年前的中國，改革開放正進入重要階段。隨著國家現代化建設事業的不斷推進，深層次的文化問題愈益受到普遍關注。人們也越來越意識到，所謂現代化，首先就是人的現代化；而所謂人的現代化，離不開人的道德文化素養的提升，所以，歸根結柢，現代化的實現有賴於文化的現代化。也因是之故，一九九七年黨的十五大報告即提出了建設「有中國特色社會主義的文化」的宏偉目標。報告不僅強調「社會主義現代化應該有繁榮的經濟，也應該有繁榮的文化」，而且強調有中國特色社會主義的文化，「它淵源於中華民族五千年文明史，又植根於有中國特色社會主義的實踐」。學術反映時代。明白了這一點，便不難理解，隨著文化問題自二十世紀八〇年代後期以來的持續升溫，其時中國文化史的研究也發展到了一個新的階段：關注對中國文化總體史的探究。這也正是本叢書當年創意的緣起。

　　本叢書的作者多是來自京內外高校和科研院所的中青年學者。當年既沒有什麼科研經費，也沒有什麼津貼，大家的合作主要是出於共同的學術興趣。整套叢書寫作長達四年之久，尤其是最後一年，幾乎每週末都需要開會討論問題。但大家心態平和，似乎都樂此不疲。當然，說到底，這還要感謝當年比較寬鬆的學術環境，因為那時侯高校沒有如今這樣沉重的量化考核的壓力，作者得以避免產生浮躁的心態和陷入急功近利的怪圈。當年參與本叢書編寫的作者，今天多成了有成就的學者和各單位的學術骨幹，大家有時聚首，說起來都很懷念那一段共事的時光。

由於種種原因，本叢書出版後沒有為更多讀者所熟知，也沒有產生應有的社會效益。二○○九年，北京師範大學出版社找到我，認為這套「文化通史」依然有著重要的學術價值，值得向廣大讀者推介，希望能夠將之再版。這一動議讓我看到了北京師範大學出版社對學術與市場雙向的判斷力，和助益學術的執著追求。所以，我當即表示欣然同意。

　　現在本叢書即將出版，我們想利用這個機會，對北京師範大學出版社的大力支持深表感謝。策劃編輯饒濤、李雪潔同志為本叢書出版付出了很多的辛勞；碩士研究生明天、李豔鳳、鞠慧卿同志為本叢書的圖片選取，也做了大量的工作，在此，一併申致謝意。

鄭師渠

於北京師範大學

二○○九年五月十五日

亮點書系．中國文化通史 A1001014

中國文化通史・明代卷　下冊

主　　編	鄭師渠
版權策畫	李　鋒

發 行 人	陳滿銘
總 經 理	梁錦興
總 編 輯	陳滿銘
副總編輯	張晏瑞
編 輯 所	萬卷樓圖書股份有限公司
排　　版	菩薩蠻數位文化有限公司
印　　刷	維中科技有限公司
封面設計	菩薩蠻數位文化有限公司

出　　版　昌明文化有限公司

桃園市龜山區中原街 32 號

電話　(02)23216565

發　　行　萬卷樓圖書股份有限公司

臺北市羅斯福路二段 41 號 6 樓之 3

電話　(02)23216565

傳真　(02)23218698

電郵　SERVICE@WANJUAN.COM.TW

大陸經銷

廈門外圖臺灣書店有限公司

　　電郵 JKB188@188.COM

ISBN 978-986-496-167-2

2018 年 1 月初版

定價：新臺幣 460 元

如何購買本書：

1. 劃撥購書，請透過以下郵政劃撥帳號：

　　帳號：15624015

　　戶名：萬卷樓圖書股份有限公司

2. 轉帳購書，請透過以下帳戶

　　合作金庫銀行　古亭分行

　　戶名：萬卷樓圖書股份有限公司

　　帳號：0877717092596

3. 網路購書，請透過萬卷樓網站

　　網址 WWW.WANJUAN.COM.TW

大量購書，請直接聯繫我們，將有專人為您

服務。客服：(02)23216565 分機 610

如有缺頁、破損或裝訂錯誤，請寄回更換

版權所有·翻印必究

Copyright©2016 by WanJuanLou Books CO., Ltd.

All Right Reserved　　　**Printed in Taiwan**

國家圖書館出版品預行編目資料

中國文化通史. 明代卷 ／ 鄭師渠著.-- 初版.

-- 桃園市 ：昌明文化出版 ；臺北市 ：萬卷

樓發行, 2018.01

　　冊 ；　公分

ISBN 978-986-496-167-2(下冊 ：平裝)

1.文化史 2.中國

630　　　　　　　　　　　　107001806

本著作物經廈門墨客知識產權代理有限公司代理，由北京師範大學出版社（集團）有限公司授權萬卷樓圖書股份有限公司出版、發行中文繁體字版版權。